침례교회의 역사와 유산

상

리언 맥베스 지음
김용국·남병두·장수한 옮김
침례교신학연구소 펴냄

침례신학대학교출판부

국립중앙도서관 출판시도서목록(CIP)

침례교회의 역사와 유산. 상 / 리언 맥베스 지음 ; 김용국, 남병두, 장수한 옮김. -- 대전 : 침례신학대학교 출판부, 2013
    p. ;   cm

원표제: Baptist heritage
원저자명: Leon Mcbeth
영어 원작을 한국어로 번역
ISBN 978-89-93630-42-8 94230 : ₩15000

침례 교회[浸禮敎會]
교회사(역사)[敎會史]

238.6-KDC5
286-DDC21   CIP2013004589

THE BAPTIST HERITAGE
by H. Leon Mcbeth

ⓒ Copyright 1987 · Broadman Press
Korean translation copyright ⓒ 2013 by The KBTU Press
This is Korean edition published by arrangement
with Broadman Press, U.S.A.

이 책의 한국어판 저작권은 Broadman Press사의 허락을 받아
직접 계약 출판한 것으로 침례신학대학교출판부가 소유하고 있습니다.
저작권법에 의하여 한국 내에서는 보호를 받는 저작물이므로 무단 전재와
복제를 금합니다.

THE BAPTIST HERITAGE

FOUR CENTURIES OF BAPTIST WITNESS

H. Leon McBeth

BROADMAN PRESS

Nashville, Tennessee

© Copyright 1987 · Broadman Press
All rights reserved
4265-69
ISBN: 0-8054-6569-3
Dewey Decimal Classification: 286.09
Subject Heading: BAPTIST-HISTORY
Libary of Congress Catalog Card Number: 86-31667
Printed in the United States of America

Library of Congress Cataloging-in-Publication Data

Mcbeth, Leon.
　The Baptist Heritage.

역자 서문

리언 맥베스(H. Leon McBeth)의 「침례교회의 역사와 유산」(*The Baptist Heritage: Four Centuries of Baptist Witness*)의 한국어 번역서가 나오게 된 것은 만시지탄의 일이다. 침례신학대학의 교회사 교수이자 번역자의 한 사람으로서 이 번역서의 출판을 바라보는 심정은 이중적이다. 침례교회사 강의에 사용될 또 하나의 좋은 교재를 얻게 되었다는 점에서 기쁜 마음을 금할 길 없지만, 다른 한편으로는 진작 이러한 작업을 하지 못하여 좋은 책을 소개하는 일을 그만큼 늦추었다는 책임감에서 그리 자유롭지 못하기 때문이다.

역사는 개인이든 집단이든 그 정체성의 문제를 일깨운다. 침례교회의 정체성 문제는 침례교회가 시작되어 지금까지 흘러온 역사를 이해함으로써 접근할 수밖에 없다. 침례교회가 가르치고 주장해온 사상들도 그 역사적 출현 배경을 모르면 자칫 진공관 속의 논의에 그칠 수 있고, 그 사상의 역사적 의미와 초점을 놓치는 우를 범하거나, 때로는 심각하게 왜곡될 위험도 있다. 침례교회가 주장하는 '교회와 국가의 분리' 원칙은 그 사상이 태동했던 16세기와 17세기의 역사적 정황들과 무관하게 이해될 때, 단순히 신앙의 정치에 대한 무관심의 개념으로 전락하거나, 그 반대로 교회가 정치를 수단화하려는 유혹 앞에 무기력한 논리로 남게 된다. 침례교회가 표방하는 '지역교회 자치주의' 원칙을 침례교회의 역사 가운데 이해하지 않을 때, 곧잘 '개교회주의'를 빌미로 교회 간의 교제와 사역적 협력관계에 대해 소극적 입장에 머무르게 되는 것이다.

창립 100주년을 훌쩍 넘긴 오늘날 한국의 침례교회들은 어느 때보다 교회 및 교단의 정체성 문제에 관심을 가져야 할 시기를 맞고 있다. 그들은 그들이 표방하는 것만큼 침례교회의 특성들을 그들의 역사적 현실과 교회 현장에서 구체적으로 실현해야 하는 과제와 책임을 가지고 있다. 그러한 특성들은 그들의 선조들이 과거에 목숨 걸고 주장하고 지켜온 것들이었던 것처럼 오늘날 한국의 후예들에 의해 동일한 마음과 자세로 주장되고 지켜져야 한다. 이러한 특성들은 단순히 교단의 전통이라는 형식적 동기가 아니라, 과거 선조들의 경우에서처럼 그것들이 신약성서적 원칙과 유산이라는 생동감 있는 동기에서 계승되어야 할 것이다. 이를 위하여 한국의 침례교인들은 지난 4세기의 침례교회 역사로부터 배워야 한다. 그 역사는 그들에게 침례교회로서 자부심을 줄 뿐 아니라, 그들에게 살아 있는 침례교회의 역사적 정체성 회복을 촉구할 것이며, 그들이 현실의 논리 앞에 그들의 정체성을 무릎 꿇리게 하는 일을 막아줄 것이다. 맥베스의 「침례교회의 역사와 유산」은 한국의 침례교인들에게 바로 그러한 역사의식을 일깨워 줄 것이라 기대한다.

이전에 로버트 톨베트(Robert G. Torbet)의 「침례교회사」(*A History of the Baptists*, 허긴 역)가 있었지만 1963년에 개정판이 나온 이후 오랫동안 새로운 개정이 이루어지 않았다. 맥베스가 그의 서문에서 밝힌 것처럼, 침례교회사의 교재로 사용되었던 "여러 책들은 이제 시대에 뒤떨어지거나, 더 이상 손에 넣을 수 없거나, 침례교 삶의 최근 진전과정에 대한 언급이 없음으로 인하여 중대한 틈새가 생겼다"는 그의 집필 동기는 그대로 이 책의 번역 동기이기도 하다. 맥베스의 책이 좀 더 최근의 논의를 포함하고 있는데다가, 책 자체가 가진 고유의 역사기술 방식과 특성들, 그리고 저자 고유의 역사적 평가들을 고려할 때, 이 책이 한국의 침례교인들과 신학생들에게 소개되는 것은 필요하고 타당한 일이다. 톨베트 책의 번역서는 또한 현재 절판된 상태이며, 가끔 사용하는 경우에 침례신학대학교출판부에서 복사본을 제공해왔던 실정이기도 하다. 그렇더라도 톨베트의 책이 여전히 무시되어서는 안 되며, 맥베스의 책과 아울러 한국의 독자들에게 침례교 역사 연구에 다양하고도 풍부한 자료를 제공한다는 사실에는 변함이 없다.

「침례교회의 역사와 유산」의 강점은 무엇보다도 저자의 역사학자로서의 자질과 꼼꼼하고 철저한 성품이 잘 반영되었다는 점이다. 그가 상당한 기간 동안 미국과 유럽의 각 지역들을 다니며 자료를 확보하고 연구 조사한 일은 역사가의 작업이 어떤 것인지 그 표본을 보여주었고, 후학으로서 옷깃을 여밀만하다. 책의 곳곳에서는 저자가 방대한 1차 자료들을 사용했음을 보여주고 있고, 많은 경우에 당대 사람들의 목소리를 직접 소개함으로써 역사적 현장감을 높여주었다. 때때로 17세기의 영어 표현방식과 철자가 그대로 소개됨으로써 번역에 어려움을 겪는 경우도 있기는 했지만 그 시대를 직접 느끼게 해주는 이점은 그러한 불편을 상쇄하고도 남았다.

「침례교회의 역사와 유산」은 원래 두꺼운 한 권의 책이지만, 한국어 번역서는 두 권으로 나올 예정이다. 이번에 나오는 번역서는 그 중에 상권이다. 이는 원본의 283쪽까지의 내용으로서 17세기와 18세기 영국과 미국의 침례교 역사를 포함한다. 저자가 4세기의 침례교회 역사를 한 세기씩 구분하여 기술했기 때문에, 상하권으로 나눈다면 각 권에 두 세기씩 포함하는 것은 적절한 일이리라. 하권이 나오기까지는 아직 불완전하지만, 상권이 침례교회 역사의 첫 2세기를 다루면서 영국과 미국 침례교회의 시작과 미국에서 종교 자유를 획득하기까지 주요 발전 과정을 보여준다는 점에서 그 자체로 독립적인 한 권의 책으로 읽어도 손색없을 것이라 기대한다.

이 한국어 번역서는 우선 3인의 번역자들이 나누어 번역을 했고, 윤문 작업과 수차례의 교정 작업을 거쳤다. 되도록 원문의 표현들을 살리려고 노력했지만 한국어로 어색한 경우에는 약간의 의역을 시도했으며, 옛 문헌의 표현이 인용된 경우는 당시의 표현을 살리는 데에 더 무게를 두었다. 가끔 필요하다고 판단될 때는 본문에서 괄호 안에 '역자주'를 달았다. 'baptism'이라는 용어는 기본적으로 '침례'라고 했고, 침례의 방식을 의미하는 경우에는 침수례 혹은 침수침례라고 했으며, 'infant baptism'의 경우는 그 행습을 유지하고 있는 타교단에서 사용하는 그대로 '유아세례'로 번역했다. 가끔 초기 영국과 미국의 침례교회에서 장로(elder)라는 직위가 나타날 때, 몇 경우를 제외하고는 그 직위가 오늘날의 목사에 해당되는 직위라는 것을 염두에 두어야 한다. 인명과 지명은 되도록 원어민들의 발음을 그대로 표기하려고 노력했다. '다니엘'(Daniel)을 '대니얼'로 한 것이 그 한 예이다.

이 번역서의 출간을 계획하고 추진한 침례교신학연구소장 최현서 교수와 출판의 업무를 대행해준 침례신학대학교출판부장 김용국 교수의 활동에 감사드린다. 아무쪼록 이 책이 한국의 침례교인들과 신학생들에게 올바른 역사 인식과 '침례교회됨'을 일깨우는 데에 일조하기를 바랄뿐이다.

2013년 4월 20일

역자 남 병 두

머리말

사우스웨스턴 침례신학원에서 사반세기 동안 침례교회사를 가르치는 가운데 나는 학생들이 읽을 여러 종류의 교과서들과 다양한 자료들을 지정해왔다. 이 가운데 여러 책들은 이제 시대에 뒤떨어지거나, 더 이상 손에 넣을 수 없거나, 침례교 삶의 최근 진전과정에 대한 언급이 없음으로 인하여 중대한 틈새가 생겼다. 이러한 이유들로 해서 나는 나 자신의 연구를 정리하여 출판하기로 결정했고, 이제 이 책을 관심 있는 독자들에게 내어놓는다.

세 가지 전제들이 이 작업을 준비하는 데에 기준이 되었는데, 그것들은 모두 독자들에게 명확하게 드러날 것이다. 첫째, 나는 침례교 교단을 여전히 기독교 신앙의 실천 가능한 표현방식으로 생각한다. 나는 현대 초교파운동에 가치를 부여하고, 서로 다른 교단들의 신자들 가운데 점점 널리 일어나는 형제정신을 기뻐하면서도, 나는 아직 교단이 사라질 것이라고 보지 않는다. 나는 침례교 전통 안에서 글을 쓰지만, 자료에 대한 기술과 해석이 합리적으로 객관적이라는 것을 신뢰한다.

둘째, 나는 여기에 언급되는 많은 다른 침례교 그룹들에 대해 공평하기 위하여 충분히 보편적인 관점을 가지고 쓰려고 노력하였다. 일반 역사학의 특성은 간결성을 요구하므로, 때때로 나는 한 문단을 요하는 경우에도 한 문장으로 만족하였다. 이러한 간결성에도 불구하고, 나의 목적은 가능한 한 완벽하고 정확한 방식으로 각 침례교 그룹을 기술하는 것이었다. 여기에 언급된 모든 침례교 그룹들은 그들과 그들의 강조점들이 공평하게 기술되었다고 생각하기를 바랄뿐이다.

이 작업의 셋째 전제는, 역사는 해석을 요구한다는 것이다. 나는 단순히 지면에 사실들을 던져놓는 데에 만족하지 않았고, 그것들을 특정한 순서대로 배열하고, 그 의미와 중대성에 대한 나 자신의 해석을 부여하고자 했다. 나의 해석은 그 자체로 특징을 가질 것이며, 나는 그것이 역사적 사실에 의해 정당성을 가진다고 믿는다. 교조주의적 신앙인들에 대한 올리버 크롬웰(Oliver Cromwell)의 비평, "저는 여러분들도 틀릴 수 있다는 사실을 생각하기를 그리스도의 심정으로 탄원합니다"는 말을 기억하면서, 나는 겸양의 정신을 가지고 그 해석을 내놓는다.

침례교가 이제 4세기 가량의 끊이지 않는 역사를 가지고 있으므로, 그들의 이야기를 연대기적으로, 세기별로 기술하는 것도 있을 만하다. 어떤 사람들은 대서양을 건너 오고가는 일이 혼란스럽다고 생각할지도 모르지만, 다른 접근방식은 그것대로 문제가 있다. 나는 아메리카 식민지의 침례교 시작을 기술하기도 전에 영국과 유럽대륙의 침례교 역사를 현재까지 쭉 기술하려고 하지 않았다. 나는 독자들이 심지어 로저 윌리엄스(Roger Williams)를 만나기도 전에 세계침례회연맹(Baptist World Alliance)과 현대 공산권에서 겪는 침례교의 시련에 관하여 읽어서는 안 된다고 생각한다.

그러나 각 세기의 구분 내에서 주제별, 그리고 지역별 진전 상황이 기술된다. 원하는 독자들은 각 장을 재편성해서 각 침례교 그룹을 17세기부터 20세기까지 계속해서 일률적으로 따라가면서 읽을 수 있다. 세기의 구분에 빈틈이 없지는 않다. 때로는 이야기를 끝내기 위해서 이전 세기로 다시 들어가는 경우도 있었고, 그 다음 세기와 약간의 중첩이 있기도 했다. 16장의 "확대된 침례교 가족"(the Larger Baptist Family)을 설명하는 데 있어서 나는 그들의 이야기를 금세기에 배치했지만, 몇 침례교 그룹들의 뿌리를 추적하기 위해 이전 시대에까지 거슬러 올라갔다.

나는 침례교를 다루면서 중요한 2차자료들을 참고했지만, 나의 자료와 해석을 주로 1차자료에서 끌어내었다. 나는 이러한 원자료들을 접하기 위해서 상당한 연구 시간을 잉글랜드, 스코틀랜드, 웨일즈 그리고 유럽의 여러 지역에서 보냈다. 게다가 나는 미국의 여러 지역에 있는 침례교 그룹들의 주요 도서관과 역사자료실의 사용허가를 얻었다. 유럽 대륙, 특히 동구권에 있는 침례교를 다룰 때는, 자료 취득의 어려움과 언어장벽으로 인하여 2차자료에 더 많이 의존할 수밖에 없었다.

이 작업을 준비하는 마지막 단계에서 나는 긴 인용문을 피해야 하는 일과 침례교인들이 직접 이야기하게 하고 싶은 욕구 사이에서 갈등하였다. 나는 대부분의 독자들이 내가 웬만큼 중간점을 찾았다고 동의해 주기를 희망한다. 대체로 나는 인용문들이 원래 써졌던 대로 그대로 유지되도록 했지만, 때때로 명료하게 하기 위하여 철자와 구두점을 현대화했다.

이 작업의 과정에서 도움을 준 감사해야 할 분들이 너무 많아서, 여기에 그들의 이름을 모두 거론하는 것은 불가능할 것 같다. 그러나 그들이 누구인지는 그들이 알고 있고, 내가 그들 각 사람들에게 얼마나 깊이 고마워하는지도 알 것이다. 사우스웨스턴 신학원(텍사스 주의 포트워스 소재)의 도서관장, 칼 로텐베리(Karl Wrotenbery)와 그의 전임자 키스 윌리스(Keith C. Willis)는 소장하고 있는 방대한 침례교 관련 자료들을 내가 쓸 수 있도록 해주었고, 또 내가 요청한 이외의 어떤 자료든지 즉각적으로 섭외해서 입수해 주었다. 나는 또한 다음의 도서관들과 자료기관들에게 감사한다: 서던 침례신학원(Southern Baptist Theological Seminary, 켄터키 주의 루이빌 소재)의 보이스 100주년 도서관(Boyce Centennial Library)의 도서관장, 론 디어링(Ron Deering); 남침례교 역사도서관 및 역사자료실(Southern Baptist Historical Library and Archives, 테네시 주의 내슈빌 소재)의 실무책임자, 린 매이(Lynn E. May); 프리윌 침례교 역사자료실(Freewill Baptist Historical Archives, 테네시 주의 내슈빌 소재); 미국 침례교 역사협회(American Baptist Historical Society, 뉴욕 주의 로체스터 소재)의 실무책임자 윌리엄 브랙크니(William H. Brackney); 앵거스 소장자료(Angus Collection)를 접하도록 허가해준 옥스퍼드(Oxford)의 리전츠 팍 대학(Regents Park College) 학장, 배링턴 화이트(Barrington R. White); 유럽대륙 침례교의 역사자료들을 접하도록 허가해준 침례교 국제신학원(Baptist International Seminary, 스위스의 루슐리콘 소재).

이 원고의 부분이나 전부를 읽고 도움될 만한 제안들을 해준 분들에 대해서도 감사드린다. 나는 그들의 제안으로 개선된 모든 점들에 대하여 감사하지만, 남아 있는 결점들에 대해서는 어떤 경우에도 그들을 탓하지 않는다. 원고를 읽어준 분들 가운데, 나는 특별히 영국 레딩(Reading)의 로저 헤이든(Roger Haydon)과 나의 이전 스승 두 분, 뉴욕의 로버트 핸디(Robert T. Handy)와 포트워스(Fort Worth)의 로버트 베이커(Robert A. Baker)께 감사드린다.

나는 이 기회에 이 작업을 완성하는 데 있어서 사우스웨스턴 신학원이 보내준 관대한 도움에 대하여 기꺼이 감사한다. 신학부 학장이신 윌리엄 톨러(William B. Tolar)는 안식년을 허가해 주시고, 필요한 연구를 위한 안식년 여행기금을 조달해 주셨을 뿐 아니라, 원고 준비 작업을 위하여 일손까지 추가로 공급해 주심으로써, 오리가 아니라 십리를 가주셨다.

내가 이 작업에 파묻혀 있는 동안 나의 가족은 예외적인 인내심으로 나를 견더주었다. 그들은 수많은 늦은 밤 시간에 나의 서재로부터 타이프라이터를 치는 소리를 들었다. 나는 이 일과 그 외에 우리가 나누는 삶의 모든 면에서 나의 아내 에이다(Ada)가 보내준 후원에 대하여 특별히 감사한다.

해리 리언 맥베스(Harry Leon McBeth)

차 례

역자 서문 · 5
머리말 · 21

제1부 17세기

제1장 침례교회의 시작 ·················· 25
1. 침례교 기원의 개관 ·················· 25
2. 영국의 종교적 상황 ·················· 27
   청교도주의의 등장 / 29
   청교도주의에서 분리주의로 / 31
   로버트 브라운과 개척자교회 / 33
   프란시스 존슨과 고대교회 / 34
   존 로빈슨과 순례자교회 / 37
   헨리 제이콥과 JLJ 교회 / 38
3. 일반침례교회의 등장 ·················· 39
   존 스마이스 / 39
   게인스보로 교회 / 41
   침례교회의 사상으로 발전 / 43
   헬위스와의 결별 / 46
   영국으로 돌아온 헬위스 / 47
4. 특수침례교회의 등장 ·················· 48
   특수침례교회의 중요성 / 49
   헨리 제이콥 / 50
   JLJ 교회 / 52
5. 침수례회의 회복 ·················· 55
6. 침례교회의 이름 ·················· 60
7. 침례교회의 기원 ·················· 61

영국 분리주의 결과설 / 62
아나뱁티스트 영향설 / 65
성서적 가르침의 연속설 / 70
침례교회들의 계승설 / 73

8. 침례교회 기원 균형잡기 ·········· 75
초기 침례교인들의 시각 / 75
17세기 기원 / 76
침례교회는 개신교인가? / 77
침례교회들과 교단 / 78
성서의 역할 / 78

9. 요약 ·········· 79

제2장 침례교 신앙의 형성 ·········· 85

1. 침례교 신앙 형성에 끼친 영향들 ·········· 85
공중토론회 / 85
출판물 / 87
신앙고백서 / 88
신앙고백서의 용도 / 90
신앙고백서의 타당성 / 92

2. 교리적 신앙 ·········· 92
삼위일체 / 92
성서 / 93
속죄 / 97
교회 / 100
교회직위 / 101
침례 / 105
주의 만찬 / 107
정부와의 관계 / 110
종교자유 / 112
미래에 대한 소망 / 114

3. 침례교 예배 ·········· 120

4. 새로운 교단의 등장 ·········· 125
　　　　일반침례교회 / 125
　　　　특수침례교회 / 127
　　5. 요약 ·········· 128

제3장 신앙의 변호 ·········· 135

　　1. 초기 스튜어트 시대부터 1640년까지 ·········· 136
　　　　존 스마이스 / 138
　　　　토마스 헬위스 / 139
　　　　레너드 부셔 / 141
　　　　존 머튼 / 142
　　2. 혼란의 시대, 1640-1648 ·········· 144
　　　　에드워드 바버 / 146
　　　　크리스토퍼 블랙우드 / 147
　　　　존 툼즈 / 148
　　3. 성도들의 정부, 1648-1660 ·········· 150
　　　　존 클라크 / 151
　　　　헨리 덴 / 152
　　4. 후기 스튜어트 시대, 1660-1668 ·········· 153
　　5. 종교관용법, 1689 ·········· 163
　　6. 요약 ·········· 164

제4장 미국 침례교회의 시작 ·········· 169

　　1. 뉴잉글랜드에서의 침례교회 시작 ·········· 170
　　　　로저 윌리엄스 / 170
　　　　프로비던스교회 / 185
　　　　존 클라크 / 186
　　　　스완지 / 192
　　　　보스턴 / 193
　　　　키터리 / 195

2. 중부식민지에서의 침례교회 시작 ·· 197
   3. 남부식민지에서의 침례교회 시작 ·· 200
   4. 초기 미국 침례교회의 모습 ·· 202
      독자적인 발전 / 202
      다양성 / 203
      지속적인 문제들 / 203
      교회 내부적 삶 / 205

제2부 18세기

제5장 영국 일반침례교회 ·· 213

   1. 일반침례교회의 쇠퇴 ·· 215
      교리적 문제들 / 215
      매튜 캐핀 / 217
      분열과 후유증 / 218
   2. 뉴커넥션 ·· 219
      선구자들 / 220
      댄 테일러 / 222
      뉴커넥션의 발족 / 224
      신앙 조항 / 225
      뉴커넥션의 발전 / 227
   3. 뉴커넥션 교회들의 내부적인 삶 ·· 229
      결정을 공유함 / 229
      찬송과 예배 / 230
      여성들의 역할 / 231
      교회 권징 / 232
   4. 요약 ·· 234

제6장 영국 특수침례교회 ·· 237

   1. 특수침례교회의 쇠퇴 ·· 238

고등 칼뱅주의의 발흥 / 238
　　　고등 칼뱅주의의 근원들 / 240
　　　특수침례교의 고등 칼뱅주의 선구자들: 스켑과 브라인 / 241
　　　선두적인 고등 칼뱅주의자, 존 길 / 244

　2. 특수침례교회의 부흥 ·· 246
　　　부흥의 선구자들 / 247
　　　앤드루 풀러와 "풀러주의" / 250

　3. 선교 운동의 대두 ··· 253
　　　영국에서의 윌리엄 캐리 / 253
　　　침례교선교협회 / 255
　　　인도에서의 윌리엄 캐리 / 256

　4. 특수침례교의 내부적인 삶 ··· 258
　　　특수침례교기금 / 258
　　　종교관용에 대한 위협 / 260
　　　침례교 건물들 / 262
　　　목회자들과 신학 교육 / 263
　　　안수하는 문제 / 268
　　　주의 만찬의 조건들 / 268
　　　교회 권징 / 269
　　　아이들의 지위 / 270
　　　여성의 역할 / 271
　　　사회적 이슈들 / 271

　5. 요약 ·· 272

제7장 부흥의 불길: 미국 침례교인들 ······························· 277

　1. 제1차 대각성운동 ·· 278
　2. 급속한 확장 ··· 284
　　　뉴잉글랜드 / 284
　　　중부식민지 / 291
　　　남부식민지 / 298

　3. 남부의 분리침례교회 ··· 312

샌디크릭교회 / 312
지속적인 영향 / 320

4. 침례교회와 교육 ·· 321
　침례교회 아카데미들 / 322
　찰스턴 재단 / 323
　로드아일랜드대학 / 324

5. 침례교회 지방회 ·· 326
　필라델피아지방회(1707) / 327
　찰스턴지방회(1751) / 329
　워렌지방회(1767) / 330
　지방회의 권위와 기능 / 331

6. 침례교회의 내부적인 삶 ··· 335
　침례교회 신앙 / 335
　침례교회 사역자 / 336
　지역교회 / 338
　특별한 경우들 / 340

7. 결론 ··· 341

제8장 식민지 미국의 침례교인들: 종교자유를 위한 투쟁 ············ 347

1. 뉴잉글랜드의 종교자유 ·· 351
　종교에 대한 규제 / 352
　면제법들 / 355
　아이작 배커스 / 356
　자유를 위해 조직된 침례교인들 / 360
　자유의 획득 / 364

2. 중부식민지의 종교자유 ·· 365
　관용의 배경 / 365
　침례교인들에게 끼친 이점들 / 366

3. 남부식민지의 종교자유 ·· 366
　종교에 대한 제약 / 367
　존 릴랜드(1754-1841) / 374

침례교회 청원운동 / 376
　　　연방헌법과 종교 / 381
 4. 요약 ·· 385

제1부 17세기

　유럽과 영국에서 17세기는 변화의 때였다. 1648년의 베스트팔렌 조약(The Peace of Westphalia)은 종교개혁시대의 종언을 표했고, 제한적이긴 하지만 개신교를 인정함으로써 기독교 역사에 새로운 시대가 시작됨을 알렸다. 거대한 변화들이 정치적, 사회적, 경제적 분야에서 일어났으며, 아무도 그 변화들을 예견하거나, 영향을 주거나 혹은 이해조차 할 수 없었다. 그러한 불안정하고 폭발 직전의 상황에서 침례교는 하나의 분리된 교단으로 등장했다.
　침례교가 처음 뿌리를 내린 영국에서는 정치적 변화의 물결이 17세기를 특징지었다. 1603년에 튜더(Tudor) 왕조의 마지막 왕을 계승하고 스튜어트(Stuart) 왕조의 첫 왕이 된 제임스 1세(James I)는 전통적인 왕권을 사실상 장악했다. 그러나 제임스왕의 아들 찰스 1세(Charles I)는 동일한 전제적 통치권을 꾀하려다가 1649년에 참수를 당했다. 몇 차례의 내전을 거친 뒤에 영국은 급진적 개신교도들이 일시적으로 의회를 압도하는 상황에서 일종의 '성도들의 통치'(rule of the saints)를 시험하게 되었다. 이것이 실패하자 영국은 공화국(Commonwealth)의 형태로 나아가게 되었고, 여기서 올리버 크롬웰(Oliver Cromwell)은 '호민관'(Lord Protector)의 직함을 취했지만 점차적으로 왕의 행세를 하게 되었다. 크롬웰의 통치는 좋은 의도와 미미한 성과로 특징지어졌다. 1660년에 영국은 찰스 2세(Charles II)를 왕위에 앉힘으로써 군주제를 다시 회복했다. 그러나 그 세기가 끝나기 전에 처형되지는 않았지만 또 하나의 왕이 왕위에서 물러났고, 오렌지의 윌리엄(William of Orange)과 매리(Mary)가 왕위에 오르게 되었다. 영국은 계속해서 군주제를 이어갔지만 실질적인 정치적 권력은 의회로 이양되었다. 영국국교회에 도전하는 다양한 비국교도 종파들의 발흥은 어떤 면에서 강력한 의회가 군주제를 침식한 것과 같이, 종교적으로 그에 상응하는 역할을 했다.

정치적 변화와 함께 사회적 구조에 있어서도 급격한 수정이 이루어졌다. 한 평민이 대포로 성곽들을 폐허로 만들 수도 있었다. 성곽의 붕괴는 귀족계급의 몰락과 평민의 지위향상에 대한 하나의 예에 지나지 않는다. 초기 산업혁명(Industrial Revolution)의 동요는 새로운 형태의 고용을 창출했다. 아메리카 식민지의 개방은 상속받은 권리들보다는 능력에 더 치중하게 만들었다. 이것은 사회의 균등화와 평민의 지위향상에 또 하나의 추진력을 형성했다. 아메리카 식민지가 이전에 이미 '발견'되었지만, 신대륙에서 영국의 성공적인 첫 식민지들은 17세기로부터 시작한다. 식민지가 정치경제적 역사에서 가지는 막대한 중요성은 그것이 종교에 미치는 동등하게 중요한 영향을 알기 어렵게 가릴 수 있다. 멀리 떨어진 식민지들은 다양한 형태의 종파들에 대한 일종의 안전판을 제공했고, 영국에서는 짓밟혔을 종파들의 활동이 허용되는 광야의 안식처를 부여했다. 실질적으로 영국에서는 철저히 비국교적으로 여겨질 사항이 아메리카에서는 국가교회적 규범이 되었다. '구 영국'(Old England)과 '신 영국'(New England)은 서로에게 상호적인 영향을 주고받았다. 영국에서 있었던 종교박해의 이야기들이 신대륙에서는 그 동일한 행습을 허무는 데에 도움을 주었다.

확실히 침례교인들은 그들 시대의 정서에 잘 맞았다. 좀 더 개인적 형태의 신앙이 등장하기에 여러 조건들이 맞았으며, 영국에서 새로운 종파들이 쏟아져 나오게 된 것은 그들이 시대의 이점을 최대한 누렸음을 보여준다. 이러한 불안정한 시대에 침례교뿐 아니라 균등파(Levellers), 러너파(Runners), 랜터파(Ranters), 퀘이커파(Quakers), 독립파(Independents) 등의 분파들이 등장했다. '청교도적' 누룩은 그 모든 노력에도 불구하고 결코 영국국교회를 진정 개혁하지는 못했지만, 침례교를 비롯하여 분리주의 교회들 가운데 매우 큰 영향을 끼쳤다.

침례교에 있어서 17세기는 시작의 때였다. 이 시기에 그들의 첫 교회들이 등장했으며, 그들의 독특한 교단적 체제를 단조(鍛造)해냈다. 처음부터 침례교회들은 지역교회 간의 협력 개념에 전심을 다했다. 침례교의 지방회와 총회는 그들의 교회생활에 지역적, 전국적 체계를 가져다주었다. 일련의 신앙고백서들을 통하여 침례교회들은 그들의 신앙을 정의했고, 몸소 체험과 고난을 통하여 만민을 위한 종교자유의 개념을 제조해냈다.

17세기의 침례교회들은 주로 잉글랜드(역자주: 영국 본토에서 스코틀랜드와 웨일즈 지역을 제외한 지역)와 웨일즈 지역에서 생겨났지만, 소수의 침례교회들은 스코틀랜드와 아일랜드 지역에도 나타났다가 수년 내에 소멸되었다. 17세기에 침례교는 신대륙에서도 등장했는데, 1700년 이전에 메인(Maine)에서 사우스캐롤라이나(South Carolina)에 이르기까지 침례교회들이 있었다. 학자들은 미국의 첫 침례교회들이 영국 침례교에서 파생되었는지, 아니면 독립적 시작이었는지에 관해 논쟁을 하지만, 누구든 대서양을 사이에 둔 양안(兩岸)의 침례교회들이 나중에 서로 밀접한 관계를 발전시켰다는 점은 의심하지 못할 것이다. 1689년의 '종교관용법'(the Act of Toleration)을 통하여 영국의 침례교는 일정한 정도의 종교자유를 얻었으나 심각한 영적 침체라는 큰 대가를 치러야 했다. 미국의 침례교는 뉴잉글랜드(New England)와 남부식민지 일부 지역들에서는 종교박해에 직면했으나, 중부식민지에서는 종교자유를 누렸고 성장을 위한 균등한 기회를 얻었다.

17세기 말에 이르러 침례교는 플러스 요인들과 마이너스 요인들을 모두 헤아려봐야 하는 시점에 이르렀다. 영국에서 그들은 영적 침체에 직면했다. 그들은 교리적으로 분열하였고 극단적 견해들에 취약한 모습을 보였는데, 이는 그 다음 세기에 그들을 황폐화시킬 것이었다. 그들은 또한 준비된 사역자들의 심각한 부족 상태에 처했다. 좀 더 긍정적인 신호는 그들이 그들의 신앙을 명확하게 규정하고 그것을 잘 수호하였으며, 오늘날까지 지속된 교단적 체제를 갖추었고, 적극적인 복음전도에 대하여 적어도 기회를 엿볼 수 있었다는 점이다.

제1장
침례교회의 시작

역사는 그 시작 단계를 살펴야 한다. 어떤 운동 혹은 집단의 현재적 정체성과 중대성을 이해하기 위해서는 그것의 기원을 아는 일이 먼저 있어야 할 것이다. '침례교'라고 불리는 기독교 교단을 이해하려는 노력도 침례교회의 역사와 함께 시작되어야 할 것이다. 첫 침례교인은 누구였는가? 언제 어디서 첫 침례교회가 세워졌는가? 어떤 요인들이 침례교의 기원을 가장 잘 밝혀주는가? 이것들이 간단한 질문처럼 보이고, 어떤 이들은 명쾌한 답변을 기대할지도 모른다. 그러나 침례교의 시작과 관련된 이야기는 놀라울 정도로 복잡하다. 새로운 증거가 드러남에 따라 또 다른 견해들이 표면에 떠오른다. 이 장은 침례교의 기원에 관한 역사적 사실들을 현재까지 알려진 바대로 소상하게 밝힐 것이다.

1. 침례교회 기원의 개관

현대의 침례교단은 17세기 초에 영국과 네덜란드에서 시작되었다. 침례교인들은 청교도주의(Puritanism), 분리주의(Separatism), 그리고 아마도 아나뱁티스트주의(Anabaptism)와 같은 철저한 제도교회반대자들에 의해 형성된 강렬한 개혁운동 가운데서 등장했다. 울리히 츠빙글리(Ulich Zwingli)과 장 칼뱅(John Calvin)의 종교개혁 신학, 영어성서 그리고 영적 개혁에 대한 깊은 열망에 의해 영향을 받은 분리주의자들 가운데 일부는 침례는 신자만을 위한 것이라는 사상을 받아들였다. 그들은 나중에 완전한 잠김(total immersion)에 의한 침례를 행하게 되었고 그러한 관례에 따라 '침례교인들'이라는 별명을 얻게 되었다.

침례교의 두 주요 단체는 1600년대 초 영국에서 등장했다. 두 단체는 많은 공통점들을 가지고 있었지만 속죄론과 교회의 조직에 대한 이해에 있어서 달랐다. 먼저 세워진 단체는 그들이 '일반' 속죄론을 믿었기 때문에 일반침례교(General Baptists)로 불렸다. 그들은 그리스도의 죽음은 모든 사람에게 적용된다고 믿었다. 즉, 누구든지 자발적으로 그리스도를 믿는 자들은 구원을 얻는다고 믿었다. 일반침례교는 오직 예정된 자만이 구원을 받는다고 가르친 장 칼뱅의 영향을 적게 받았으며, 자유의지에 대한 여지를 둔 네덜란드의 신학자 야코프 아르미니우스(Jacob Arminius)의 영향을 더 많이 받았다. 다른 아르미니우스주의자들처럼 일반침례교 역시 '은혜로부터 탈락'의 가능성을 가르쳤고, 그들의 교회체제는 지방회에 좀 더 권위를 부여하면서 단지 제한된 회중적 자치권만을 허용하였다. 일반침례교의 두 주요 설립자는 존 스마이스(John Smyth)와 토마스 헬위스(Thomas Helwys)였다. 이러한 신앙의 첫 교회는 1609년에 설립되었다.

특수침례교로 알려진 나중의 단체는 헨리 제시(Henry Jessey), 윌리엄 키핀(William Kiffin), 존 스필스베리(John Spilsbury)에 의해 1630년대 말 즈음에 표면화되었다. 칼뱅주의 영향 하에 그들은 '특수' 속죄론을 가르쳤다. 그들은 그리스도께서 모든 인류를 위하여 죽으신 것이 아니라 오직 '특정한' 사람들, 즉 택자들만을 위하여 죽으셨다고 믿었다. 칼뱅과 같이 그들은 하나님께서 어떤 사람들을 구원으로 선택하셨고, 그 택자들은 필연적으로 구원을 받을 것이며, 구원받은 자들은 결코 그 선택을 상실하거나 구원을 잃을 수 없다고 믿었다. 특수침례교가 일반침례교보다 나중에 등장했지만 더 큰 단체가 될 것은 뻔했다. 이러한 신앙의 첫 교회는 1638년(어떤 이들은 1633년으로 본다)으로 거슬러 올라간다. 그들의 교회조직 체계는 지역교회에 완전한 교회권위를 부여했고, 지방회는 오직 권고하는 기능들만 가졌다.

두 그룹은 모두 영국에서 번성했다. 1650년경에 이르러 일반침례교는 적어도 47개 교회들이 있었다. 그들은 이 교회들을 지방회들로 묶고, 몇 개의 신앙고백서들을 발표했으며, 초보적인 전국적 조직을 가졌다. 1644년경에 특수침례교는 더 적은 숫자였는데, 적어도 7개 교회가 있었다. 그 교회들은 그 해에 신앙고백서를 발표하는 일을 위하여 행동을 함께 하였다. 이 "제1 런던신앙고백서"(First London Confession)는 미래에 침례교의 삶과 사상을 모양 짓는 데에 큰 영향을 미쳤다. 오늘날 침례교는 이러한 시작들에서 비롯되었다.

이 요약은 더 큰 앨범의 스냅사진과 같은 것이어서 매우 간단한 조망만을 제공하기 때문에 큰 틈새들이 남겨져 있다. 우리는 이제 이러한 역사적 틈새들의 일부를 메워야 하는데, 우선 침례교가 하나의 분리된 교단으로 등장했던 때에 영국에서 어떤 종교적 상황들이 전개되고 있었는지 좀 더 면밀하게 들여다볼 것이다.

2. 영국의 종교적 상황

기독교는 이른 시기에 영국 제도에 도달했다. 초기 켈트식(Celtic) 기독교는 복음전도의 강조와 그 당시 유럽대륙 교회의 진전 상황으로부터 상대적 독립으로 특징지어진다. 597년에 선교 수도사 아우구스티누스(역자주: Augustine of Canterbury)는 영국에 라틴(Latin)식 기독교를 소개했다. 한 때의 경쟁 시기를 거친 후에 라틴식 혹은 로마식 기독교신앙이 우세를 점하게 되었지만, 켈트식 기독교신앙은 결코 완전히 사라지지 않았다. 정복자 윌리엄(William the Conqueror)에서부터 헨리 8세(Henry VIII)까지 영국의 왕들은 번갈아 가면서 교황들에게 복종하거나 도전하기를 거듭했다. 수년에 걸쳐서 롤러즈(Lollards)와 같은 다수의 제도교회 반대 그룹들이 일어나서 로마교회의 지상권(至上權)에 도전하였다.

16세기에 이르러 영국은 경제, 정치, 종교의 영역에서 혁명적 변화들로 들끓는 가마솥이었다. 헨리 8세(1509-1547) 하에서 종교는 근본적인 변화들을 맞게 되었다. "제1 수장령"(the first Act of Supremacy)에 의해 헨리 8세는 교리와 관례에 있어서는 본질적으로 여전히 가톨릭적이었지만, 로마에 대한 복종관계로부터 영국의 교회를 분리시켰다. 많은 교직자들은 좀 더 철저한 개혁을 원했다. 유럽대륙의 종교개혁가들, 특히 취리히(Zurich)의 츠빙글리(Zwingli)와 제네바(Geneva) 칼뱅(Calvin)의 영향을 받은 많은 사람들은 좀 더 개신교적인 관례들을 위해 부채질을 하고 있었다.

자신의 가톨릭 신앙에도 불구하고 헨리 8세는 그의 아들 에드워드 6세(Edward VI)로 하여금 그의 고문들 가운데 가장 개신교적인 인사들에 의해 훈련을 받게 하였다. 에드워드(1547-1553)가 왕위에 올랐을 때 그는 아직 소년에 불과했지만 영국을 확실하게 개신교의 방향으로 움직여갔다. 적어도 1549년에 영국국교회는 예배의식을 안내하는 새로운 기도문을 채택했으며, 그 기도문의 1552년 개정판은 훨씬 더 개신교적인 예배양식을 규정하였다. 1552년에 영국국교회는 또한 "42개 조항"(Forty-two Articles; 이는 나중에 39개 항목으로 축약됨)이라는 뚜렷하게 칼뱅주의적 성향을 띤 새로운 교리적 표준서를 채택했다. 에드워드 치하에서는 헨리 8세 통치 후기 동안에 망명했던 맹렬한 개신교 성향의 인사들이 영국으로 돌아와 유럽대륙에서 츠빙글리와 칼뱅의 개혁운동을 접함으로 인하여 더욱 개신교화 된 그들의 견해들을 널리 퍼뜨리기 시작했다. 에드워드의 통치기간 동안 교직자들은 결혼할 수 있었고, 가톨릭교회의 관례들은 수정되었으며, 교리와 예배의식은 칼뱅주의적 개신교의 다양한 의식들로 바뀌어 갔고, 제한되긴 했지만 종교 관용정책은 이러한 견해들이 빠른 속도로 퍼져가게 하는 데에 도움을 주었다. 간단하게 말해서 헨리 8세가 영국의 교회를 로마와 단절시켰다면, 그의 아들 에드워드 6세는 당분간은 그 교회를 개신교로 만들어 갔다.

에드워드의 때 이른 죽음은 영국의 왕위 계승을 위한 투쟁으로 귀결되었으며, 종교는 일련의 국내적, 국제적 음모들 가운데 하나의 주요 요인이 되었다. 가톨릭교도들은 영국을 회복하여 로마에 충성하기를 희망했고, 개신교도들은 그들이 획득한 것을 지키고 강화하기를 희망했다. 가톨릭교도인 헨리 8세의 딸 매리 튜더(Mary Tudor)는 왕위를 쟁취하고 1553년에서 1558년의 기간 동안 통치하였다. 일련의 입법적 법안으로 그는 에드워드의 개신교적 체제를 폐지하고, 헨리 8세의 가톨릭 체제를 복구했으며, 궁극적으로는 수장령 이전의 로마에 대한 압도적인 충성을 회복하였다. 그는 몇 개의 법안을 갱신하여 개신교도들을 탄압했으며, 그 결과 많은 사람들은 그들이 일찍이 그의 부친 때에 그랬던 것처럼 망명의 길에 오르게 되었다.

그러나 영국의 모든 개신교도들이 회복된 가톨릭 신앙에 순응하든지, 혹은 망명의 길에 오른 것은 아니었다. 어떤 이들은 단순히 지하로 숨어 들었다. 수년간 상대적인 자유를 누리며 그들이 최선이라고 생각하는 방식으로 예배를 드리던 일부 영국의 기독교인들은 1550년대에는 이미 명백하게 비밀 회중 집회에서 계속 예배를 드렸다. 이러한 '매리 여왕 때의 분리주의자들'(Marian Separatists)은 이후의 영국 분리주의 운동에 대한 모델 혹은 표준들을 제시해 주었다. 영국에서 심지어는 집단처형을 감행하기까지 하면서, 개신교를 제거하려고 했던 매리 여왕의 강경한 노력들은 그로 하여금 '피의 매리'(Bloody Mary)라는 별명을 얻게 하였다. 그의 과도한 박해는 로마교회주의에 대한 영국 사람들의 증대되는 혐오와 함께 영국을 보다 결정적으로 개신교의 방향으로 돌아서게 만들었다.

헨리 8세의 또 다른 여식 엘리자베스 튜더(Elizabeth Tudor)는 '피의 매리'를 계승하여 '영국의 위대한 여주인'(ye greate landlady of England)으로서 1558년에서 1603년까지 통치했다. 외교에 있어서 기민하고 능숙했으며, 그 자신 지나치게 종교적이지 않았던 엘리자베스는 개인적으로 화려한 가톨릭의 예배의식들을 선호했지만, 정치적 필요에 의하여 개신교로 더 접근하게 되었다. 유럽의 정치적 진전 상황, 그에 대한 로마 가톨릭교회의 파문, 그리고 매리 여왕의 종교에 대한 반작용 등은 엘리자베스와 영국으로 하여금 더욱 개신교로 향하게 만들었다.

엘리자베스는 가톨릭과 개신교 신앙의 요소들을 의식적으로 결합시키는 종교법들을 제정하였다. 1559년에 모두 제정된 그 자신의 "수장령"과 "종교일치령"(the Act of Uniformity)을 중심으로 하는 이 종교적 체제는 '엘리자베스식 종교타결'(Elizabethan Settlement)로 알려졌다. 수년 동안의 가톨릭과 개신교 간의 파동 이후 영국의 종교는 이제 '타결되었다'(settled). 이 타결 방식은 '중도 방식'(via media)이라는 타협안이었는데, 그 자체로 장점과 단점을 안고 있었다.

가톨릭이든 개신교든 보다 강경한 종교적 견해를 가지고 있었던 자들은 이 체제를 불만족스러운 것으로 이해하게 되었다. 그 세기가 채 끝나기도 전에 '엘리자베스식 종교타결'은 상당히 불안정한 상태가 되었다. 로마 가톨릭교의 압력과 정치적 책동, 게다가 암살의 위협과 엘리자베스를 타도하려는 군사적 노력들은 그를 더욱 견고하게 개신교 진영으로 가도록 만들었다. 좀 더 강경한 개신교도들 역시 칼뱅주의적 신앙과 관례들을 더 관철시키려는 욕구로 여왕의 분노를 자극하였다. 그 결과 양편에 의해 둘러싸인 엘리자베스는 강경한 가톨릭과 개신교도들을 모두 단호하게 제한하는 방향으로 나아갔고, 성공하는 경우는 없었지만 그의 절충적 타결안을 강행하였다.

청교도주의의 등장

16세기에는 서방세계 전체에 걸쳐서 교회개혁이 일어나고 있었다. 이 기간 동안 로마 가톨릭교회에는 대격변이 일어났고, 루터교(Lutheran), 개혁교(Reformed), 영국국교회(Anglican), 그리고 아나뱁티스트(Anabaptists)와 여러 근원적(radical), 성령주의적(spiritual) 그룹들과 같은 개신교회들이 싹트게 되었다. 르네상스 시대에서 비롯된 중대 일로의 계몽운동, 민중의 언어로 된 성서의 기운, 그리고 마르틴 루터(Martin Luther), 울리히 츠빙글리(Ulich Zwingli), 장 칼뱅(John Calvin), 콘라드 그레벨(Conrad Grebel)과 같은 개혁가들의 강력한 가르침이 변화의 요인이었다.

다른 지역에서 진행되고 있었던 그러한 개혁과 함께 점점 많은 영국의 교직자들이 영국에서 일어나고 있는 미지근한 종교적 변화에 만족할 수 없게 되었다.

점차적으로 더 이상의 개혁을 주장하는 분명한 무리들이 등장했다. 그들은 '순결한' 교회를 추구했기 때문에 이 개혁적인 무리는 '청교도'(Puritans)라는 별명을 얻게 되었다. 이 용어는 정의하기가 거의 그 운동의 역사적 위치를 정확하게 지적하는 것만큼이나 어려운 일이다. 근대 청교도주의는 그것의 반(反)가톨릭주의(Anti-Catholiticism)에도 불구하고 부분적으로는 중세 후기의 강력한 가톨릭 경건에 뿌리를 두고 있을지 모른다. 나중에 '청교도주의'라는 용어는 거의 일련의 종교적 신념만큼이나 어떤 정신과 태도를 일컫는 말이 되었다. 16세기의 영국에서 청교도들은 영국국교회와 관계를 단절하기를 원했다기보다는 그것을 개혁하기를 원했다. 그들은 예배 방식을 간소화기를 원했고, 교회 정체(政體; polity)를 감독주의에서 장로주의로 수정하기를 원했으며, 좀 더 칼뱅주의적 교리들을 채택하기를 원했다. 감독 후커 Bishop Hooker(역자주: Bishop Hooper의 잘못된 표기로 보인다. 16세기에 매리 여왕에 의해 순교당한 존 후퍼[John Hooper]가 여기에 해당하는 인물임이 확실해 보인다)와 캠브리지의 토마스 카트라이트(Thomas Cartwright)를 필두로 하는 초기 청교도들은 이러한 개혁이 성서적이라고 생각했다.

그러나 종교적, 정치적 이유로 영국국교회는 이러한 변화들에 저항했다. 엘리자베스 여왕은 청교도주의에 아무런 호감을 갖지 않았으며 법으로 종교적 일치를 강요하는 일에 진력을 다했다. 감독들은 매우 당연하게 감독주의 체제를 철폐하는 일을 거의 선호하지 않은 듯이 보였다. 모든 사람들이 다 칼뱅주의 교리들을 환영하는 것은 아니었다. 어떤 이들은 편협한 완고함과 불관용으로 기우는 청교도적 성향에 불쾌감을 느꼈다. 수세기에 걸쳐 모든 사람들이 거의 자동적으로 기독교인이 되었고 교인이 되었던 상황에서, 영국의 많은 사람들은 인간적 나약함에 대하여 거의 여지를 주지 않을 정도로 '순수한' 교회를 주장했던 새로운 호전적 정신을 이해할 수도 없었고 수용할 수도 없었다. 간단히 말해서 일반인들, 교회지도자들, 그리고 정부는 청교도 개혁을 전면적으로 받아들이지 않았다.

영국의 제도교회반대자들에 관해 논의할 때는 존 폭스(John Foxe)의 「순교자들의 책」(*The Book of Martyrs*)을 반드시 참작해야 한다. 1563년에 영국에서 출판된 이 생생한 책은 한 세대에 걸쳐서 영국 사람들에게 종교적 박해를 증오하고 신앙의 자유를 갈구하는 일을 가르쳤다. 이 책은 개신교도들이 가톨릭 신앙을 반대하는 일에 대하여, 나중에는 청교도-분리주의자들이 영국국교회를 반대하는 일에 대하여 발판을 마련해 주었다. 이 책은 대체로 신앙으로 인하여 고난을 받는 개신교도들에 관한 이야기 모음집이다. 이 가운데 많은 이야기들은 확실한 근거가 있는 믿을만한 것이지만, 어떤 이야기들은 각색되었다. 이 책은 영국의 정신이 종교개혁에 초점을 모으는 일에 도움을 주었다.

청교도주의에서 분리주의로

영국국교회를 정화하는 일이 가능하지 않자, 많은 교직자들은 분리하여 자신들의 독립적인 교회들을 형성하고 그들이 성서적 관례들이라고 여기는 것들을 세우기로 결정했다. 이러한 일을 감행한 자들은 매우 자연스럽게 '분리주의자들'(Separatists)로 불렸다. 어떤 이들은 실용적 사고방식을 가지고(out of *pragmatism*) 분리했다. 그들은 국가교회에 속하는 것을 선호했지만 개혁을 진전시키기 위하여 일시적으로 분리한 자들이었다. 또 어떤 이들은 원론적 사고방식을 가지고(out of *principle*) 분리했다. 그들은 교회가 정부와의 관계에서 자유로워야 한다는 신념에 도달했다. 이러한 '원론적 분리주의자들'(principle Separatists)이 '실용적 분리주의자들'(pragmatic Separatists)에 비해 침례교의 시작에 현저하게 두각을 드러낸다.

정확하게 언제 분리주의가 처음 시작되었는지는 누구도 말하기 힘들다. 월터 버지스(Walter H. Burgess)가 "영국의 역사에서 신앙에 관심을 가진 남녀들이 공식 교회의 예배와는 별개로 그들의 삶을 매우 분명하게 감화시켰던 일들에 관하여 말이나 글로 논하기 위해 모이지 않았던 때는 결코 없었다"고 쓴 것은 의심의 여지없이 옳았다.1) 어떤 고립된 분리들이 더 일찍 있었던 간에, 1550년대에 이르러 적어도 영국에서는 분리주의자들의 그룹들이 보이기 시작했다. 배링턴 화이트(Barrington R. White)는 그의 결정판 「영국 분리주의 전통」(*The English Separatist Tradition*)에서 에드워드 6세 치하에서는 좀 더 예배의 자유를 누리는 데에 익숙했던 많은 신실한 기독교인들이 매리 튜더가 요구했던 대로 가톨릭 신앙으로 돌아가기를 간단히 거부했다고 지적했다.2) 그러므로 여러 무리들은 예배, 성서읽기, 기도를 위하여 분리된 모임을 가지기 시작했다. 1560년대에 이르러 적어도 두 개의 그러한 교회들이 런던에서 모였는데, 그들은 리처드 피츠(Richard Fitz)가 이끈 '프리비교회'(Privy Church)와 윌리엄 보넘(William Bonam)이 이끈 '플러머즈 홀'(Plumbers' Hall) 교회였다. 둘 가운데 더 분리된 교회였던 프리비교회는 "하나님께 혼합되지 않은 신실한 예배를 드리는 일에 그들의 손과 마음을 헌신하기 위해 국가교회를 떠났다."3) 그들 자신을 "하나님께서 영국국교회로부터 분리하신 가난한 교회"로 묘사하면서 그들은 구체적으로 국가교회에 대한 반대를 제기하면서, 특별히 "그 안에서 이루어지는 혼합되고 그릇된 예배"를 비판하였다.4) 1567년에는 두 공동체의 교인들이 옥에 갇혔고, 피츠는 옥사하였다. 플러머즈 홀 무리는 처음부터 영국국교회로부터 최종적인 분리를 의도하지 않았기 때문에 분리주의보다는 청교도에 가까웠다. 그들의 목회자는 1569년에 감옥에서 풀려나는 조건으로 "공적 권위에 의해서 설립된 국가교회에 반(反)하여 어떤 집이나 다른 장소에서도" 주의 만찬을 지키지 않을 것이라고 약속했다.5)

「존 로빈슨과 영국 분리주의 전통」(*John Robinson and the English Separatist Tradition*)이라는 탁월한 책에서 티모시 조지(Timothy George)는 분리주의 무리들 가운데는 상당한 다양성이 현존하고 있었음을 보여주었다. 어떤 이들은 기도 중에 서야 하는지 무릎을 꿇어야 하는지와 같은 사소한 문제들을 가지고 논쟁하였다. 또 어떤 이들은 "예정론은 기독교인들보다는 마귀를 위한 계량기"라고 주장하면서 칼뱅주의에 반대했다.6) 조지는 켄트(Kent)에서 최초의 분리의 사건이 있었다고 보았지만, 가장 영향력이 있었던 무리들은 런던에 있었음을 지적했다.

1598년 6월 9일자로 런던에서 감독 그린덜(Bishop Grindal)이 헨리 불링거(Henry Bullinger)에게 보낸 유명한 서신에는 초기 분리주의에 대한 추가적인 증거를 담고 있다. 그린덜은 다음과 같이 불평했다:

> 어떤 런던의 최하층민들은 판단력에 있어서나 지식에 있어서 변변찮은 4-5명의 사역자들과 함께, 우리로부터 공개적으로 분리해 나갔습니다. 그들은 어떤 때는 개인의 집에서, 어떤 때는 들판에서, 그리고 이따금씩은 심지어 배 위에서 그들의 모임을 가지고 예전들을 집례합니다. 이 외에도 그들은 그들의 방식으로 사역자들, 장로들, 집사들을 안수합니다.7)

다른 서신들은 새로운 분리의 사건들이 분출했으나 당국은 그들을 억제하거나 없앨 수 없었음을 보여준다. B. R. 화이트는 "당국의 모든 노력에도 불구하고 지하 교회들은 1570년대 내내 런던에서 모임을 계속했으며, 그것은 그 수도와 인근 지역에서 처음에는 로버트 브라운(Robert Browne)과 나중에는 배로우(Barrow)와 그린우드(Greenwood)의 활동이 있기까지 지속되었다"고 결론을 내렸다.8)

편의상 분리주의에 대한 간단한 개요는 4명의 중요한 지도자들과 교회들의 이야기들을 중심으로 설명될 수 있다. 이들은 로버트 브라운과 '개척자 교회'(Pioneer

Church, 1581), 프랜시스 존슨(Francis Johnson)과 '고대 교회'(Ancient Church, 1592), 존 로빈슨과 '순례자 교회'(Pilgrim Church, 1606년에 이르러 토대가 마련됨), 그리고 헨리 제이콥(Henry Jacob)과 'JLJ 교회'(1616)이다.

로버트 브라운과 개척자교회

분리주의의 초기 역사가 어떠했든 대부분의 학자들은 로버트 브라운(1550-1633)을 이 운동의 개척자로 본다. '문제교직자 브라운'(Troublechurch Browne)이라는 별명을 가진 그는 흔히 분리주의의 대대적 이탈을 시작한 자로 평가를 받아왔다. 그러나 어떤 학자들은 그러한 평가를 수정하기를 원한다. 브라운이 그 운동을 대중화했을지는 몰라도 분명히 그것을 처음 시작하지는 않았다는 것이다.9) 브라운의 1582년의 대박 출판물「더 이상 지체할 수 없는 개혁에 관한 논문」(*A Treatise of reformation without tarrying for anie*)은 널리 주목을 받았으며, 분리주의를 효과적으로 변호했고, 새로운 전향자들을 끌어들였다.

'고귀한 비전을 가진 천박한 예언자'(an ignoble prophet of a noble vision)로 불렸던 브라운은 거친 논쟁가였고, 과도하게 까다롭고 판단하기 좋아했으며, 마누라를 때리는 것으로 정평이 나 있었다. 그의 인생 후기에는 그 운동에서 나와서 영국국교회의 권위에 순응하기 시작했고 그의 이전 형제들이 그가 가르친 관례들로 인해 박해를 받고 있는 동안 그는 비교적 안락한 삶을 살았다. 순결한 가르침이 이보다 더 추한 인격의 소유자와 연루되는 경우를 발견하기란 매우 드문 일이다. 그의 추종자들이 '브라운파'(Brownist)라는 이름을 거부했던 일은 전혀 이상한 일이 아니다.

브라운은 1572년에 캠브리지(Cambridge)의 코르푸스 크리스티(Corpus Christi) 대학을 졸업했는데, 필시 그곳에서 청교도 개혁의 지도자였던 토마스 카트라이트의 학생이었을 것이다. 곧 브라운은 목사들이 감독들에 의해 임명되어서는 안 되며, 지역교회가 자신들의 목사를 선임해야 한다는 확신에 도달했다. 그는 "영국에서 신앙고백자들의 통상적인 교회들이 그리스도의 교회인지"를 질문하고 그렇지 못하다는 부정적인 결론을 내렸다.10) 그는 특히 "중언부언하는 기도와 우롱하는 예배… 그리고 천 가지의 혐오스러운 일들"에 대하여 반대하면서 영국국교회에는 구속적(救贖的) 모습을 갖추지 못했다고 보았다. 그는 한 마디로 "그들은 예루살렘이 아니다"라고 결론지었다.11) 브라운은 그의 신념을 행동으로 옮겼다. 그는 1581년 4월 19일경에 놀위치(Norwich)의 "개인의 집들과 비밀집회 장소들"에서 분리주의 교회의 모임을 형성하였다. 그 이듬해에 그는 더 이상 지체 없는 개혁을 요구하는 그의 유명한 논문을 출판했다.

브라운의 두 맹렬 추종자인 헨리 배로우(Henry Barrow)와 존 그린우드는 런던에서 그의 회중주의적 분리주의를 실행에 옮겼다. 배로우는 "영리하고 학식을 갖췄지만 지나치게 열광적인 정신의 소유자"라는 평을 들었다.12) 그는 영국국교회에 대하여 비판적인 데 있어서는 브라운보다 더 한 편이었으며, 분리주의를 실행하는 데 있어서 한 술 더 떴다. 그의 논문 「분리의 4가지 원인」(*Four Causes of Separation*, 1587)에서 그는 분리의 근거로서 잘못된 예배, 잘못된 사역, 잘못된 권징 그리고 잘못된 교회회원의 자격을 들었다. 그린우드는 아마 배로우보다 덜 전투적이었지만, 그 역시 단호하게 분리주의를 옹호했다. 그의 논문 「참교회와 거짓교회」(*The True Church and the False Church*, 1588)는 거짓 교회의 여러 가지 표시들을 나열하고, 예상한 대로 그러한 표시들이 모두 영국국교회에 있음을 확인했다.

배로우와 그린우드 역시 초기 분리주의 불을 지핀 개혁의 온상이었던 캠브리지 대학을 다녔다. 1586년에는 배로우와 그린우드 둘 다 투옥을 당했으며, 그들은 1593년에 처형을 당할 때까지 – 그린우드는 잠깐씩 풀려난 적이 있었긴 했지만 – 그곳에 갇혀 지냈다. 감옥에서 그들은 집필 사역과 심지어 때로는 설교 사역까지 감당하였다. 그들은 둘 다 완고하고 편협했다. 때때로 그들은 과도하게 호전적인 태도로 그들의 신앙을 진척시켰으며, 종종 사소한 문제들을 극도로 중요한 일로 격상시켰다. 교회가 적절한 사역과 권징을 행하는지, 기도를 보고 읽으면서 하는지 즉석에서 하는지가 그들에게는 문자 그대로 죽느냐 사느냐의 문제였다. 그러나 그들이 마지막까지 그들의 신념에 대한 용기를 가졌으며, 그들의 증거의 삶을 그들의 피로 확증했다는 것은 인정해야 할 것이다. 1592년에 배로우와 그린우드가 감옥에 있는 동안, 그들의 즉흥적인 런던모임은 프란시스 존슨에 의하여 분리주의 교회로 형성되었다.

프란시스 존슨과 고대교회

영국 분리주의 또 다른 중요한 지도자는 프란시스 존슨(c. 1562-1617)이었다. 캠브리지의 그리스도 대학(Christ's College)을 졸업한 존슨은 개혁에 찬성했지만 수년 동안 분리주의는 거부하였다. 1591년에 그는 배로우와 그린우드의 논문 사본들을 압수하여 불태우도록 지시를 받았는데, 화염 가운데서 두 사본을 건져내어 그것을 검토한 뒤에 논박하고자 했다. 그는 검토하면서 오히려 분리주의가 실용적이며 성서적이라고 확신했다. 14년 뒤에 존슨은 자신의 비용을 들여 다시 인쇄함으로써 그가 불태운 문헌을 복구하고자 했다.

존슨은 확고한 브라운주의자가 되었으며, 자신의 안락한 삶을 포기하고 플리트 교도소(Fleet Prison)에 있는 배로우와 의논하기 위하여 런던으로 갔다. 1592년에 그는 런던의 분리주의 교회의 목회자로 세움을 받았다. 존 펜리(John Penry)와 함께 이루어진 배로우와 그린우드의 처형은 분리주의자들로 하여금 영국을 떠나야 한다는 확신을 안겨주었다. 분리주의자들에 대한 여러 처벌들을 규정하는 1593년의 "비밀집회법령"(The Conventicle Act)도 그들의 결정에 영향을 끼쳤다. 대부분의 런던 회중은 1593년에 암스테르담으로 이민을 갔으며, 그곳에서 그들은 '고대교회'(Ancient Church)로 불리게 되었다. 존슨은 당시에 신앙의 이유로 감옥에 있었기 때문에 그들과 함께 갈 수 없었고, 1597년에 뒤쫓아 갔다. 암스테르담에서 고대교회는 순교한 그린우드 대신에 헨리 에인스워드(Henry Ainsworth)를 교사로 세웠다. 온화하고 학자다운 에인스워드는 교인들을 선도하여 1596년에 "참신앙고백서"(True Confession)를 발표했는데, 이 신앙고백서는 나중에 침례교인들에게 영향을 준 것으로 알려진다.[13]

대부분의 분리주의자들처럼 존슨은 매우 비판적이고 까탈스러웠으며, 사소한 문제들에 대해서도 까다로운 사람이었다. 가끔 '브라운주의의 감독'(Bishop of Brownism)으로 불리기도 했던 그는 교회의 회중정치에 대하여 깊은 불신감을 가지고 있었기 때문에 필시 회중주의자라기보다는 장로주의자였다. 장로들의 권위에 대한 그의 단호한 주장은 나중에 침례교도였던 존 스마이스와 했던 논쟁의 한 요인이 되었다. 25년 동안의 사역에서 존슨은 자유교회(free church)와 관련하여 세 가지 심각한 문제들과 직면해야 했다. 오늘날까지 완전히 해결되지 못한 그 문제들은 권징의 올바른 실행, 침례의 참 의미, 그리고 사역자의 권위 문제였다.

존슨에 관한 많은 논란들은 그의 가족사에 집중되었다. 런던에서 그는 아름답긴 했지만 분명히 매우 경솔했던 젊은 과부 토마신 보이즈(Thomasine Boys)와 결혼했다. '쾌활한 소녀'로 묘사된 그녀는 여러 개의 금반지를 끼는 등 사람들이 보기에 사치스럽고 조신하지 못하기까지 한 옷을 입는 취향을 가졌다. 그녀는 첫 남편으로부터 물려받은 돈으로 그러한 것들을 충당했다. 특별히 화려하게 장식된 그녀의 모자는 수개월 동안 교회권징의 논란거리였다. 교회는 매우 도발적이라고 여겨지는 한 가운을 제출하도록 주문하고, 회중이 그 타당성에 대하여 판단하도록 하기도 했다. 그 회중은 또한 소문에 의하면 그녀가 오전 9시까지 침대에 머물러 있다는 이유로 토마신을 비판했다. 프란시스의 형제 조지(George)가 프란시스는 토마신에 의해 눈멀고, 홀려서, 정신을 못 차리고 있다고 주장하면서 그 비판을 주도했다.14) 1599년에 프란시스는 조지가 불경건하고, 이교도적이고, 가증하며, 더욱이 정신이상으로 괴로움을 당하고 있다고 설명하면서 그를 출교시켰다. 3년 뒤에 그는 서로 불만을 품고 있는 형제 사이를 중재하려고 했던 그들의 부친을 또한 출교시켰다.

아마 존슨의 사역에서 최저점은 교회 통제권을 회중이 가질 것인지 교직자가 가질 것인지의 문제로 인하여 그와 에인스워드 사이에 있었던 고통스러운 분열이었다. 에인스워드 무리는 나와서 교인들이 더 많은 결정권을 갖는 새로운 교회를 세웠다. 그들 무리에는 존 케인(John Canne)이 포함되어 있었는데, 어떤 이들에 의하면 그는 나중에 침례교회가 된 브로드미드(Broadmead) 교회의 설립자였다. 고대교회에서 분리된 또 다른 그룹은 존슨이나 에인스워드와 함께 하지 않고 블랙웰(Blackwell) 장로의 지도하에 세워진 그들만의 교회인데, 이 교회는 1619년경에 바다 건너 버지니아(Virginia)로 갔다.

때때로 고대교회의 몇몇 교인들은 아나뱁티스트의 견해에 이끌려 교회를 떠나거나 아니면 교회로부터 배척당했다. 「탐구」(An Inquirie)라는 제목의 논문에서 존슨은 교인들 가운데 "몇 사람들이 (그 나라에서는 매우 흔한) 아나뱁티스트라는 이단에 빠졌으며, 그것을 계속 고집하는 자들은 나머지 사람들에 의하여 출교당했다"고 불평하였다. 1597년에 헤노치 클래펌(Henoch Clapham)은 암스테르담에 있었던 그의 분리주의 교회에서 어떤 아나뱁티스트들과 분란을 겪었는데, 나중에 그는 "자신들의 침례를 기각하고 한 사람이 자신에게 침례를 베푼 뒤에 다른 사람들에게 침례를 베푼" 사람들에 대하여 알고 있음을 밝혔다. 아마도 후자는 존 스마이스를 지칭했을 가능성이 많다.15) 고대교회는 1617년 존슨의 사망 이후로 쇠퇴하였다.

존 로빈슨과 순례자교회

영국 분리주의의 또 다른 교회는 독자적으로 중요한 의미를 가진 교회였는데,

1620년에 플리머스(Plymouth)로 이주했던 '순례자교회'(Pilgrim Church)로 더 유명해진 교회였다. 존 로빈슨(1572-1625)의 지도하에 순례자교회는 온건한 형태의 분리주의를 대표했다. 이 교회는 영국에서 존 스마이스가 목회하던 게인스보로(Gainsborough) 교회의 한 부분에 기원한다. 영국의 법이 '비밀집회'를 금하고 있었던 상황에서, 교회의 급성장으로 인해 많은 교인들이 함께 모이는 일이 현명하지 못한 일이었기 때문에 그들은 교회를 분리했다. 어떤 사람들은 스마이스(Smyth)의 목회적 지도하에 게인스보로에 남았고, 나머지 사람들은 스크루비(Scrooby) 영지(領地)로 거점을 옮기고, 그곳에서 로빈슨을 목회자로 세웠다. 로빈슨 그룹은 두 평신도를 포함하고 있었는데, 나중에 아메리카(America)에서 잘 알려지게 될 윌리엄 브래드포드(William Bradford)와 윌리엄 브루스터(William Brewster)였다.

로빈슨의 교회 역시 1608년경에 암스테르담으로 이주했는데, 당분간은 '고대교회'와 교제했음이 분명하다. 나중에 로빈슨은 그의 그룹을 인솔하여 라이덴(Leyden)으로 옮겼는데, 이는 필시 고대교회의 내부적 갈등과 고대교회와 스마이스 교회 간의 갈등을 피하기 위함이었을 것이다. 라이덴에서 로빈슨은 그의 입장을 어느 정도 완화시켜서 스마이스와 존슨의 강경한 분리주의에서 벗어나 헨리 제이콥(Henry Jacob)의 온건한 '반(半)분리주의'(semi-Separatism)로 더 기울었다. 역사가들은 이러한 변화의 원천에 대하여 논쟁하는데, 많은 이들은 로빈슨이 헨리 제이콥에 의해 영향을 받았을 것이라고 결론을 내린다. 제이콥은 런던으로 돌아가 1616년에 독립교회를 세우기 전에 수년 동안 네덜란드에 머물렀다.

로빈슨 교회에 있어서 라이덴은 결국 적절하지 못한 정착지였다. 그들은 경제적 불운을 겪었으며, 그들의 자녀들이 영국 언어를 잊어가고 네덜란드 가정과 혼인관계를 맺는 일에 대하여 안타깝게 여겼다. 1620년에 그 교회의 일부는 브래드포드와 브루스터의 지도하에 다른 분리주의자들과 함께 배를 타고 신대륙으로 향했다. 로빈슨 목사는 나중에 그들을 좇기로 하고 그들에게 열정적인 작별 설교를 했다. 그의 설교 가운데 다음의 말은 종종 인용되는 말이다: "주님께서는 여전히 당신의 거룩한 말씀으로부터 드러내실 더 많은 진리와 빛을 가지고 계십니다."16) 로빈슨의 교회는 아메리카 회중교회(American Congregationalism)의 선구자들인 '필그림 교부들'(Pilgrim Fathers)의 토대가 되었지만, 로빈슨은 1625년에 사망함으로써 결코 아메리카에서 그들과 함께 할 수 없었다.

헨리 제이콥과 JLJ 교회

1616년에 헨리 제이콥은 런던의 서더크(Southwark) 지역에서 분리주의 교회를 설립했다. 대부분의 분리주의 지도자들과 같이 제이콥은 네덜란드에서 한 동안 망명생활을 했으며, 그곳에서 영국과 네덜란드의 제도교회반대자들이 역설하는 다양한 견해들을 주고받았다. 명백하게 제이콥은 존슨의 고대교회를 분열로 치닫게 만든 편협한 정신과 완고한 불관용을 싫어했고, 자신은 그러한 까다로운 교회와는 영적으로, 그리고 지리적으로 거리를 두었다. 제이콥은 온건한 형태의 분리주의를 발전시키고-어떤 이들은 이를 '반(半)분리주의'라고 불렀다-한동안 라이덴 인근의 미델부르크(Middelburg)에서 이러한 관용의 원리를 기반으로 하는 교회모임을 가졌다.

제이콥은 1616년에 런던으로 돌아와서 교회를 세웠는데, 그 교회는 첫 세 목회자의 이름, 제이콥(Jacob), 존 래스롭(John Lathrop), 헨리 제시(Henry Jessey)의 첫 자를 딴 이름으로 불렸다. JLJ 교회에 대한 자세한 설명은 나중에 설명하겠지만, 이 교회의 교인들 가운데서 첫 영국의 특수침례교회가 시작되었다.

이 개요는 적어도 영국 분리주의의 개괄적인 윤곽을 제공한다. 그들이 행한 것들을 모두 승인하지는 않더라도 그 운동과 그 지도자들의 칭찬할만한 열망들에 대해서는 평가할 만하다. 오늘날의 관점에서 그들은 까다롭고 비판적으로 보인다. 그들은 그들과 심지어는 매우 사소한 견해의 차이를 가진 자들도 비난했고, 그들이 일찍이 영국국교회에서 분리한 것처럼 그들 서로 간에도 분리할 준비가 항상 되어 있었다. 키스 스프렁거(Keith L. Sprunger)가 지적한 것처럼 그들은 '분열과 나쁜 행동거지'로 특징지어졌다.17)

이러한 오점들에도 불구하고 분리주의는 '자유교회전통'(Free Church tradition)에 많이 기여했다. 분리주의자들은 성서를 중대하게 여겼고, 그 가르침에 따라 그들의 삶을 규정했다. 그들은 교회를 구원받은 자들로 구성되는 '모이는 교회'(gathered church)로 주장했다. 분리주의자들은 감독 중심의 교회 정체(政體)를 거부하면서 참여적인 교회 행정체제를 선호했다. 어떤 이들은 회중적 체제를, 또 어떤 이들은 장로주의적 체제를 더 선호했다. 그들은 규정된 형식, 문서화된 기도문, 혹은 다른 예배 보조물들에 지나치게 의존하지 않는 단순한 예배 의식을 선호했다.

이러한 개념들은 나중에 침례교의 실생활에 많이 등장하게 되었는데, 이는 의심의 여지없이 분리주의자들로부터 흡수된 것이었다. 그러나 침례교인들은 대부분의 분리주의자들이 신자의 침례와 종교의 자유를 받아들이는 데까지 가지 못한 것에 대하여 비판하였다. 이 두 분야에 있어서 침례교인들은 의미심장하게 분리주의자들을 넘어섰다.

다양한 종교적 영향들은 이들 분리주의자들을 다양한 교단들로 분류되도록 만들었다. 그들 가운데 어떤 이들은 은혜에 의한 구원, 신자의 침례, 만인을 위한 종교의 자유와 같은 개념들을 서서히 받아들이게 되었다. 그러한 견해들을 받아들인 자들은 결국 '침례교인들'로 불리게 되었으며, 이 책은 그들에 관한 이야기이다.

오늘날 알려진 바대로 침례교 교단은 영국의 분리주의 운동을 거쳐서 등장했다. 최대한의 역사적 증거가 그 기원을 확인해주고 있으며, 지난 반세기 동안 이 기원론에 도전하는 주요 학자들은 없었다. 침례교가 분리주의로부터 등장했다는 것은 분명하다. 덜 분명한 것은 그에 대한 정확한 이유이다. 어떤 이유로 소수의 분리주의자들은 대부분의 다른 분리주의자들이 이르지 못한 신자의 침례, 종교의 자유, 그리고 교회와 국가의 분리를 주장하기에 이르렀는가? 그리고 분리주의 이면에 무엇이 그러한 주요 종교적 운동을 발흥하게 했는가? 영국 침례교의 실제적 등장에 대한 더 구체적인 고찰이 이러한 질문들에 답하는 데에 도움을 줄 것이다.

3. 일반침례교회의 등장

일반침례교회는 영국에서 더 오래되고, 보다 아르미니우스주의적인 침례교 신앙을 대변한다. 그들은 모든 인간이 그리스도를 믿을 자유를 가졌으며, 누구든지 믿는 자들은 구원을 얻으며, 아무도 파멸로 예정되지 않았고, 구원받은 자들도 그들의 신앙을 저버릴 수 있어서 구원을 상실할 수 있으며, 모든 지역교회들은 한 교회를 이룬다고 믿었다.

존 스마이스

일반침례교의 등장은 존 스마이스(John Smyth, c. 1570-1612)라는 주목할 만한 인물을 중심으로 이루어진다. 한 역사가는 스마이스가 "시종일관된 침례교 역사의 근원이라는 위치를 점한다"고 말했다. 또 다른 역사가는 그를 '침례교의 개척자'라고 지칭했다.18) 한 동시대 인물은 스마이스를 영국국교회에서 나온 '분리의 거장 가운데 하나'로 묘사했다.19) 유능한 신학자요 저술가였던 스마이스에 관해서 기억해야 할 주요 사항은 그가 1609년에 네덜란드에서 최초의 현대 침례교회를 설립했다는 사실이다.

스마이스가 사역을 준비하기 위해 1586년에 캠브리지대학의 그리스도 대학(Christ's College)에 진학한 것은 분명하다. 1590년에 졸업한 후 그는 그리스도 대학에 연구원으로 남도록 요청을 받았고, 그곳에서 한동안 가르치는 일에 종사했다. 그는 1594년에 런던의 감독에 의해 국교회의 사제로 안수를 받았다. 스마이스는 캠브리지에서 나중에 분리주의 교회를 목회했던 프랜시스 존슨의 가르침에 크게 영향을 받았다. 한 역사가는 이 이른 시기의 스마이스를 여전히 규정된 기도, 교회에서의 성악과 기악의 사용, 신앙에 대한 적정 수준의 정부 규제를 받아들이는 '온건한 청교도의 적절한 예'로 묘사했다.20) 이 온건한 청교도주의의 시기는 오래가지 않았으며, 스마이스는 곧 국가교회에 대한 날카로운 비판으로 어려움에 처하게 되었다. 한 기록은 그가 영국국교회의 가르침과 행습에 순응하기를 거부함으로써 한동안 '클링크'(Clink)라는 유명한 영국의 교도소에 투옥되었음을 보여준다.21)

타협을 모르는 자였던 스마이스는 비판의 소리를 낼 때에 종종 거센 표현을 사용했다. 그는 많은 사제들이 '지나치게 교황주의적'(즉, 지나치게 가톨릭적)이라고 생각했고, 유아세례를 영적 간음과 동일시했다. 그리고 그는 설교단에서 저명한 죄인들을 거명하면서 비판하기로 정평이 나있었다. 한 역사가는 스마이스를 '너무 노골적이고 전격적'이라고 하면서도 '마음을 끄는 힘과 설득력을 가진 인물'로 인정했다.22) 스마이스의 동시대 인물 가운데 한 사람은 그를 '학식과 능력을 갖추었으나 불안정한 정신의 소유자'로 일컬었다.23) 스마이스는 가변적이라는 비난에서 결코 벗어날 수 없었다. 그는 국교도, 청교도, 분리주의자, 침례교도를 거쳐서 진보하다가 마지막에는 메노파(Mennonites)에 가입하려고 했다. 죽기 직전에 그는 모든 교단적 갈등을 피하려고 하면서 뚜렷하게 초교파적인 사고방식을 드러냈다. 스마이스가 사망한 후에는 그의 직계 추종자들은 메노파교회에 합류했다. 그가 가변적이라는 비난에 대한 그의 항변은 그가 항상 더 나은 것을 위해서 변화했다는 것이다.

1600년에서 1602년까지 스마이스는 링컨(Lincoln) 시의 '강연자'(city lecturer)로

봉직했으며, 그 직위에서 그는 꽤 괜찮은 보수에다가 '세 마리의 암소를 평민에게 의탁할 수 있는 권리'를 가졌다.24) 이 직위에 있으면서 스마이스는 그가 그 당시에 이미 거부했던 유아세례와 같은 목회적 직무에서 면제를 받았다. 1602년에 스마이스는 그 직위에서 해임당했고, 그는 공개적으로 유력한 지도자들의 잘못을 비판했다. 우리는 1602년에서 1606년의 기간 동안 있었던 스마이스의 활동에 대해 자세한 정보를 가지고 있지 못하지만, 그가 분리주의로 향하고 있었음은 알 수 있다. 이 기간 동안 그가 쓴 두 주요 저작 「밝은 새벽별」(*The Bright Morning Starre*, 1603)과 「참 기도의 본보기」(*A Pattern of True Prayer*, 1605)에서 그는 계속해서 국가교회에 대한 비판을 이어갔으며, 성서의 순수성을 더 증진시킬 것을 촉구했다. 이 기간 동안 스마이스는 또한 의사의 업무에 종사했으나, 이 일은 단지 몇 주 동안의 특정한 공부만을 요구하는 것이었다.

게인스보로 교회

1606년경에 스마이스는 미들랜즈(Midlands)의 게인스보로에 살고 있었다. 그곳의 교구교회는 '부재(不在) 목회자'(absentee pastor)가 있었는데, 스마이스의 견해에 의하면 그는 교인들을 제대로 돌보지 못하고 있었다. 교인들이 모였는데 목회자가 없을 경우에 가끔 스마이스가 설교를 하곤 했다. 교회 당국이 이 사실을 알고는 그가 더 이상 설교를 하지 못하도록 금지시켰다. 이것이 명백하게 마지막 조짐이었다. 그 직후에 스마이스는 영국국교회와 완전히 결별했다. 그는 게인스보로에서 모이는 일단의 분리주의자들과 어울리기 시작했으며, 머지않아 그들 가운데 한 사역자로 받아들여졌다. 이 무리 가운데 다른 지도자들은 존 로빈슨, 윌리엄 브루스터, 윌리엄 브래드포드였는데, 이들 가운데 일부는 나중에 메이플라워호(Mayflower)를 타고 아메리카로 간 '필그림 교부'(Pilgrim Fathers)로 주목을 받은 자들이었다. 또 다른 지도자는 부유한 평신도 토마스 헬위스(Thomas Helwys)였다.

영국왕 제임스 1세가 국가교회에 순응하지 않는 자들을 "괴롭혀서 그 땅에서 몰아내려고" 위협했기 때문에 분리주의자들에게 박해는 끊임없는 위협이었다. 그 무리가 위험할 정도로 눈에 띄게 커졌을 때, 그들은 두 무리로 나누어서 만나기로 했다. '로빈슨-브루스터-브래드포드' 무리와 '스마이스-헬위스' 무리로 분리했는데, 이는 어떠한 교리적 불일치에 의해서가 아니라 단지 편의와 더 큰 안전을 위한 것이었다. 두 무리는 모두 신앙적 도피자로 비슷한 시기에 네덜란드로 이주했는데, 그곳에서 그들의 행로는 달라졌다. '스마이스-헬위스' 그룹은 신자의 침례를 받아들이고 침례교회가 되었고, 다른 그룹은 1620년에 메이플라워호를 타고 그 당시에 '광야'라고 불렸던 아메리카로 가서 뉴잉글랜드(New England) 회중교회(Congregational Church)의 토대가 되었다. 그들이 영국을 떠나기 전에 스마이스는 서약서를 작성했는데, 브래드포드는 자신의 말로 다음과 같이 말했다.

> 그들은 반기독교적 속박의 멍에를 떼어내고, 주님의 자유인들로서 복음의 교제 안에서, 최선의 노력에 따라, 어떤 대가를 치르더라도, 주님의 도우심으로 한 교회 사유지에 합류했다.25)

스마이스와 헬위스가 1607년에 그들의 소수 무리를 인솔하여 암스테르담으로 갔을 때, 그들은 아직 침례교인들이 아니었다. 그들의 이주 동기는 박해를 피하는 일이었다. 한 기록에 의하면 스마이스가 "노를 가져왔다면 헬위스는 돛을 가져왔다"고 한 것으로 보아, 명백하게 헬위스도 지도자 가운데 하나였다. 헬위스는 토지를 소유한 집안 출신이었으며, 런던의 '개리스인'(Gary's Inn)에서 교육을 받았다. 스마이스가 보다 역동적이고 창의적이었다면, 헬위스는 명료한 생각과 안정된 행동으로 기여하였다.

스마이스의 무리는 처음에는 단순히 암스테르담에 있던 여러 무리의 영국인 망명자 교회들 가운데 하나일 뿐이었다. 그들은 암스텔(Amstel) 강 근처에 있는, 오늘날 그 도시의 '렘브란트 광장'(Rembrandtsplein) 지역에 위치했고, 메노파 교인 얀 문터(Jan Munter)가 소유했던 오래된 '동인도 빵집'(East India Bakehouse)에서 고용되어 기거하고 있었다. 그들은 암스테르담 항구를 이용하는 수많은 배들에게 공급하기 위한 '딱딱한' 비스켓과 같은 종류의 빵을 굽는 일을 하면서 생계를 꾸렸다. 스마이스의 무리는 처음에 '고대교회'(Ancient Church)와 교제했다. 그러나 스마이스는 곧 존슨과 심각한 의견의 차이점들을 드러냈고 이러한 점들을 「분리주의 교회들과의 차이점들」(The Differences of the Churches of Separation, 1608)이라는 제목의 책에 실어서 출판했다. 중점적인 차이점들은 주로 예배의식, 교직자들의 역할과 임무들, 그리고 교회의 재정적 지원 수단과 같은 분야에 집중되었다.26)

참 예배는 '마음으로부터' 나와야 하고, 그렇기 때문에 예배 시에 "책을 보고

읽는 것은 영적 예배의 한 부분이 될 수 없으며, 오히려 죄 있는 인간들의 발명품"이라고 스마이스는 주장했다. 스마이스는 영적 예배가 기록된 보조물을 사용함으로써 더럽혀져서는 안 된다고 생각했고, 예배 시에는 "눈앞에 어떤 책"도 허용하지 않으려고 했다.27) 기도, 시편낭송, 설교는 철저하게 자발적이어야 했다. 아마도 스마이스는 영국국교회의 "공동기도문"(Prayer Book)에 반발하고 있었음이 틀림없다. 어떤 교직자들은 단순히 거기에 있는 기도문들을 읽었다. 스마이스는 그러한 규정된 방식들이 성령의 직접적 인도하심을 약탈하는 것으로 보았다. 스마이스는 완전한 자발성을 요구함에 있어서 예배 시에 성서를 읽는 일도 허용하지 않으려고 하는 데까지 갔다. 그는 성서의 영어번역본이 하나님의 직접적인 말씀에 비해 가치가 떨어진다고 보았다.

두 번째 차이점은 사역의 영역에 있었다. 고대교회는 칼뱅의 가르침에 따라 목사들(pastors), 교사들(teachers), 치리자들(rulers)로 이루어지는 '삼부 장로제'(triformed Presbyterie)를 인정한 반면에, 스마이스는 모든 사역자들은 본질적으로 같은 기능을 가진다고 보는 '균등'(uniform) 사역제를 선호했다. 집사들은 평신도 사역자들로 섬김으로써, 이는 교회의 두 직위를 규정한다.

스마이스는 교회재정에 있어서도 존슨과 입장이 달랐다. 그는 "교회의 보고(寶庫)에 헌금하는 일에 있어서 교회 밖에 있는 자들과 분리되어야 한다"고 주장했다.28) 스마이스로서는 이것이 공연한 트집 이상의 일이었다. 그는 헌금도 예배의 한 부분이라고 생각했기 때문에 믿지 않는 자들은 기도나 주의 만찬에 참여할 자격이 없는 것만큼 헌금에도 참여할 자격이 없다고 보았다.

스마이스는 고대교회의 단순한 분리주의를 넘어서고 있었다. 존슨 그룹은 영국국교회의 모든 영적 활동을 무가치한 일로 보았기 때문에 영국국교회를 거부했지만, 그들은 여전히 그 교회를 떠난 사람들의 침례를 갱신하지는 않았다. 스마이스는 나중에 존슨과 다른 유사한 분리주의자들은 논리적으로 영국국교회로 돌아가든가, 아니면 침례를 회복하는 새로운 토대로 나아가야 할 것이라고 주장했다.

침례교회의 사상으로 발전

스마이스와 헬위스, 그리고 그들의 작은 무리가 1607년에 영국을 떠났을 때, 그들은 구약의 언약을 기초로 하는 교회를 형성했고, 신앙에 대한 어느 정도의 정부규제를 옹호했으며, 신자의 침례에 대한 어떠한 규정도 없었다. 2년 내에 이 모든 점들에 변화가 생겼으며, 스마이스는 신앙고백을 한 믿는 자들의 침례를 근거로 하는 교회를 세웠다.

스마이스는 1609년에 침례는 오직 믿는 자들에게 적용되어야 하고, 바로 이 자발적인 신앙고백과 침례가 교회의 기초가 되어야 한다고 결정함으로써 동료들과 적들을 똑같이 깜짝 놀라게 했다. 그때나 지금이나 그의 침례에 관해 많은 논의들이 집중되었지만, 아마도 스마이스의 기본적인 관심은 침례보다는 '순수한 교회' 개념에 있었다. 그러한 교회는 오직 참 기독교인들만 포함해야 하고, 침례는 신앙고백을 한 믿는 자들에게만 적용되어야 한다는 것이다.

스마이스는 그의 추종자들을 설득하여 모임을 해체하고 신자의 침례를 기초로 하는 그들의 교회를 재구성하도록 했다. 한 저자는 "그들은 그들의 교회를 해산했고… 그 교회의 목회자였던 스마이스 씨는 그의 직위를 내놓았으며, 집사들도 또한 그렇게 했고, 그들의 이전 침례를 포기함으로써, 그들 서로를 책임지는 새로운 공동체로 들어가기를 꾀했다"고 말했다.29) 영국에서 스마이스와 관계가 있었던 존 로빈슨은 "스마이스, 헬위스 그리고 나머지 무리는 그들의 이전 교회 체제와 사역을 완전히 해체하고 부인하면서 침례에 의한 새로운 교회를 세우기 위하여 함께 하였다"고 말했다.30)

그러나 이 일에는 문제가 있었다. 스마이스의 견해에 따르면, 그들 가운데 누구도 참된 침례를 받은 자가 없었다는 점이다. 그들은 그들의 이전 침례에서 두 가지의 심각한 결점이 있음을 발견했었다. 그 침례가 유아에게 주어졌다는 점과 거짓 교회인 영국국교회에 의해 그 권위가 인정되었다는 점이다. 스마이스는 메노파와 같은 다른 그룹으로부터 침례를 구하기보다는 '자기 침례'(baptizing himself)라는 기발한 방식을 취했다. 그런 다음 그는 헬위스와 40명 가량의 다른 사람들에게 침례를 베풀었다. 어떤 사람들은 이 '자기 침례'(se-baptism 혹은 self-baptism)를 논박했다. 아이비미(Ivimey)는 이것을 '어리석은 비난'으로 각하하면서, 그것은 '적대자들에 의해 날조되었다고' 주장했다.31) 또 어떤 사람들은 스마이스의 '자기 침례'를 역사적 근거보다는 신학적 근거를 가지고 거부했다. 그들은 그의 침례가 적절한 '역사적 계승'을 가지지 않는다면 유효하지 않을 것이라고 염려한다.

그러나 우리는 그가 참으로 자신에게 스스로 침례를 베풀었다는 스마이스 자신의 분명한 증언과 당시의 증거를 가지고 있다. 이 '자기 침례'는 스마이스 생전에 종종 논의되었으며, 그것에 대하여 의문을 제기하거나 부인하는 사람은 명백하게 거의 한 세기가 지난 이후에나 있었다. 그 당시 현장에 있었던 존 로빈슨은 "스마이스가 먼저 스스로 자신에게 침례를 베풀었고 그 다음 헬위스에게 침례를 베풀었다"고 말했다. '고대교회'의 교사로서 스마이스와 이전에 친분관계에 있었고, 학자의 면모를 풍겼던 헨리 에인스워드(Henry Ainsworth)는 간단하게 "스마이스 씨는 자신에게 스스로 재침례를 베풀었고(anabaptized), 그리고 다른 사람들에게 재침례를 베풀었다"고 말했다.32) 스마이스의 단호한 반대자였던 리처드 클리프턴(Richard Clyfton)은 스마이스의 '자기 침례'에 대하여 상세하게 기록했다. 그리고 리처드 버나드(Richard Bernard)는 그의 「분명한 증거들」(Plain Evidences)에서 스마이스의 '자기 침례'에 대하여 불평하면서 "그는 재침례를 행함으로써 아나뱁티스트적이었고, 스스로 침례를 베풀었기 때문에 '자기 침례자'였다"고 말했다.33)

만약 이것으로 충분하지 않다고 하더라도 우리는 그가 스스로 자신에게 침례를 베풀었다는 스마이스 자신의 증언과 그러한 행동에 대한 활기찬 변호를 확보하고 있다. 그는 "실은 사람이 스스로 자신에게 침례를 베푸는 일에 대해서는 정당한 이유가 있으며," 그러므로 개개의 기독교인들은 특별한 환경에서 "자신들에게 침례를 베풀 수 있다"고 말했다.34) 「존 스마이스의 마지막 책」(The Last Book of John Smyth)에서 저자는 여전히 자신의 '자기 침례'를 옹호하고 있었다. 그는 기독교인들이 이웃 교회들로부터 침례를 구해야 할 의무는 없지만, "아직 침례 받지 못한 상태에서는 스스로 자신에게 침례를 베풀 수 있으며(우리가 그렇게 했듯이), 더 나아가 그들 자신들의 교회를 세울 수 있다"고 썼다.35)

스마이스는 신자의 침례에 대해 확신을 가지게 되면서 왜 당시에 그것을 실행하고 있었던 메노파에게 그것을 요청하지 않았는가? 스마이스의 생애 동안에 여러 사람들이 그 질문을 했다. 아마 언어장벽으로 인하여 그들이 초기에 메노파에 관한 많은 것들을 알기 힘들었을 것이다. 스마이스도 "우리가 건전한 양심을 가지고 침례를 받고 합류할 수 있는 교회를 발견할 수 없었기 때문에, 우리 스스로 침례를 베풀 수밖에 없었다"고 말함으로써 그런 정도의 상황을 암시했다.36) 스마이스가 메노파에 대하여 충분히 알게 되고 그들의 침례를 참 침례로 깨닫게 된 것은 어느 정도 나중의 일이었음은 명백하다.

스마이스의 침례 방식이 관수례(affusion) 혹은 붓는 방식(pouring)이었음은 거의 확실하다. 일반침례교 가운데 침수례(immersion)는 그 다음 한 세대 동안은 통상적 관례가 되지 않았다. 한 관찰자는 "거기에는 누가 먼저 시작해야 할지에 대해 정중한 밀고 당김이 있었는데, 스마이스는 헬위스에게 양보했고, 헬위스는 스마이스가 먼저 시작해야 한다고 주장했다"고 전한다. 당시에 메노파를 포함하여 누구도 그렇게 일찍 침수례를 실행했다는 증거는 희박하다. 에인스워드는 스마이스가 "자신에게 물을 끼얹었다"고 말했다. 메노파 교도였던 루버트 게리츠(Lubbert Gerrits)는 그의 그룹이 침례의 토대와 형식과 관련하여 스마이스의 침례를 조사하고 난 뒤에 "우리는 우리와 그들 사이에 어떤 점에 있어서도 차이점을 발견하지 못했다"고 결론 내렸다.37) 게리츠 그룹도 동일한 방식을 사용했기 때문에, 이 말은 스마이스의 침례가 관수례 혹은 붓는 방식이었음을 확증해 준다.

헬위스와의 결별

머지않아 아마도 수개월 내에 스마이스는 그의 '자기 침례'가 조급하고 무질서한 것이었다고 후회하기에 이르렀다. 아마 그는 메노파가 참 교회이며, 그들에게 질서정연한 계승의 차원에서 침례를 줄 수 있었을 것으로 생각하게 되었음이 틀림없다. 신앙고백에 관한 논의와 입장교환이 이루어진 이후에 스마이스는 다시 한 번 그의 신앙적 확신과 관례를 바꾸었다. 그는 교회 앞에서 자신이 자신의 '자기 침례'와 교회회원자격을 부인한 것처럼 그들의 침례를 부인할 것을 요청했다.

스마이스는 "교회와 사역은 반드시 계승되어야 한다"고 믿게 되었음이 분명했다. 즉, 참 침례는 그것을 받은 사람에 의해서만이 주어질 수 있다는 것이다.38) 대부분의 교인들은 스마이스를 따랐고, 그들의 여정에 새로운 선회(旋回)를 감행했다. 그들은 스스로 교인의 자격을 박탈했으며, 이것이 그들의 잘못이라고 고백하고 그 잘못, 즉 그들이 그리스도에 의해서 세워진 질서에 역행하여 스스로 자신들에게 침례를 베풀었음을 회개한다고 전했다.39)

그러나 일단의 교인들은 이러한 변화에 함께 하기를 거부했다. 그들의 침례에 만족해하고 메노파에 가입하기를 꺼려했던 헬위스와 소수의 무리는 스마이스와 20명이 넘는 그의 추종자들을 제외시켰다. 그들은 유감의 마음을 가졌지만 그들에 대한 사랑과 존경을 여러 차례 확인하면서 그렇게 했다. 그러나 명백하게 스마이스는 깨닫지 못했지만 그들이 분명하게 깨달은 것은 침례에 관한 유사성에도 불구하고 그들은 메노파와 더 근본적인 차이점들을 가지고 있었다는 점이다. 헬위스는 메노파를 재촉하여 스마이스의 가입신청에 대하여 주의를 기울일 것을 요청했다. 명백하게 그들은 그렇게 했고 스마이스는 그의 생애 동안 메노파에 받아들여지지 못했다. 상당한 기간 동안 '소진'(消盡)으로 야기된 심각한 질병을 앓은 뒤에 스마이스는 1612년 8월 20일 사망했다. 그는 어떠한 조직화된 교회의 회원자격도 가지지 못한 채 그의 삶을 마감하게 되었다. 그의 사망 이후 그의 남은 추종자들은 1615년 1월 21일에 메노파 교제권으로 받아들여졌고, 독립된 그룹으로서는 역사의 뒤안길로 사라졌다. 스마이스는 신자의 침례를 회복했지만, 침례교의 시작을 이어간 것은 헬위스의 무리였다.

영국으로 돌아온 헬위스

1611년에 헬위스는 그의 작은 무리를 이끌고 영국으로 돌아왔고, 런던의 스피털필드(Spitalfield)에서 그들의 교회를 설립했다. 역사가들은 이 교회를 영국 땅에 세워진 첫 침례교회로 생각한다. 헬위스는 기독교인들이 박해로 인하여 자신들의 모국을 떠나 도피하는 것은 잘못된 일이라고 생각하게 되었다. 만약에 모든 사람들이 그렇게 한다면, 참 신앙은 완전히 내쫓길 것이기 때문이었다. 그의 아내와 자녀들이 여전히 영국에 있었다는 사실도 이러한 생각에 영향을 주었을 것이다.

우리는 1611년에 작성된 "암스테르담에 남아 있는 영국인들의 신앙선언서"(Declaration of Faith of English People Remaining at Amsterdam)로부터 헬위스 무리의 신앙과 행습을 어느 정도 알고 있다. 이 신앙고백서는 헬위스 무리는 일찍이 스마이스에 의해 선포되었다가 철회된 침례교의 원리들을 계속해서 고수하고 있음을 확인해 준다.40) 그들은 아직 침수례의 방식을 실행한 것은 아니지만, 침례를 오직 믿는 자들에게만 적용하였다. 그들은 그들이 처음 분리주의를 실천하고 있을 때 취했던 칼뱅주의에서 벗어나서 자유의지와 심지어는 '은혜로부터 이탈'의 여지를 두었다. 그들은 각 교회가 그들의 교직자들, 즉 설교하는 장로들(preaching elders)과 남녀 집사들을 세우도록 허용하였다. 아마도 네덜란드의 메노파의 영향으로 그들은 교회 간의 온건한 연대적 관계의 입장을 받아들였다.

영국으로 돌아온 지 얼마 지나지 않아서 헬위스는 그의 유명한 「불법의 신비에 대한 짧은 선언문」(*A Short Declaration of the Mistery of Iniquity*, 1612)을 출판했다. 영국국교회에 대한 논박서인 동시에 모든 사람들을 위한 종교자유를 옹호한 이 책은 곧 헬위스로 하여금 곤궁에 처하게 만들었다. 그는 명백하게 제임스 왕에게 한 권을 증여하려고 시도했고, 그 일이 실패하자 책의 표지 이면에 왕에게 보내는 개인적인 짧은 편지를 써서 그 책을 왕에게 보냈다. 필시 왕은 헬위스의 종교자유를 위한 꾸밈없는 호소에 의해 기분을 상했을 것이다. 여하튼 헬위스는 곧 뉴게이트(Newgate) 교도소에 갇히게 되었고, 명백하게 1616년에 그곳에서 사망했다.

헬위스가 감금당하자 지도자의 임무는 모피상이었던 존 머튼(John Murton, 혹은 Morton)에게 떨어졌다. 게인스보로 출신이었던 머튼은 스마이스와 함께 암스테르담에 갔으며, 그곳에서 침례교도가 되었고, 스마이스와 결별할 때는 헬위스의 편에 섰다. 그 역시 그의 신앙 때문에 고난을 받았으며, 수년 동안 감옥에 갇혔다가, 1626년에 그곳에서 사망하였다. 감옥에서 그는 종교자유에 관한 두 편의 논문을 썼다. 그의 아내 재인(Jane)은 나중에 암스테르담으로 돌아가서 "또 다른 침례를 받지 않은 채" 메노파에 가입했다.41) 1624년에 이르기까지 영국에 최소한 5개의 일반침례교회들이 있었음을 우리는 알 수 있다. 빠른 성장이 이루어졌고, 1650년경에는 알려진 교회만 적어도 47개 교회가 되었다.

4. 특수침례교회의 등장

영국의 초기 침례교가 속죄론의 교리 때문에 '분열'되었다는 말이 종종 들리지만, 그것은 사실적 판단을 그르치게 만든다. 그들이 그 교리에 있어서 첨예하게 다른 것은 사실이다. 일반침례교는 그리스도께서 모든 사람들을 위하여 죽으셨다는 '일반속죄론'(general atonement)을 주장하고, 특수침례교는 그리스도께서 오직 택자들만을 위해 죽으셨다는 '특수속죄론'(particular atonement)을 주장한다. 그들은 또한 교회론, 구원의 영구성(eternal security), 정부와의 관계 등에 있어서도 다른 견해를 가졌다. 그러나 이 두 그룹은 '분열'되지 않았다. 그보다 그들은 매우 다른 기원에서 비롯되었고, 서로 다른 시기와 장소에서, 서로 다른 지도자들에 의해 시작되었다. 한 세대 후에 등장한 특수침례교는 단순히 더 늘어난 침례교회들에 지나지 않는 것이 아니라 상당히 다른 종류의 침례교회들이었다.

영국 침례교의 두 그룹 모두 개혁적인 분리주의 운동에서 비롯되었지만, 바로 그 점에서 유사성은 감소된다. 스마이스와 헬위스의 분리주의는 엄정했던 반면에, 특수침례교 무리는 보다 온건한 반(半)분리주의(semi-Separatism) 회중에서 비롯되었다. 스마이스는 그가 적그리스도(Antichrist)로 여겼던 영국국교회로부터 전적인 분리를 요구했다. 반면에 나중에 침례교도가 된 반(半)분리주의자들은 영국국교회가 많은 문제점들이 있고 불완전하긴 하지만 어느 정도 참 교회라고 여겼다. 그들의 영국국교회와의 관계와 그들이 신자의 침례를 채택한 이유들은 일반침례교와 상당히 다르게 보인다.42) 그러나 머지않아 특수침례교는 보다 분파적(sectarian) 입장을 취하게 되었다.

특수침례교회의 중요성

역사가들은 리처드 블런트(Richard Blunt) 혹은 윌리엄 키핀(William Kiffin)과 특수침례교의 시작보다는 존 스마이스와 일반침례교에 더 많은 지면을 할애하는 경향이 있어 왔다. 이 점에서 언더우드(Underwood)는 꽤 전형적이다.43) 『영국 침례교회사』(A History of the English Baptists)에서 그는 일반침례교의 초기 역사에 28쪽을 할애했으나 특수침례교에는 겨우 6쪽을 할애했다. 이러한 역사적 불균형은 정정되어야 한다. 특수침례교가 더 나중에 시작되었고 처음에는 더 천천히 성장했지만, 오늘날 침례교는 그 신앙과 행습에 있어서 그들로부터 더 많은 영향을 받았다.

매우 신중한 역사가 노먼 메어링(Norman H. Maring)은 다음과 같이 말했다:

> [일반침례교회는] 영국에서 침례교인들의 삶 가운데 항상 작은 부분을 차지했으며, 미국에서는 심지어 더 작은 부분을 차지했다. 양 나라 침례교인들의 삶의 주류에 끼친 그들의 영향은 미미했던 것으로 보인다. 실로 그들의 아나뱁티스트와의 관계를 인정한다 하더라도, 이 결론은 침례교인들의 삶과 사상의 주류를 이해하는 일에 거의 영향을 주지 않을 것이다.44)

글렌 스태슨(Glen Stassen)도 역시 일반침례교와 특수침례교의 근본적인 불연속적 관계를 강조했다. 그는 "침례교는 영국에서 1611년에 시작되었지만, 그들에게는 1638년에서 1641년의 기간에 그들의 두 번째이면서 독립적인 시작이 있었다. 그리고 우리의 주관심사는 바로 이 두 번째의 독립적인 시작"이라고 말했다.45) 스태슨은 일반침례교보다는 특수침례교의 유산에 더 중점을 두는 침례교 연구의 근본적인 재교육을 촉구했다.

그러나 우리는 하나의 불균형을 바로잡기 위해서 또 다른 불균형을 만들어내어서는 안 될 것이다. 특수침례교가 더 많이 연구되어야 할 가치가 있다고 인정할 수 있지만, 그렇다고 일반침례교가 덜 가치 있다고 용인해서는 안 될 일이다. 현대 침례교는 두 단체 모두로부터 중요한 영향을 받아들였다. 많은 일반침례교회들은 쇠퇴하여 유니테리언주의(Unitarianism) 혹은 막연한 비국교도주의(nonconformity)로 사라져 갔지만, 잔존 무리는 1770년의 '뉴커넥션'(New Connection)으로 살아 남아서 그들의 전통을 이어갔다. 두 전통 간에 있었던 지속적인 관계는 사상의 교류를 가져왔고, 그 결과 심지어는 특수침례교의 가르침도 일반침례교의 입장에 접함으로써 영향을 받았다. 더 나아가 미국에서 일반침례교가 분리침례교(Separate Baptists)와 같은 개혁적인 그룹들에게 끼쳐온 영향은 상당하다. 나중에 있었던 '침례교 칼뱅주의'(Baptist Calvinism)의 온건화, 때때로 교단적 입지의 보편적이기 보다는 분파적인 성향 등은 모두 일반침례교의 강조점들이 계속 이어져 왔음을 입증한다.

헨리 제이콥

헨리 제이콥(Henry Jacob, 1563-1624)은 결코 침례교인이 되지는 않았지만 특수침례교의 시작에 주요 인물로 등장한다. 슬레이든 야브로우(Slayden A. Yarbrough)는 그의 면밀한 연구논문에서 제이콥을 '온건한 분리주의자'(a moderate Separatist)로 불렀다.46) 그는 분명히 켄트(Kent)에서 자랐고 나중에 1586년에 학사 학위(B.A.)를 취득하면서 옥스퍼드(Oxford) 대학을 졸업했다. 스마이스가 캠브리지대학에서 그의 격렬한 청교도주의를 진전시키고 있었던 동안에, 제이콥은 옥스퍼드에서 좀 더 온건한 행로를 추구하고 있었다. 그가 처음 대중 앞에 나온 것은 그가 영국국교회의 교직자로서 "어떤 분리주의자들[아마도 배로우주의자들(Barrowists)]과 영국국교회로부터 그들의 단호하고 철저한 분리에 관해서 대화했던" 1596년의 일이었다.47) 이미 제이콥은 그의 평화적인 정신과 브라운, 배로우, 존슨이 그랬던 것처럼, 그리고 나중에 스마이스가 그렇게 한 것처럼, 영국교회를 전적으로 비난하기를 꺼려했던 그의 성향을 드러내었다. 존슨에게 보냈던 제이콥의 서신은 1599년에 「영국의 국교회와 사역에 대한 변호」(*A Defense of the Churches and Ministry of Englande*)라는 제목으로 출판되었다. 1600년에 존슨이 보낸 답장은 의도한 대로 제이콥을 분리주의로 회심시키지는 못했지만, 그로 하여금 영국국교회의 문제점들을 인식하는 계기를 마련해 주었을 것이다.

1603년에 제이콥은 영국국교회의 개혁을 요구하는 "1,000인의 청원"(Millenary Petition)에 서명했고, 이 개혁은 영국왕 제임스 1세에 의해 좌절되었다. 1605년에 제이콥은 「영국교회 개혁의 필요성을 증명하는 하나님의 말씀에서 나온 이유들과 인간의 가장 훌륭한 증언들」(*Reasons taken out of Gods Word and the best humane Testimonies proving a necessitie of reforming ovr Chvrches in England*)이라는 논문에서 분리에까지 미치지 않는 개혁의 주제들을 계속 다루었다.48) 심지어는 이러한 온건한 견해들조차 교회 당국의 우려 대상이 되기에 충분하여 제이콥은 클링크(Clink) 교도소에 갇히게 되었다. 그는 나중에 이 논문을 회람하지 않는다는 약속 하에 풀려났다.

풀려난 뒤 제이콥은 초기 분리주의자들이 택했던 것처럼 네덜란드에 망명하는 동일한 행로를 따르게 되었다. 수년 동안 그는 라이덴(Leyden) 근처의 독립교회의 목회자로 섬겼다. 챔플린 버리지(Champlin Burrage)는 이 교회가 주로 영국의 상인 모험가들로 이루어졌다고 자세한 설명을 추가했다.49) 네덜란드에서 확고한 분리주의 풍조 가운데 처해 있었지만 제이콥은 "자신의 비분리주의 원칙(non-Separatism)을 고수했으며, 분리주의와는 상반되게 영국국교회가 그리스도의 참 교회라고 주장했다."50) 그러나 야브로우가 지적했듯이 제이콥은 결국 그가 교제관계를 가졌던 '영국의 교회들'(churches of England)과 그가 분리해야 했던 '잘못된 영국국교회'(false Church of England)를 구별해야 했다.51)

제이콥의 입장은 「세 번째 겸허한 탄원」(*A Third Humble Supplication*, 1605)에서 잘 표현되었다. 자신이 주 저자는 아니었지만 제이콥은 이 문서를 구상하고 편집하는 일에 일조하였다. 그는 영국국교회를 전적으로 거부하지는 않았지만, 다른 형태의 교회를 세우고, 대체적 형태의 예배를 따르는 자유를 원했다. 제이콥과 그의 무리는,

> 하나님을 섬기고 예배하기 위하여 어떤 공중의 장소에서 함께 모이고, 우리의 여러 공동체들의 목사, 장로, 집사들에 의한, 어떠한 경우에도 인간의 전통을 배제하는, 그리고 오로지 하나님의 기록된 말씀의 상세한 진술에 따라, 하나님의 예배와 교회행정을 온전하게 실행하기를 [원했다]… 그리고 [우리는] 그 이후에 현재 세워진 그대로의, 우리의 나머지 영국의 교회들과 형제적 교제를 유지할 것이다.52)

제이콥이 비분리주의를 유지하고 '형제적 교제를 유지할' 것을 고백했지만, 그의 입장은 사실상 실질적인 분리였다. 그는 감독들 대신에 목사들, 장로들, 집사들의 지도하에 있는 독립교회를 원했다.

아마 '반(半)분리주의'에 대한 가장 솔직한 표현은 인체의 비유를 사용한 토마스 카트라이트(Thomas Cartwright)에 의한 것일 것이다. 그는 "어떤 사람이 그의 손과 팔이 절단되고, 그의 눈이 뽑혀졌다 하더라도, 그의 머리가 제자리에 있고, 다른 생명유지에 필요한 부분들이 있다면, 그는 불구자이더라도 온전히 사람"이라고 말했다. 마찬가지로 영국국교회가 '불구'일 수는 있지만, 그러나 여전히 "그것은 하나님의 교회가 마땅히 받아야 할 대우와 권리를 가진다."53) 1611년 흠정역(King James Version) 성서가 처음 나온 같은 해에 제이콥은 「몇 가지 요지의 선언 및 솔직한 공개」(*A Declaration and Plainer Opening of certain points*)라는 논문을 출판했다. 그는 "나는 영국에는 (늘 그러한 것은 아니지만) 참된 가시적 교회들과 교직자들이 있으며, 나는 그들과 교통하기를 거부하지 않는다… 그들은 본질적으로 하나님의 참된 교회이며, 그래서 우리는 그들을 인정해야 하고, 그들과 공개적으로 완전히 분리해서는 안 된다"고 말했다.54)

반대로 이러한 견해는 같은 시기의 스마이스의 견해와 비교될 만하다. 그는 영국국교회가 로마 가톨릭교회의 자식으로 등장한 바대로, 완전히 거짓된 교회며 '다름 아닌 창부'(娼婦)라고 불렀다. 스마이스는 "한 때 우리는 무지 가운데 그것을 참된 교회로 인정했지만, 좀 더 알게 된 지금은 우리의 잘못된 판단을 철회하고 항의하되, 그 교회의 그릇된 사역, 예배, 행정에 대하여 그리고 그 정체(政體)에 대하여 항의한다"고 결론을 내렸다.55)

JLJ 교회

1616년에 제이콥은 영국으로 돌아와서 분리주의자든, 비분리주의자든, 개혁정신을 가진 다른 사람들과 논의한 다음, 런던의 서더크(Southwark) 지역에서 교회모임을 형성했다. 이 교회는 첫 세 목회자인 헨리 제이콥(Henry Jacob), 존 래스롭(John Lathrop), 헨리 제시(Henry Jessey)의 이름을 따서 종종 'JLJ 교회'라고 불렸다. 이 '모(母)교회'는 독립적이었지만 영국국교회로부터 확고하고, 적대적인 분리를 하지 않았다. 금식과 기도의 말미에,

> 이 작금의 연합에 마음을 기울이고 함께 한 사람들은 다른 형제들과 두 손을 서로 잡고 둥글게 둘러섰다. 그들의 목적을 선언하면서 헨리 제이콥과 그 외의 각 사람들은 자신들의 신앙의 고백과 죄의 고백을 하되, 어떤 이들은 길게, 또

다른 이들은 짧게 했다. 그리고 그들은 하나님께서 그들에 드러내시고 알게 하신 하나님의 방식대로 행할 것을 함께 언약하였다…. 이렇게 한 후에 헨리 제이콥은 그 교회의 목회자로 세움을 받고 안수 받았으며, 많은 성도들이 그들에게 합류했다.56)

그리하여 나중에 첫 번째 특수침례교회의 근원이 될 교회가 세워졌다. 제이콥은 "그 나라와 국민들에게 안팎으로 많은 고초가 있었던" 수년 동안 목회자로서 섬긴 후 1622년에 버지니아(Virginia)로 떠났으며, 1624년에 그곳에서, 아마도 오늘날 제임스타운(Jamestown) 인근 지역에서 그의 생을 마감하였다.57)

존 래스롭이 1624년에 서더크 교회의 목회자 직분을 떠맡게 되었다. 켄트에서 설교자로 활동했던 래스롭은 '부드러운 마음과 겸손하고 온유한 정신의 소유자'로 알려진 바대로, 9년가량 동안 "그들에게 큰 위안이 되는" 목회를 감당하였다. 래스롭의 목회 기간 동안 그 교회에 들어온 많은 사람들 가운데는 좀 더 확고한 분리주의 신념을 가진 교인들이 여럿 있었다. 그들은 서더크의 교인들이 제이콥의 가르침과 교회의 원래 관례들에 따라 이따금씩 교구교회의 예배에 참석하는 것을 보면서 점점 마음에 불편함을 느끼게 되었다. 그 교회의 기록은 1630년에 몇 교인들이 "그 당시에 국교회에서 아이의 침례를 받은 한 교인에 대해 불만을 가지고 국교회와 관계를 끊을 것을 요망하고 촉구했던 일"을 보여준다.58) 이 항변을 주도한 한 지도자는 더퍼(Mr. Dupper)였는데, 그는 "그 교회에 속한 자들이 교구교회들에 대해 혐오하고 항의하도록 유도하고자 했다." 대부분의 교인들은 제이콥이 그러지 않았던 것처럼 이러한 철저한 단절을 하려고 하지 않았으며, 이에 더퍼는 1630년에 다른 몇 사람들과 함께 교회를 떠나서 새로운 분리주의 교회를 세웠다.

특별히 영국국교회에서 받는 침례의 의미에 대한 논의는 계속되었다. 항변의 요지가 그러한 침례가 유아에게 적용되어서인지, 아니면 그 침례의 원천이 국가교회여서인지, 교회의 기록은 말해주지 않지만, 아마 두 요지가 모두 표면화되었던 것으로 보인다. 국교회 당국자들의 부추김으로 1632년에 여러 교인들이 투옥된 일은 그 교회를 거짓 교회로 간주했던 사람들의 견해를 강화시켜 주었을 것이다. 그 기록 가운데 한 가지 재미있는 사항은 더퍼에 의해 주도된 확고한 새 교회에 초기 일반침례교의 지도자 존 머튼(John Murton)의 아들과 며느리가 있었다는 점이다.

두 가지 요인이 1633년에 JLJ 교회에 또 하나의 분열을 야기했다. 우선 그 교회가 공중예배를 드리는 일이 불편하고 위험할 정도로 커졌다는 사실이다. 당시 영국에서 그러한 교회들은 불법이었기 때문이다. 두 번째 요인은 영국국교회와 그 의식들이 어쨌든 유효하다고 인정하는 일에 대한 분쟁의 소지가 계속 있었다는 점인데, 필시 이것이 더 중요한 요인이었을 것이다. 1633년 9월 12일에 17명의 교인들은 "온전한 교회가 되기 위하여, 마침내 그들에게 주어진 그들의 질서 안에서 교회들의 교제를 진전시키기 위하여 교회에서 물러날 것을 요망했다."59) 이 그룹은 사무엘 이튼(Samuel Eaton)에 의해 주도되었고, 여기에는 마크 루커(Marke Luker)라는 그리스인이 포함되었는데, 그는 1640년 이전에 이미 침수례(immersion)를 옹호한 것으로 알려져 있는 인물이었다. 이는 1641년에 계승에 의한 침수례를 회복하려는 일환으로 네덜란드를 여행했던 리처드 블런트(Richard Blunt)보다 앞서는 것이었다.

구 교회의 의사록에서 가장 관심을 끌게 하는 진술은 그들이 1633년에 교회를 물러날 때 "이튼 씨는 다른 몇 사람들과 함께 '추가적인 침례'(further baptism)를 받았음"이라는 말이다.60) 좀 더 구체적인 설명이 없어서 아쉬운 부분이다. 몇 명이 '추가적인 침례'를 받았으며, 왜 받았는가? 그들은 유아세례를 반대했는가, 아니면 단순히 영국국교회로부터 받은 침례를 반대했는가? 어떤 방식으로 이 침례가 이루어졌는가? 우리는 알지 못한다. 우리가 아는 것은 1633년경에 런던에 칼뱅주의 신학에 의한 교회가 있었으며, 적어도 그들 가운데 일부는 '재침례'(rebaptism)를 경험했다는 것이다. 버리지(Burrage)는 지체하지 않고 이 교회를 '아나뱁티스트' 교회라고 지칭했으며, 이는 그가 침례교회를 일상적으로 일컫는 호칭이었다.

그러는 동안 서더크 회중은 래스롭이 1634년에 떠난 이후, 그리고 1637년에 헨리 제시가 목회자로 부름을 받을 때까지, 목회자 없이 지내게 되었다. 제시는 명백하게 제이콥의 관용적 원칙을 따르고자 하였지만, 내분은 계속되었다. 1638년에 6명의 교인들이 추가적으로 이 교회를 떠나게 되었다. 그들은 침례에 관하여 "사무엘 이튼과 동일한 판단"을 했던 것으로 알려졌다. 그들은 분명히 신자의 침례를 위하여 분리하였다. 기록은 이 6명의 교인들은 스필스베리(Mr. Spilsbury)와 합류했다고 말한다. 스필스베리가 1633년 그룹의 목회자로 승계했던지-당시에 이튼이 감옥에 있었기 때문에 이것은 가능한 이야기다-아니면 스필스베리가 1638년에 신자의 침례를 채택한 또 하나의 분리주의 교회를 주도했던지, 둘 중에 하나일 것이다. 여하튼 역사가들은 이 증거를 근거로 하여 확실하게 1638년경에, 어쩌면 1633년경에, 런던에 특수침례교회가 세워졌다고 결론을 내린다. 1639년에 또 하나의 그러한 교회가 세워졌다는 증거가 있으며, 1644년경에는 런던과 그 인근 지역에 있는 7개의 특수침례교회들이 공동 신앙고백서를 발표하였다.

5. 침수례(Immersion)의 회복

영국 침례교는 두 단계를 거쳐서 그들이 이해하는 바에 따라 성서적 침례를 회복했다. 첫째, 그들은 침례가 오직 믿는 자들에게 적용되어야지 유아들에게 적용되어서는 안 된다고 결론 내렸다. 일반침례교는 적어도 1609년에는 이것을 가르쳤고, 특수침례교는 1638년경에, 어쩌면 그보다 좀 더 일찍 그렇게 했다. 두 번째 단계로, 침례교인들은 그들이 신약성서의 가르침이라고 믿고, 침례에 관한 그들의 신학이 요구하는 바에 따라, 침수례를 택함으로써 침례의 옛 방식을 회복하였다. 이 일에 있어서는 특수침례교가 1640년에서 1641년에 침수례를 채택함으로써 앞장을 섰다. 우리는 일반침례교가 1660년 이전에 정기적으로 침수례를 행했는지에 대한 어떠한 증거도 없다. 17세기 중엽에는 아마 그들도 침수례를 행했을 가능성이 있다.

우리는 존 스마이스가 1609년에 신자의 침례를 회복했을 때 결코 침수례를 행하지 않았다고 이미 말한 적이 있다. 1619년경에 워터랜드파(Waterlanders)로 불리는 콜레기안트 메노파(Collegiant Mennonites)라는 그룹이 침수례를 채택한 사례가 있지만, 대부분의 아나뱁티스트들은 관수례나 살수례로 침례를 베풀었다. 그러나 일반침례교가 침수례를 의식하고 있었다는 증거가 있으며, 그들 중 일부는 명백하게 그 방식을 옹호하였다. 한 관찰자는 1611년에 암스테르담에서 레너드 부셔(Leonard Busher)라는 네덜란드인을 스마이스와 헬위스와 함께 "또 다른 종류의 아나뱁티스트"(an Anabaptist of another sort)로 확인해 주었다.61) 부셔는 종교자유에 관하여 주목할 만한 논문을 써서 「종교의 평화」(Religion's Peace)라는 제목으로 1614년에 런던에서 출판하였다. 이 논문에서 부셔는 특수침례교가 그렇게 한 것보다 거의 30년 전에 침수례 방식의 침례를 옹호했다. 그리스도를 믿는 사람들에게 "그리스도께서는 물에 잠기도록, 즉 물 안에서 죽기 위하여 잠기도록, 명령하셨다"고 부셔는 썼다.62) 「종교의 평화」는 개정되고 재 인쇄되어 수년 동안 오직 1646년판으로만 알려졌다. 많은 학자들이 침수례에 대한 언급이 1614년판에 있을 것이라고는 생각하지 못했으나, 최근에 초판본이 복구됨으로써 1614년판에 그 언급이 있었음이 증명되었다. 그러나 한 사람이 침수례를 옹호했다는 사실이 그 혹은 다른 사람들이 그 생각을 실천에 옮겼다거나, 그들이 그것을 일정한 관례로 행했다는 증거가 되지는 못한다.

헨리 제이콥은 적어도 1610년경에 '잠김'(dipping)이 침례의 성서적 방식이라고 언급하였으나, 명백하게 그의 교회에서 그 방식을 회복하려는 노력은 기울이지 않았다. 1630년대 중반에 침수례를 옹호하고(혹은 옹호하거나) 실행했던 개인들의 여러 사례들이 있었다는 기록이 있는데, 여기는 이튼교회(Eaton church)의 마크 루커의 사례가 포함된다.

그러나 이따금씩 개인적 행동의 사례들이 있기는 하지만, 진정한 침례교의 침수례 회복은 1640년에서 1641년에 특수침례교회들 가운데서 일어났다. 제이콥의 교회 때부터 거기서 파생된 침례교회들에 이르기까지의 교회 의사록이 실린 유명한 "키핀 사본"(Kiffin Manuscript)에는 다음과 같은 공고문이 실렸다:

> 1640년의 세 번째 달: 상호 동의에 의하여 교회는 둘로 나뉘어, 절반은 베어본(Mr. P. Barebone)과 함께 하고 다른 절반은 제시(Mr. H. Iessey)와 함께 하게 되었다. [후자와 함께 한] 리처드 블런트(Richard Blunt)는 장사(burial)와 부활(골 2:12; 롬 6:6)과 같은 모양으로 침례가 물속에 몸이 잠김으로써 이루어져야 한다고 확신하면서, 교회에서 그에 관하여 진지한 논의를 하고, 역시 같은 확신을 가진, 앞에 이름이 언급된 사람들 가운데 일부와 논의를 했다. 그리고 그들이 그것을 실행하는 일을 두고 기도와 논의를 한 후에, 영국에서는 신앙고백을 한 믿는 자들에게 그러한 일을 실행하고 있는 예가 아직 없고, 네덜란드에 있는 어떤 이들이 그러한 일을 실행하고 있다는 사실을 접하고는, 서신과 위임장과 함께 (네덜란드어를 할 줄 알았던) 리처드 블런트를 그들에게 보낼 것을 동의하고 파송했다. 그는 그곳에서 친절하게 영접을 받고 요한 바테(Io. Batte)라는 그곳의 교사와 그 교회가 파송교회로 보내는 서신과 함께 돌아왔다.63)

블런트가 돌아온 후, 교회 의사록은 다음과 같이 언급한다:

> 이에 따라 그들은 그 일을 속행하게 되었는데, 침례가 몸을 물에 잠김으로 이루어져야 한다고 믿은 사람들은 나중에 다 함께 만나기로 하고 두 무리로 나누

어 모였고, 모든 사람들이 같은 방법으로 진행하기로 동의했다. 그리고 각 사람은 (형식적인 언약의 말에 의해서가 아니라)-그들 가운데 어떤 이들은 그러한 언약의 말을 꺼렸다-서로 함께 바라고 동의한 바에 의하여 입장을 분명히 하면서 증언하였다. 그 두 무리는 서로 떨어져서 한 무리가 나머지 다른 무리에게 침례를 베풀었고, 그렇게 함으로써 그들은 그것을 엄숙하게 거행하였다. 블런트는 그들의 교사였던 블랙록(Blacklock)에게 침례를 베풀었고, 이미 침례를 받은 블런트와 블랙록은 같은 생각을 가진 나머지 교우들에게 침례를 베풀었으며, 많은 사람들이 그들에게 더해졌고, 그들의 수는 많이 증가했다.64)

초기 침례교 역사에 있어서 매우 중요한 이 문서에 대해서 몇 가지 언급을 요한다. 침수례를 옹호하는 그 교회의 주장은 성서적이고도 신학적이었다. 그들은 침수례를 적시하고 있다고 생각하는 성서구절을 인용했고, 침례에 대한 그들의 신학은 장사(葬事)와 부활을 상징하는 침수례를 요한다는 것을 시사했다. 영국에는 그 당시에 침수례를 시행하는 사람들이 없었다는 그들의 진술은 일반침례교가 아직 그 행습을 채택하지 않았음을 확인해준다.

명백하게 JLJ 교회는 또다시 분리되었으며, 일부는 제시(Jessey)가, 나머지는 프레이즈갓 베어본(Praise God Barebone)이 목회를 맡게 되었다. 블런트를 네덜란드로 파송한 것은 제시의 무리였음이 분명하다. 모든 사람들이 새 방식인 침수례를 받아들인 것은 아니었고, '같은 생각을 가진' 사람들만 그렇게 했다. 그러므로 특수침례교회들은 처음부터 혼합된 교인들로 이루어졌다. 어떤 이들은 언약이 교회를 구성하는 데 있어서 전통적인 구약적 기초였기 때문에 반대하거나 꺼려했으며, 그들은 신자의 침례에 있는 신약적 기초로 나아가기를 원했다.

이 기록에 언급된 바테(Mr. Batte 혹은 Batten)는 네덜란드의 메노파 가운데 워터랜드파의 교사였다. 그 기록은 블런트가 네덜란드에서 침수례를 받았다고 실제로 말하지는 않는다. 단지 그가 친절하게 영접을 받고 '그들이 보내는 편지와 함께' 돌아왔다고만 말한다. 많은 사람들은 특수침례교가 아르미니우스적인 아나뱁티스트로부터 침수례를 받지는 않았을 것이라고 주장해왔다. 그 아나뱁티스트 자신들도 어떤 출처에서 침수례를 어떻게 받았었는지 매우 의심된다는 것이다. 그들은 블런트가 침수례의 중요성과 그것을 실행하는 방법에 관한 교육을 받았다고 주장한다. 또 다른 사람들은 블런트가 네덜란드에서 침수례를 받았으며, 이것이 '침례를 받은 블런트'(Blunt being baptized)라는 문구가 의미하는 바라고 추정하는데, 필시 이것이 옳은 주장일 것이다. 참으로 블런트는 돌아온 즉시 영국인들 가운데 첫 침수례를 실행했으며, 그리고 그와 블랙록은 53명가량의 다른 사람들에게 침수례를 베풀었다.

역사가 토마스 크로스비(Thomas Crosby)는 특수침례교가 일반침례교와는 별개로 침수례를 시행했음을 보여주려고 노력하였다. 그는 블런트 미션(Blunt mission)에 관하여 언급하면서 "이 계획을 따랐던 사람들은 그들의 침례를 앞에서 언급한 암스테르담의 스마이스나 그의 회중으로부터 취하지 않았다고 말했다. 모든 특수침례교의 사람들이 블런트 미션을 인정한 것은 아니었는데, 크로스비는 다음과 같이 말했다.

> 그러나 훨씬 많은 수의 영국 침례교인들은, 그리고 좀 더 분별력이 있는 자들은 이 모든 일들[블런트 미션]을 불필요한 수고로 보았으며, 그것은 끊임없는 계승에 의한 예전집례의 권위를 운운하는 오래된 교황주의 논리(Popish Doctrine)의 선례를 따른 것이며, 로마의 교회도, 영국국교회도 그리고 최근의 제도교회반대자들은 더더욱 그것으로 그들과의 계승관계에 있음을 증명할 수 없다고 보았다. 그러므로 그들은 침례의 총체적 타락 이후에는 침례 받지 않은 자도 정당하게 침례를 줄 수 있고, 그렇게 해서 개혁을 시작할 수 있다고 확신하고 그렇게 실행했다.65)

이러한 '좀 더 분별력이 있는 자들' 가운데 존 스필스베리가 있었는데, 그는 침례의 계승이 가능하지도 필요하지도 않다고 보았다. 믿는 자들이 성서의 권위에 의해서만 교회와 복음의 가르침과 주의 만찬을 회복할 수 있다고 한다면, "침례의 문제에 있어서, 그것이 교황 조앤(Pope Joan; 역자주: 전설의 여성 교황으로서 한동안 실제의 인물로 여겨졌음)의 손을 거쳐서 왔는데도, 그들이 그것을 사도들로부터 계승해야 한다"고 하는 것은 일관성이 없는 일이라고 생각했다.66) 스필스베리는 "시작이 있다면 누군가 그것을 처음으로 시작해야 한다"고 분명하게 결론을 내렸다. 그는 명백하게 그의 교회에서 역사적 계승에 대한 염려를 하지 않고 침수례의 관례를 시작했다.

특수침례교는 그리하여 두 다른 방법으로 침수례를 회복하였다. 한 그룹은 네덜란드로 갔던 '블런트 미션'의 방법으로 역사적 계승을 통하여 침수례를 회복하고자 하였다. 스필스베리가 주도한 다른 그룹은 단순히 성서의 권위를 근거로 침수례를 다시 시작하였다. 1644년에 7개의 특수침례교회들은 그들의 성문화(成文化)된 합동 신앙고백서인 유명한 "제1 런던신앙고백서"(First London Confession)를 발표했다. 거기에서 침례는 믿는 자들에게만 적용되어야 하고, "이 의식(Ordinance)을 베푸는 성서적 방법과 방식은 온 몸을 물속에 잠그는 것이어야 하며, 그것은 하나의 싸인(sign)으로 그것이 의미하는 것(the thing signified)을 충족시켜야 한다"고 구체적으로 적시하였다.67)

이것은 침수례가 침례의 특성에 비추어 필요불가결한 것임을 적시한 최초의 침례교 신앙고백서이다. 침수례를 명확하게 요구한 최초의 일반침례교 신앙고백서는 1660년의 "표준신앙고백서"(The Standard Confession)였다. 그러나 1651년의 한 일반침례교의 신앙고백서는 "침례를 베푸는 방법과 방식은 그리스도의 죽음 이전이든 그의 부활과 승천 이후든, 물속으로 들어가서 침례를 받는 것이야 한다"고 진술한다.68) 이것은 침수례를 가리킨다고 볼 수 있다.

1640년대와 1650년대 후반에 침수례를 옹호하거나 반대하는 많은 출판물들은 그러한 침례교의 관례가 영국에서는 새로운 일이었다고 확인해준다. 어떤 이들은 그것을 '세 번째 침례'(a third baptism)라고 조롱했으며, 거의 모든 적대자들은 그것을 '새로운 발명품'이라고 불렀다. 나중에 침례교인이 된 프레이즈갓 베어본은 침수에 의한 '새로운 침례의 방식'은 실행된 지 2, 3년이 채 되지 않았다고 말했다.69) 베어본이 그 말을 한 것은 1643년의 일이기 때문에, 이것은 침례교가 침수례를 채택한 것이 1640년에서 1641년이라고 한 키핀 사본을 입증해준다.

침수례를 반대하는 소책자들에 따르면 새로운 행습에 대한 반대자들이 많이 있었는데, 그들은 몇 가지 근거들을 가지고 반박했다. 그들은 침수례가 비성서적이고 불필요하며, 건강에 이롭지 못하고 상스러운 일이라고 말했다. 근거 없는 소문으로 침수례를 행한 직후에 병들어 죽었다는 사람들의 이야기들이 전해지기도 했다. 침례교인들은 얼음을 깨고 강에서 침수례를 받고도 아무런 이상도 없었다는 상응하는 만큼의 이야기들로 그것을 반박했다.

공개적으로 침수례를 행하는 동안에 음란한 행위가 있었다는 비난에 대해서도 설명이 필요하다. 침례교인들은 남성들과 여성들에게 함께 나체로 침례를 준다는 명목으로, 그리고 음란하게 얄팍한 의복을 입은 여성들에게 침례를 준다는 명목으로, 반복적으로 비난을 받았다. 그러한 침례에 관한 더 야한 이야기들은 악의적인 중상으로 치부되어도 좋을 것이다. 헨리 덱스터(Henry M. Dexter)가 설명한 바와 같이, 다른 비난들은 그렇게 쉽게 처리하기가 힘들다. 실제로 초기에 어떤 소수의 침례교인들이 필시 회심자들에게 나체 상태로 침례를 주었다는 증거가 있다. 당시에 흔히 그러했듯이 1643년에 '아나뱁티스트'(anabaptist)로 불린 한 침례교 설교가는 참된 침례는 "온 몸이 다시 침례를 받는 것, 그러니까 완전히 벗은 채로 머리부터 발끝까지 물속에 잠기는 것"을 필요로 한다.70) 침례교에 결코 우호적이지 않았던 다니엘 피틀리(Danial Featley)는 "많은 남녀 무리들이 함께 모여서 강물에 발가벗은 채로 들어가 그들의 '요단강'에 잠긴다"고 침례교인들을 비난했다.71) 어떤 기록들은 여인들이 강둑에서 새로 침례를 받은 여인들의 노출을 감추기 위해 그들을 어떻게 둘러쌌는지를 설명한다.

어떤 침례교인들은 이러한 기록들을 부인했다. 헨리 해거(Henry Haggar)는 1653년에 "나는 많은 사람들에게 침례를 주었고, 또 수많은 사람들이 침례를 받는 장면들을 목격했는데, 일생동안 단 한 차례도 발가벗은 채 침례를 받는 경우를 보지 못했다"고 말했다. 아마 리처드 백스터(Richard Baxter)의 조심스러운 결론이 가장 적절한 해답이 될 것이다: "여러 다양한 장소에서, 어떤 이들은 발가벗은 채로, 어떤 이들은 그렇지 않은 방법으로 침례를 행했다."72) 침례교인들이 그러한 방식으로 침례를 행했다고 하더라도, 그것은 매우 초기에 좀 더 극단적인 무리들 가운데 있었고, 오랫동안 지속되지 않았다. 후기의 기록들은 침례교인들이 침수례 시에 정숙함과 예법을 지키는 일에 만전을 기했음을 보여준다. 여성들의 침례를 돕는 일이 여성 집사들의 역할 가운데 하나였기 때문에, 이는 여성 집사들의 두드러진 역할에 대한 근거가 된다. 침례교인들은 그들의 1644년의 신앙고백서에 침수례는 "집례자와 수침자 모두가 최선의 정숙함을 다하여 편리한 복장을 착용한 채" 이루어져야 한다고 구체적으로 적시하는 문구를 집어넣을 필요가 있다고 생각했다.73)

6. 침례교회의 이름

'침례교'라는 이름이 처음부터 이 책의 대상인 사람들(즉, 침례교인들)에게 적용되지는 않았다. 그들의 적들은 그들을 종종 '아나뱁티스트'(Anabaptists)라고 불렀으나 그들은 '형제들'(Brethren), '침례받은 교회들'(Baptized Churches), 그리고 '침례받는 방법으로 세워진 교회들'(Churches of the Baptized Way)과 같은 이름을 선호했다. 1640년대 초에 이르러 어떤 적대자들은 그들을 '침례교인들'(Baptists)이라고 불렀다. 그들이 그 이름을 스스로 사용하기 시작한 것은 1650년대 중반이었으나, 그 이름을 일반적으로 받아들이기 시작한 것은 한 세기가 지나서였다.

7. 침례교회의 기원

앞에서는 침례교의 기원을 누가, 무엇을, 언제라는 질문과 관련된 사실들에 강조점을 두고 살펴보았다. 그러나 이러한 접근 방식은 많은 질문의 여지를 남겨둔다. 침례교의 기원 이면에는 어떤 역동적인 힘들이 있었는가? 왜 그 당시 그 장소에서 작은 무리의 사람들이 신자의 침례를 다시 시작하게 되었으며, 그 직후에는 완전한 침수에 의한 침례를 회복했는가? 그러한 급격한 변화는 강력한 자극을 필요로 한다. 그들은 정말 새로이 시작했는가? 적어도 그렇다 하더라도 침례교인들은 영국이나 다른 지역의 앞서 간 제도교회반대자들과 어떠한 관계에 있었는가? 간단히 말해서 침례교의 시작에 관한 적나라한 사실들 이면에는 어떤 이야기가 있는가? 여기서는 이러한 질문들을 던지고 초기 침례교인들의 삶의 가능한 원천들을 상설(詳說)할 것이다.

지난 수세기 동안 역사가들은 침례교의 기원에 대하여 4가지의 다른 설명들을 발전시켜왔다. 여기에 이러한 견해들을 보여주는 것은 그것들이 동일한 가치를 가지기 때문이 아니라 침례교의 시작에 대한 그림을 완성하는 데에 도움을 주기 때문이다. 이 4가지 견해들은 침례교가 다음으로부터 기원했음을 주장한다:

1. 영국 분리주의의 결과(The Outgrowth of English Separatism)
2. 성서적 아나뱁티스트의 영향(The Influence of biblical Anabaptists)
3. 성서적 가르침의 연속(The Continuation of biblical teaching through the ages
4. 조직화된 침례교회들의 계승(The Succession of organized Baptist churches through the ages)

대부분의 역사가들은 마지막 두 견해를 '계승설'(successionism)이라는 이름으로 함께 묶지만, 그 둘은 따로 다루어야 할 만큼 충분히 다르다. 변이와 중복이 이 두 견해의 특징인데, 어떤 역사가들은 어느 한 카테고리에도 산뜻하게 맞아떨어지지 않는다. 거의 대부분의 역사가들이 초기 침례교는 분리주의자들과 관계있음을 인정하지만, 불일치는 무엇이 분리주의자들에 우선했는가에 집중된다. 여기서

이 견해들은 대체로 침례교 역사에 등장한 순서대로 설명될 것이다.

영국 분리주의 결과설

JLJ 교회는 첫 특수침례교회의 등장에 길을 닦아 주었다. 이것은 침례교의 기원을 이해하는 데 있어서 분리주의의 중요성을 나타낸다.

이 견해의 주요 특징. 많은 학자들은 침례교의 기원을 분리주의가 꽃핀 것으로, 혹은 분리주의의 가르침을 따른 논리적 결과로 설명한다. 그들은 침례교의 신학과 행습을 설명하기 위해서 아나뱁티스트 영향설과 같은 다른 설명의 필요가 없다고 본다. 이 학자들은 1600년 이전 영국에서 아나뱁티스트의 존재나 영향을 최소화하려는 경향이 있으며, 그들은 침례교와 아나뱁티스트의 유사한 점들보다는 차이점들에 더 많은 공감을 한다. 그들은 침례교의 특성적인 모든 신앙과 행습은 본래적으로 청교도주의와 분리주의 내에서 유래된 것이라고 주장한다.

대표적 저자들. 이 견해를 주장하는 일부 학자들을 들면 윌리엄 휫시트(William H. Whitsitt), 헨리 덱스터(Henry M. Dexter), 윌리엄 휫틀리(William T. Whitley), 로버트 톨베트(Robert G. Torbet), 노만 매어링(Norman H. Maring), 윈스롭 허드슨(Winthrop S. Hudson), 윌리엄 맥로클린(William G. McLoughlin), 배링턴 화이트(Barrington R. White), 로버트 베이커(Robert A. Baker) 등이다.

최초의 침례교인들은 그들의 분리주의 배경을 인식했으나, 나중의 역사가들은 두터운 계승설의 전통 아래 그 유산을 무색하게 했다. 명백하게 W. H. 휫시트가 현대 침례교에 대한 분리주의 기원의 이야기를 회복했다. 1880년대에 일련의 소논문들과 그리고 특별히 그의 도발적인 책 「침례교회사의 한 질문」(*A Question in Baptist History*, 1896)에서 휫시트는 특수침례교가 1641년에 침수례를 회복했음을 보여주었다. 헨리 덱스터는 그의 중요한 책 「존 스마이스의 실화」(*The True Story of John Smyth*, 1881)를 출판했는데, (덱스터를 포함하여) 어떤 이들은 그가 분리주의 기원설을 말한 것이 휫시트보다 앞섰다고 주장한다. W. T. 휫틀리는 금세기(20세기)에 영국의 주요 침례교 사가(史家)였다. 「영국 침례교의 역사」(*A History of the British Baptists*)와 「런던의 침례교」(*The Baptists of London*) 등 많은 저서로 알려진 그는 또한 「영국의 일반침례교 총회 의사록」(*Minutes of the General*

Assembly of the General Baptist Churches in England)과 「존 스마이스의 저작집」(*The Works of John Smyth*)과 같은 초기 침례교 자료집들 편집했다.74) 게다가 휫틀리는 침례교 역사의 다양한 측면들에 관한 학구적인 소논문들을 꾸준하게 쏟아냈다.

그의 초창기 활동 시기에 휫틀리는 아나뱁티스트의 영향설을 받아들이는 듯했다. 1909년에 그는 "일반침례교는 대륙 아나뱁티스트의 영국적 산물"이라고 썼고 자신의 표현으로 "적어도 반세기 동안 네덜란드 아나뱁티스트와 그 영국인들의 꾸준한 상호교류"라고 특기했다.75) 그러나 휫틀리는 명백하게 추가적인 조사를 근거로 자신의 판단을 번복했다. 1923년 무렵에 그는 아나뱁티스트가 침례교의 시작에 끼친 어떠한 주요한 영향도 부인했다. 그는 「영국 침례교의 역사」 가운데 "아나뱁티스트와는 독립적인 기원"(Origin Independent of the Anabaptists)이라는 제목의 단락에서 "침례교인들은 대륙의 아나뱁티스트와는 첨예하게 구별되어야 한다… 침례교인들은 상당히 다른 사상적 궤도로 움직인다"고 확언하였다. 그는 두 그룹 간의 근본적인 차이점들이라고 생각하는 것들을 언급하는 것으로 시작해서 "오늘날 16세기 대륙의 아나뱁티스트와 17세기 영국 침례교를 혼동하는 것은 용납되지 않는다"는 결론을 내렸다.76) 영국 침례교의 삶의 원천을 논할 때는 아나뱁티스트를 볼 것이 아니라 영어 성서와 영국 기독교인들 가운데 있었던 개혁에 대한 열망을 보아야 한다고 휫틀리는 주장했다. 로버트 톨베트는 1950년에 처음 출판된 그의 「침례교회사」(*A History of the Baptists*)에서 대체로 휫틀리의 접근 방식을 따랐다. 1953년 "침례교인들은 아나뱁티스트가 아니었다"(Baptists Were Not Anabaptists)라는 소논문에서 윈스롭 허드슨만큼 침례교 시작에 대한 아나뱁티스트 영향설을 단호하게 배격한 사람은 없었다. 이 타협을 모르는 소논문은 침례교 기원에 관한 학자들의 최근 대화를 격발하게 만들었다. 그는 다음과 같이 주장했다:

> 침례교의 유산을 이해하고 침례교인들이 그들의 특성을 취하게 한 신학적 신념들을 명확하게 설명하려는 시도에 있어서 가장 혼란스럽게 하는 하나의 요인은 침례교를 대륙의 아나뱁티스트와 동일시하는 것이다. 실제적으로 침례교와 아나뱁티스트는 같지 않은 다른 두 기독교 전통을 대변한다. 침례교는 영국 회중주의(Congregationalism) 내에서 등장했으며, 기독교 신앙을 본질적으로 칼뱅주의적, 혹은 청교도적으로 이해했다. 아나뱁티스트는 16세기에 대학 교육을 받

은 소수의 인문주의자들의 활동에서 유래했고, 북쪽 르네상스 운동의 신앙적 특성을 대변하였으며, 그 운동의 가장 설득력 있는 대변인은 에라스무스였다. 침례교를 아나뱁티스트와 동일시하는 일로 인해 발생하는 혼동은 침례교가 청교도 운동 좌파의 성격을 가졌다는 사실을 모호하게 만들고, 그러한 연유로 신학적, 교회적, 정치적 문제들에 대한 폭넓은 침례교의 입장을 위한 사리에 맞는 변증을 되찾기 힘들게 만들었다.77)

직설적으로 진술한 이 소논문에서 허드슨은 그의 견해를 5가지 요점으로 요약했다. 첫째, 초기 침례교인들은 반복해서 그들이 아나뱁티스트라는 사실을 부인했다. 그들은 그 이름을 "그들에게 부당하게 던져진 치욕의 이름"으로 간주했다. 둘째, 침례교인들은 공직과 공직보유, 군복무, 맹세, 법정에 서는 일 등에 대한 반대, 영혼수면설, '호프만 기독론'(Hofmanite Christology), "인간의 본질적 선에 대한 확신 및 그 결과로서 원죄론 거부"와 같은 아나뱁티스트의 특성들을 단호하게 거부했다. 셋째, 일반침례교든 특수침례교든 할 것 없이, 실질적으로 모든 초기 침례교 지도자들은 그들이 침례교 견해들을 받아들이기 전에는 분리주의자였다. 넷째, 침례교 견해들은 분리주의의 논리적 결과를 대변하는 것이며, 그렇기 때문에 "침례교인들이 신자의 침례를 받아들인 것을 설명하기 위하여 아나뱁티스트 영향설이라는 가설은 불필요하다." 다섯째, 존 스마이스가 아나뱁티스트로 옮겨갈 때, 남은 침례교인들에 의해 거부를 당했으며, 그들은 헬위스와 머튼의 영향 하에 곧 영국으로 돌아왔고, 스마이스에게 미친 아나뱁티스트의 영향이 어떠한 경우에도 침례교인들에게로 넘어오지 않았다. 그리하여 허드슨은 침례교를 영국의 분리주의에서 그 출처를 찾았으며, 의심의 여지없이 분리주의자들과 아나뱁티스트는 "그 도시의 같은 길을 걷는 일을 제외하고는" 아무런 공통점이 없다는 존 로빈슨의 신랄한 소견에 동의했다.78)

"릴리저스 저널즈의 편집자변"(Notes from Religious Journals)에서 노만 메어링(Norman H. Maring)은 침례교와 아나뱁티스트의 관계에 대한 문제를 다룬 몇 개의 소논문을 검토했다.79) 메어링은 "스마이스가 신자의 침례를 받아들인 후에 메노파의 영향을 받은 것은 거의 의심의 여지가 있을 수 없지만, 아직 아무도 그 시점 이전에 영향을 받았음을 보여주지는 못했다… 스마이스가 침례교인들과 결별한 이후에야 메노파 영향의 시기가 나타난다"고 말하면서 아나뱁티스트 영향을 최소화하는 경향을 보여주었다. 더 나아가 메어링은 어차피 일반침례교가 영국과 미국 모두에서 침례교 진영의 적은 부분을 차지하기 때문에 "침례교와 아나뱁티스트의 연관성을 인정한다 하더라도, 그러한 결론이 침례교 주류의 활동과 사상을 이해하는 일과는 거의 관련 없을 것"이라고 말했다. 그는 "특수침례교회가 모든 실질적인 취지에 있어서 영국과 미국의 침례교 교단을 조직했으며, 그들의 기원과 발전은 명확하게 회중주의 운동(Congregationalist movement) 내에서 이루어졌다"고 결론지었다.[80]

1982년에 출판된 「네덜란드 청교도주의」(*Dutch Puritanism*)에서 키스 스프렁거(Keith L. Sprunger)는 "암스테르담의 분리주의자들과 아나뱁티스트"(The Amsterdam Separatists and Anabaptists)를 주요 장으로 할애했다. 이 책은 침례교 기원에 초점을 맞추지는 않지만, 그 주제에 많은 조명을 비쳐준다. 스프렁거는 스마이스와 메노파의 명백한 접촉에 대하여 예증하면서도 분리주의 운동의 출처를 아나뱁티스트 운동으로 보지 않았다. 그는 스마이스를 "아나뱁티스트의 주요 신참자들" 가운데 하나로 설명을 했지만, 전체적으로는 영국 침례교의 뿌리가 분리주의에 있다고 보았다.[81] 많은 역사가들은 아나뱁티스트주의가 분리주의를 위해 길을 예비했으며 종종 그 길로 안내했다고 주장해 왔으나, 스프렁거는 존 패저트(John Paget)와 로버트 베일리(Robert Baillie)의 말을 인용하면서 그 흐름이 또한 반대로도 흘렀다고 하였다. 즉, 분리주의가 종종 아나뱁티스트주의로 이끌었다는 것이다.

침례교 기원으로 영국 분리주의설을 받아들이는 다른 역사서들은 존 섹스피어(John H. Shakespeare)의 「침례교와 회중주의의 선구자들」(*Baptist and Congregational Pioneer*, 1906), 챔플린 버리지(Champlin Burrage)의 「최근 연구의 견지에서 본 초기 영국의 제도교회반대자들」(*The Early English Dissenters in the Light of Recent Research*, 1912), 윌리엄 맥로클린의 「뉴잉글랜드의 제도교회반대자들」(*New England Dissent, 1630-1833*, 1971)이 있다. 이들은 만만찮은 수준의 학자들이며, 그들 모두는 초기 일반침례교에 제한된 아나뱁티스트의 영향이 있었음을 인정했지만, 특수침례교는 분명히 영국 분리주의 운동 내에 위치한다고 보았다.

아나뱁티스트 영향설

또다른 그룹의 역사가들은 침례교의 기원을 성서적 아나뱁티스트의 영향에 좀더 밀접하게 연관시킨다. 그들 대부분은 침례교가 영국 분리주의를 통하여 등장했음을 인정하지만, 영국과 대륙의 아나뱁티스트 운동이 분리주의 운동의 길을 예비했다고 생각한다.

이 견해의 주요 특징. '아나뱁티스트'는 종교개혁 시대에 크고도 다양한 일단의 신실한 종교개혁가들에게 사용된 이름이었다. 많은 이들이 그들을 루터와 칼뱅의 '관료의존적'(Magisterial) 종교개혁과는 대조적으로 '근원적'(Radical) 종교개혁이라고 지칭한다. 분류하기가 힘들지만 명백하게 아나뱁티스트는 극단적인 신비주의자들(퀘이커와 상당히 유사한)에서 극단적인 이성주의자들에 이르기까지 그 범위가 넓다. 성서의 권위만 받아들이는 이들은 성서적 아나뱁티스트(biblical Anabaptists), 혹은 건전한 아나뱁티스트(Anabsptists proper)로 불린다.

침례교와 아나뱁티스트의 관계에 관한 대부분의 논의는 다소 한정된 접촉 국면에 집중되는데, '어떤' 영국 침례교인들(일반침례교)이 '특정한 시기'(17세기 초)에 '어떤' 아나뱁티스트 그룹(네덜란드 메노파)의 영향을 받았을 것이라는 것이다.

네덜란드의 메노파는 초기 일반침례교와 몇 가지 유사점들을 공유했다. 그들은 신자의 침례를 실행했을 뿐 아니라 종교의 자유, 교회와 국가의 분리, 그리고 아르미니우스주의적인 구원관, 예정론, 원죄론을 주장했다. 많은 일반침례교인들과 마찬가지로 메노파는 맹세하는 일을 반대했고, 삼중 교회직위(threefold ministry)를 선호했으며, 그리스도께서는 그의 육체를 마리아로부터 취하지 않았다고 하는 미묘한 '호프만 기독론'(Hofmanite Christology)을 주장했다. 특수침례교는 좀 더 정통적인 기독론을 주장했고, 맹세하는 일에 반대하지 않았으며, 이중 교회직위(twofold ministry)를 실행했고, 평화주의자들이 아니었으며, 공동생활을 요구하지 않았다.

이러한 유사점들에도 불구하고 중대한 차이점들도 있었다. 침례교인들은 일반적으로 아나뱁티스트가 세상으로부터 물러나려는 점, 그들의 극단적 평화주의, 지상의 재화 공유, 혹은 그들의 인간 본성에 대한 반(半)펠라기우스적(semi-Pelagian) 낙관주의에 동의하지 않았다.

어떤 역사가들은 침례교가 대체로 아나뱁티스트 운동에 응하면서 시작되었다고 주장한다. 그들은 아나뱁티스트가 두 국면에서 초기 침례교에 영향을 주었다고 주장한다. 분리주의를 위한 길을 예비한 점과 그 가운데 어떤 이들이 분리주의를 넘어 신자의 침례를 받아들이게 한 점이 그것이다.

대표적 저자들. 침례교 내에서 이 종류의 견해를 주장하는 학자들은 A. C. 언더우드(Underwood), E. A. 페인(Payne), 제임스 모스텔러(James D. Mosteller), 윌리엄 이스텝(William R. Estep) 등이 있고, 메노파 가운데는 어빈 홀스트(Irvin B. Horst)와 해롤드 벤더(Harold S. Bender)가 있다. 또 다른 학자 마이클 와츠(Michael R. Watts)는 이 견해의 수정된 의견을 진전시켰다.

표준적 교과서인 「영국 침례교회사」(*A History of English Baptists*)에서 A. C. 언더우드는 그의 표현대로 "영국 일반침례교와 대륙의 아나뱁티스트 간의 관계에 대한 난문제"에 대하여 설명했다. 그는 침례교를 긴 행렬의 분파적 제도교회 반대자들과 연관시키면서 아나뱁티스트 운동은 "모든 비국교도적 분파들이 일어난 영적 토양"을 형성했다는 루퍼스 존스(Rufus M. Jones)의 말을 동의하면서 인용했다.82) 언더우드는 "존 스마이스의 메노파와의 접촉이 그들의 어떤 사상들을 접목함 없이 이루어졌다는 것은 믿기 힘들다"고 결론을 내렸다.83) 언더우드는 "일반침례교는 아나뱁티스트 운동 가운데 건전한 메노파의 영국판(版) 표본이며," 둘 다 이전의 제도교회반대 분파들과 유사성을 가지고 있다고 생각했다. 그는 특수침례교의 기원에는 어떠한 아나뱁티스트 사상의 유입도 주장하지 않았다. 언더우드는 아마 토마스 린지(Thomas Lindsay)의 영향을 과도하게 받은 것으로 보인다. 후자는 그의 종교개혁 역사의 기술에서 메노 시몬스(Menno Simons)에 관해 언급하며, "그의 노력으로부터 모든 현대 침례교회들이 나타났다고 했다."84)

저명한 영국 침례교 역사학자 어니스트 페인(Ernest A Payne)은 그의 1961년의 소논문 "메노파와 침례교의 접촉"(Contacts Between Mennonites and Baptists)에서 대서양 양안(兩岸) 지역에서 있었던 논의에 대하여 답변했다.85) 페인은 역사적 접촉과 교리적 유사성을 근거로 두 그룹 사이의 '밀접한 혈연관계'(close kinship)를 옹호했다. 그는 1600년 이전 영국에서 있었던 아나뱁티스트들의 존재와 그들의 고통에 대하여 문서로 증명을 시도했으며, 스마이스가 암스테르담에서 메노파와 교제했던 일에 관한 잘 알려진 이야기를 재검토했다. 그는 1620년대 후반에 일라이어스 투키(Elias Tookey)의 서신이 영국의 일반침례교가 여전히 자신들을 네덜란드의 메노파와 동류로 생각했음을 보여준다고 보았으며, 그는 메노파가 일반침례교의 교인들을 아무 질의 없이 받아들였음을 보여주는 암스테르담의 역사 자료들로부터 발췌한 참조들을 인용했다. 페인은 "두 공동체는 같은 배경에서 나왔고… 메노파는 분명히 침례교의 초기 발전단계에 영향을 주었다"고 결론을 내렸다. 또 다른 소논문에서 페인은 다음과 같이 말했다: "나는 확신하건대 바로 그 하나의 강한 기류가 전 세기의 아나뱁티스트 운동으로부터 왔으며, 침례교가 그것을 부끄러워할 필요는 없다."86)

제임스 모스텔러는 2부작으로 된 그의 소논문 "침례교와 아나뱁티스트"(Baptists and Anabaptists)에서 그가 표현한 대로 둘의 관계 가능성에 관하여 "얽힌 문제"(knotty problem)에 대한 논의에 그의 의견을 보탰다.87) 모스텔러는 윈스롭 허드슨이 "침례교인들은 아나뱁티스트가 아니었다"라고 한 말에 대한 직접적인 답변에서 좀 더 온건한 입장을 분명히 설명하려고 했다. 그는 "이 글의 전체적 주제는 아나뱁티스트와 침례교는 같은 교회 전통에 서 있으며, 대체적으로 같은 형태의 기독교를 대변한다는 것이다. 둘째, 아나뱁티스트는 말하자면 네덜란드 메노파와 존 스마이스의 특정한 접촉 시점에, 일반침례교에 직접적인 영향을 주었다"라고 썼다.88) 모스텔러는 이 두 가지 점을 더 확장해서 설명했지만, 특별히 메노파와 침례교 사이의 교리적 유사성을 확증하는 데에 노력을 기울였다.

침례교 기원에 어느 정도의 아나뱁티스트 영향이 있었음을 받아들인 또 다른 학자는 아나뱁티스트 연구에 그 권위를 인정받고 있는 윌리엄 이스텝이다.89) 이스텝의 견해는 특별히 그의 2부작 소논문 "아나뱁티스트와 영국 침례교의 등장"(Anabaptists and the Rise of English Baptists)과 1980년의 미출판 원고 "영국 침례교의 기원에 관하여"(On the Origin of English Baptists)에 잘 나와 있다.90) 이 소논문들에서 이스텝은 영국 분리주의의 발생에 대한 아나뱁티스트 영향의 개연성, 거의 확실시 되는 존 스마이스와 일반침례교에 대한 메노파의 영향, 그리고 특수침례교에 대한 아나뱁티스트 개념의 간접적 영향 가능성 등을 주장했다. 그는 처음 논문에서 "영국 분리주의 발생에 아나뱁티스트가 기여했을 가능성"을 언급하였고, 특별히 브라운과 배로우의 가르침에 아나뱁티스트 사상이 유입되었다고 주장했다.91) 초기 일반침례교에 관해서 그는 "스마이스가 이러한 [침례교] 입장에 도달하고, 그의 교회가 그의 지도를 따른 것은 십중팔구 메노파의 영향에 기인했다"고 말했다. 이스텝은 "나는 영국 침례교의 등장이 단순히, 넓게는 영국 청교도주의의 기반에서, 좁게는 분리주의의 기반에서 이루어졌음을 충분한 근거를 가지고 설명하는 것이 가능하다고 생각하지 않는다"고 결론을 내렸다.92)

마이클 와츠(Michael R. Watts)의 최근 저작 「제도교회반대자들」(The Dissenters)도 또한 고려대상이 되어야 할 것이다. 그는 존 스마이스에 관하여 말하면서, 그(스마이스)가 칼뱅주의와 결별하게 된 결정적인 요인은 메노파의 영향이라고 썼다. 그러나 와츠는 그 논의를 한 걸음 더 진전시키면서 일반침례교는 영국의 구 개혁운동이었던 "롤러즈(Lollards)의 주요 계승자들이었다"고 단언했다.93) 그리하여 와츠는 일반침례교의 출처를 아나뱁티스트에서 찾으려고 했을 뿐 아니라, 설득력이 떨어지지만, 옛 롤러즈에게서도 찾으려고 했다.

캘빈 페이터(Calvin A. Pater)는 「아나뱁티스트 운동의 아버지 칼슈타트」(*Karlstadt as the Father of the Anabaptist Movement*)에서 좀 다른 형태의 아나뱁티스트 영향설을 발전시켰다. 이 책 제목이 시사하듯이, 페이터는 마르틴 루터의 한 때 동료였던 칼슈타트가 아나뱁티스트 운동을 발생시킨 근본적인 사상을 제공했다고 주장했다. 아나뱁티스트의 기원을 찾는 학자들이 이 책을 염두에 두어야 하는 것은 의심할 것 없지만, 이 책이 영국 침례교의 기원을 밝히는 데는 한계가 있다. 페이터는 콘라드 그레벨(Conrad Grebel), 펠릭스 만츠(Felix Manz), 발타자르 후브마이어(Balthasar Hubmaier)를 '침례교인들'과 동일시함으로써, '아나뱁티스트'와 '침례교'를 서로 대체가능한 용어로 사용하는 흔히 있는 문제에 빠졌다.94)

아나뱁티스트 영향설을 받아들이는 대부분의 학자들은 그 영향이 특수침례교보다는 일반침례교에 더 많이 드러난다고 생각한다. 그러나 1962년 10월에 발행된 「메노나이트 계간 평론지」(*The Mennonite Quarterly Review*)가 실은 두 소논문은 정반대의 접근을 시도함으로써 흥미 있는 반전을 보여주었다. "특수침례교의 시작에 미친 아나뱁티스트 영향"(Anabaptist Influence in the Origin of the Particular Baptists)에서 글렌 스태슨(Glen H. Stassen)은 침례교의 침례에 대한 해석이 "침례에 대한 회중주의(Congregational) 가르침뿐 아니라 회중주의의 모든 가르침과도 불연속적(discontinuous)"이라고 주장했다. 그는 특수침례교가 메노 시몬스의 「기초서」(*Foundation Book*)에서 신자의 침례를 받아들였으며, 이는 직접적인 아나뱁티스트 영향을 보여준다고 결론을 내렸다. 같은 호에 실린 "일반침례교의 기원: 아나뱁티스트 영향설의 문제"(General Baptist Origin: The Question of Anabaptist Influence)에서 로니 클리버(Lonnie D. Kliever)는 아나뱁티스트와 일반침례교 사이에는 "어떠한 역사적 연속성도 주장될 수 없고… 어떠한 신학적 부채도 인정될 수 없다. 그리고 중대한 교리적 혈연관계는 거의 발견되지 않는다"고 주장했다. 클리버는 일반침례교의 기원을 철저하게 영국 분리주의 내에 두었으며 "어떠한 중대한 아나뱁티스트의 영향도 발견되지 않는다"고 보았다.95)

아나뱁티스트 영향설을 받아들이는 사람들은 존 스마이스가 확고한 분리주의

자로서 1607년에 네덜란드로 갔던 점, 곧 메노파의 견해를 받아들인 점, 그리고 나중에 메노파에 가입하려고 했던 점을 지적한다. 그들은 양 진영의 문헌이 그들의 중대한 접촉 사실을 보여주고 있으며, 나중에 일반침례교와 메노파의 신학과 행습이 우연의 일치라고 보기에는 너무 유사하다고 단언한다. 이 영향이 일반침례교에 더 강하게 미쳤지만, 특수침례교에 미친 아나뱁티스트의 영향도 완전히 배제할 수 없다는 것이다. 이러한 다양한 면들이 침례교의 기원에 미친 아나뱁티스트의 영향을 보여주는 충분한 증거를 제공하고 있다고 이 학자들은 말한다.

성서적 가르침의 연속설

어떤 역사학자들은 침례교 신앙형태의 연속성을 추적하기 위하여 아나뱁티스트 운동을 넘어 그 이전 수세기에 걸쳐서 찾으려고 노력을 기울인다. 그리스도 시대까지 회귀되는 조직화된 침례교회들의 끊이지 않는 계승을 주장하지는 않지만, 이 견해에 속하는 많은 역사가들은 침례교의 신앙과 행습이 결코 완전히 없어지지 않았다고 생각한다.

이 견해의 주요 특징. 아나뱁티스트의 영향 유무에 관계없이 침례교의 출처를 영국 분리주의에서 찾는 사람들은 침례교를 17세기 초에 일어난 새로운 신앙운동으로 간주한다. 어떤 초기의 역사가들은 이 개념을 거부하고, 침례교의 기원을 단순히 수세기 동안 걸쳐서 계속되어온 견해들의 최근 표현 방식으로 해석하기를 선호한다. 이 역사가들은 신약성서 시대에서 현재에 이르기까지 이전에 있었던 제도교회반대 그룹들을 통하여 '침례교 가르침의 연속성'(continuity of Baptist teachings)을 추적하고자 한다.

대표적 저자들. 이러한 종류의 견해를 주장하는 역사가들 가운데는 토마스 크로스비(Thomas Crosby), 조셉 아이비미(Joseph Ivimey), 데이비드 베네딕트(David Benedict), H. C. 베더(Vedder), 토마스 아미티지(Thomas Armitage), A. H. 뉴먼(Newman) 등이 있다. 어떤 면에서 토마스 크로스비는 최초의 침례교 역사가로 꼽힌다. 1738-1740년에 출판된 크로스비의 네 권으로 된 『영국침례교의 역사』(*History of the English Baptists*)는 다른 곳에서는 찾아볼 수 없는 사료(史料)들을 포함하고 있다는 점에서 그 가치를 가진다. 벤자민 키치의 사위였던 그는 침례교에 관한 가장 중요한 초기의 자료들을 접했다. 그러나 현대 역사가들은 크로스비가 혼란스러운 자료 배열, 일반침례교와 특수침례교를 구별하지 못한 점, 그리고 명백하게 어떤 자료들을 잘못 취사선택한 점 등을 비판한다.

크로스비는 소위 사상의 연속성이라는 침례교 기원에 대한 새로운 설명을 발전시키는 데 일조했다. 그의 저서 첫 권의 긴 서문에서 그는 신자의 침례를 일세기로 소급하고자 했다. 신중한 학자 모건 패터슨(W. Morgan Patterson)은 다음과 같이 썼다:

> 크로스비의 계승적 견해는 '영적 계승'(spiritual succession)이라고 하는 것이 매우 정확한 지칭이 될 것이다. 그의 저서는 모든 제도교회반대 분파들을 침례교 계보로 얽어매려는 경향을 보여주지 않는다. 그는 어떤 옛 분파그룹들이 침례교라고 증명하려고 하지 않았으며, 이는 나중 역사학의 특징이다. 그는 17세기에 이르러서야 비로소 조직체들이나 실질적인 침례교회들을 추적하는 시도를 했다.96)

크로스비는 그리하여 침례교회사에 관한 새로운 시각을 보급시켰다. 침례교의 원리들은 신약성서에 뿌리를 둘 뿐 아니라, 그 이후 다양한 그룹들을 통하여 추적될 수 있다는 것이 그것이다.

1812년에서 1830년의 기간 동안 조셉 아이비미는 4권으로 된 「영국침례교의 역사」(History of the English Baptists)를 출판했다. 크로스비의 결점을 바로 잡으려는 의도를 가지고 있었지만, 그럼에도 불구하고 아이비미는 침례교 사상의 연속성에 관한 크로스비의 견해를 영속화시켰다. 아이비미의 첫 권은 주로 신자의 침례를 여러 세기동안 추적하는 일에 중점을 두었다. 제2권의 머리말에서 그는 다음과 같이 썼다:

> 영국 침례교는 종교개혁 시대 때부터 개신교적인 제도교회반대자들 가운데 다수 부류였다. 이 역사서의 첫 권에서 그들은 고대 영국 기독교인들의 후예들로, 또한 위클리프파(Widkliffites)와 롤러즈(Lollards)의 후예들로, 간주되었다. 후자가 의심의 여지없이 옛날의 발도파(Waldenses)의 후예들이었던 것처럼 말이다. 책이 출판된 이후로 그 반대로는 어떤 증거도 나오지 않았으므로 나는 그것이 증명된 것으로 받아들이고자 한다.97)

1813년에 데이비드 베네딕트는 「미국과 세계 여타 지역의 침례교 교단의 일반사」(*A General History of the Baptist Denomination in America and Other Parts of the World*)를 출판했는데, 이 책은 그 배열에 문제가 있긴 하지만, 미국 침례교에 관한 초기 자료 모음집이라는 점에서 귀중하다. 이전의 크로스비, 그리고 아이비미와 어느 정도 유사하게 베네딕트는 신약성서 시대까지 거슬러 올라가면서 다양한 그룹들을 통하여 침례교 원리들의 연속성을 추적하려고 하였다. 그는 아나뱁티스트의 기원에 대해 "고대의 먼 심연에 감춰진" 존재로 묘사한 요한 모샤임(Johann Mosheim)의 언급을 침례교에 적용하였다.98) 베네딕트는 또한 로버트 로빈슨(Robert Robinson)의 「교회 연구」(*Ecclesiastical Researches*)를 일부 사용했는데, 이 책은 침례교의 역사를 기술하려고 시작했다가 1792년에서 유럽의 다양한 제도교회반대자들에 관한 산만한 담론으로 끝났다. 그러나 베네딕트와 다른 역사가들이 다음과 같은 로빈슨의 경고에 좀 더 주의를 기울였더라면 좋았을 것이다:

끊임없는 계승이라는 것은 모든 당파들이 빠졌던 허울 좋은 유혹이요, 궤변으로 세워진 덫이다. 그리고 그것은 자연적 혈통을 추적하는 사람들에게 있었던 것처럼 영적 계보주의자들에게도 있어 왔다. 그들은 둘 다 먼 간격들을 메우기 위해 어떤 종류의 가지(twigs)든지 함께 엮어 만들었다. 교리는 그들의 신앙과 행습을 전통에 의해 규정하는 그러한 교회들에게만 필요한 것이며, 그들의 소용에 따라 처음 만들어졌다.99)

토마스 아미티지는 1887년에 처음 출판된 「침례교회사」(*A History of the Baptists*)에서 침례교 역사편찬에 중대한 전환점을 제공했다. "우리의 주님이요 구세주이신 예수 그리스도의 시대에서 1886년에 이르기까지 그들의 생생한 원리들과 행습들을 추적함"(*Traced by Their Vital Principles and Practices, from the Time of Our Lord and Savior Jesus Christ to the Year, 1886*)이라는 그 책의 부제는 저자의 견해를 잘 드러낸다. 그러나 아미티지는 그 책에서 계승설의 함정을 명확하게 봄으로써 새로운 땅을 개척했다. 그는 교회의 계승은 증명하기 불가능한 것이고, 교회의 정당성을 수립하는 데에 필요한 일도 아니며, 그것은 또한 좀 더 중요한 계승, 말하자면 "사도 교회들로부터 이어지는 참다운 계보는 사도적 본보기에 대한 현재의 순응 여부에 있다"는 사실에서 주의를 딴 데로 돌리게 만든다고 언명했다.100) 아미티지는 침례교의 연속적 계보에 "산란하고 우연한 연결고리"를 걸어 넣으려고 하는 이전 역사가들의 경향에 대해 비판하면서, 그럼에도 불구하고 "여러 시대를 거쳐… 이 시대의 침례교에 이르기까지 그들이 수호해온 어떤 진리들을 추적할 것"을 제안했다.101)

다음의 저서들 또한 이러한 종류의 접근 방식을 보여준다: 리처드 쿡(Richard B. Cook)의 「모든 시대와 나라에 있는 침례교 이야기」(*The Story of Baptists in All Ages and Countries*, 1884); A. H. 뉴먼(Newman)의 「미국 침례교들의 역사」(*A History of Baptist Churches in the United States*, 1894)와 「반(反)유아세례의 역사」(*A History of Antipaedobaptism*, 1897); H. C. 베더(Vedder)의 「침례교 약사」(*A Short History of the Baptists*, 1892). 베더는 수세기를 걸쳐서 침례교의 원리들을 추적했지만, 침례교의 역사는 17세기 초에야 "견고한 땅"에 도달했다고 보았다.

침례교회들의 계승설

침례교회사를 보는 네 번째 방법은 19세기에 등장했다. 침례교가 영국 분리주의에서 비롯되었다는 것을 부인하고, 단순한 원리들의 연속성도 별 가치가 없다고 보면서, 유기적 계승학파(Organic Successionist school)는 순전히 신약성서 시대 때부터 지금까지 실질적인 침례교회들을 추적하는 일만 받아들이려고 하였다.

이 견해의 주요 특징. 어떤 사람들은 '피 흘린 발자취'(trail of blood)라는 역사관을 가지고 이전의 제도교회 반대자들이 단순히 다른 이름들로 존재한 침례교였다고 단언했다. 도나투스파(Donatists, 4세기), 카타리파(Cathari, 11세기), 발도파(Waldenses, 12세기), 아나뱁티스트(16세기)와 같은 이전 그룹들은 성서적인 참(침례)교회의 끊임없는 연속성 혹은 계승을 보여준다. 이 견해는 침례교는 침례 요한, 예수 혹은 요단강의 침례에서 시작되었다는 의미에서 때때로 '예수-요르단-요한'(Jesus-Jordan-John), 혹은 JJJ 이론으로 불리기도 한다. 이 이론은 침례 요한이 교단적 제휴를 대변하는 자이며, 예수는 침례교회를 설립하고 마태복음 16장 18절에서 침례교회들은 결코 세상에서 사라지지 않을 것이라고 약속했다고 짐짓 주장한다. 그러나 계승론자들 가운데조차도 어떤 한 역사가처럼 침례교를 아담(Adam)까지 소급해서 올라가려고 하는 경우는 거의 없다!

계승주의를 연구하는 가운데 패터슨은 이 그룹 내에는 다양성이 있음을 보여주었다.102) 어떤 이들은 유기적 계승이 증명될 수 있으며, 필수불가결한 것이라고 주장한다. 어떤 이들은 계승이 필수불가결한 것이고 정말 존재하지만, 증명될 수는 없다고 주장한다. 또 어떤 이들은 그것이 증명될 수는 있지만, 필요불가결한 것은 아니라고 주장한다.

대표적 저자들. 계승설을 주장하는 역사가들 가운데는 애덤 테일러(Adam Taylor), G. H. 오처드(Orchard), D. B. 레이(Ray), J. M. 크램프(Cramp), J. M. 캐롤(Carroll)이 있다. 원래 역사가는 아니지만 J. R. 그레이브스(Graves)도 이 견해를 주장하고 널리 퍼뜨렸는데, 특히 남침례교(Southern Baptists) 가운데 그렇게 했다.

애덤 테일러는 1818년에 두 권으로 된 그의 「영국 일반침례교의 역사」(*The History of the English General Baptists*)를 출판했다. 테일러의 목차에는 "제1권 기독교 시대의 시작에서부터 종교개혁까지의 침례교회사 개요"(A Sketch of the History of the Baptists from the Commencement of the Christian Era to the Reformation)라는 소제목이 있다. 그는 "교회의 모든 시대에 침례교인들이 있었다"고 확언하였다.103) 테일러는 침례 요한을 교단의 창시자로 간주하고, 그 교단은 그 이후로 계속되었다고 하였다.

1838년에 「영국침례교 약사」(*A Concise History of Baptists in England*)를 출판한 G. H. 오처드는 좀 더 호전적인 계승주의를 설파했다.104) 오처드는 예수가 침례교회를 세웠고 (여러 이름으로 지칭된) 침례교회들은 역사를 통하여 죽 계속되었으며, 그러한 계승주의는 교회의 정당성에 있어서 필요불가결하다는 사실을 증명하고자 하였다. 오처드는 마태복음 11장 12절에서 출발했고, "침례 요한의 때부터 지금까지…"라는 구절은 그의 침례교 역사관을 사로잡는 것이었다.

오처드의 책은 미국에서 최대의 영향력을 발휘했다. '지계표 운동'(Landmark movement)의 지도자 J. R. 그레이브스는 1855년에 오처드의 책을 재출판하여 남부 전체 지역에 걸쳐 그것을 보급하였다. 그레이브스는 그 책의 소개문에서 "첫 3세기 동안의 모든 기독교 공동체들은 침례교회들이었고," 다양한 이름들을 사용했음에도 불구하고 이 침례교회들은 결코 사라지지 않았으며, 침례교는 다른 교단들과 논쟁할 때 이 정보를 사용할 수 있다고 주장했다.

아마도 계승주의 역사관의 가장 생생한 예는 「피 흘린 발자취」(*The Trail of Blood*)라는 J. M. 캐롤의 소책자일 것이다.105) 1931년 그의 사후에 출판된 이 소책자는 수십 쇄를 거듭하여 나왔지만 아직까지 계속 재출판되고 있다. 이 소책자는 오처드의 사상을 대중화한 것이지만, "역사에 의하면… 침례교는 그리스도 이후로 끊어지지 않는 교회의 혈통을 가지고 있다"는 것을 보여주려고 꾀하는 생생한 도표를 포함하고 있다. 침례교는 수세기를 통하여 참 신앙을 위하여 고난을 받은 자들의 피를 나타내는 일련의 연결된 붉은 점들에 의해 그 행방이 추적되며, 그래서 "피 흘린 발자취"이다. "거짓 교회들"(즉, 침례교회가 아닌 모든 교회들)은 꺾은선 그래프로 추적된다. 이 도표는 "설립자 주 예수 그리스도의 시대에서 20세기까지 침례교회들의 역사를 도해(圖解)하기" 위해서 주어졌다.

교회 계승설을 수용하는 다른 저서들은 J. M. 크램프의 「침례교회사: 기독교회의 창립에서 18세기 말까지」(*Baptist History: From the Foundation of the Christian Church to the Close of the Eighteenth Century*), D. B. 레이의 「침례교 계승: 침례교 역사편람」(*Baptist Succession: A Hand-Book of Baptist History*, 1883), 존 크리스천(John T. Christian)의 「침례교회사」(*A History of the Baptists*, 1922)이다. 널리 알려지지는 않았지만, 이 책들은 여전히 때때로 인용되고 있다. 오늘날 주요 역사가들 가운데 침례교회들의 유기적 계승을 주장하는 사람은 없다. 이 견해는 부적절한 자료들을 근거로 했고, 역사학적이기보다는 논박적이었고, 증거가 부족한 곳에서 과장된 억측을 했다. 이 해석은 격렬한 교단적 경쟁이 있었던 시기에 등장했으며 일부 침례교인들로 하여금 그들의 교회가 참 교회라는 사실을 다시 인식하는 데에 도움을 주었다. 이 견해는 '지계표주의'(Landmarkism)와 일체화됨으로써 남부 지역에 널리 퍼졌다. J. R. 그레이브스는 침례교가 "발도파로부터 내려왔으며, 발도파는 먼 옛날로 돌아가 도나투스파와 연결되며, 도나투스파는 사도들의 교회와 연결된다"고 주장했다.106)

8. 침례교회 기원 균형잡기

이 장에서는 침례교 기원에 대한 주요 사실들을 조사하고, 그 사실들을 해석하는 여러 가지 방식들을 요약했다. 이제 그 논제를 역사적 시각에 놓고 보면서 결론을 맺는 일만 남았다.

초기 침례교인들의 시각

초기 침례교인들은 그들 운동의 전체 역사를 보려고 하지 않았지만, 그들의 글들은 기원에 대한 그들의 견해를 보여준다. 존 스마이스는 조직화된 교회들 혹은 교직자들의 계승을 반복해서 부인했으며, 어떤 한 시점에 "외형적 교회에는 어떤 계승도 없지만, 모든 계승은 하늘로부터 오는 것"이라고 단언했다. 스마이스는 그의 마지막 책에서 이 확신에 분명히 서서 "나는 진리의 계승 이외에는 어떤 계승도 부인한다"고 말했다.107)

토마스 헬위스도 역사적 계승의 가능성 혹은 필요성을 고려하지 않았다. 그는 스마이스가 가입 허가를 요청했던 메노파에게 계승주의적 신념의 약점에 관하여 주의를 환기시켰다. 그는 "[계승에 의하여] 당신들의 시작이 된다는 그 혹은 그들이 최초라는 것을 도대체 어떤 방법으로 증명할 수 있습니까? 아무도 그것을 증명할 수는 없습니다… 그 혹은 그들이 최초라는 것을 당신들에게 보증해줄만한 하나님의 말씀에는 그러한 보증이 없다는 것을 보시고 그러한 것은 떨쳐 버리십시오"라고 말했다.108) 헬위스는 그것이 역사적으로 지지할 수 없는 것이며 성서적 신앙의 정당성은 그것에 의존하지 않는다는 사실을 근거로 계승을 거부하였다.

1644년의 신앙고백서에 서명했던 특수침례교의 목사 존 스필스베리도 역사적 계승의 개념을 반대하는 글을 썼다. 「침례의 합법적 주제들에 관한 논문」(*A Treatise Concerning the Lawful Subjects of Baptism*)에서 그는 "신약성서 아래에는 어떤 계승도 없으며, 오직 영적으로 믿음과 하나님의 말씀에 의한 것만 있을 뿐이다"고 진술했다. 스필스베리의 마태복음 16장 18절에 대한 해석은 침례교회들의 연속성을 요구하지 않는다. 한 신중한 관찰자는 "유기적인 사역적 혹은 침례적 계승은 17세기 침례교인들의 경계표가 아니었다"고 결론을 내렸다.109) 그러나 성서적 진리의 연속성이나 믿는 자들의 연속성에 대한 생각은 1689년의 "제2 런던신앙고백서"에서 찾아볼 수 있듯이 완전히 없지는 않았다. 그 신앙고백서의 제6항은 다음과 같이 진술한다:

> 하늘 아래에 가장 순수한 교회들도 혼합과 오류에 빠지기 십상이다. 어떤 교회들은 너무 타락하여 그리스도의 교회라기보다는 사탄의 회당이 될 정도이다. 그럼에도 불구하고 그리스도께서는 이 세상에서 항상 하나님의 왕국, 곧 그를 믿고 그의 이름을 고백하는 사람들의 왕국을 가지셨고, 그 끝날까지 가지실 것이다.110)

17세기 기원

가장 믿을만한 역사적 증거가 침례교 교단은 오늘날 알려진 바대로 17세기 초에 시작했다는 사실을 확인해준다. 그러나 이것은 침례교의 '견해들'이 그 시기 이전에는 없었다는 것을 의미하지는 않는다. 침례교 신앙을 가진 사람들은 믿음을 통한 은혜에 의한 구원, '모이는 교회,' 신자의 침례, 성서의 권위, 종교의 자유와 같은 그들의 독특한 가르침들이 신약성서 기독교의 가르침을 반영한다고 믿는다. 17세기 침례교인들이 이러한 가르침들을 '창안하지' 않았다. 그들은 새로운 시대에 그것들을 새롭게 '재발견하고' 분명하게 표현하였다.

침례교 기원을 영국 분리주의로 설명하기를 원하는 자도 다른 입장들의 통찰력을 완전히 거부할 필요는 없다. 위에서 언급한 많은 특성들이 종교개혁 시대 이전에도 때때로 표면화되었음을 확인해주는 충분한 증거들이 있다. 아마도 이러한 특성들을 모두 주장한 그룹은 없었으며, 정통 기독교의 관점으로 볼 때 다른 모든 면에서 상당히 이단적인 그룹들 가운데도 이러한 특성 한두 가지가 나타나는 경우도 있다. 유아세례에 대한 반대는 기독교 역사에 걸쳐서, 로마 가톨릭교회나 일부 제도교회 반대자들의 분파들 내에서 때때로 나타났다. 그러나 현재 있는 증거는 그러한 사상의 끊어짐 없는 연속성을 확립해주지 못한다. 독실한 기독교인이 "하나님께서는 항상 그의 백성들을 두신다"든지, "사람들이 그들의 언어로 성서를 가지고 있는 곳에서는 어디든지 성서적 신앙을 따를 것"이라고는 말을 할 수 있다. 그러나 신앙적 추정과 역사적 증거는 구별되어야 할 것이다.

누구든지 이러한 해석들은 '현재 사용 가능한'(presently available) 증거를 근거로 한다는 것을 강조해야 한다. 일반적으로 인정되듯이, 20세기 이상을 지나온 기독교 역사에 대한 우리의 지식에는 큰 틈새들이 있다. 연구는 계속되지만 누구든지 자신의 견해를 겸양을 가지고 견지하는 것이 좋다. 이러한 소견들은 영연방과 미국의 침례교가 유래한 '영국' 침례교의 기원에 겨냥되어 왔다. 유럽 침례교의 기원은 명백하게 영국적 원천과는 별개였으며, 다른 요인들이 현존해 왔을 것이다.

침례교회는 개신교인가?

가끔 침례교가 개신교로 분류되어야 하는지에 대한 질문을 듣는다. 짧은 대답을 하든지, 아니면 긴 설명을 하든지 간에, 대답은 동일하다. 그렇다. 믿음에 의한 칭의, 성서의 권위, 전신자 제사장과 같은 중요한 종교개혁 사상은 침례교 신학에 현저하게 나타난다. 더 나아가 증거는 침례교가 분명히 개신교 종교개혁의

한 부분인 영국의 분리주의에서 나왔다는 것을 보여준다. 아나뱁티스트 영향설을 주장한다 하더라도, 아나뱁티스트들도 종교개혁의 사람들이었다. 침례교가 개신교라는 것을 부인하는 경향은 소위 침례교회들이 모든 세기에 존재했고, 그러므로 종교개혁보다 시기적으로 앞선다는 잘못된 역사관에서 나왔다.

침례교회들과 교단

편의상 초기에 침례를 주는 교회들이 '침례교'(Baptist)로 지칭되어 왔는데, 그것은 오해를 불러일으킬 수 있다. 그 이름은 나중에 나왔을 뿐 아니라, 그러한 대부분의 교회들은 상당한 기간 동안, 말하자면 그들의 갈 길을 재면서 매우 유동적인 상태로 남아 있었다. 그들 가운데 어떤 교회들은 지방회(associations)나 목회자회의(ministers' conference)와 같은 새로 등장하는 침례교 조직체들로 그들의 나아갈 방향을 잡았지만, 또 다른 교회들은 그렇게 하지 않았다. 현대적 의미로 침례교 '교단'이라는 것은 오랜 기간 동안 서서히 등장하였다.

성서의 역할

침례교 기원에 대한 여러 다른 설명들 가운데 아마 어떤 설명도 성서의 역할을 심각하게 다루지는 않는 것 같다. 16세기와 17세기의 영국은 영어 성서의 영향과 분리해서는 이해될 수 없다. 의심할 것 없이 "그러므로 그 시대의 가장 중대한 발견은 신대륙이 아니라 한 권의 책이었다"고 한 J. H. 셰익스피어(Shakespeare)는 옳았다.111) '종교개혁의 새벽별' 존 위클리프(John Wycliffe)는 1382년경에 성서를 영어로 번역했다. 윌리엄 틴들(William Tyndale)은 1525년에 신약성서를 출판했다. 마일즈 커버데일(Miles Coverdale)은 1535년에 그의 번역본을 냈다. 1539년에는 '대영어성서'(Great English Bible)가 나왔다. 헨리 8세의 통치기간과 그 이후에 수많은 영어성서본들이 유통되었다. 유명한 흠정역(King James Version)은 침례교가 시작되고 있었던 1611년에 처음 출현했다.

초기 침례교의 저서들을 아주 잠깐 들여다보더라도, 그들은 그들의 가르침을 성서에서 바로 끄집어내려고 했다는 것을 확인해준다. 다른 동향들이 그들의 생각에 뼈대를 마련해주기도 했겠지만, 침례교인들은 의식적으로 그들의 가르침을 결코 그러한 출처들의 본을 따르려고 하지 않았다. 대신에 그들은 의식적으로 그리고 양심적으로 모든 가르침과 행습을 성서로부터 끄집어내려고 했다. 아마 셰

익스피어가 지나치게 당파적 표현을 했을지는 모르지만, 17세기에 모든 종교적 단체들을 일소하고 열린 성서만 남겨둔다면, 그 다음날 "침례교인들은 존재할 것이다"라고 말한 것은 일리가 있다.112)

9. 요약

이 장에서는 침례교의 기원을 추적하고 그것을 그들의 시대적 문맥 안에서 이해하였다. 그들이 어떻게 등장했는지를 보면서 우리는 이제 초기 침례교인들이 어떤 사람들이었는지 질문해야 한다. 다음 장에서는 침례교인들이 그들의 신앙과 행습을 어떻게 규정했는지 보여줄 것이다.

주(註)

1) Walter H. Burgess, *John Smyth the Se-Baptist, Thomas Helwys and the First Baptist Church in England*, 23.
2) Barrington R. White, *The English Separatist Tradition*.
3) Ibid., 29.
4) William R. Estep, "Anabaptists and the Rise of English Baptists," *The Quarterly Review*, 50.
5) Ibid.
6) Timothy George, *John Robinson and the English Separatist Tradition*, 10-11.
7) Champlin Burrage, *The Early English Dissenters in the Light of Recent Research*, 1:80.
8) White, 27.
9) Ibid., 44f.
10) James Leo Garrett, "Restitution and Dissent Among Early English Baptists," *Baptist History and Heritage*, 13에서 재인용.
11) Robert Browne, *A Treatise upon the 23, of Matthew* (1582); Kenneth L. Sprunger, Dutch Puritanism (Leiden: E. J. Brill, 1982), 30에서 재인용.
12) Danial Neal, *The History of the Puritans*, 1:20.
13) William L. Lumpkin, ed., *Baptist Confessions of Faith*, 82-97.
14) White, 96.
15) James Mosteller, "Baptists and Anabaptists," The Cronicle, 107.
16) John H. Shakespeare, *Baptist and Congregational Pioneers*, 165에서 재인용.
17) Sprunger, 80.
18) A. C. Underwood, *A History of the English Baptists, 45; James E. Tull, Shapers of Baptist Thought*, 9
19) Joseph Ivimey, *A History of the English Baptists*, 1:117.
20) W. T. Whitley, ed. *The Works of John Smyth*, 1:xliii.
21) Neal, 1:108.
22) Burgess, 12-3.
23) Neal, 1:243.
24) Whitley, 1:xli.
25) Ibid., lxii.
26) Ibid., 273
27) Ibid.
28) Ibid.
29) Henry Martyn Dexter, *The True Story of John Smyth*, 29.

30) Ibid.
31) Ivimey, 1:115.
32) Dexter, 31.
33) Ibid.
34) John Smyth, *The Character of the Beast of the False Constitution of the Church*, in Whitley, 2:660.
35) John Smyth, *The Last Book of John Smyth, Called the Retraction of His Errours, and the Confirmation of the Truth*, in Whitley, 2:757.
36) Ibid.
37) Dexter, 20.
38) Ibid., 36.
39) Ibid.
40) Lumpkin, 116-23.
41) William R. Estep, *The Anabaptist Story*, 219.
42) Glen H. Stassen, "Anabaptist Influence in the Origin of the Particular Baptists," *The Mennonite Quarterly Review*, 323n.
43) Underwood, 2-3장.
44) Norman H. Maring, "Notes from Religious Journals," *Foundations*, 91-4.
45) Stassen, 323n.
46) Slayden A. Yarbrough, "Henry Jacob, A Moderate Separatist, and His Influence on Early English Congregationalistm."
47) Burrage, 1:282.
48) Ibid., 1:284.
49) Ibid., 1:290.
50) H. Shelton Smith, Robert T. Handy, and Lefferts A. Loetscher, ed., *American Christianity: An Historical Interpretation with Representative Documents*, 1:84.에서 재인용.
51) Yarbrough, 93-8.
52) Burrage, 1:286.
53) Sprunger, 22-3.
54) Smith, Handy, and Loetscher, 1:84.
55) Smyth, *The Character of the Beast*, in Whitley, 2:565.
56) Smith, Handy, Loetscher, 1:85.
57) Burrage, 1:319.
58) Ibid., 2:301.
59) Ibid., 299.

60) Ibid.
61) Ibid., 1:243-4.
62) Ibid., 277-8.
63) Ibid., 2:302-3.
64) Ibid.
65) Thomas Crosby, *The History of the English Baptists*, 1:103.
66) Ibid., 104.
67) Lumpkin, 167.
68) Ibid., 182.
69) Dexter, 49.
70) Ibid., 56.
71) Ibid.
72) Ibid.
73) Lumpkin, 167.
74) W. T Whitley, *A History of British Baptists; The Baptists of London 1612-1628; The Works of John Smyth; Minutes of the General Assembly of the General Baptist Churches in England.*
75) Whitley, Minutes, 1:ix, xi.
76) Whitley, *A History of British Baptists*, 17-8.
77) Winthrop S. Hudson, "Baptists Were Not Anabaptists," *The Chronicle*, 171-9.
78) John Robinsin, *An Answer to a Censorious Epistle* (1610); Sprunger, 78에서 재인용.
79) Maring, 91-4.
80) Ibid., 94.
81) Sprunger, 89.
82) 자세한 사항은 Underwood, 51-2를 참조.
83) Ibid., 52.
84) Thomas M. Lindsay, *A History of the Reformation*, 2 vols. (Edinburgh: T. & T. Clark, 1907), 2:469.
85) Ernest A. Payne, "Contacts Between Mennonites and Baptists," *Foundations*, 39-55.
86) Ernest A. Payne, "Who Were the Baptists?" *The Baptist Quarterly*, 339f.
87) Mosteller
88) Ibid., 3-4.
89) 이스텝의 글은 *The Anabaptist Story; Anabaptist Beginnings 1523-1533: A Source Book* (Nieukoop: B. Degraaf, 1976)과 아나뱁티스트 연구에 관한 많은 소논문들이 있다. 그는 또한 Torsten Bergsten, *Balthasar Hubmaier: Anabaptist Theologian and Martyr* (Valley Forge Press, 1978)을 번역하고 편집했다.

90) Estep, "Anabaptists."
91) Ibid., 49.
92) William R. Estep, "On the Origin of English Baptists" (1980), 1.
93) Michael R. Watts, *The Dissenters*, 46, 283.
94) Calvin A. Pater, *Karlstadt as the Father of the Anabaptist Movement* (Toronto: University of Toronto Press, 1984), 117, 134, 139, 273.
95) Stassen, 291, 322.
96) W. Morgan Patterson, *Baptist Successionism*, 20
97) Ivimey, 2:v.
98) David Benedict, *A General History of the Baptist Denomination in America and Other Parts of the World*, 1:128.
99) Robert Robinson, *Ecclesiastical Researches*, 475. Patterson, 21에서 재인용.
100) Thomas Armitage, *A History of the Baptists: Traced by Their Vital Principles and Practices, from the Time of Our Lord and Savior Jesus Christ to the Year 1886*, 1.
101) Ibid., 8, 11.
102) Patterson, 10-12.
103) Adam Taylor, *The History of the English General Baptists*, 2:1-2.
104) 미국에서는 1855년에 J. R. 그레이브스에 의해 출판되었고, 1856년에는 켄터키 주 렉싱턴(Lexington)에 있는 애쉬랜드 애브뉴(Ashland Avenue) 침례교회에 의해 재출판됨.
105) J. M. Carroll, *The Trail of Blood.*
106) J. R. Graves, *The Trilemma; or Death by Three Horns*, 79, 119, 121-2.
107) Smyth, *The Last Booke in Whitley, Works*, 2:758.
108) Patterson, 14.
109) Ibid., 18.
110) Lumpkin, 285-6.
111) Shakespeare, 2.
112) Ibid., 4.

제2장

침례교 신앙의 형성

침례교 신앙은 교단 자체가 그랬던 것처럼 17세기 영국에서 서서히 형성되었다. 침례교의 교리적 윤곽은 일조일석에 세워지지 않았으며, 침례교 신앙은 시작 때부터 완성된 형태로 존재하지 않았다. 본 장의 목적은 침례교 신앙이 어떻게 출현했는지 추적하고 시대의 정황 안에서 그것을 해석하려는 것이다.

17세기 침례교의 기본적 신앙은 오늘날 대부분의 침례교인들에게 잘 알려져 있다. 그러나 여전히 과거와 현재 간에 신앙의 다양성과 강조점의 차이를 발견하게 되는 것은 그리 놀랄 일이 아님을 알아야 할 것이다. 침례교인들은 그들의 교리적 형식이 어떤 경우에도 최종적이라고 여기지 않았다. 그들은 존 스마이스(John Smyth)가 말한 바대로 하나님은 "그의 말씀을 통하여 더 말씀하시기 위하여 여전히 조명하신다"고 믿어 왔다. 본 장에서는 일반침례교와 특수침례교를 따로 구분하여 다루지 않을 것이다. 대신에 그들의 교리적 차이들이 논의에 중요성을 가질 때는 언급될 것이다.

1. 침례교 신앙 형성에 끼친 영향들

침례교인들이 그들의 교리적 입장들을 구체화하고 분명하게 정리하는 데에는 여러 가지 영향들이 있었다. 공중토론회, 출판된 책들과 논문들, 그리고 특별히 17세기의 신앙고백서들이 그것들이다.

공중토론회

영국에서 어떤 그룹도 침례교인들 만큼 공중토론회를 더 많이 사용한 예는 없다. 1641년에서 1700년 사이에 침례교인들이 연루된 공중토론회는 적어도 109회가 열렸으며, 이 가운데 79회는 1641년에서 1660년 사이에 열렸다.1) 이 토론회들에서 적어도 한 사람 이상의 침례교 토론자들이 성공회, 퀘이커, 독립교회 혹은 때때로 로마 가톨릭 그룹의 토론대상자들과 토론했다. 침례교인들은 이러한 기회들을 환영했다. 그것이 다수의 군중들에게 복음을 선포하는 기회가 되었을 뿐 아니라, 부당한 비방들에 대하여 침례교를 옹호하는 데 도움을 주었고, 때때로 많은 회심 사건들이 일어난 결과로 새로운 침례교회들이 세워지는 계기가 되었기 때문이었다. 존 툼즈(John Tombes), 헨리 제시(Henry Jessey), 크리스토퍼 블랙우드(Christopher Blackwood)와 같은 당시의 많은 유력한 침례교인들이 공중토론회를 계기로 침례교인이 되었다. 또 이들 모두는 윌리엄 키핀(William Kiffin), 제러마이어 아이브즈(Jeremiah Ives), 존 번연(John Bunyan)과 같은 다른 침례교인들과 함께 그들 자신들이 평판 있는 토론회의 지도자들이 되었다.

토론의 주제로는 침례가 유아를 위한 것인지 신자를 위한 것인지, 그리고 방식에 있어서 침수례인지 살수례인지에 관한 것이 있었고, 그 외에도 성서의 권위, 교회의 본질, 그리스도의 본성과 신성, 외형적 예전의 필요성, '내적 조명'(inner light), 안식일 등의 문제들이 있었다. 때로는 침례교인들 가운데서도 속죄론, 안수, 공중예배 시의 찬양, 예정론, 개방-폐쇄 만찬, 은혜에서 탈락(falling from grace), 세속정부에 복종해야 하는 기독교인의 의무 등에 관한 논쟁들이 있었다.

이러한 토론회의 영향력은 막대했다. 많은 침례교인들이 능란한 토론자들이 되었으며, 그들은 성서와 단순명료한 논리를 강조하는 직접적 접근방식을 계발했다. 학식을 갖춘 많은 그들의 토론대상자들이 정교한 언어와 현학적인 방식으로 그들의 논지를 모호하게 만들었던 반면에, 침례교인들은 (일부를 제외하고) '일반인들의 평이(平易)한 언어'로 토론하는 것을 선호했다. 이것은 침례교에는 학자들이 없었다는 말이 아니다. 사실 툼즈, 제시, 블랙우드 등과 같은 사람들처럼 많은 침례교의 토론자들은 대학졸업자였다. 어떤 침례교인들은 토론에 있어서 소위 '전문분야들'을 발전시켰다. 말하자면 툼즈는 유아세례를 반박하고 종교자유를 옹호하는 데에 효과적인 논쟁을 하는 것으로 알려져 있었다. 존 번연은 퀘이커교도들을 논박하는 것으로 잘 알려져 있었는데, 그는 그들과 여섯 차례나 공개토론을 벌였다.

아마 가장 유명한 침례교 토론회는 1642년 10월 17일에 서더크(Southwark)에서 개최된 토론회였을 것이다. 그것은 윌리엄 키핀과 다른 세 침례교인들이 영국국교회의 유력한 교직자였던 다니엘 피틀리(Daniel Featley)와 벌인 것이었다. 피틀리는 나중에 이 토론의 내용을 자신의 입장에서 정리한「잠수교도들 혹은 머리와 귀까지 물속에 잠기는 아나뱁티스트들」(Dippers Dipt, or the Anabaptists Duck'd and Plung'd over Head and Ears)을 출판하였다. 의회에 헌정된 이 글은 적어도 여섯 판이나 출판되었으며 널리 읽혀졌다. 피틀리는 다음과 같이 불만을 토로했다:

유독 이 분파는 지금까지 국가가 참아주기를 기대하면서 매주 비밀집회를 열고 황혼녘에 개울이나 템즈강의 지류나, 그 외의 곳에서 수백 명의 남녀들에게 머리와 귀까지 잠기는 방법으로 재침례를 베풀었다. 그들은 자신들의 이단적인 사상을 옹호하는 책자들을 출판했으며, 우리 교직자들로 하여금 토론에 나서도록 도전했다.2)

이러한 토론회들은 우호적인 정신을 가지고 열리는 경우도 있지만, 첨예한 경쟁을 반영하였다. 침례교인들은 가끔 좌절을 경험할 때도 있었지만 이 토론회들을 통하여 많은 득을 보았다. 대개 쌍방이 모두 승리를 주장하였고, 쌍방이 모두 자신들의 입장에서 토론의 내용을 출판했으며, 이런 식으로 더 많은 사람들이 침례교의 주장을 접하게 되었다.

출판물

1640년대에 침례교가 급성장한 것에 대해 놀라면서, 침례교의 적대자들은 영국에서는 매일 "인쇄기들이 땀을 흘리고 신음소리를 내며" 침례교인들의 새로운 책들과 소책자들을 찍어낸다고 다소 상스러운 불만을 토로했다. 그들은 그 인쇄기들이 침례교인들이 쓴 "신종의 불결한 오물의 홍수"를 매일 같이 토해낸다고 불평했다. 그들의 은유적 표현이 지나치기는 하지만 실상을 정확하게 말한 것이다. 수많은 설교문들, 소책자들, 팸플릿들, 토론보고서들, 장문의 책들과 논문들이 침례교의 신앙을 발표하고, 개진하고, 옹호하고, 설명하였다. 1646년에 존경받는 장로교인이었던 토마스 에드워즈(Thomas Edwards)는 "지난 4년 동안에 종교관용을 위하여 책략을 도모하고 활동하는 일 이외에도, 그것을 위하여 더 많은 책들이 집필되고, 더 많은 설교와 연설이 행해졌으며… 이제 매일같이 종교관용을 위한 책들이 쏟아져 나온다"고 말했다.3)

1640년대 초에 당국이 불법 출판을 제어하려는 다소의 노력을 기울였지만 거의 성공하지 못했다. 1643년에 한 익명의 교직자는 자신이 이단적이라고 생각한 책자의 출판을 의회가 허용한 데 대하여 다음과 같이 꾸짖었다:

> 나는 지금 얼마나 많은 잡류의 책들이 거의 무한정 매일같이 세상의 빛을 보는지 모르지 않습니다. 심지어는 가장 저명한 중심도시 혹은 모(母)도시의 바로 그 길거리들이 하찮은 책자들로 뒤덮이고 있습니다…. 우리는 책들로 인해 넌더리가 나고, 우리의 눈은 책읽기로 고통을 느낄 정도이며, 책장 넘기는 일로 우리의 손이 피곤할 정도입니다.4)

불평의 대상이 된 이러한 책들 가운데 상당수, 혹은 다수가 침례교인들에 의한 것이었다. 그들은 많은 주제들을 다루었고, 그것이 침례교의 견해를 퍼뜨리는 데에 효과적인 방법임을 입증했다. 이러한 글들을 통해 침례교인들은 다른 사람들에게 영향을 끼쳤을 뿐 아니라 자신들의 신앙과 행습을 형성해 갔다.

신앙고백서

17세기에 침례교인들의 많은 신앙고백서들만큼 침례교의 신앙을 형성하고 나누는 일에 더 공헌한 것은 아마 없을 것이다. 침례교인들은 처음부터 신앙고백적인 사람들이었으며, 그들 가운데 신앙에 대한 답변을 제공할 준비가 항상 되어 있었다. 개인들, 지역교회들, 지방회들 그리고 전국 단위의 모임들이 때때로 그들의 신앙에 관한 진술문들을 내곤했는데, 겨우 한 쪽에 불과한 짧은 요약문에서 공을 들여 작성한 장문의 신학적 논문에 이르기까지 그 길이도 다양했다.

길이, 작성자, 내용 등은 다양했지만, 초기의 모든 신앙고백서들은 그야말로 '신앙고백'이었다. 초기의 침례교인들은 그들의 신앙고백을 결코 신조의 위치로 격상시키지 않았다. 20세기에 와서는 신앙고백과 신조라는 말을 별 차이 없이 사용하고 있지만, 초기의 침례교인들에게는 그 차이가 실질적이었고 또 중요했다. 신앙고백은 크든 작든 하나의 침례교 공동체가 그들이 처한 시점과 장소에서 믿고 있는 것을 확인하는 반면에 신조는 교인들이 무엇을 믿어야 하는가를 규정한다. 신앙고백은 포괄적이지만, 신조는 배타적이다. 초기의 침례교인들은 신앙고백서가 단순히 인간의 진술문들이라는 것을 조심스럽게 강조했다. 그들은 그것들이 나중에 교정될 수도 있으며 어떤 경우에도 성서의 권위에 도달할 수 없다고 보았다. 여러 종류의 신앙고백서 모음집들이 있는데, 그 가운데 윌리엄 럼킨(William L. Lumpkin)의 「침례교신앙고백서」(*Baptist Confessions of Faith*)가 가장 최근에 나온 것이며 유용하다.5) 여기에 인용된 자료들은 대체로 럼킨의 책에서 나왔다.

일반침례교회 신앙고백서들. 가장 초기의 침례교 신앙고백서들은 먼저 등장한 일반침례교에 의해서 발표되었다. 일반침례교의 유력한 신앙고백서들은 다음과 같다: 존 스마이스(John Smyth)의 "20개 조항으로 된 짧은 신앙고백서"(A Short Confession in Twenty Articles, 1609), 헬위스(Helwys) 무리의 "짧은 신앙고백서"(A Short Confession of Faith, 1610), 헬위스의 "암스테르담에 남아 있는 영국인들의 신앙선언서"(A Declaration of Faith of English People Remaining at Amsterdam, 1611), 나중에 메노파에 가입한 스마이스 무리의 "참된 기독교에 관한 명제들과 결론들"(Propositions and Conclusions, 1612-1614), 일반침례교에서 최초로 여러 교회들이 합동으로 발표한 "30개 회중의 신앙과 실천"(The Faith and Practice of Thirty Congregations), 반역이라는 비난으로부터 침례교를 변호하려는 부분적인 목적을 위해 발표된 "표준신앙고백서"(The Standard Confession, 1660), 그리고 일반침례교의 신앙고백서들 가운데 가장 완성도가 높은 "정통신조"(The Orthodox Creed, 1678).

이러한 문서들은 세부적인 내용과 강도에 있어서 다양하지만 일반속죄론, 예정과 상관없는 믿는 자유, 예정을 예지로 이해하는 경향, 은혜로부터의 탈락 가능성에 대한 경고, 신자의 침례, 평화주의, 완전한 종교자유, 교회와 국가의 분리 그리고 약간의 예외들도 있지만, 국가의 공직자들도 공직을 유지한 채 교회회원으로 인정하는 일 등과 같은 일반침례교의 강조점들을 표명하고 있다.

특수침례교회 신앙고백서들. 특수침례교의 신앙고백서는 그 숫자가 적지만 대체로 완성도가 높았다. 특수침례교의 주요 신앙고백서들은 다음과 같다: "런던신앙고백서"(the London Confession, 1644), 영국 서부지방의 지방회에 의한 "미들랜드 신앙고백서"(the Midland Confession, 1655), 서머세트지방회의 "서머세트신앙고백서"(the Somerset

Confession, 1656), 그리고 "제2 런던신앙고백서"(the Second London Confession, 1677)와 1687년에 발표된 개정판이 있다.

이 신앙고백서들은 선택받은 자들에게 한정된 제한속죄론, 성도의 견인, 선택받은 자들과 유기된 자들의 운명에 대한 예정 등과 같은 칼뱅주의적인 강조점들을 반영한다. 이 고백서들도 신자의 침례, 성서의 권위, 종교의 자유 등의 문제에 있어서는 일반침례교와 대체적으로 맥을 같이 한다.

1691년에 '서부지역의 사도'로 불렸던 토마스 콜리어(Thomas Collier)는 "짧은 신앙고백 혹은 신앙진술문"을 발표했는데, 이는 엄격하게 말해서 일반침례교도 아니고 특수침례교도 아닌 그의 가르침을 반영한다. 콜리어는 특수침례교인으로서 다년간 영국 서부지역에서 효과적인 전도사역과 교회개척사역을 감당한 자였다. 후기에 가서 그는 그의 신학을 양쪽 침례교를 아우르는 형태로 완화시켰다. 이 신앙고백서는 한 역사가가 일렀듯이 콜리어와 서부교회들에 의해서 이루어진 "칼뱅주의로부터 벗어난 괄목할만한 시대풍조"로 기록된다.6) 그것은 명백하게 1689년에 총회(General Assembly)가 "제2 런던신앙고백서"를 재확인한 데 대한 답변의 의도를 띠었다.

콜리어의 신앙고백서는 모든 믿는 자들을 위한 구원, 모든 사람에게 열린 믿음의 자유, 신자의 배교와 구원상실의 가능성 등과 같은 일반침례교의 가르침을 받아들였다. 이 고백서는 또한 하나님의 법령의 실현 불가피성, 타락으로 인한 인간의지의 손상, 믿음을 받아들이는 인간의지는 오직 하나님에 의해서만 주어진다는 사실 등은 특수침례교의 강조점들을 포함하고 있다. 이 문헌은 또한 유아에 관한 초기 침례교의 입장을 다음과 같이 밝힌다: "우리는 하나님께서 실질적인 죄를 범하기 전에 사망한 유아의 유기를 어떠한 경우에도 법령으로 공포하지 않으셨음을 믿는다."7)

신앙고백서의 용도

이러한 신앙고백서들은 어떻게 사용되었으며, 어떠한 기능을 가지고 있었는가? 그 목적은 명백하게 두 가지로 설명된다. 침례교 외부인들에게는 침례교의 신앙을 설명하고, 변호하고, 해명하는 목적을 수행했으며, 내부적인 침례교인들에게는 그들을 교육하고, 하나로 묶어주고, 믿음을 확증하는 목적을 수행했다. 다음은 신앙고백서의 기능에 마땅히 포함되어야 할 사항들이다.

1) 침례교 신앙을 해명하는 일

침례교인들은 그들의 신앙과 행습이 터무니없고 상스러운 것이라고 끊임없이 비판을 받았다. 침례교인들은 신앙고백서들을 통해 그들의 신앙을 대중들에게 변호하는 일을 했다. 그들은 신앙고백서들을 통해 인내심을 가지고 잘못된 비난을 거부하는 일면, 때때로 침례교의 특성을 공표하려고 하기보다는 침례교인들이 다른 정통 기독교인들과 얼마나 유사한 사람들인지를 보여주려고 하였다. 1644년의 "런던신앙고백서"에서 그들은 이러한 유사성을 보여주는 것이 "우리 작업의 중추적 이유"가 된다고 말했다.

2) 자체의 침례교인들에게 알리고 그들을 교육하는 일

침례교인들은 때때로 신앙고백서들을 이용하여 신앙을 가르쳤다. 교직자들과 교회들이 신앙고백서들을 사용하여 평신도들에게 침례교의 방식으로 신앙의 원리를 주입하는 일을 한 것이다. 그리하여 신앙고백서들은 침례교의 신앙을 설명하는 일뿐 아니라 그 틀을 잡는 일을 하였다.

3) 교제의 발판을 제공하는 일

지방회들은 그리고 나중에 총회는 그들의 신앙고백서를 '조직규약문헌'으로 사용하면서 교회들과 대의원들의 제휴와 교제를 위한 발판을 마련했다. 지역교회들은 그 신앙고백서를 검토하고 그들이 지방회에 가입할지의 여부를 결정했다. 신앙에서 벗어난 교회들과 개 교인들이 가끔 이 신앙고백서에 의거하여 다루어졌다.

4) 논쟁을 다루는 일

침례교 내부에서 논쟁이 발발한 경우, 실제로 그런 일들이 가끔 있었는데, 침례교인들은 지침서로서 주로 그들의 신앙고백서를 의지했다. 그들은 무엇이 이단인지를 가리는 일을 위하여 신앙고백서에 호소했다. 그리고 때때로 이러한 기준들을 교인들, 교직자들 혹은 교회들을 권징하는 근거로 사용했다. 그러나 침례교인들은 신앙고백서에 너무 과한 권위를 부여하는 일은 피하도록 주의를 기울였다. 실제로 신앙고백서를 사용하여 어떤 교회들을 권징하고 심지어는 교제에서 제외시키는 일을 도모한 것은 필시 나중에 영국 침례교에 신앙고백서의 쇠퇴를 가져온 원인이 되었다.

신앙고백서의 타당성

대부분의 초기 신앙고백서들은 성서 구절들로 뒷받침되었다. 이러한 성서 구절이 가끔 문맥에 맞지 않고, 다루고 있는 주제에 적합하지 않는 경우들도 많이 있지만, 그럼에도 불구하고 그것들은 침례교의 성서에 대한 충실도를 보여준다. 대부분의 이러한 신앙고백서들은 시대적 산물이어서 오늘날에는 그 관심이 덜할 수도 있지만, 당시에는 열띤 관심의 대상이 되었던 이슈들을 중점적으로 다루었다. 오늘날 침례교인들에 있어서 회중찬송은 이미 결말이 난 문제이고, 새로운 회심자에 대한 안수 여부는 더 이상 주요 이슈가 아니다. 시대와 강조점들은 변화하는 것이며, 의심의 여지 없이 그것은 앞으로도 그럴 것이다. 오늘날 침례교인들에게 절박한 많은 이슈들이 초기의 신앙고백서들에는 포함되지 않았으며, 초기 침례인들은 필경 그것들을 생각조차 하지 않았을 것이다. 그렇더라도 신앙고백서들에 표명된 침례교 신앙의 기본들은 대부분 세기를 초월하여 오늘날까지 지속되고 있다.

2. 교리적 신앙

앞에서는 신앙을 담는 그릇(즉, 선언들, 출판물들, 신앙고백서들)에 대하여 중점적으로 논의했다. 우리는 이제 계속해서 신앙의 내용으로 나아가 특정 주제에 관한 믿음들을 설명하고자 한다. 침례교의 신앙들은 많은 조항들로 설명되었다. 어떤 신앙고백서들은 일백 개가 넘는 별도의 조항들로 이루어졌다. 아래에서 10개의 조항으로 그들의 신앙을 요약하려는 시도에 대해 변명한다면, 첫째는 간결성 때문이고, 둘째는 이 10개의 카테고리들이 침례교의 설교문들과 신앙고백서들이 수십 개의 표제로 잘 구별하여 설명한 많은 것들을 실질적으로 포함하기 때문이다.

삼위일체

초기 침례교 신앙고백서들은 대체로 인류에게 성부, 성자, 성령으로 나타나신 하나님에 대한 믿음으로 시작했다. 하나님에 대한 침례교의 진술문이, 말하자면 안수례에 관한 진술문보다도 종종 짧았다는 사실은 그들이 하나님을 경시했다는 것을 의미하지는 않는다. 로마 가톨릭교회와 다양한 개신교 교단들을 포함하여 대부분의 정통 기독교인들이 하나님의 속성에 관하여 대체로 동의하기 때문에 그에 대한 침례교의 신앙을 상세하게 설명하는 경우는 별로 없었다.

침례교인들은 성령의 인격성과 신성을 받아들였으며 감화, 위로, 성서의 조명 등과 같은 그의 사역을 성서적 관점에서 규정하였다. 성령의 사역과 관련하여 그들은 좀 더 전통적인 기독교인들보다는 퀘이커교도들(Quakers)과 더 많이 논쟁하였다.

예수 그리스도의 본성에 관하여 17세기의 침례교인들은 어느 정도 다양성을 보여주었다. 정통의 기준으로 판단한다면 많은 일반침례교회들은 기독론에 있어서 다소 약점을 가지고 있었다. 어떤 학자들은 그들이 초기에 아나뱁티스트와 접촉하면서 '호프만 기독론'(Hofmanite Christology)을 물려받았다고 생각한다. 멜키오르 호프만(Melchior Hofman)의 이름에서 연유된 이 견해는 예수가 그의 육체를 어머니 마리아로부터 취하지 않았다고 주장한다. 이 견해에 따르면 예수는 마리아의 몸을 통해서 왔지만 그녀의 육체적 인간본성에는 참여하지 않았다는 것이다. 이 교리는 그리스도의 신성을 보호하려는 의도가 있었지만 그의 완전한 인성을 훼손하게 되었다. 17세기에 많은 일반침례교인들이 그리스도를 유니테리언(Unitarian)의 방식으로 이해하는 경향이 분명히 표면화되었다. 그리스도의 인성과 관련된 질문들로 시작하여 그들은 결국 그의 신성을 의심하기에 이르렀다. 특수침례교도 많은 신학적 문제들이 있었지만, 그리스도의 완전한 인성과 완전한 신성에 관해서는 의심의 여지가 없었다.

성서

양 침례교 그룹 모두가 성서의 진리와 최종적 권위에 관해서는 동의했다. 그들의 신앙고백서, 설교, 공중토론 모두가 그들의 가르침을 확증하는 데 있어서 성서에 호소했다. "성서는 무엇이라고 하는가?" 그리고 "성서가 그렇게 가르치고 있는가?"라는 말이 영국 침례교인들이 모든 기독교 신앙과 행습에 관련하여 묻는 질문이었다. 존 스마이스 이후로 그들은 성서에 맞지 않으면 어떠한 인간적인 권위, 감독, 교회 혹은 교서도 받아들이지 않았다.

대부분의 초기 신앙고백서들은 성서에 관한 독립된 조항을 포함하였다. 1611년의 헬위스 신앙고백서는 다음과 같이 진술한다:

구약과 신약성서는 우리를 가르치기 위하여 기록되었고(딤후 3:16), 우리는 그것이 그리스도에 관하여 증언하므로(요 5:39) 잘 살펴보아야 한다. 그리고 그것은 무엇이든지 모든 일에 우리가 나아가야 할 방향이 되는 하나님의 유일한 거룩한 말씀을 담고 있으므로 경의를 가지고 사용해야 한다.8)

1640년대 후반에 토마스 러버(Thomas Lover)는 「성서에 따라 선포된 참 복음신앙」(*The True Gospel Faith Declared According to the Scriptures*)을 출판했다. 일단의 일반침례교회들이 1654년에 그것을 증쇄하여 그들 가운데 늘어가는 퀘이커의 영향을 차단하는 데에 사용했다. 퀘이커교도들은 종교적 권위에 있어서 우선적으로 '내적 빛'(inner light)에 의존하면서 기록된 성서의 '외적 말씀'(outer word)의 중요성을 깎아내렸다. 그들은 종종 '역사'(성서의 기록)와 '신비'(내적 조명)를 구별하면서 후자에 더 우선성을 부여하였다. 이러한 견해에 반박하여 침례교인들은 다음과 같이 선언하였다:

> 그러므로 우리는 누구든지 그것[신앙고백서]을 읽는 사람은 거기에 제시된 성서의 말씀에 무게를 두기를 바랍니다. 그리고 만약 그것이 성서에 따른 것이면 그 안에 빛이 있습니다. 그것이 우리의 신앙과 행습을 바로 잡아줄 선지자들과 사도들의 성서이기 때문입니다. 어떤 이들이 그토록 자주 언급하는 (외적 성서에 의하여 증언되지 않은) 내적 빛은 깊은 흑암으로 생각해야 합니다…. 그러므로 성서가 여러분의 신앙과 행습의 규범이 되게 하십시오.9)

17세기 침례교의 두 주요 신앙고백서인 일반침례교의 "정통신조"(the Orthodox Creed, 1678)와 특수침례교의 "제2 런던신앙고백서"(the Second London Confession, 1677, 1689)는 성서의 권위에 관하여 장문의 진술을 하고 있다. 둘 다 어느 정도 1647년에 처음 발표된 영국 장로교의 "웨스트민스트신앙고백서"(Westminster Confession)를 모델로 하고 있다. "정통신조"는 여느 침례교의 신앙고백서와는 달리 초창기 교회의 "사도신경"(the Apostles' Creed), "니케아신조"(the Nicene Creed), "아타나시우스신조"(the Athanasian Creed)를 포함하고 있다. 그러나 그 신앙고백서는 성서가 기독교의 신앙과 행습에 있어서 최종적 권위를 가지고 있음을 분명히 하였다. 성서에 관한 "정통신조"의 조항은 다음과 같이 진술한다:

성서의 권위는 어떤 사람의 권위에 의한 것이 아니고, 오직 하나님의 권위로부터 나온다. 하나님은 성서를 통해 우리에게 당신의 뜻을 알려주고 계시하며, 구원에 필요한 모든 것을 제공한다. 그래서 성서 안에 기록되어 있지 않거나, 또는 성서에 의해 증명되지 않는 것은 무엇이든지, 기독교 신앙의 조항으로 믿어야 한다거나, 구원에 없어서는 안 된다는 생각을 갖도록 사람들에게 강요해서는 안 된다…. 그리고 교황의 결정이나 종교회의나 어떤 사람의 저술이라 하더라도 성서의 권위와 동등할 수 없다.10)

"제2 런던신앙고백서"는 성서에 대한 침례교의 입장을 더욱 철저하게 진술한다. 이 신앙고백서는 성서에 관한 조항으로 시작함으로써 이후의 침례교 신앙고백서의 순서를 재조정했다. 그것은 성서에 관하여 '무류'(infallible)라는 말을 사용한 최초의 침례교 신앙고백서였다. 그것의 성서에 관한 조항은 당시의 많은 침례교 신앙고백서들의 전문(全文)보다 더 길었다. 그 신앙고백서는 "성서는 구원에 이르는 지식, 믿음, 순종의 모든 것에 대한 유일하고 충분하며 확실하고 무류한 규범이다; … 따라서 성서는 하나님의 말씀이기 때문에 그대로 받아들여야 한다."11)

기독교인들은 성서를 "오류가 없는 진리와 신적 권위에 대한 우리의 완전한 확신과 확증"으로 받아들일 수 있다. 이 신적 권위에 대한 증거는 "말씀에 의해 우리의 마음에 증거하는 성령의 내적 활동"에서 온다. 이 신앙고백서는 또한 성서의 기록에 영감을 주는 바로 그 동일한 성령이 그것의 현재적 해석을 또한 조명한다는 것, 사람들이 이해할 수 있는 언어로 번역하는 일이 필요하다는 것 그리고 성서를 해석하는 무류의 법칙이 성서 그 자체라는 것을 확인해준다. 이 신앙고백서는 또한 다음과 같이 말한다.

> 히브리어(옛날 이스라엘 백성의 자국어)로 기록된 구약성서와 헬라어(예수 당시 로마 치하에 있는 여러 민족에 의해 사용된 공통어)로 기록된 신약성서는 하나님의 영감을 직접 받아 하나님의 주도면밀하신 배려와 섭리에 의해 모든 세대에 순수하게 보존되어 온 것으로 확실히 믿을 만하다. 그러므로 온갖 신앙논쟁에서 교회는 최종적으로 성서에 호소해야 한다.12)

이것은 존재하지 않는 성서원본을 말하는 것이 아니라 현존하는 히브리어와 헬라어 사본들을 말한다. 그러나 모든 사람들이 이러한 고대 언어들을 읽을 수 있는 것이 아니기 때문에 이 신앙고백서는 성서를 대중의 언어로 번역할 것을 촉구한다.

아마 17세기의 침례교인들 가운데 성서의 권위 문제에 관하여 가장 광범위하게 논한 사람은 토마스 콜리어일 것이다. 콜리어(1691년에 사망)는 영국 서부의 침례교에서 활동한 목회자요 전도자였다. 그는 그의 전도 열정, 탁월한 교회개척 사역, 조직의 능력 그리고 특히 칼뱅주의를 복음전도의 방향으로 완화시키려 했던 그의 노고로 잘 알려진 인물이었다. 콜리어는 또한 일반침례교와 특수침례교의 통합을 위하여 노력했던 가장 초기의 인물들 가운데 하나였다. 그는 37권의 책과 팸플릿을 출판한 왕성한 저술가이기도 했다.

그의 주요 저서「최초의 보편교회에 보내는 일반서신」(A General Epistle to the Universal Church of the First-Born, 1652)에서 콜리어는 성서에 관한 논의를 위해 한 장(chapter)을 할애했다.13) 그는 성서의 진리와 권위를 확실하게 받아들였다. 그는 "성서에 관하여 말하자면, 나는 성서의 진리에 대하여 어떠한 의문의 여지도 없다"고 쓰고 있다.14) 그러나 그는 성서가 어떻게 영감을 받았는지에 관한 당시의 다양한 논리들, 번역본과 원본의 상대적 장점들 그리고 성서의 권위가 성서 본문의 완전성을 필요로 하는지의 여부 등에 대해서는 언급할 가치를 별로 발견하지 못했다. 그는 성서를 "진리이신 하나님의 선언"이라고 하면서 "내가 그 안에 있는 모든 글자나 부대 상황에 집착한다는 말이 아니라 그 실질적 요지(要旨)에 주의를 기울인다는 말이며, 그것이 순전히 하나님의 말씀을 선포하는 것이므로 나에게는 두말할 나위 없는 진리의 말씀"이라고 했다.15)

콜리어는 원본만이 참 하나님의 말씀이므로 영어성서본은 성서가 될 수 없다는 생각을 거부했다. "영국의 많은 학자들과 자칭 선생들은 영국 사람들이 결코 원어, 즉 헬라어와 히브리어로 성서를 읽지 않았으므로 성서를 읽지 않았다고 주장한다." 콜리어는 영어성서본의 권위를 약화시키려는 시도들에 대하여 하나님의 진리는 자국어를 통하여 전해진다고 반박했다. 그는 또 "가장 훌륭한 학자들도 여느 영국 사람들처럼 원본 성서를 보지 않았다"고 지적했다.16)

콜리어는 번역하는 과정에서 본문에 변화가 있을 공산에 대해 인정하면서 "나는 번역본에 있을 원문 변조의 가능성과 개연성에 대하여 인지하고 있으며, 그것은 헬라어와 히브리어 원문에 있어서도 마찬가지이다. 그럼에도 불구하고 그것이 성서의 권위를 떨어뜨리지 않는다"고 말했다. 그는 또 "내가 성서를 보고 그것이 진리임을 아는 것은 거기에 기록된 모든 말이나 부대 상황을 믿는 것이 나의 신앙고백 조항이기 때문이 아니라, 하나님께서 내 안에서 알게 하신 그 진리를 내가 인정할 수밖에 없기 때문"이라고 말했다.17)

콜리어의 성서에 대한 견해는 '문자'(Letter)와 '영'(Spirit)의 균형을 주장하는 것이었으며, 그는 그것을 통하여 성서를 기록하게 하신 같은 성령께서 또한 그 해석의 인도자가 되신다는 것을 의미하려게 했다. 성서본문의 문자에 전적으로 의존했던 이성주의자들과 성서본문과는 별개로 '내적 조명'에 전적으로 의지했던 퀘이커교도들을 모두 반박하면서, 콜리어는 균형을 부르짖었다. 그는 사람들이 성서의 본문을 성령의 조명과는 별개로 자신들의 분별력으로 이해하려고 하기 때문에 "이리저리 흔들린다"고 했다.18)

침례교인들은 신구약 성서 66권을 받아들였으나 외경은 거부했다. 그들은 평신도를 포함하여 모든 믿는 자는 스스로 성서를 읽고 해석할 권리가 있다고 주장했다. 17세기의 침례교인들은 성서의 권위를 받아들였지만 하나님의 영감이 어떻게 작용했는지에 관한 정교한 논리들을 발전시키지는 않았다.

속죄

일반침례교와 특수침례교는 결정적으로 속죄론에 있어서 가장 첨예한 차이점을 보여준다. 일반침례교는 그리스도가 모든 사람들을 위하여 죽었으며, 누구든지 예수 그리스도를 믿으면 구원을 받는다고 믿었다. 그들은 또한 신자가 "하나님의 은혜로부터 탈락할 수 있다"고 가르쳤다. 이러한 견해들은 다소 네덜란드의 신학자 야코프 아르미니우스(Jacob Arminius, 1560-1609)의 가르침을 반영하기 때문에 '아르미니우스주의'라고 불린다.

일반침례교의 견해는 영국의 청교도-분리주의(Puritan-Separatist) 운동의 신학적 기반인 칼뱅주의를 거부한다. 스마이스(Smyth)는 하나님이 아담의 죄가 아니라 각 사람의 죄를 취급한다고 주장하면서 칼뱅주의적 의미의 원죄를 거부했다.19) 그는 또 하나님이 어떤 사람들은 구원으로 어떤 사람들은 멸망으로 예정했다는 칼뱅주의적 개념을 거부했다. 그는 "어느 누구도 그의 자녀를 교수대에 보내려고 낳지 않으며, 어떤 토기장이도 부수기 위해서 질그릇을 만들지 않는 것처럼, 하나님께서는 어떤 인간도 파멸하시기 위하여 창조하거나 예정하지 않으신다"고 주장했다.20) 토마스 헬위스(Thomas Helwys)는 다음과 같이 썼다:

하나님은 세상의 터를 정하시기 전부터 하나님을 믿을 모든 자를 구원하시고(엡 1:4, 12; 막 16:16), 믿는 자는 누구나 저주를 받지 않을 것으로 예정하셨다…. 하나님은 사람이 심판을 받을 악인이 되도록 예정하신 것이 아니라 악인이 된 자가 심판 받도록 예정하신 것이다. 하나님은 모든 사람이 구원받고 진리의 지식에 이르기를 원하신다.[21]

이것은 사실상 하나님의 예지를 예정과 동일시한 것이며, 인간에게 영원한 운명을 선택할 자유가 있음을 말한 것이다.

일반침례교는 또한 "사람은 하나님의 은혜로부터 탈락할 수 있다…. 그러므로 어떤 사람이든지 한번 은총을 힘입으면 언제나 그 은총을 보유한다고 생각할 수는 없다. 최후까지 신앙을 지속하는 사람은 구원을 받을 것이라는 확신을 얻을 것"이라는 사실을 주의하면서 배교의 가능성을 가르쳤다.[22] 그들은 또한 유아 때에 사망한 아이들은 하나님의 사랑 안에서 안전하다고 믿었다.

반면에 특수침례교는 장 칼뱅(1509-1564)의 가르침을 따랐고, 그들의 견해는 '칼뱅주의'로 불렸다. 그들은 하나님이 지상에 사는 모든 인간의 운명을 세상 창조 이전에 결정 혹은 '예정'했다고 믿었다. 구원으로 선택된 자들은 구원을 얻을 것이며, 멸망으로 선택된 자들은 불가피하게 멸망에 이를 것이라는 것이다. 한 그룹은 하나님의 은혜를, 다른 그룹은 하나님의 공의를 예시하면서 구원받은 자와 멸망에 이른 자 모두가 하나님을 영화롭게 한다는 것이다. 하나님의 법령은 확정적이며, 인간은 자신의 예정된 운명을 바꿀 수 없다. 그러나 선택받은 자는 자동적으로 구원받지 않는다. 그들은 예수 그리스도를 믿어야 한다. 그러므로 복음 전파는 선택받은 자들에게 희망을 품게 하지만, 선택받지 못한 자들에게는 파멸을 예시할 뿐이다.

특수침례교의 속죄론에 따르면, 오직 그리스도의 '효험 있는 부름'에 의해서만 구원이 가능하다. 그 부름은 선택받은 자들에게 임하여 그들로 하여금 불가피하게 그리스도에게 이끌림을 받도록 하지만, 선택받지 못한 자들에게는 결코 임하지 않으며, 그들은 그들의 원하는 바가 무엇이든지 간에 그리스도에게 나아올 수 없다. 이 신학은 구원에 대한 모든 주도권을 하나님에게 두지 어떤 경우에도 사람에게는 두지 않는다.

"제1 런던신앙고백서"는 다음과 같이 주장한다.

하나님은 영원 전부터 모든 일들을 자신의 뜻과 이름의 영광에 따라, 효과적으로 사역하고 배치하시기로 작정하셨다…. 그리고 하나님은 그리스도 안에서 세상의 기초가 세워지기 전에, 그 분의 선하고 즐거운 뜻에 따라, 그가 창조한 사람들 가운데 어떤 사람은 예수 그리스도를 통해 영생을 주기로 예정하셨고, 그 분의 은혜에 찬양과 영광을 돌리게 하셨으며, 나머지 사람들은 그들 자신의 죄 가운데서 정당한 저주를 받게 하심으로 하나님의 정의로움을 찬양하게 하셨다.23)

"제2 런던신앙고백서"는 유아가 사망했을 경우 그들 가운데 오직 선택받은 자만 구원을 받는다고 덧붙여 말한다. 그 고백서는 또한 세부적으로 다음과 같이 명확하게 주장한다:

하나님은 영생으로 예정한 사람들을 그가 지정하고 용인한 시간에 말씀과 성령을 통해 그들을 유효하게 소명하여, 본성으로는 죄와 죽음의 상태에서부터 예수 그리스도로 인한 은혜와 구원으로 인도하는 것을 기꺼워하신다.
< 중 략 >
택함 받지 못한 사람들은 비록 말씀 사역에 의해서 부름을 받고 성령의 어떤 일반적인 영향을 받았다고 하더라도, 성부에 의해서 유효하게 이끌림을 받지 않았기 때문에 그들은 진심으로 그리스도에게 오려고 하지 않을 것이며, 또한 올 수도 없다. 따라서 그들은 구원을 받을 수 없다.24)

구원의 주도권이 전적으로 하나님에게 있음으로 인해 선택받은 자들은 어떤 경우에도 구원을 잃는 일이 있을 수 없다. 특수침례교에 따르면, 구원은 어떠한 인간의 결정이나 행동에 의해서도 얻은바 되거나 잃은바 되지 않는다. "제2 런던신앙고백서"는 사람이 한 번 "택함 받은 자의 귀중한 믿음을 가지면… 그는 전적으로나 최종적으로나 은혜의 상태에서 탈락할 수 없으며, 오히려 확실하게 끝까지 견인하여 영원한 구원을 얻을 것이다."25)
이러한 일반침례교와 특수침례교의 견해 차이들은 설교, 전도, 선교, 개인적 윤리에 방대한 의미를 부여했다. 17세기 말에 이르러 어떤 극단적인 특수침례교인들은 불신자들에게 복음을 전하는 일이 고작 시간 낭비에 불과하며, 최악의 경우 하나님에 대한 모욕이라고 생각했다.

교회

아마 침례교의 기원은 순결한 교회에 대한 추구로 가장 잘 설명될 것이다. 그들은 '가시적 성도들'(visible saints), 즉 복음의 의식들(ordinances)을 준수하고 그리스도의 명령을 따르는 참 신자들로 이루어지는 교회를 추구했다. 청교도들(Puritans)이 영국국교회를 반대하게 된 것과 그 다음 분리주의자들(Separatists)이 그들의 독립된 회중을 이루게 된 것도 대체로 순결한 교회를 추구함에서 비롯되었다. 동일한 추구는 침례교인들로 하여금 분리주의자들보다 한 걸음 더 나아가 신자의 침례를 채택하게 하였다.

침례교에 따르면 유아들은 교회의 회원이 될 수 없을 뿐 아니라 침례를 받을 수 없었다. 교회는 회원들에게 자신들의 죄에 대하여 엄격하게 책임을 묻는 권징 공동체여야 했다. 회개한 회원들은 교회의 교제권으로 회복될 수 있지만, 회개하지 않은 회원들은 그 교제권에서 제외되어야 했다.

초기 일반침례교의 신앙고백서는 "그리스도의 교회는 하나님의 말씀과 성령으로 말미암아 이 세상으로부터 분리된 신앙 있는 사람들의 모임이며, 신앙과 죄의 고백에 근거하여 베풀어지는 침례에 의하여 주님과 결합 또는 연결되는 모임"이라고 언급한다.26)

이 신앙고백서는 또한 모든 교회는 아무리 작다하더라도 완전한 교회의 특권을 가지지만, 모든 지역 교회들은 함께 오직 한 교회를 이룬다고 단언했다. 그들은 또한 "각 개교회나 회중의 교인들은 서로 잘 알아야 하고 서로를 향하여 영육 간에 사랑의 의무를 다해야 한다… 그러므로 교회는 각별하게 서로를 잘 알지 못하는 군중들로 구성되어서는 안 된다"고 경고했다.27)

"제2 런던신앙고백서"는 다른 대부분의 교리에 관해서도 그러하지만, 교회에 관하여 더 자세하게 설명한다. 이 신앙고백서는 모든 선택받은 자들로 이루어지는 '하나의 보편적 교회'(Catholic or universal Church)와 '가시적 성도들'로 이루어지는 지역 회중공동체(local congregations)를 구별하면서, 예배, 증거, 복음적 의식의 준수에 대한 후자의 책임을 강조한다. 이 고백서는 "하늘 아래에 있는 가장 순결한 교회들도 혼합과 오류에 빠지기 쉽다"고 인정한다.28)

일반침례교와 특수침례교는 교회가 침례를 받은 신자들의 모임이며, 복음의 의식들을 준수해야 하며, 복음을 전파하고, 회원들에 대하여 권징을 행해야 한다는 것에 동의했다. 그러나 그들은 지역 교회들이 서로 어떻게 관계해야 할 것인지에 대해서는 서로 달랐다. 일반침례교는 어떤 의미에서 지역 교회들을 더 큰 차원의 교회의 지체 혹은 지역적 구성단위로 간주했다. 그들은 '일반침례교'(General Baptist Church)라는 말을 사용하는 데 있어서 별 어려움이 없었으며, 그것은 지역 교회들 혹은 지역 회중공동체들로 이루어진다고 보았다. 그러므로 일반침례교는 침례, 주의 만찬, 교회권징 등과 같은 지역 교회적 활동들을 지방회에서 행하는 데에 주저함이 없었다.

반면에 특수침례교는 각 지역공동체가 그 자체로 완전하고도 독립적이라고 보았다. 그들은 '특수침례교'(Particular Baptist Church)라는 말을 사용하지 않았으며, 오직 '특수침례교회들'(Particular Baptist churches)이라는 말을 사용했다. 각 교회에서 파견된 자들이 함께 모였을 때, 그것이 지방회든 총회든 그들은 그 합성체를 어떤 경우에도 '교회'라고 생각하지 않았으며, 단지 많은 교회들이 파송한 대표들의 모임으로 생각했다.

교회직위

침례교는 목사와 집사, 두 직위를 받아들였다. 일반침례교는 나중에 '메신저'(messenger)로 불리는 제3의 직위를 추가했다. 침례교의 사역자는 '목사'(pastor) 혹은 '장로'(elder)로 불렸고, 하나님의 소명을 받고 사역을 시작하는 것이 일반적인 정서였다. 사역자들의 책무는 교회에서 설교, 가르침, 교회예전 집례, 예배 인도, 전도, 권징을 선도하는 일을 포함한다. 초기의 많은 침례교 사역자들은 영국 국교회 출신이어서 대학 교육을 받았으나, 나중에는 대부분의 사역자들이 노동자 계층 출신이어서 인문교육이 부족했다. 그들의 어떤 적대자들은 그들이 "아라비아 숫자도 읽을 수 없는 밑바닥 직공들"이어서 "뒤떨어지는 사역"밖에 할 수 없었다고 조롱했다. 침례교 설교가들은 직공, 재봉사, 비누제조자, 양조자, 땜장이, 구두장이의 일로 생계를 꾸렸기 때문에, 이 말은 대체로 맞는 말이었다. 당시에 침례교인들은 구약 선지자들의 시대에 목동들이나 포도원 일꾼들이 했던 일과 초대교회 때 어부들이나 세리들이 했던 일들을 함으로써 소위 평신도 설교의 행습을 회복했다. 오늘날의 용어로 말한다면, 그 당시 대부분의 침례교 사역자들은 '이중직 목회'(bi-vocational)를 했다. 어떤 교회들은 그들의 사역자들에 대한 물질적 책임을 인정했지만, 많은 목회자들은 그들의 교회사역을 통하여 수입을 얻는 경우가 거의 없었다.

1611년의 헬위스 그룹의 신앙고백서는 다음과 같이 말한다.

> 각 개교회의 직위자는 장로와 집사로 한다. 장로는 특히 그 양떼를 영적으로 양육하는 임무를 담당하고, 남녀 집사는 가난하고 육체적으로 허약한 형제들의 필요를 덜어주는 역할을 한다(행 6:1-4).29)

1612년의 신앙고백서인 "명제와 결론들"(Propositions and Conclusions)도 동일한 강조점을 중요하게 다루었다.

> 그리스도께서는 그의 보이는 교회에 두 종류의 사역자들, 즉 말씀과 교회예전의 일을 보는 목사들, 교사들 혹은 장로들로 부름을 받은 자들과 집사들이라고 불리는 또 다른 사람들이 있는데, 그들은 식탁의 일과 교인들의 발을 씻기는 일로 봉사하는 자들이다.30)

이러한 진술들로 미루어 우리는 초기의 침례교인들은 말씀의 사역과 일상의 필요들과 관련된 사역을 구별했음을 알 수 있다. 남성뿐 아니라 여성도 집사로 섬겼는데, 이는 일반침례교의 경우 더욱 그러했다. 많은 교회들이 한 명의 남성 집사와 한 명의 여성 집사를 두곤 했지만, 교인의 수가 증가함에 따라서는 여럿을 두기도 했다. 집사는 병자를 방문하고, 물질을 모아서 가난한 자들에게 나누는 일들을 했으며, 잘못한 자들을 훈계함으로써 교회권징의 일을 도왔고, 때로는 설교와 권고의 일을 하기도 했다. 여성 집사도 여성들에게 침례를 베푸는 일을 돕는 것 외에는 기본적으로 동일한 일을 했다. 대부분의 여성 집사들은 60세가 넘은 과부들이었으며, 적어도 어떤 교회들은 그들의 생계를 공급했다. 대부분의 초기 침례교 신앙고백서들은 설교의 권위를 남성에게만 국한했지만, 실상 어떤 여성들은 설교를 했으며, 이는 일반침례교회의 경우 더 그러했다. 심지어 여성 집사들도 그들의 신앙을 대변하는 목소리를 거리낌 없이 내었다. 1679년에 브리스톨(Bristol) 침례교회는 4명의 여성 집사들의 안수식 때에 이렇게 선언했다: "교인들을 고무하고 위로해야 하는 일이 있을 때 그들의 영혼을 위하여 말로 훈계하고, 예수 그리스도 안에서 영적으로 살아 있는 믿음으로 그들을 세워야 하는 책무는 그들에게도 있다. 누군가 말한 것처럼 그리스도의 교회에는 우리 주 예수의 피에 잠길 따름이지 어떠한 그리스도의 직책도 없다."31)

대부분의 초기 침례교 목사들과 집사들은 안수를 받았으나, 어떤 이들은 받지 않았다. 목사의 직위는 그 목사의 일생 동안 주어졌다. 존 스필스베리(John Spilsbury), 윌리엄 노울즈(William Knowles), 윌리엄 키핀(William Kiffin), 존 번연(John Bunyan), 매튜 캐핀(Matthew Caffyn)과 같은 이들이 그러했다. 55년 내지 60년 동안 목사의 직을 수행한 경우가 드물지 않았다. 목회지를 옮기는 경우는 거의 없었다. 집사들은 그들을 안수한 교회에 '매여 있는 직위'였다. 그들이 다른 교회로 옮기면 더 이상 집사가 아니었다. 그것은 목사에게도 어느 정도 그러했지만, 그들은 점진적으로 제한된 이동을 하게 되었다. 새로운 목회지로 옮기기를 원하는 목사는 양 교회의 승인이 있어야 했다. 만약에 그가 현재 목회하고 있는 교회가 그를 놓아주기를 원하지 않으면, 그들은 단순히 그렇게 하기를 거부하였다. 이러한 경우 가장 오랫동안 지속된 예는 제시(Jessey)의 런던교회의 한 목회자로서 브리스톨(Bristol)교회의 청빙을 수락한 토마스 하드캐슬(Thomas Hardcastle)의 경우일 것이다. 그러나 브리스톨교회와 하드캐슬의 간절한 요청에도 불구하고 제시의 교회는 그를 놓아주기를 거부했다. 어찌했던 그가 브리스톨로 옮겨 갔지만, 런던교회의 회중은 계속해서 그를 자신들의 목사로 주장했다.

런던의 데본셔 스퀘어교회(Devonshire Square church)에서 윌리엄 키핀의 부사역자였던 리처드 애덤스(Richard Adams)의 경우는 또 다른 예를 제공한다. 키핀의 사망 시에 애덤스는 단독 목회자로 승계를 했지만, 점증되는 문제들로 인하여 그는 새로운 목회지를 찾으려고 했다. 그는 한 친구에게 다음과 같이 편지했다: "나와 잘 맞을 수 있는 교회를 자네가 안다면, 그리고 그들이 내게 말미를 주어 내가 그곳에 가서 그들과 한두 주일날을 머물 수 있다면, 우리가 서로에 대해 잘 이해하게 되고, 내가 그들과 얼마나 잘 맞는지, 또 그들은 나와 얼마나 뜻을 함께 할 수 있는지 잘 알 수 있을 걸세."32) 애덤스가 청빙을 수락할만한 교회를 찾은 것은 분명했지만, 그는 "[그가 목회하고 있었던] 교회가 그와 기꺼이 결별하려고 하지 않는다면" 옮겨갈 가능성에 대해서 절망적으로 생각했다.33)

이 종신재직 개념과 사역자들의 목회지 이동의 어려움은 침례교 사역에 안정감을 주기도 했지만 부정적인 면들도 있었다. 많은 교회들이 '키핀의 교회'(Kiffin's church)라는 식으로 과도하게 목회자와 동일시된 점과 어떤 교회들은 목회자가 고령화되고 비활동적이 됨에 따라 쇠퇴하게 된 점이다.

어떤 일반침례교회들은 '메신저'(Messenger)라는 제3의 직위를 발전시켰다. 이 직위는 늘어가는 지방회의 활동과 여러 교회들의 협동 사역들을 연결하는 사역의 필요에 따라 생겨났다. 집사와 목사의 직위가 지역교회에 '매여 있었고' 그들이 섬기는 지역 회중을 벗어나서는 어떤 권위도 없었던 반면에, 메신저는 '일반 사역자'와 같은 직위로서 그 리더십이 한 지역이나 지방회에 속한 모든 교회들에까지 미치는 직위였다. 어떤 면에서 메신저는 감독(bishop)과 같은 기능을 가졌다. 그는 논쟁을 중재하고, 잘못된 신학을 바로 잡으며, 지역교회의 "부족한 부분들을 바로 잡아주는" 권한을 가졌다. 그러나 메신저의 주 업무는 교회의 확장이었다. 오늘날 침례교의 용어를 사용한다면, 그는 필시 교회가 없는 지역에 교회를 개척하고, 약한 교회들을 튼튼하게 세우며, 침례교 지방회들 간의 사역을 서로 연결하고, 교회와 사역 가능한 목사를 맺어주는 일이 주 업무인 '국내선교사'로 불렸을 것이다.

우리는 메신저라는 직위가 언제 처음 등장했는지 알지 못하지만, "침례교의 메신저들, 장로들, 형제들"이라는 말이 상용구가 되었던 1650년대 후반에는 그들의 입지가 분명했던 것으로 보인다. 본인이 일반침례교의 메신저였던 토마스 그랜섬(Thomas Grantham)은 1674년에 이 직위에 대해 변호하면서 이 직위는 하나님으로부터 온 것이지만, 그들이 사도들의 계승자들은 아니라고 조심스럽게 주장했다. 그랜섬에 따르면 그들의 주요 기능은 "복음이 미치지 못한 곳에 복음을 전하고, 교회가 없는 곳에 교회를 개척하며, 멀리 떨어져 있는 교회들을 위하여 장로들을 안수하고(역자주: 여기서 장로는 오늘날 목사를 지칭한다), 거룩한 예전들을 베푸는 것을 돕는 일이다."34) 그랜섬은 "하나님께서 각 교회를 돌보기 위하여 당신의 교회에 감독들(Bishops), 장로들(Elders), 목사들(Pastors)과 같은 고정된 사역을 주신 것처럼, 특별한 모임들에 대해서는 고정되지 않은, 옮겨 다니는 사역자도 주셨다"고 가르쳤다.35) 다른 사역자들처럼 메신저들은 계속해서 자신들의 생계를 스스로 마련했으나, 그들이 사역을 실행하기 위해 여행할 때는 그들의 가족들의 생계를 위한 봉급과 아울러 그 비용이 공급되었다.

이 직위의 유용성에 대해서는 이견들이 있었다. 옹호하는 사람들은 이 직위가 개척자적인 사역, 즉 불신의 세계에서 일종의 사도적인 선교의 일로서 필요하다고 보았다. 반대하는 사람들은 메신저가 침례교의 지역교회 자치주의를 해치는 비성서적이고 부당한 직위라고 보았다. 애덤 테일러(Adam Taylor)는 "그러한 종교재판관과 같은 직위는 개교회들의 독립성과 전혀 양립할 수 없다"고 말하면서 후자의 의견을 대변했다.36) 그 직위의 권한은 일반침례교가 쇠퇴하면서 증대되었다. 18세기 후반에 이르러서 그 직위는 중단되었지만 그 주요 특징들은 20세기에 이르러 '감독자'(Superintendent)라는 이름의 직위에서 다시 나타났다.

침례

완전한 잠김으로서 신자의 침례, 그리고 그에 따르는 유아세례 부인은 영국 침례교의 행습 가운데 가장 큰 논란거리였다. 이 행습이 그들의 이름을 부여했고, 그들을 다른 사람들로부터 구별시켜주는 생생한 모습을 제공했다. 침례는 수많은 논쟁들, 논문들, 설교들의 주제였고 모든 침례교 신앙고백서에 포함되었다. 침례교인들은 침례를 다르게 이해하는 영국국교회와 청교도들, 그리고 침례를 행하기 원하지 않는 퀘이커교도들을 반대하며 신자의 침례를 옹호했다.

이 주제를 다룬 많은 논문들 가운데 몇 편을 소개하는 것이 침례교의 신자의 침례에 대한 강조를 보게 해줄 것이다: 새뮤얼 피셔(Samuel Fisher)의 「유치한 짓일 뿐인 아기 침례」(*Baby Baptism mere Babism*, 1653); 벤저민 키치(Benjamin Keach)의 「어린이의 교사」(*The Child's Instructor*, 1664); 허큘리스 콜린스(Hercules Collins)의 「하늘로부터 오는, 하나님의 관례인 신자의 침례: 땅으로부터 오는, 인간의 발명품인 유아세례」(*Believer's Baptism from Heaven, and of Divine Institution; Infant Baptism from Earth and of Human Invention*, 1691); 프랜시스 콘월(Francis Cornwall)의 「왕 되신 예수의 왕명에 대한 변호」(*The Vindication of the Royal Commission of King Jesus*, 1643); 존 툼즈(John Tombes)의 「유아세례에 관하여 그들에게 보내는 두 소논문과 부록」(*Two Treatises and an Appendix to them Concerning Infant Baptism*, 1654); 존 툼즈(John Tombes)의 「반(反)유아세례주의를 위한 탄원」(*A Plea for Anti-Paedobaptism*, 1654); 크리스토퍼 블랙우드(Christopher Blackwood)의 「적그리스도의 습격, 그의 마지막 가장 강한 두 요새: 양심의 강요와 유아세례에 관하여」(*The Storming of Antichrist, in His Two Last and Strongest Garrisons: Of Compulsion of Conscience and Infants Baptisme*, 1644)와 「사도적 침례」(*Apostolical Baptisme*, 1646); 헨리 댄버스(Henry Danvers)의 「침례에 관한 소논문」(*A Treatise on Baptism*, 1675); 존 스필스베리(John Spilsbury)의 「침례의 합법적 문제들에 관한 소논문」(*A Treatise Concerning the Lawful Subjects of Baptism*, 1643). 이러한 침례논의가 '물전쟁'(watery war)으로 불렸던 것은 그렇게 이상할 것도 없다.

초기 침례교인들과 관련하여 침례에 관한 가장 유명한 논쟁은 아마 1642년에 서더크(Southwark)에서 윌리엄 키핀(William Kiffin)과 다니엘 피틀리(Daniel Featley) 간에 있었던 논쟁일 것이다. 앞에 언급된 대로 피틀리는 자신의 입장에서 정리한 것을 「잠수교도들, 혹은 머리와 귀까지 물에 잠기는 아나뱁티스트들」(*Dippers Dipt, or the Anabaptists Duck'd and Plung'd over Head and Ears*)이라는 제목으로 출판했다. 다소 과도한 어조로 피틀리는 침례교인들을 무식하고 "어리석은 분파"로 묘사하면서, 그들이 자신들의 침례로 강을 오염시키고, 유아들로 하여금 침례의 은전을 입지 못하게 함으로써 어린이 학대의 죄를 범하고 있다고 주장했다. 피틀리는 또한 침례교 사역자들이 정규교육을 제대로 받지 못한 점과 그들이 세속적인 직업을 가졌다는 점을 비웃었다.

침례교인들은 논쟁에서 자신들의 주장을 다음과 같이 개진했다:

> 박사님, 우리가 지금 당신과 논쟁하기 위해 온 것은 싸우기 위함이 아니라 만족을 얻기 위함입니다. 우리는 유아세례가 성서의 증언이나 사도적 전통에 의해 증명될 수 없다고 주장합니다. 그러므로 만약 당신이 그것을 둘 중 어느 방법으로라도 증명할 수 있다면, 우리는 기꺼이 당신에게 굴복할 것입니다.37)

그들이 요구했던 증거제시 대신에 피틀리는 그들을 "아나뱁티스트들, 이단들, 직공들, 무식한 자들"이라고 공격했으며, "그는 판단하여 이르기를 그들이 이러한 부류들의 습관으로 인해 논쟁에 적합하지 않고, 게다가 권위를 가지고 논쟁할 수도 없는 것은 그들이 원어도 모를 뿐 아니라 논법과 비유를 가지고 추론식으로 논쟁하는 방법을 이해할 수도 없기 때문이라고 하였다." 피틀리는 계속해서 오만한 논조로 침례교인들은 교회의 중심에 '불폭탄'을 던지기로 작정했기 때문에 그의 임무는 "그 불을 끄기 위하여 실로암의 물을 끼얹는 일"이라고 하였다.38)

그러나 그가 얼마나 많은 물을 끼얹었던 간에 피틀리는 침례교인들의 신념을 잠재울 수 없었다. 1644년에 두 침례교인이 피틀리에 대하여 반박서를 출판했다. 헨리 덴(Henry Denne)의 「적그리스도 폭로하기」(*Antichrist Unmasked*)와 사무엘 리처드슨(Samuel Richardson)의 「피틀리 박사의 책에 대한 소고」(*Brief Consideration on Dr. Featley's Book*)가 그것이다.

모든 침례교 신앙고백서들은 침례를 다루었다. 1611년의 헬위스 신앙고백서는 "침례 또는 물로 씻음은 죄에 대하여 죽음과 새 생명의 삶을 사는 일을 외적으로 표시하는 것이다(롬 6:2-4). 그러므로 유아(어린이)에게 침례를 주는 일은 있을 수 없다."39) "명제들과 결론들"(1612년)에서는 "외형적 물침례는 앞에서 언급한 것처럼 회개하고 믿는 자들에게만 주어져야지 죄 없는 유아들에게 주어져서는 안 된다"고 하였다.40) "제1 런던신앙고백서"는 "침례는 그리스도에 의해 주어진 신약성서의 예전으로서, (a)오직 신앙을 고백한 사람들, 즉 제자들에게만 베풀어져야 한다"고 확언하는데, 이는 유아세례를 분명하게 배제하고 있다.41)

유아세례를 반대하는 침례교의 논리는 다음과 같이 요약될 수 있다. 신약성서는 어디에서도 유아가 침례를 받아야 한다고 가르치지 않으며, 유아가 침례를 받은 예를 제시하는 바도 없다. 침례는 할례와 무관하기 때문에 구약성서에서 유아가 할례를 받은 사실이 유아가 침례를 받아야 한다는 사실의 증거가 결코 되지 않는다. 신약성서는 믿는 자들이 침례를 받아야 하며, 유아는 신앙을 가질 수 없기 때문에 참된 침례를 받을 수 없다고 가르친다. 믿음과 침례의 본질은 그것들이 유아들은 할 수 없는 개인적인 결정과 헌신을 요구하는 데 있다.

그들의 일반적인 동의에도 불구하고 침례를 실행하는 행습은 침례교인들 가운데 다양했다. 만약에 부모 가운데 한 사람만 침례교인이면, 그는 비침례교인인 배우자의 마음을 달래기 위해 유아세례에 동의할 수도 있었다. 존 번연(John Bunyan)과 윌리엄 델(William Dell)은 유아세례를 반대했지만 "경건하고 마음 아파하는 아내들"을 위하여 유아에게 물을 뿌리는 것을 허용한 아버지들의 두 사례들이었다.

주의 만찬

침례교인들은 주의 만찬을 그리스도의 죽음을 상기하고 반영하는 기념의 식사로 생각했다. 빵을 쪼개는 일은 초기 침례교의 예배에 주요 요소였고, 필시 매주일 예배의 한 부분을 차지했다. 침례교인들 가운데 주의 만찬과 관련하여 있었던 논쟁의 관심은 그 의미보다는 참예자격에 있었다. 어떤 이들은 '개방만찬'(open communion)을 허용했는데, 그 의미는 신앙을 고백한 기독교인들은 그들의 침례유무에 관계없이 만찬에 참여할 수 있다는 것이다. 다른 이들은 '폐쇄만찬'(closed communion)을 주장했는데, 그 의미는 오직 침수례에 의한 신자의 침례를 받은 자들만이 만찬에 참여할 수 있다는 것이다. 이러한 불일치가 교단별로 나타난 것은 아니다. 이 두 주장은 일반침례교와 특수침례교 내에 모두 있었다.

"제1 런던신앙고백서"는 '폐쇄만찬'을 요구한 것으로 보인다. 확실히 벤저민 콕스(Benjamin Cox)는 그렇게 생각했다. 그는 이 신앙고백서의 부록에서 다음과 같이 말했다: "우리는 주의 만찬 의식에 아무나 참여하도록 허용하지 않으며, 이 의식을 실행하는 데 있어서 관례에 어긋나는 방식을 취하는 이들과 교제하지 않기 위해, 침례받은 제자들 이외에는 누구와도 함께 만찬을 나누지 않는다."42) 그러나 "제2 런던신앙고백서"는 주의 만찬 신학에 대하여 훨씬 더 자세하게 논의한 반면에, '폐쇄만찬'을 언급하지 않고, 참여자격에 관해서는 얼버무리는 정도로 보인다. 이것은 초기의 영국 침례교가 점점 '폐쇄만찬'에서 '개방만찬'으로 옮겨갔던 동향을 확인해 준다. 유아세례 문제와는 달리 주의 만찬에 관한 논쟁은 침례교의 외부보다는 주로 집안논쟁이었다.

이 논제에 관한 17세기의 주요 논의는 윌리엄 키핀과 존 번연 사이에 있었던 잘 알려진 지상(紙上)논쟁이었다. 적대자들로부터 '아나뱁티스트의 주모자'로 불렸던 키핀(1616-1701)은 초기에 가장 확고한 특수침례교인 가운데 하나였다. 목회자이자 부유한 상인이었던 키핀은 그의 시대에 있었던 모든 주요 신앙고백서들을 작성하는 데 참여하고 서명한 자였다. 그는 '폐쇄만찬'과 '폐쇄회원자격'(closed membership)을 확고하게 주장했으며, 이 둘은 서로 불가피하게 연관성을 가지고 있다고 믿었다. 저명한 「천로역정」(*Pilgrim's Progress*)의 저자인 번연(1628-1688)은 베드포드(Bedford)에서 침례를 받고 나중에 그곳에서 목회자로 섬긴 자였다. 어떤 이들은 그를 진정한 침례교인이 아니라고 보았다. 번연 자신은 침례교의 방식으로 침례를 받았고, 또 그것을 받아들이는 모든 사람들에게 그 방법을 권했던 반면에, 베드포드침례교회에서는 그것을 회원자격의 요건으로 요구하지 않았다. 그래서 그 교회는 '개방만찬'뿐 아니라 '개방회원자격'(open membership)을 허용했다.

번연은 1672년에 한 신앙고백서를 출판했는데, 그 가운데 어떤 점들은 키핀을 놀라게 했다. 키핀은 1673년에 「중대한 숙고」(*Serious Reflections*)라는 저작으로 답변했다. 번연은 「주의 만찬에 장벽이 되지 않는 물침례에 관한 분별」(*Judgment Concerning Water Baptism No Bar to Communion*)로 응수했다. 키핀의 마지막 논증은 1681년에 출판된 「교회의 만찬에 참여할 자격에 대한 냉정한 논증」(*A Sober Discourse of Right to Church Communion*)에서 전개되었다.

번연은 "자신이 16년 이상 동안 공격을 받았으며, 그 기간 동안에 침례교의 형제들이 기회가 있을 때마다 침례와 주의 만찬 문제를 가지고 우리를 산산이 분열시키려고 했다"고 불평했다.43) 다음은 번연의 중심 사상을 보여주는 진술이다.

> 명확하게 나타나지 않은 혹은 비유적인 교회예전을 논하면서, 나는 그리스도께서 그의 교회에 오직 두 예전, 즉 침례와 주의 만찬을 제정하셨다고 믿는다. 이두 예전은 이 세상에 처한 교회에 대단히 유용하게 사용되는데, 우리에게 그리스도의 죽음과 부활을 대변해주고, 하나님께서 그렇게 하시는 것처럼 그 점에서 우리의 신앙에 도움이 된다. 그러나 나는 그것들이 우리 기독교의 근본이 된다거나 성도의 교제에 기초 혹은 규범이 된다고 보지 않는다. 그것들은 봉사자들이며 우리의 신비한 사역자들이다… 그러므로 나는 그것들에 대한 나의 경건한 존경심을 여기서 선언하는 바이며, 감히 어떤 사람들처럼 그것들을 하나님께서 마련하고 지정하신 그 위치와 목적에서 제하려 하지 않을 뿐 아니라, 그것들이 처음의 본원적인 제도로 정해진 이상의 것으로 생각하지 않는다. 하나님께서 지정하신 것으로도 우상숭배를 범할 수 있는 것이다.44)

번연은 누구든지 침수례 혹은 어떤 방식의 침례 없이도 구원을 받고 하나님께 용납될 수 있으므로 참 기독교인이면 주의 만찬에 환영받아 마땅하다고 가르쳤다. 그렇지 않으면 침례교는 하나님께서 받아들인 자들을 거부하게 되는 곤란한 입장에 놓이게 될 것이라고 번연은 말했다. 그는 결론적으로 "나는 그리스도의 교회가 말씀에 의하여 분명하게 성도로 밝혀진, 하나님과 함께 빛 가운데 거하는 기독교인을 주의 만찬에서 배제할 권한이 없음을 말할 따름"이라고 말했다.45)

키핀은 번연의 견해가 주의 만찬을 약화시킨다는 염려를 한 면도 있었지만, 그것이 교회 회원자격의 개념에 위험 요소가 될 수 있다는 점에 더 큰 염려를 가지고 있었다. 그는 신약성서에서는 주의 만찬이 침례 후에 오는 것이지 전에 오는 것이 아님을 지적했다. 그는 "그리스도의 법과 명령과 규범들은 어떤 권한으로도, 어떤 핑계로도 바뀌거나 변조되어서는 안 된다. 하나님께서는 결코 그러한 특권을 인류에게 주시지 않았기 때문에, 그것들은 하나님께서 최선으로 그리고 가장 품격 있게 예배되어야 할 매개체들이 되어야 한다"고 말했다. 키핀의 입장에서는 침례와 주의 만찬 사이에는 필연적인 연관성이 있으며, 그 순서를 바꾸는 것은 두 예전을 모두 약화시킨다. 침례를 받지 않은 자들에게 주의 만찬을 개방하는 것은 또한 "가톨릭의 연옥설과 수도원제도를 비롯하여 만 가지의 다른 것들에 문을 열어주게 될 것"이라고 키핀은 염려했다.46)

키핀은 침례를 면제하는 것이 - 그는 번연의 입장이 궁극적으로 그렇게 될 것이라고 생각했다 - 그것을 명령하신 그리스도에 대한 우리의 존경심을 감소시킬 것이며, 그것을 명령한 성서를 무시하게 될 것이라고 보았다. 주의 만찬은 교회에 속한 것이지 사적으로 개인들에게 속한 것이 아니며, 침례만이 교회로 들어가는 관문이 된다고 그는 가감 없이 결론을 내렸다. "물의 침례 없이는 아무도 교회 안에 속하지 못한다"고 키핀은 말하면서, 그렇기 때문에 침례받은 자 이외에는 아무도 주의 만찬에 참예할 수 없다고 했다.47)

단기적인 승리는 자신의 세대에서 그 영향력을 당할 자가 없었던 키핀에게로 돌아갔다. 키핀의 생애 때와 그 이후로 대부분의 특수침례교회들은 '폐쇄만찬'을 견지했다. 그러나 장기적인 승리는 '개방만찬'이 궁극적으로 대세가 됨에 따라 번연에게로 돌아갔다.

정부와의 관계

기독교인들은 그들이 통치받으며 살고 있는 세속정부와 어떻게 관계해야 할 것인가? 침례교는 세속정부가 그들에게 적대적이었던 때에 등장했다. 이 사실은 분명히 침례교인들의 태도에 영향을 주었다. 그러나 다른 문제들과 마찬가지로 침례교인들은 그들의 답을 곧바로 성서에서 찾았다.

17세기에 일반침례교는 특수침례교에 비하여 세속정부에 더 적대적이었다. 많은 일반침례교인들은 정치적 충성의 맹세, 무기를 드는 일, 정부의 공직자가 교회의 회원이 되는 것을 거부했다. 어떤 이들은 일반침례교가 그러한 견해를 네덜란드의 메노파로부터 가져왔다고 보았다. 반면에 특수침례교는 그들의 칼뱅주의적인 전통에 따라서 정치적 충성과 국가의 일에 애국적인 참여를 하는 데에 높은 가치를 부여했다.

일반침례교는 반복해서 왕과 국가에 대한 그들의 정치적 충성을 확언했지만, 어떤 이들은 그러한 확언에 있어서 통례적으로 하는 맹세를 거부했다. 이것은 그들에게 의심의 원인이 되었다. 정부의 공직자가 정치적 충성에 대한 그들의 약속을 유효하게 만드는 데는 맹세 이외의 방법이 없었기 때문이었다. 많은 침례교인들은 이 신념으로 인하여 벌금을 물고 장기 투옥을 당하는 등 모진 고난을 받았다. 그들은 초기 한 신앙고백서가 언급하듯이, 그들은 "왕이시고 신약성서의 입법자이신 그리스도께서는 기독교인들이 맹세하는 것을 금하셨다"고 확신했다.48)

그러나 모든 일반침례교인들이 이 견해에 동의한 것은 아니었다. 1611년경에 헬위스 무리는 "분쟁을 해결한다는 정당한 이유가 있으면 주님의 이름으로 맹세하는 것은 합법적인 일"이라고 했다.49) "정통신조"가 나왔던 1678년에 이르러 일반침례교는 맹세를 허용했을 뿐 아니라 타당한 상황에서는 그렇게 하도록 고무하기까지 했다. 그들은 다음과 같이 말했다:

> 우리가 하나님의 거룩한 말씀에 의해 보증된 합법적인 일로 합법적인 관료 앞에 소환되었을 때… 합법적 맹세는 경건한 예배의 일부이다; 그리고 맹세는 평이(平易)하고 상식적인 말로 이루어져야 한다…. 이 같은 맹세는 합법적으로 관료 앞으로 소환되었을 때 모든 기독교인들이 할 수 있는 것이라고 우리는 믿는다.50)

초기의 많은 일반침례교인들은 평화주의자들이었다. 1610년에 이미 그들은 "주님의 구원받은 자들은… 그들의 육신의 무기, 즉 그들의 칼을 보습으로, 그들의 방패를 낫으로 바꾸며, 칼을 들지 않을 것이며, 육신적인 싸움을 용인하지 않는다"고 말했다.51) 그러나 맹세의 문제에서처럼 일반침례교는 이 견해를 완화시키는 경향이 있었다. 1640년대에 이르러 그들 가운데 많은 사람들은 영국 내전에 참여했다.

맹세와 평화주의 문제에도 불구하고 일반침례교인들은 왕권에 대하여 기본적인 충성심을 확언하였다. 1610년에 그들은 "세속 권세 혹은 정부공직은 필요한 하나님의 법"이라고 확인하였으나, 정부의 관료가 교회회원이 되는 것은 허용하지 않았다. 한 초기의 신앙고백서는 다음과 같이 경고한다:

> 그리스도께서는 또한 그의 제자들 혹은 따르는 자들을 세상의 왕, 군주, 권력가 혹은 관료로 부르시지 않았다…. 그래서 우리는 기독교인들이 이러한 직위들을 수행하는 것은 맞지 않다고 주장하고, 그러므로 그러한 직위와 기관들을 회피한다. 그럼에도 불구하고 우리는 이로 인하여 사리를 알고 분별 있는 관료들을 경멸하거나 매도하려는 것은 결코 아니다.52)

1612년에 스마이스 무리도 유사한 금지 사항에 대하여 목소리를 내었다:

관료가 그리스도를 따르고 그의 제자가 되려면 자기를 부인하고 자기 십자가를 지고 그리스도를 따라야 할 것이다. 그는 원수를 사랑하고 그들을 죽이지 말 것이며 그들을 위하여 기도하되 벌하지 말아야 할 것이다. 그들에게 먹을 것과 마실 것을 주되 그들을 감금하거나 추방하거나 흩지 말아야 하고, 그들의 물건을 훼손하지 말아야 할 것이다… 이런 일들은 관료의 권위를 가지고 할 수 있는 일들이 아니며, 칼의 복수를 보류해야 할 일들이다.53)

그러나 또 다른 일반침례교인들은 교회에서 권위행사를 하지 않는다는 전제 하에 공직자의 교회회원 자격을 허용했다. 1612년에 헬위스 무리는 "관료직은 하나님의 거룩한 제도이다… 그러므로 그들은 관료직을 유지하면서 그리스도의 교회의 일원이 될 수 있다. 왜냐하면 하나님께서 세우신 거룩한 제도는 어떤 자라도 그리스도 교회의 일원이 되는 것을 금하지 않기 때문이다"라고 확언했다.54) "제2 런던신앙고백서"와 "정통신조" 모두가 공직자에 대한 충성을 확인하면서 공직자가 기독교인이 될 수 있고, 그들의 직위를 유지할 수 있으며, 기독교인들은 법적 맹세를 할 수 있다고 보았다. 후자의 신앙고백서는 기독교인의 시민의무를 다음과 같이 설명했다:

그리고 기독교인들은 합법적인 요청을 받았을 때 관료의 직위를 수락할 수도 있고, 그것을 실행할 수도 있다… 그리고 주님 안에서 관료들에 의해 명령된 합법적인 일에 복종해야 한다.55)

특수침례교인들은 맹세에 관한 문제가 별로 없었고, 결코 평화주의자들이 아니었다. 그들의 칼뱅주의 신학에 따라 시민의 의무에 높은 우선권을 주었고, 상당수의 지도자들은 정부의 일에 어느 정도 관련되어 있었다. 그러나 특수침례교는 공직자도 교회 내에서는 교회의 영적 권위 아래에 있는 단순히 또 다른 평신도에 불과하다고 가르치는 데에 결코 흔들림이 없었다.

종교자유

초기 침례교는 17세기 대부분의 기간 동안에 적대적인 정부와 다른 종교적 적들에 의해 심한 반대에 직면했다. 침례교인들은 그들과 다른 모든 사람들을 위한 완전한 종교자유의 교리를 발전시켰고, 또 분명한 어조로 주장했다. 역사가들은 이 입장의 근원에 대하여 논쟁한다. 어떤 이들은 침례교가 종교자유의 견해를 아나뱁티스트로부터 가져왔다고 추정하고, 또 다른 이들은 이 견해의 출처를 성서와 철학에서 찾는다. 침례교인들은 그들의 견해가 성서와 기독교적 체험의 현실에서 직접 나온 것으로 보았다.

종교자유에 관한 침례교의 초기의 진술들 가운데 존 스마이스의 진술은 가장 탁월한 것 가운데 하나였다. 그는 다음과 같이 말했다:

> 관료는 그의 직위의 힘으로 신앙 혹은 양심의 문제에 간섭하여 사람들에게 특정한 신앙 혹은 교리를 강요해서는 안 되며, 기독교 신앙을 사람들의 양심에 자유롭게 맡겨야 하며, 오직 사회적 범법과 사람이 사람에게 저지르는 상해와 잘못들, 살인, 간음, 절도 등만을 관장해야 한다.56)

나중의 저작들이 종교자유에 관하여 더 방대하게 상술했지만, 이 진술은 종교자유에 대한 침례교 증언의 핵심을 포함하고 있다. 현대적인 용어를 사용하지는 않았지만, 이 진술은 종교자유와 교회와 국가의 분리를 천명한다.

침례교인들은 로마 가톨릭교도들, 유대인들, 무슬림들, 심지어는 무신론자들과 같은 평판이 좋지 않았던 무리들의 자유조차 옹호함으로써, 사람들을 분개하게 만들거나 놀라게 했다. 침례교는 종교 획일화가 국가의 평온을 유지하는 데에 필수적이라는 주장을 부인했다. 아마 당대에 가장 포괄적인 자유를 주장한 진술문은 헬위스의 것이었다. 그는 영적인 문제에 있어서 "그들이 이단이든지 혹은 투르크족이나 유대인이 되든지 혹은 그 무엇이든지, 내버려두어야지, 가장 경미하게라도 그들을 벌하는 것은 세속권세에 속한 일이 아니다"라고 말했다.57)

침례교인들은 그들의 종교자유의 견해를 옹호하게 위하여 성서, 논리, 역사를 사용했다. 그들은 한 개인이 오직 하나님 앞에 서서 스스로 답변해야 한다는 것을 알면서 자신의 종교를 택하는 것보다 더 논리적인 일이 무엇인가?라고 반문하였다. 역사는 종교적 박해가 교회와 시민 사회에 해악을 끼쳤지만 종교적 관용은 둘 다에 이로움을 끼쳤음을 보여준다고 그들은 주장하였다.58) 그러나 그들의 중요한 논거는 성서에서 비롯되었다. 기독교 체험의 특성은 그것이 강요되거나 강제화될 수 없다는 것이며, 진정한 종교는 자발적이어야 한다고 그들은 주장했다.

미래에 대한 소망

침례교가 등장한 것은 천년왕국론이 영국과 유럽에 널리 횡행할 때였다. 모든 교단의 수많은 기독교인들은 그리스도가 지상에서 천 년 통치를 수립하기 위하여 조만간에, 어떤 이들은 1660년에, 재림할 것이라고 믿었다. 물론 기독교인들이 수세기 동안에 그리스도의 재림을 기대해 왔지만, 영국에서 일어난 사건들은 그러한 대망에 급격한 전환점을 마련해 주었다. 한 그룹이 등장해서 그리스도의 왕국 도래를 그냥 기다리는 것으로는 부족하다고 생각했다. 그들은 칼을 들고, 힘으로 지상의 정부를 뒤엎고, 그리하여 천년왕국을 위한 길을 예비해야 한다고 했다. 이 그룹은 '제5 군주국운동'(Fifth Monarchy Movement)으로 불렸다. 그 이름은 다니엘서 7장에 언급된 네 짐승이 세계 역사에 나타난 주요 네 왕국들을 의미한다고 하는 데서 비롯되었다. 17세기에 대부분의 성서해석자들은 이 짐승들을 아시리아(혹은 바빌로니아-아시리아), 페르시아, 헬라, 로마 제국으로 확인해 주었다. 이 지상의 제국들은 모두 무너질 것이지만, 그 후에 영원한 제국이 등장하리라는 것이다. 제5 군주국에 대한 핵심적인 확신은 지상의 마지막 제국인 제4 군주국의 때는 다했으며, 그 이후에 그리스도의 천년왕국인 제5 군주국이 시작된다는 것이다. 그들 대부분은 그리스도께서 그의 왕국을 시작한 후에는 현실 정부를 성도들에게 넘겨줄 것이라는 데에 의견을 같이했다. 이 '성도의 통치'는 종교, 법, 경제, 교육의 분야에서 대대적인 개혁을 단행할 것이다. 제5 군주국론자들 가운데는 여러 기조의 견해들이 있었다. 아마 대부분은 평화적이었는데, 그들은 검을 들어야 한다는 소명을 절감하지는 않았고 그리스도께서 그의 왕국을 시작하기를 기다리고자 했다. 어떤 이들은 검을 드는 일에 동조했으나 인간의 요청이 아니라 오직 그리스도의 분명한 요청이 있어야 한다고 했다. 가장 근본적인 무리는 지상의 정부에 대항하여 무장혁명을 촉구했다. 불과 몇 년 안에 마지막 그룹은 그들 운동의 평판을 떨어뜨렸다. 그 운동은 아마 사회의 위기에 의해서보다는 성서의 가르침에 의해 고무되었던 것이다.

'제5 군주국운동'과 그와 유사한 운동들은 여러 원천들에서 비롯되었다. 개신교 종교개혁은 세계종말에 대한 새로운 전망들에 기름을 끼얹었다. 심지어는 마르틴 루터도 그가 마지막 때를 살고 있다고 믿는 데에 이르렀다. 유럽의 '30년 전쟁'(The Thirty Years' War, 1618-1648)과 영국 내전(Civil War in England, 1642-1649)도 만물의 임박한 종말에 대한 기대를 부추겼다. 1649년에 영국에서 있었던 국왕 찰스 1세의 참수 사건은 종종 극단적 형태를 띠는 울적한 천년왕국설의 파도를 방출했다. 많은 사람들이 토마스 해리슨(Thomas Harrison)의 말에 공감했다: "하나님의 말씀은 이 세상의 권세가 주님과 성도들의 손에 부쳐질 것이라고 경고한다."59)

'제5 군주국운동'의 설교자들은 다가오는 왕국을 유토피아적으로 묘사했다. 어떤 이는 기대되는 거의 모든 변화들이 가난한 자들과 비천한 자들을 이롭게 할 것이라고 보았다. 법은 더 이상 가난한 자들을 능멸하지 못할 뿐 아니라 단순히 빚 때문에 사람들을 처형하거나 감옥에 가두지 않을 것이다. 오랫동안 상류사회의 전유물이었던 대학들은 철폐되거나 개혁되어서 평범한 사람들이 그 혜택을 받게 될 것이다. 천년왕국 동안에는 실업도 없고, 모든 사람들이 일할 것이며, 노동은 고되지 않을 것이다. 그들의 교회에 의해 선택된 성도들의 통치는 모든 사람들에게 경건한 품행을 강하게 요구할 것이다. 양호한 건강, 장수, 경제적 풍요가 널리 나타날 것이다. 어떤 이들은 천년왕국을 "항상 여름이고, 항상 날씨가 맑으며, 항상 유쾌하고, 신선하고, 결실이 풍부하고, 아름다운" 그리고 거미들은 없으나 "예쁜 울새들은 많은" 시대로 묘사했다. 가난한 자들은 햇볕을 가득 쪼이지만, 부자들은 그들의 특권을 상실할 것이다. 어떤 제5 군주국론자는 부자였던 자들이 천년왕국에서는 "발가벗은 엉덩이로 산사나무 덤불(Hawthorn-Bushes) 위에 앉을" 것이라고 예견했다.60) 한 동안 제5 군주국은 그들의 목표를 달성하기 위해 올리버 크롬웰(Oliver Cromwell)과 '성도들의 의회'(Saints' Parliament)를 통해 활발하게 진행되었지만, 1653년에 그 의회가 해산되고 크롬웰이 그들의 근본적인 계획들에 반기를 들게 되면서, 그들은 체제 바깥에서 활동할 수밖에 없게 되었다. 이 시점에 그들의 표현은 더 거칠어졌다. '성도들'은 그들의 일이 '적을 타도하는 일'이라고 선언하고, 검도 성서만큼 기독교 사역의 도구라고 강조했다. 그들은 "하나님께서 그의 특정한 일꾼들의 손에 도끼를 들리셔서" 크롬웰의 정부를 포함하여 지상의 정부를 베어 넘어뜨리실 것을 기도했다.61) 어떤 제5 군주국론자는 "그들 가운데 그들이 얼마나 정당하게 검을 사용해야 하는지에 대한 주저함이 있다"고 지적하기도 했지만, 그러한 주저함은 곧 해결되었다. 1656년에 아빙돈(Abingdon)에서 있었던 침례교인들과 제5 군주국론자들의 군중집회에서 대다수의 사람들은 적어도 당분간은 "하나님의 백성이 피의 백성이 되어야 한다"고 선언했다.62) 그들의 과격한 표현이 불안만을 조성하게 되었을 때, 제5 군주국론자들은

"검으로 그것을 이룰 것을" 결의했다. 그러나 그들은 대체로 언어적 폭력을 행사하는 데 그쳤다. 그들의 실질적인 무장 봉기는 드물었고 작은 규모였다.

1660년에 있었던 찰스 2세의 영국 왕위의 복귀는 영국에서 천년왕국의 희망에 큰 타격을 주었다. 안정된 지상의 정부가 회복된 것은 하나님의 왕국이 연기되었음을 의미할 수밖에 없었다. 이러한 사건의 전환에 의하여 고민에 빠진 토마스 베너(Thomas Venner)와 50명 가량의 무장한 추종자들은 1661년 1월 어느 일요일 저녁에 성 바울 성당으로 진군하면서 천년왕국의 구호를 외쳤다. "머리가 돈 열광주의자"로 묘사되는 베너는 4일 동안 런던의 거리에서 간헐적으로 계속된 무장 충돌을 부추겼다. 베너의 추종자들은 아마 20명 가량의 정부군을 죽였지만, 그들은 더 많은 수가 죽었다. 반란은 분쇄되었고, 베너를 포함한 많은 반란자들이 처형되었다. 이 반란은 제5 군주국의 종언을 표했다. 군중 격변은 침례교인들을 포함한 대부분의 교단들로 하여금 그 운동과 거리를 두게 만들었다. 1661년 이후에도 한 세대 동안 소수의 제5 군주국론자들은 여전히 임박한 천년왕국을 기약했으나, 오랫동안 낙담한 기대는 시들어 갔다. 많은 제5 군주국론자들은 정적주의자들(quietists)이 되었고, 또 많은 사람들은 그들과 상당한 유사성을 가진 '제7일 침례교'(Seventh-Day Baptists)에 가담했다. 찰스 2세 국왕은 베너의 반란을 매우 심각하게 받아들였고, 그것을 침례교와 다른 국교반대자들의 집회에 가혹한 타격을 가하는 구실로 삼았다.

'제5 군주국운동'에 침례교인들의 참여 범위는 어느 정도였는가? 그 운동이 매우 안 좋은 방향으로 흐르자, 침례교를 포함한 대부분의 교단들은 그 운동과의 연관관계를 최소화하였다. 이 운동이 침례교의 정체성이 아직 뚜렷하게 규정되지 못한 때에 일어났다는 사실로 인해서 이 질문은 좀 더 복잡하다. 침례에 관한 차이점들에도 불구하고 회중교인들(Congregationalists)과 침례교인들은 종종 같은 교회의 회원들이었다. 많은 침례교회들에는 '제5 군주국운동'의 여망과 방법에 공감하는 회원들이 있었다. 어떤 사람은 제5 군주국론자들이 어느 침례교회들에서 설교하는 것을 보고 "어떤 공화국(Commonwealth)이 침례교회를 다시 신뢰할 지"에 대해 의문을 표했다.63) 그 운동에 관한 가장 결정적인 연구에서 B. S. 캡(Capp)은 "제5 군주국론자들은 대체로 현존하는 침례교인들과 회중교인들 가운데서 나왔다"고 결론을 내렸다.64) 에드문드 칠렌던(Edmund Chillenden), 배버솔 파월(Vavasor Powell), 윌리엄 앨런(William Allen), 존 심슨(John Simpson), 헨리 댄버스(Henry

Danvers), 그리고 어느 정도는 핸서드 놀리스(Hanserd Knollys)와 헨리 제시(Henry Jessey)와 같은 침례교인들은 그 운동과 제휴하였다. 그러나 그 운동의 두 주요 지도자인 토마스 해리슨(Thomas Harrison)과 토마스 베너(Thomas Venner)는 누구도 침례교인이 아니었다.

침례교와 '제5 군주국운동'의 관련성은 침례교가 뮌스터(Münster) 과격파의 새로운 발발이라는 이전부터의 비난 덕분에 일반적인 정서에 쉽게 형성되었다. 1530년대에 한 혁명적인 무리가 독일의 뮌스터시(市)를 장악하고 사회와 종교의 급진적인 변화를 시행하였다. 그들은 진정한 아나뱁티스트주의와는 거리가 멀지만 아나뱁티스트들과 동일시되었다. 1661년에 'J. B.'로만 확인되는 한 저자는 「뮌스터에 필적하는 제5 군주국론자들에 의해 저질러진 최근의 대량학살들」 (Münster Paralleled in the Late Massacres Committed by the Fifth Monarchists)이라는 책을 출판하여 뮌스터, '제5 군주국운동' 침례교를 동일한 운동의 연속으로 결부시키려 하였다.65)

어떤 침례교인들은 특히 특수침례교 가운데 제5 군주국론자들의 급진적인 목표와 방식을 공유하였다. 배버솔 파월은 "주여, 당신께서는 올리버 크롬웰과 예수 그리스도 두 분 가운데 누가 우리를 통치하게 하실 겁니까?"라고 솔직하게 질문했다.66) 그는 명백하게 이것을 문자 그대로 의도했고, 크롬웰은 왕 예수를 위해 길을 예비해야 한다고 결의했다. 아빙돈의 침례교회 목회자 존 펜달브스 (John Pendarves)가 1656년에 '내장의 병'(plague in ye gutts)으로 사망했을 때, 그의 장례식은 제5 군주국론자들과 침례교인들의 대규모 군중집회의 기회가 되었다. 당국이 그 집회를 해산시키기 전에 침례교인들을 포함한 군중들은 "하나님의 백성은 [실제적인 의미에서] 피의 백성이 되어야 한다"고 선언했다.67)

그러나 대부분의 침례교인들은 자신들을 좀 더 폭력적인 제5 군주국론자들과 관련시키지 않으려고 매우 노력했다. 가장 탁월한 침례교 지도자들 가운데 두 사람인 런던의 윌리엄 키핀과 서부 지역의 토마스 콜리어는 무장 혁명을 하나님의 일을 하는 수단으로 사용하는 일에서 멀어지라고 침례교인들을 설득하는 일에 진력을 다했다. 베너의 폭동 이후에 한 침례교 그룹은 "흔히 아나뱁티스트로 불리는 어떤 이들의 겸손한 변호"(The Humble Apology of Some Commonly Called Anabaptists)라는 글을 발표하여 "최근에 있었던 매우 사악하고 불쾌한 반역적 폭동과 반란"과의 관련성을 부인했다.68) 이것은 알려진 것 가운데 일반침례교와 특수침례교가 함께 협력해서 만든 최초의 문헌이었다. 윌리엄 키핀, 존 스필스베리, 헨리 덴(Henry Denne), 토마스 램(Thomas Lambe)과 같은 저명한 지도자들이 여기에 서명하였다. 1678년에 이르러서도 토마스 그랜섬(Thomas Grantham)은 여전히 침례교를 '제5 군주국운동'과 뮌스터의 과격파들로부터 떼어놓는 일에 매달리고 있었다. 그는 대부분의 과격파들이 결코 "침례에 관한 우리의 신앙 혹은 행습"을 가지지 않았다고 말하면서 "암울한 예언에 대한 그들의 망상적이고 엉뚱한 해석"을 거부했다.69)

당시의 천년왕국적인 환경에도 불구하고 대부분의 초기 침례교인들은 미래의 소망에 대하여 온건한 견해를 가르쳤다. 시대를 넘어 모든 기독교인들이 그러했듯이 그들은 그리스도께서 승리와 심판으로 돌아오실 것을 기대했다. 그들의 신앙고백서들 대부분은 이러한 미래의 소망에 대해 언급하고 있지만, 그 가운데 묵시적 예측은 주요 강조점이 아니었다. 1611년의 헬위스 신앙고백서는 "부활한 후 모든 사람들은 그리스도의 심판대에 나아가 저희의 행위대로 심판을 받는다. 의인은 영원한 생명을 얻고, 악인은 정죄되어 영원히 지속되는 지옥의 고통을 받는다"고 단언했다.70) 이 말은 지상의 천년왕국에 대해서는 고려하지 않는 것처럼 보인다. 1612년의 신앙고백서에서는 종말론에 관하여 좀 더 구체적인 논의를 하고 있지만 천년왕국에 대해서는 언급이 없다. 천년왕국에 대하여 격앙된 논의가 한참이었던 1644년에 만들어진 제1 런던신앙고백서는 "그리스도께서는 여기 지상에서 영적 왕국을 두시는데, 바로 교회이다"라고 언급한다. 영향력이 컸던 이 신앙고백서는 정부에 대한 기독교인들의 순종과 그리스도의 재림에 대한 기대를 선언하고 있지만 천년왕국에 대해서는 어떠한 언급도 하지 않는다.71)

그러나 두 침례교 신앙고백서는 천년왕국에 대한 기대를, 비록 그 주제를 더 진전시키지는 않지만 암시한다. 1656년의 "서머세트신앙고백서"(The Somerset Confession)는 그리스도의 재림 때에 성도들은 "그와 함께 통치하고 지상의 열방을 심판할" 것이라고 말한다.72) 1660년의 "표준신앙고백서"(The Standard Confession)는 그리스도께서 "모든 지상의 왕으로 돌아오시고, 우리들은 그 분과 함께 지상에서 다스릴 것이다"라고 단언한다. 지금은 교인들이 박해를 받지만 "그리스도께서 나타나실 그 때는 그들의 날이 될 것이고, 그들에게 열방 위에 군림할 권한이 부여될 것이며, 철막대(Rod of Iron)로 그들을 다스릴 것"이라고 그들은 말한다. 그러나 그 신앙고백서는 '제5 군주국운동'의 폭력적인 계획을 구체적으로 거부한다. 한

단락을 마치는 말은 다음과 같다:

> 더욱이 우리는 주님을 경외하는, 진정한 마음으로, 우리에게 잘못 퍼부어진 온갖 사악하고, 극악무도한 세평과 비난에 대해 전적으로 선언한다. 말인즉슨, 마치 우리들 가운데 (런던 시와 그 인근에 있는) 일부가, 최근에 종교적 문제로 우리에게 반대의 마음을 품고 있는 자들의 목숨을 끊으려는 의도로… 칼과 갈고리와 그와 유사한 것들 그리고 엄청난 무기들을 저장하고 있는 것처럼 (퍼뜨렸다는 것이다)… 우리는 그러한 생각들을 전적으로 혐오하고 미워하며, 더군다나 그러한 행동들은 더욱 그러하다.73)

1654년에는 이미 일반침례교의 첫 번째 기록된 총회에서 각 교회의 대의원들은 '제5 군주국운동'의 과격한 구상을 거부했다. 침례교인들은 "그들이 정부공직과 시민정부에 결코 우호적이지 않다"는 중상에 반대하여 자신들을 변호했다. 그들은 제5 군주국론자들의 가르침에 대해 언급하면서, "자신들[침례교인들]은 주 예수께서 하늘에서 가시적으로 내려오실 그 날이 오기 전에는 성도들이 그 자격으로 세상의 통치와 정부가 그들의 손에 맡겨져야 할 것을 기대할만한 어떠한 근거도 알지 못한다"고 말했다. 그리스도께서 나타나실 경우에 그들은 다음의 사실을 믿었다:

> 이 세상의 왕국들은 주와 그리스도의 왕국이 될 것이며, 그때에 비로소 그 왕국은 지존하신 분의 성도들에게 주어질 것이다. 그러나 그때까지는 성서가 그들을 인도하는 대로, 그리고 성도들이 늘 하던 대로, 그들은 끈기 있게 세상의 고난을 견디는 것을 자신의 몫으로 기대해야지, 어떤 경우에도 통치권과 정부를 취할 것을 기대해서는 안 된다.74)

결론적으로 대부분의 침례교인들은 그리스도의 재림에 관하여 평화적인 신앙을 견지한 것으로 보인다. 많은 사람들이 17세기 중반에 한동안 천년왕국의 소동에 사로잡혔던 반면에, 대부분의 사람들은 키핀과 콜리어의 비폭력적인 견해를 따랐다. 제5 군주국론의 과격한 구상을 받아들인 소수의 사람들은 널리 주목을 끌었고 침례교인들에게 불명예와 고통을 안겨주었다. 그 세기의 후반부에 침례교는 다른 교단들처럼 묵시적 예측으로부터 물러섰다. 그 세기 후반부에 나온 가장 영향력 있는 두 침례교 신앙고백서였던 "정통신조"(일반침례교, 1678년)와 "제2 런던신앙고백서"(특수침례교, 1689년)는 이러한 추세를 반영한다. 이 신앙고백서들은 명확한 교리적 진술문으로 여겨진다. 둘 다 그리스도의 재림에 관한 조항을 포함하고 있지만 지상의 천년왕국에 대한 언급은 없다.75)

3. 침례교 예배

침례교 예배에 관한 가장 오래된 기록은 1609년의 휴(Hughe)와 앤 브롬헤드(Anne Bromhead)의 편지에 등장한다. 그들은 다음과 같이 말했다:

> 예배의 순서와 우리 교회의 치리는 다음과 같다: 1. 우리는 기도로 시작하고, 성서 한두 장 정도를 읽은 후에 그 의미를 설명하고 함께 논의한 뒤에 성서를 옆에 비켜둔다. 그리고 첫 번째 설교자는 엄숙하게 기도를 인도한 후 성서의 본문을 봉독하고 그 본문을 가지고 45분에서 1시간 정도 설교한다. 그 다음에는 두 번째 설교자가 일어나서 같은 본문을 가지고 좀 더 하든지 덜하든지 비슷한 정도의 시간 동안 설교한다. 그 다음 세 번째, 네 번째, 다섯 번째 설교자가 시간이 허락하는 대로 이어서 설교한다. 그리고 첫 번째 설교자는 그가 기도로 시작한 것처럼 기도로 마치고, 가난한 자들을 위한 구제 헌금을 권고하고, 거둔 뒤에도 기도로 마친다. 이 아침예배는 8시에 시작해서 12시까지 계속되고, 같은 진행방식의 예배가 오후 2시부터 5시 혹은 6시까지 드려지는 것을 끝으로 교회 치리의 모든 실행이 마무리된다.76)

비록 수세기에 걸쳐 어느 정도 수정이 되었지만 이러한 기본적인 예배 형식은 침례교회들에서 계속 유지되었다. 예배는 성서의 주석과 설교를 중심으로 길었으며, 말씀 대언자들뿐 아니라 예배 참석자들도 성서의 본문들을 다루면서 회중 앞에서 그들의 성서이해를 제시하는 것이 허용되었다. 가난한 자들을 위한 헌금과 권징의 문제들을 포함한 교회의 업무들은 예배의 끝에 추가로 이루어졌다. 영국에는 소수의 제7일 안식일 침례교인들이 있었지만, 침례교회의 예배는 대체로 일요일에 이루어졌다.

1700년 이후에는 보다 흔히 있는 일이 되었지만, 초기에는 교회건물을 가진 침례교회가 드물었다. 그들은 개인의 가정에서 모였고, 때로는 공중회관에서, 날씨가 좋을 때는 꽤 종종 야외에서 모였다. 대부분의 침수례는 강과 호수에서 이루어졌지만, 어떤 교회들은 실내에, 그들이 흔히 부르는 방식으로 '침례탕'(baptisterions)이나 침례용 수조(水槽, baptismal cisterns)를 준비하기도 했다. 편리한 침례탕을 갖춘 어떤 교회들은 다른 교회들이 사용할 때 두당 2실링 정도의 사용료를 부과하기도 했다.77)

침례 이외에도 어떤 침례교회들은 세족식을 공중예배의 한 부분으로 포함시켰다. 그러나 이러한 행습이 결코 널리 퍼지지는 못했다. 이 의식은 특수침례교보다 일반침례교에서 더 오랫동안 남아있었다. 일반침례교 총회는 이 의식을 선택사항으로 두었는데, 그것은 히브리서 6장 1-2절에 언급된 6가지 기본사항에는 속하지 않기 때문이었다.

침례교회는 예배참석에 있어서 완전한 자율성을 요구함으로써, 각 개인들이 성령께서 그들 각자를 언제든지 인도하는 대로 하나님께 응할 수 있게 하였다. 이것은 침례교의 예배를 때로는 예측하기 힘들게 했다. 언제든지 예배참여자들에게 교리나 권고의 말씀이 주어지거나, 회중과 함께 시편을 나누는 일이 있기도 했다. 침례교인들이 「공동기도문」(Prayer Book)에서 정해둔 예배의 형식을 거부한 것은 그들의 자유분방한 방식을 잘 설명해준다. 존 스마이스 이후로 침례교인들은 책에 적혀 있는 대로 기도할 수 없으며, 기도와 찬양은 '가슴으로부터' 직접 나와야 한다고 계속 주장해 왔다.

찬송, 예배의 주보, 성서봉독 그리고 회중의 화창(choral response) 등이 모두 미리 정해져 있는 오늘날 침례교의 예배관례는 초기의 침례교회들에게는 생각할 수도 없는 일이었다. 심지어는 스마이스에 비해 여러 가지 문제에 있어서 온건했던 헬위스 조차 "영적으로 드리는 예배에 있어서는 원본성서를 포함하여 모든 책들이 치워져야 한다"고 말했다. 성서조차 예배에는 사용될 수 없었고, 오직 "예배를 준비하는 일을 위해서만" 사용되었다.78) 예배의 완전한 자발성에 대한 극단적 강조는 미리 준비하고 계획한 설교의 관례에 대해 문제를 삼았다. 그러나 곧 그들은 적어도 설교준비 정도는 허용하게 되었다. 그렇지 않으면 그들은 "대체로 설익고 소화되지 못한 설교내용"을 접할 것이기 때문이었다.

침례교회에 있어서 주의 만찬은 예배의 중요한 한 순서였다. 어떤 침례교회는 그것을 매주 지켰지만 대부분은 그 정도로 자주 지키지는 않았다. 많은 교회들은 주의 만찬에 선행하여 교회의 교제식사인 '애찬'(love feast)을 행했다. 예를 들어, 워보이즈(Warboys) 교회의 1655년도 기록에는 다음의 말이 있다: "애찬의 순서는 주의 만찬 전에 있도록 동의되다; 그것은 고대의 교회들이 그것을 행했기 때문이며, 우리와 가까이 있는 다른 교회들과의 연합을 위해서이다."79)

특수침례교의 예배는 그들의 신학이 그러하듯이 영국의 다른 개신교회들과 더 가까웠다. 한 역사가는 특수침례교에 대해 "사실 침례는 별개로 하더라도, 그들의 예배를 독립회중교회들(Independents)의 그것과 구별하기는 힘들 것"이라고 말했다.80)

17세기에 예배에 끼친 침례교회의 가장 중요한 공헌은 단연 찬송과 관련된 것이었다. 당시에는 어떤 교회들은 성서본문을 가사로 하는 성가나 독창 정도를 허용하는 경우도 있었지만, 실질적으로 영국의 모든 교회들이 찬송을 반대했다. 처음에는 영국의 다른 교회들처럼 침례교도 찬송을 단호하게 반대했고 이 '육적 행습'(carnal exercise)을 반대하는 복잡한 논의들을 발전시켰다. 그러나 나중에 침례교는 찬송의 관례를 채택했으며, 어떤 침례교인들은 찬송을 쓰기도하고, 찬송가를 출판하기도 하는 등 그것을 널리 보급하는 데 힘썼다. 침례교회들 가운데 있었던 초기의 찬송에 대한 반대는 그들의 집회 장소에 과도한 주의를 불러일으킬 수 있다는 주저함에서 일부 비롯되었다. 그러한 '비밀 집회들'(conventicles)은 불법이었으며, 회중찬송은 지나가는 행인들 혹은 당국의 사람들에게 불법적 예배모임이 이루어지고 있음을 눈치 채게 만들 수 있었다.

초기 일반침례교는 회중찬송을 거부했으며 1세기 이상 동안 그러한 제한조처를 굳건하게 유지했다. 찬송을 반대하는 주요 진술 가운데 하나는 토마스 그랜섬이 그의 걸작「원시 기독교」(Christianismus Primitivus)에서 말한 것이었다. 링컨셔(Lincolnshire) 지역 교회들의 '메신저'(messenger)였던 그랜섬은 17세기 후반부에 필시 가장 영향력 있는 일반침례교의 지도자였다. 그는 "성서와 고전에 의거하여 기독교의 시편, 찬송가, 영가의 찬양을 추적하기를 시작하면서" 최근에 야기된 이 분야의 '인간 발명품의 침입'에 대해 애석해 하였다.81) 다른 일반침례교인들과 마찬가지로 그랜섬은 어느 정도의 찬송을 인정하긴 했지만 엄격한 제한을 전제로 했다. 그에 따르면 악기사용은 물론 없어야 했고, 찬양은 반드시 남성이 해야 했으며(여성은 잠잠해야 했다), 반드시 독창이어야 했고, 다수에 의한 합창 혹은 '혼잡한 찬양'(promiscuous singing)도 불가했으며, 오직 성서본문만을 찬양으로 부르되 특히 시편이 좋으며, '인간 창작'(human composure)의 노래는 허용될 수 없었다. 모든 노래는 크고 분명한 음성으로 불러야지 '떨림'이 있어서는 안 되었다. 그랜섬은 "많은 사람들이 다윗의 시편이나 그 자신들이 만든 곡을 혼성합창으로 부르는 관례"를 비판했다. 그는 "여러 교인들이나 전 회중이 동시에 함께 찬양하는 것은 [성서에] 그 근거가 없는 일이라고 결론을 내렸다."82)

일반침례교인들은 '사람이 만든' 찬송을 단체로 찬양하는 일에는 많은 위험이 따른다고 생각했다. '준비된 찬양'(set songs)은 '준비된 기도'(set prayers)나 심지어는 '준비된 설교'(set sermons) 만큼 좋지 않은 일이었으며, 그것은 그들의 마음을 꾀어낼 수 있었다. 회중이 찬양하는 경우에는 거기에 불신자들이 있을 수도 있으며, 그들의 참여는 예배를 오염시킬 것이었다. 모든 사람들이 같은 가사와 같은 곡을 부르면 예배에 있어서 자발성을 부인하는 일이 될 수 있었다. 그러는 가운데 만약 어떤 사람이 다른 가사나 다른 곡을 부르도록 성령의 인도를 받는다면 어떻게 할 것인가? 게다가 '가락을 맞출 수 있는 음성'을 가진 자는 소수이며, 여성들은 결코 참여할 수도 없다고, 그랜섬은 말했다. 1689년의 일반침례교 총회는 찬양이 "복음적 예배에는 낯선 일"이라고 공표했다.83)

일반침례교 만큼 강경하지는 않지만, 특수침례교인들 또한 예배에서 찬송부르는 일과 악기를 사용하는 일을 반대하였다. 그 행습에 반대하는 그들의 초기 주장은 덜 격렬하기는 했지만 일반침례교와 다를 바 없었다. 그러나 17세기 중엽에 이르러 어떤 특수침례교회들은 찬송을 새로운 관심사로 주목했다. 아마도 다른 면에서는 침례교를 매우 곤혹스럽게 했던 '제5 군주국운동'이 그들로 하여금 찬송을 받아들이는 데에 일조했음이 분명하다. '제5 군주국운동'의 지도자들은 사람들을 가르치고 그들에게 행동의 동기를 부여하는 데에 있어서 운율과 음악의 진가를 매우 일찍부터 보았다. 특수침례교는 1649년경에 "생생한 목소리로 시편을 찬양하는 일은 하나님의 예배에 있어서 거룩한 임무이며, 여성들은 여기에 참여해서는 안 된다"고 쓴 존 카턴(John Cotton)과 같은 독립회중주의자들의 전례를 결국 따랐다.84)

벤저민 키치(Benjamin Keach)는 흔히 영국의 침례교와 실로 모든 영국의 교회들에 찬송을 소개한 인물로 평가된다. 키치는 실로 중요한 선구자로 평가되지만, 그를 앞선 다른 사람들이 있다. '제5 군주국' 침례교인인 애나 트랩널(Anna Trapnell)은 1654년에 「돌의 외침」(The Cry of a Stone)을 출판했다. 이것은 기도와 영가 모음집으로서 역시 '제5 군주국' 침례교인이었던 핸서드 놀리스(Hansard Knollys)에 의해 추천받았다.85) 캐서린 서턴(Katherine Sutton)은 1663년에 자신의 찬송 모음집을 출판했는데, 놀리스는 이 책의 서론에서 책의 사용을 추천하고 더 나아가 예배 시에 찬송의 사용을 위한 지침들을 소개했다.86)

존 번연도 어린이들을 위한 찬송들을 썼지만 그의 성인 회중들을 찬양하도록 설득하는 데는 실패했다. 1664년에 키치는 어린이들을 위한 찬송들을 실은 「어린이 교본」(Children's Primer)을 폈다. 키치는 이 관례에 관한 소위 '호된 논쟁'에도 불구하고 회중찬송을 침례교에 소개했다.87) 1673년에 그는 호슬리다운(Horsleydown)에 있는 교회를 설득하여 주의 만찬 말미에 찬송을 부르도록 했는데, 그것을 반대하는 자들은 찬송을 부르기 전에 그 자리를 떠나도록 허용했다. 6년 뒤에 그 교회는 '공중 감사예배'를 하는 날에는 찬송을 부르기로 결정했으며, 14년 뒤에는 찬송이 매주일 예배의 한 부분이 되었다. 키치는 인내심을 가졌다. 찬송의 관례를 받아들이는 과정이 마무리되는 일은 20년을 요했다. 그렇다 하더라도 22명의 키치의 교인들이 교회를 떠나 찬송을 하지 않는 교회로 갔다. 그러나 그 교회가 곧 찬송을 채택하게 됨으로써 그들은 더 이상 피할 수 없게 되었다. 그 교회의 새 목회자가 그것을 부임의 조건으로 내세웠기 때문이었다.88) 키치는 400곡 가량이 실린 두 개의 중요한 침례교의 찬송가집, 「영적 멜로디」(Spiritual Melody, 1691)와 「영가집」(Spiritual Songs, 1696)을 폈는데, 여기에는 자신이 직접 쓴 대부분의 곡들이 포함되었다. 한 관찰자는 "키치의 찬송가는 기껏 잊혀 지겠지만, 그가 우리 교회들에 찬송의 관례를 확립하기 위해 오랫동안 운동한 것만으로도 그는 우리의 충심으로부터 감사를 받을 만하다"고 결론을 내렸다.89)

키치의 주요 적수는 침례교의 평신도로서 찬송에 반대하는 책을 세 권이나 쓴 아이작 말로우(Isaac Marlow)였다. 말로우를 반박하기 위하여 키치는 1691년에 「하나님의 예배에 위반사항을 회복함 혹은 시편, 찬송, 영가를 부르는 것은 예수 그리스도의 거룩한 의식임을 증명함」(The Breach Repaired in God's Worship, or Singing of Psalms, Hymns and Spiritual Songs Proved to Be an Holy Ordinance of Jesus Christ)이라는 제목으로 그의 주요한 항변서를 썼다. 1689년의 총회에서 특수침례교는 찬송하는 일을 조심스럽게 승인했는데, 이는 적어도 각 지역교회가 그 행습을 다른 교회들의 견책 없이 결정할 수 있다는 개념을 승인한 것이었다. 그 정도의 승인만으로도 찬송의 관례는 빠른 속도로 인기를 얻었다. 그 다음 세기에 이르러서는 대체로 댄 테일러(Dan Taylor)와 뉴커넥션(New Connection)의 영향을 통하여, 일반침례교 역시 이 행습을 받아들였다.

4. 새로운 교단의 등장

17세기의 영국 침례교를 '교단'(denomination)이라 부르기는 적어도 그 말의 현대적 의미로 본다면 이르다고 할 수 있다. 침례교의 교회들은 서로 제한된 접촉을 하고 있었다. 그러한 침례교 현실에 대한 부분적 원인은 침례교인들이 각 교회는 독립적이어야 한다고 주장한 데 있었다. 아마 이것이 교회 간의 교통과 연합을 방해했을 것이다.

이러한 과도한 지역교회의 독립성에도 불구하고 초기의 침례교회들은 초보적인 교단적 체계를 형성했다. 17세기 중엽에 이르러서는 주어진 영역 내에 있는 교회들의 협력체인 침례교의 '지방회'(association)가 그 모습을 드러내었다. 1660년에 이르러서는 일반침례교와 특수침례교가 모두 다수의 지방회를 가지게 되었고, 그 세기가 끝나기 전에는 두 교단 모두 침례교회들의 전국적 제휴 단체인 총회(general assembly)를 가지게 되었다.

일반침례교회

1624년에는 이미 5개의 일반침례교회들이 네덜란드의 메노파로부터 온 서신들에 답변하는 일에 공동 행동을 취했다. 이들 교회 가운데 한 교회의 목회자인 엘리아스 투키(Elias Tookey)는 여러 교회들의 이름으로 맹세, 공직자, 군복무에 대한 메노파의 견해를 받아들이지 않는다는 서신을 작성했다. 많은 논의의 대상이었던 이 "투키 서신"이 조직화된 지방회의 모습을 반영해 주지는 않지만 침례교회들이 공동의 관심사에 대해 함께 협력했음을 잘 보여준다.

1651년에 일반침례교의 한 지방회가 미들랜즈(Midlands)에 모였다. 필시 그 지방회가 모인 곳은 레스터(Leicester)였으리라 사료되는데, 심지어는 그 보다 더 이른 시기에 모였을 가능성도 배제할 수 없다. 1651년에 그 '지방회'는 30개의 제휴 교회들의 이름으로 신앙고백서를 채택하였다. 불과 수년 안에는 일반침례교 가운데 그러한 연합이 일반적인 일이 되었다.

'지방회'(association)라는 이름은 명백하게 '뉴모델 군대'(New Model Army)라는 군사적 관례에서 유래되었다. 영국 내전(Civil War, 1642-1649) 동안에 의회군은 방위를 위하여 여러 주(counties)를 '연합체들'(associations)로 조직했다. 나중에 그러한 군사적 연합체들에 있는 각 연대는 의회와 협의하기 위해 두 사람의 대표를 파견했다. 기록은 침례교인들이 장교, 사병 그리고 군목으로서 '뉴모델 군대'

에 광범위하게 참여했음을 확증해준다. 그 군대가 해체된 후에 침례교인들은 그 익숙해진 이름과 그 군대조직의 기법을 교회생활에 적용했으며, '지방회'가 등장하기 시작했다.

적어도 1654년에는 일반침례교가 전국적 모임을 형성했는데, 그들이 모인 시기는 그 이전일 가능성도 배제할 수 없다. 1654년에는 "이 나라의 여러 침례교회들에 속하는 많은 메신저들, 장로들, 형제들"을 대변하는 선언문이 나왔다. 그들은 "어떻게 하면 그리스도의 복음 사역이 그들로서 가장 잘 진척될 수 있을 지를 숙고하기 위하여" 런던에서 만났다.90) 이 모임에서 그들은 침례교에 대한 비방에 대해 답변했고, 그들의 시민적 의무에 대한 충성을 공언했으며, 추가적인 종교자유를 희구(希求)했고, 당시에도 침례교인들 가운데 잠식해 들어가고 있었던 '제5 군주국 운동'을 거부했다.91)

일반침례교는 지방회와 총회가 지역교회들 위에 어느 정도의 권위를 행사하는 중앙집권적 교단 체계를 발전시켰다. 그들은 지역교회들을 더 큰 차원의 교회 내에 서로 맞물려 있는 단일체들로 이해함으로써 특수침례교에 비하여 지역 교회의 자치권에 대하여 덜 급급했다. 일반침례교는 1611년에 이미 다음과 같이 단언했다: "그리스도와의 관계에 있어서, 교회는 각기 여러 개체의 회중들로 성립되어 있지만, 세계에 아무리 많은 교회가 존재할지라도 그것은 하나이다(엡 4:4). 각 개별 교회는 가령 두세 명만 있어도 그들에게 주어진 그리스도를 소유하고 있다."92) 이러한 교회론은 1678년의 "정통신조"(Orthodox Creed)에서 더 진전되었다:

> 전체 교회회의 혹은 총회는 그리스도 안에 있는 여러 교회들의 감독들, 장로들, 형제들로 구성되며, 모든 교회로부터 합법적으로 소집되어 함께 모인다. 대의원들을 통하여 거기에 모이는 모든 교회들은 오직 한 교회를 이루게 되는데, 그들은 그리스도의 이름으로 행하기 위해 전체 모임이나 총회에서 합법적인 권한과 참정권을 갖게 된다.93)

여기서 주요 문구는 그러한 전체적 모임은 지역교회의 사역에 권위를 행사하면서 '오직 한 교회'를 이룬다는 것이다. 메신저 역시 총회 혹은 지방회의 직위자로서 지역교회들과 목회자들에게 일정한 지도력을 행사하였다.

특수침례교회

일반침례교와 마찬가지로 특수침례교는 매우 일찍부터 지방회를 발전시켰다. 1644년에는 7개의 교회가 "제1 런던신앙고백서"를 발표하는 일에 행동을 함께 하였고, 불과 수년 안에 런던뿐 아니라 미들랜즈(Midlands), 웨일즈(Wales), 아일랜드(Ireland) 등지에서도 지방회가 등장했다.

1652년에 아빙돈 지방회(Abingdon Association)는 그 첫 모임에서 "그리스도의 개별적인 침례교회들은 모호한 문제들과 논쟁들에 관하여 조언하는 일에 서로 간에 굳건한 교제를 유지해야 한다"고 확인했다.[94] 지역교회들의 연합을 옹호하는 그들의 논의 가운데 하나는 다음과 같다:

> 첫째, 한 교회 내에서 개별적인 교인들 간의 관계가 있듯이, 개별적인 교회들 간에도 각 교회가 가지는 다른 교회에 대한 동일한 종류의 관계가 있기 때문이다. 그리스도의 교회들은 그들의 머리되신 그리스도 아래에 한 몸 혹은 교회 일반을 이룬다…. 개별적인 교인들이 같은 머리되신 그리스도 아래 한 개별적인 교회를 이루듯이, 모든 개별적인 모임들은 하나의 '시온산'(Mount Syon)을 이룬다.[95]

그러므로 지방회의 기본적 정당성은 신학적인 것이었다. 교회의 본질적 특성은 교회들이 그리스도 아래에서 하나됨을 보여줘야 할 것을 요구한다. 아빙돈(Abingdon) 지방회도 교회 간의 연계에 대한 실제적인 일정한 이유들로 상호 권징, 논쟁 해결을 위한 도움, 좀 더 효과적인 사역을 위한 자원공유 등을 들고 있다. 교회들은 "질서 있게 행하는 교회들이 질서 있게 치리되고, 무질서한 교회들이 질서 있게 의절된 경우가 아니라면, 서로의 순결성을 지키게 하고, 해서는 안 되는 부끄러운 일로부터 복음적 신앙고백을 분명히 해야 할"(고전 5:5) 의무를 가진다. 교회들은 "기도와 노력의 조화"로부터 유익함을 얻을 것이며, 교회는 "미적지근할 때 활기를 띠게 해주고, 필요할 때 도와주며, 의혹스러운 문제가 있을 때 조언을 해주는" 다른 교회들을 필요로 한다.[96]

특수침례교회가 일찍부터 지방회주의 원칙에 혼신을 다하기는 했지만 전국적 모임을 결성하는 데는 더뎠다. 지역적 고립, 신학적 논쟁, 연합에 헌신된 지도자들의 부족, 그리고 지역교회 자치권(local church autonomy)에 대한 과도한 강박관념은 그들이 함께 연합하는 일에 방해가 되었다. 1689년에는 107개 교회의 대의

원들이 런던에 모여서 '일반총회'(General Assembly)를 설립하고, 1677년의 신앙고백서를 인정하고, 긴박한 문제들을 다루었다. 1692년 이후 그 총회는 1년에 2회 모였는데, 부활절에는 브리스톨(Bristol)에서, 성령강림절에는 런던에서 모였다. 어떤 이는 이 도시들을 특수침례교회를 지탱하는 두 버팀목으로 생각했다.

특수침례교는 지역교회의 자치권을 조심스럽게 지켰다. 그들의 1689년의 신앙고백서는 다음과 같이 단언했다:

> 함께 주의 만찬의 교제를 나누는 많은 교회들이 그들의 대의원들의 만남을 통하여 이견이 있는 문제들에 대하여 숙고하고, 그에 대해 조언하고, 그것을 관련된 모든 교회들에 보고하는 것은 그리스도의 정신에 맞는 일이다. 그렇지만 이 대의원들의 모임에 이른바 교회의 권위가 당연히 위임된 것은 아니다. 즉, 교회들이나 혹은 개인들에 대한 견책을 행사할 수 있는 어떠한 교회 관할권이나 교회들이나 교직자들에 대한 그들의 결정을 부과할 수 있는 권한도 위임되지 않았다.[97]

이 말은 일반침례교의 방식과 얼마나 근본적으로 다른지 보여준다. 특수침례교의 입장에서 그들의 총회는 교회조직체가 아니었으며, 교회의 기능을 실행하는 것도 아니었다. 우리는 교단적인 모임에서 침례나 안수나 교회권징을 보지 않는다. 이런 일들은 지역 교회에 맡겨져 있다. 총회는 교회 간의 차이들을 중재하는 역할을 하며, 실제로 종종 그런 일을 했지만, 그들의 결정은 교회들로부터 승인을 받아야 했다.

5. 요약

영국 침례교는 그들의 신앙과 체제의 윤곽을 분명히 하는 가운데 17세기 말에 이르렀다. 이러한 신앙은 여러 중요한 신앙고백서들과 침례교 지도자들 – 특수침례교의 윌리엄 키핀과 일반침례교의 토마스 그랜섬과 같은 – 의 신학적 저작들에서 잘 표현되었다. 두 그룹 모두 체계적 신학의 기초를 진전시켰다. 그들은 교회의 연합, 지역교회, 지방회, 총회 등의 분명한 통로들을 통해 협력했다. 침례교는 영국에서 1689년에 채택된 '종교관용법'(the Act of Toleration)을 통해 종교자유를 위한 그들의 오랜 투쟁에서 승리했다.

그리하여 침례교는 많은 이점들을 가지고 1700년에 이르렀다. 그들은 그들의 신학을 세웠고 그들의 교단을 구축했으며, 설교와 예배의 자유를 쟁취했다. 분명히 그들은 대단한 진전을 이룰 시점에 있었다. 그러나 슬프게도 그렇지 못했다.

주(註)

1) Arthur S. Langley, "Seventeenth Century Baptist Disputes," *Transactions of the Baptist Historical Society*, 1916-1917, 5:216-243.
2) Joseph Ivimey, *A History of English Baptists*, 1:165.
3) Thomas Edwards, *Gangraena: or a Catalogue of Many of the Errours, Heresies and Pernicious Practices of the Sectaries of this Time*, Epistle Dedicatory, 122.
4) *The Clergyes Bill of Compaint* (Oxford: Leonard Lichfield, 1643), 1.
5) William L. Lumpkin, ed., *Baptist Confessions of Faith*. (역자주: 이 책은 「침례교신앙고백서」, 김용복, 김용국, 남병두 역 (대전: 침례신학대학교출판부, 2008)로 번역되었다.)
6) Ibid., 334.
7) Ibid., 339.
8) Ibid., 122.
9) Ibid., 191.
10) Ibid., 324-5.
11) Ibid., 248, 250.
12) Ibid., 251.
13) Thomas Collier, *A General Epistle to the Universal Church of First-Born*.
14) Ibid., 248.
15) Ibid., 249.
16) Ibid., 259.
17) Ibid., 250.
18) Ibid., 248.
19) Lumpkin, 127.
20) Ibid., 128.
21) Ibid., 118.
22) Ibid., 118-9.
23) Ibid., 157.
24) Ibid., 264-5.
25) Ibid., 272-3.
26) Ibid., 119.
27) Ibid., 121.
28) Ibid., 285.
29) Ibid. 121-2.

제2장 침례교 신앙의 형성   131

30) Ibid. 138.
31) Roger Haydon, ed., *The Records of a Church of Christ in Bristol 1640-1687*, 209.
32) Richard Adams, "Seeking a Change," *Transactions of the Baptist Historical Society*, 1912-1915, 3:163.
33) Ibid., 165.
34) Thomas Grantham, *The Successors of the Apostles*, 20. A. C. Underwood, *A History of English Baptists*, 120에서 재인용.
35) Ibid., 16, 121.
36) Adam Taylor, *The History of the English General Baptsits*, 1:415n.
37) Ivimey, 1:165.
38) Ibid., 165-6.
39) Lumpkin, 120.
40) Ibid., 137.
41) Ibid., 167.
42) Barrington R. White, "The Organization of the Particular Baptists, 1644-1660," *Journal of Ecclesiastical History*, 214n.
43) Sydnor L. Stealey, ed., *A Baptist Treasury*, 79에서 인용.
44) Ibid., 80.
45) Ibid.
46) Ibid., 82-3.
47) Roger Hayden, ed. *The Records of a Church of Christ in Bristol 1640 to 1687*, 209.
48) Lumpkin, 112.
49) Ibid., 123.
50) Ibid., 333.
51) Ibid., 107.
52) Ibid., 112.
53) Ibid., 140.
54) Ibid., 123.
55) Ibid., 331.
56) Ibid., 140.
57) Thomas Helwys, *The Mystery of Iniquity* (London: 1612), 69.
58) Ibid.
59) Louis Fargo Brown, *Baptists and the Fifth Monarchy Men in England*, 14-5.
60) B. S. Capp, *The Fifth Monarchy Men*, 142, 156.
61) Ibid., 208.

62) Ibid., 116.
63) Brown, 194.
64) Capp, 172.
65) Harry Leon McBeth, *English Baptist Literature on Religious Liberty to 1689*, 207.
66) Capp, 101.
67) Ibid., 116.
68) Underwood, 93-4에서 재인용.
69) Ivimey, 1:310.
70) Lumpkin, 123.
71) Ibid., 165, 169.
72) Ibid., 214.
73) Ibid., 234.
74) W. T. Whitley, ed. *Minutes of the General Assembly of the General Baptist Churches in England*, 1:3-4.
75) Lumpkin, 294, 334.
76) Champlin Burrage, *The Early English Dissenters in Light of Recent Research*, 2:176-7.
77) Thomas Crosby, *The History of the English Baptists*, 4:168.
78) 1608년의 토마스 헬위스의 편지에서. Burrage, 2:167에서 재인용.
79) Horton Davies, *Worship and Theology in England*, 2:504.
80) Ibid., 507.
81) Thomas Grantham, *Christianismus Primitivus*, 2:99-117.
82) Ibid., 112.
83) Hugh Martin, "The Baptist Contributions to Early English Hymnody," *The Baptist Quarterly*, 201.
84) Ibid., 204n.
85) Ian Mallard, "The Hymns of Katherine Sutton," *The Baptist Quarterly*, 24.
86) Ibid., 24-5.
87) Davies, 2:509.
88) Martin, 207.
89) Ibid., 200.
90) Whitley, 1:2.
91) Ibid., 1:5.
92) Lumpkin, 120.
93) Ibid., 327.

94) Barrington R. White, ed. *Association Records of the Particular Baptists of England, Wales and Ireland to 1660*, 126.
95) Ibid.
96) Ibid., 126-7.
97) Lumpkin, 289.

제3장

신앙의 변호

　대부분의 역사가들은 영국 침례교인들이 비록 수가 적었음에도 불구하고, 종교의 자유에 대한 그들의 사상은 대중들의 삶에 중요한 공헌을 했다는 것을 인정한다. 1689년에 의회가 통과시킨 "종교관용법"(the Act of Toleration)에 대해서는 어느 교단도 침례교회보다 더 많은 공헌을 했다고 주장할 수 없을 것이다. 휠러 로빈슨 (H. Wheeler Robinson)은 침례교인들은 "종교자유의 무제한적인 원리를 최초로 주장하고, 또한 그것을 두려움 없이 최초로 적용한 독특한 사람들"이라고 했다.1)
　현대 침례교인들과 다른 사람들이 종종 당연시 여기는 종교와 관련된 믿음과 행동의 자유는 17세기 영국의 혹독한 박해 속에서 단조된 것이었다. 단순한 관용을 대부분의 사람들이 거부하고, 거의 모든 사람들이 못마땅하게 여기던 시대에, 침례교인들은 하나님을 가장 기쁘시게 할 것이라고 생각하는 방법들로 신앙하고 예배하거나 혹은 아예 믿지 않고 예배하지 않을 수 있는 자유가 모든 사람들에게 주어져야 한다는 혁신적인 개념을 발전시켰고 옹호하였다. 언더힐(Underhill)은 "침례교인들은 정당한 논증과 성서적 원칙이라는 만고불변의 기초 위에서, 모든 사람은 양심의 지시에 따라 하나님을 예배하고, 하나님의 명령에 복종할 수 있는 권리를 가지고 있다는 것을, 이 땅에서 최초로 주장한 사람들이라는 영예를 받아야 할 것으로 보인다"고 말했다.2)
　종교자유를 위한 영국 침례교회의 투쟁은 그 교파와 국토를 넘어선 의미를 가지고 있다. 후에 미국과 다른 나라들에서 일어났던 종교자유를 위한 투쟁들은, 적어도 침례교회의 경우에 있어서 17세기 영국 침례교 선구자들이 이룩했던 토대에서부터 온 것이었다.

 종교적인 상황에 따라서 비국교도들의 위상이 끊임없이 변했기 때문에, 이 장에서는 연대순으로 접근하는 것이 가장 적절할 것으로 보인다. 비록 일반침례교회와 특수침례교회는 여러 차이점들이 있었지만, 종교의 자유에 있어서만큼은 기본적으로 일치하였기 때문에 두 교단이 함께 다루어진다.

1. 초기 스튜어트 시대부터 1640년까지

 스코틀랜드의 제임스 스튜어트(James Stuart)가 1603년에 잉글랜드의 제임스 1세로 등극한 것은 영국의 정치와 종교의 역사에 새로운 시대를 여는 일이었다. 엘리자베스 여왕의 죽음은 유명한 "엘리자베스 종교타협"(Elizabethan Settlement)을 종식시켰다. 영국국교회에 대한 불만은 종파들, 분파들 그리고 분리주의의 급속한 발흥을 야기하였다.

 제임스 1세가 왕위에 오르면서 각기 다른 종파들은 국왕으로부터 호의를 기대했다. 장로교인들은 제임스 1세가 스코틀랜드에 있을 때, 장로교 체제를 확고하게 지지했던 사실을 근거로 기대를 가졌다. 로마 가톨릭 교인들은 왕의 부인이 가톨릭 신자이므로 그가 가톨릭을 진전시킬 것이라고 기대했다. 국교회 신자들은 주교들에 의해 통치되는 국교회가 새 왕의 왕권신수설과 가장 조화를 이루고 있다는 것을 내세워 국왕이 국교회를 지지해 주기를 바랐다. 백성들은 새 왕이 어떤 종교 정치체제를 따를 것인가를 아는데 오랜 기간이 필요치 않았다. 국왕은 1604년 종교지도자들의 회담을 햄프턴 궁(Hampton Court)에서 개최했고, 그곳에서 여러 교단 단체들은 개혁을 위한 방안들을 제시했다. 청교도들은 가톨릭 냄새가 너무 많이 나는 일부 행습들을 개혁하기 원했다. 분리주의자들은 소위 "1천 명의 청원서"(Millenary Petition)라는 방법으로 자신들의 의견을 제출했는데, 그것은 국가교회로부터 자유를 갈망하는 1,000명 이상의 사람들이 서명을 했기 때문에 그렇게 불려졌다. 또한 킹 제임스(King James)라는 이름으로 1611년에 발간된 새 영어성서 번역 작업도 이 햄프턴 궁중 회의에서 비롯된 것이었다.

 햄프턴 궁에서 국왕은 비록 소소한 개혁들은 허용했지만, 기본적으로 국교회를 확고하게 지지했다. 신앙의 자유라는 사상은 그에게 공포심을 주었다. 국왕은 만일 시민들이 자신들의 견해를 고수할 수 있는 자유를 가진다면, "잭과 톰 그리고 윌과 딕은 서로서로 만나서 나와 나의 자문단, 그리고 우리의 모든 행위들에 대해 마음대로 비난하게 될 것이다. 그 때 윌이 일어나 그것은 이렇게 되었어야 했어!라고 말할 터이고, 그러면 딕은 저런, 그게 아닌데! 하지만 우리는 결국 그 것을 가지게 될 거야 라고 말할 것이다"3)라고 하며 우려를 드러냈다.

같은 회의에서 제임스 왕은 비국교회 교직자들이 자신의 국정을 위해 기도했지만, "그들은 모든 대의명분과 더불어 모든 국민들(시민뿐 아니라 교인도 마찬가지로) 위에 존재하고 있는 최고 통치자에 대해서는 침묵하는 방법으로 무시했다"며 불평했다.4) 새 왕은 백성들이 종교나 국가의 일에 참여하는 것을 분명히 허락하지 않으려 했으며, 종교와 정치에서의 "최고 통치자"로서 그렇게 시행하려는 자신의 의사를 공포했다. 「공동기도서」(the Book of Common Prayer)에 관한 초기 선언서에서, 국왕은 "종교적인 문제들을 해결하는 것이… 왕의 가장 주된 의무"라고 말했다. 제임스는 종교 일치의 사상에 집착했는데, 그것은 아마도 차이점들이 점증하고 있음이 드러남에 따라 인해 더욱 강화되었을 것이다. 제임스 통치의 많은 기간은 영국국교회를 따르기를 거부하는 사람들을 효과적으로 위협하고, 괴롭히며, 추방하는 일로 소요되었다. 아마도 그의 동기는 신앙적인 것 못지않게 정치적인 것이었다. 장로주의에 대한 그의 주된 반대이유는 교리적인 것이 아니라, 그것이 대의주의 교회정치체제이기 때문이었다. 제임스는 그것은 "마치 하나님과 사탄이 함께 있는 것과 같이 군주제와는 맞지 않다"고 하였다.5)

제임스 1세가 죽자, 그의 아들 찰스 1세가(Charles I) 왕위를 계승했고, 1625년부터 1649년까지 통치했다. 찰스는 종교적 일치를 위해 국왕은 종교와 정치에서 특권을 가져야 한다는 사상을 고수하였다. 크로스비(Crosby)는 "얼마 지나지 않아, 찰스 1세의 통치는 그의 아버지 제임스가 했던 것보다 더 심하게 청교도들을 박해하였다"고 했다.6) 자신을 "교회의 최고 통치자"로 칭하며, 찰스 국왕은 1628년에 다음과 같이 말했다:

> 우리는 국왕의 직무와 우리의 신앙적 열정이 교회를 유지하고 보호함에 있어 가장 합당하며, 참된 종교적 통합과 평화의 결속은 우리의 책임으로 맡겨진 것이라고 주장한다. 또한 불필요한 신학적 논쟁들과 언쟁들, 혹은 의심들을 제기해서 교회와 영연방 안에 분파를 조장시키는 고통을 겪게 해서는 안 된다.7)

국왕은 영국국교회를 확고하게 지지했는데, "우리의 모든 사랑하는 국민들은 통일된 신앙고백을 계속할 것이며, 전기한 신앙조항들에 벗어난 아주 작은 차이도 금한다"고 공표하였다.8) 찰스는 윌리엄 로드(William Laud)를 캔터베리(Canterbury) 대주교로 임명했고, 로드는 반대자들을 계속해서 억누르며 국교회로 통합시키는 일을 추진하였다.

이와 같은 억압적인 환경 가운데 침례교회들은 하나의 독립적인 교단으로 등장하였다. 그들은 위험과 박해, 그리고 커다란 개인적인 위태함에도 불구하고 초기 신앙을 증언했다. 수많은 초기 침례교인들은 그들의 신앙 때문에 생필품을 빼앗기고, 채찍질을 당하며, 감옥에 갇히는 고통을 당했다. 어떤 사람들은 귀가 잘리거나 코에 구멍이 뚫리는 등 신체적으로 불구가 되었는데, 이것은 정부당국을 반대하는 사상을 가진 자들로 여겨진 침례교인들을 낙인찍기 위해 선호된 방법이었다. 1661년에 사형당한 제7일 안식 침례교인(Seventh-Day Baptist)인 존 제임스(John James)와 똑같은 운명에 처한 사람들은 거의 없었지만, 많은 침례교인들은 불결하고 질병이 들끓는 감옥에 밀집된 상태로 있어야 했기 때문에, 죽음의 시간이 당겨진 것은 의심의 여지가 없다.

존 스마이스

우리는 현대 역사적 관점에서 존 스마이스가 1609년 초에 최초의 침례교회를 세웠다는 것을 살펴보았다. 그는 또한 완전한 종교의 자유를 위한 침례교 청원을 최초로 제안하기도 했다. 침례교인이 되기 전에 스마이스는 일반적인 분리주의 관점에서 자유를 주장했지만, 그러한 생각을 다른 사람들에게 강조하기 위해서는 정부로부터 승인을 받는 것이 옳다고 보았다. 그는 「참된 기도의 양식」(*A Paterne of True Prayer*)에서 "하나님의 왕국이 세워졌다… 국왕께서 국법과 말씀에 따라 하나님에 대한 예배를 확립할 때"라고 말했으며, 심지어 "경건한 왕들은 검을 통해 신앙과 참된 종교를 세우고 유지시켜야 한다"는 것도 인정했다.9) 1608년까지 스마이스는 여전히 "가시적 교회의 설립은 군주들에게 속한 일"이라고 주장했다.

침례교인이 된 이후 종교의 자유에 대한 스마이스의 관점은 급격하게 변했다. 1609년에 그는 군주가 교회에 대해 지휘권을 갖는 것에 대해서 "많은 의문들이 있을 수 있다"고 했다. 그는 이러한 의문들을 1610년에 그의 추종자들과 함께 메노파 신앙고백서에 서명함으로써 해결하였다. 메노파 신앙고백서에는 "주 예수님은 그의 영적 왕국과 신약성서 교회에 세상 권력의 직분을 제정하지 않으셨으며, 교회의 직분들과도 함께 연결되도록 하지 않으셨다"고 명시되어 있었다.10) 그로

부터 2년 후, 스마이스는 확정적인 신앙고백서를 발표하며 다음과 같이 단언했다:

> 군주는 자신의 직위를 사용하여 종교 혹은 양심의 문제들에 간섭하거나, 사람들에게 어떤 특정 종교나 교리를 강요해서는 안 된다. 반대로 기독교 신앙을 각 개인이 양심에 따라 정할 수 있도록 자유롭게 놔두어야 한다. 군주는 오직 세상적인 죄(롬 13장) 즉, 살인, 간음, 도둑질 등과 같이 사람과 사람 사이에 행해지는 부정과 피해들만을 다스려야 한다. 왜냐하면 그리스도만이 교회와 양심의 왕이며 입법자이기 때문이다.11)

이 간략한 성명서는 이후에 나올 좀 더 광범위한 문서들의 모든 기본적인 요점들을 다루고 있다. 침례교인들은 세속적인 문제들에 관해서는 정부가 합법적인 권한을 가지고 있음을 온전히 인정했지만, 하나님과 그들의 관계에 대해서 정부가 결정하거나 통제하는 것은 받아들이지 않았다. 그들은 영적인 일들을 보존하는 것이 시민 불복종이 될 수 없음도 주장했다. 신앙의 이유로 네덜란드로 추방당한 존 스마이스는 그가 1612년에 외쳤던 문구들 즉, "신앙은 각인의 양심에 따라 자유로운 것이 되도록 놔두어야 한다." "그리스도만이 오직 교회의 입법자이며" 정부는 "세속적인인 범죄들"에 한정되어야 한다는 것 등이, 그때나 이 후에 얼마나 강력한 영향을 발휘했는지 상상조차 하지 못했다. 이러한 개념들은 현대 세계를 개조하였다. 현대의 소위 종교의 자유나 국가와 교회의 분리는 그 결과물이다.

토마스 헬위스

토마스 헬위스는 스마이스가 현대사에서 최초의 침례교회를 세우는 일을 도왔다. 이후에 헬위스는 여러 문제들로 인해 스마이스와 갈라섰고, 남은 자들과 함께 1611년 영국으로 돌아가 그 땅에 첫 번째 침례교회를 세우는 일을 주도하였다. 헬위스 역시 종교의 자유에 대한 주요 대변인이었다. 그는 영국으로 돌아온 후 곧장 「불법의 신비에 관한 짧은 선언문」(*A Short Declaration of the Mistery of Iniquity*)을 저술했다. 헬위스는 영국에서 종교의 자유를 호소하기에는 시기가 좋지 않았던 1612년을 선택했다. 그 해에 바톨로뮤 리게이트(Bartholomew Legate)와 에드워드 위트맨(Edward Wigtman)이 런던에서 이단으로 화형당했으며, 정부 관료들은 다른 사람들도 "화형대에서 불태움" 당할 수 있다고 위협했다.12)

책의 제목에서도 알 수 있듯이 헬위스는 그 시대의 종말론적인 열정에 사로잡혀 있었다. 분리주의자들 사이에서는 계시록 13장의 첫 번째 짐승을 로마교회로, 두 번째 짐승은 영국국교회를 나타낸다고 보는 것이 거의 일반적인 해석이었다. 헬위스는「불법의 신비」에서 영국국교회는 로마를 흉내낸 것, 청교도들은 타협한 것, 분리주의자들은 단지 부분적인 분리만 했던 것 등을 공격했다. 하지만 이 책의 주된 파급력은 모든 사람들을 위한 완전한 종교의 자유를 일관되고, 대담하게 그리고 때론 상당히 설득력 있게 호소한 데 있다. 아마도 이것은 영어로 된 최초의 호소문일 것이다. 헬위스는 "어느 누구도 신약성서의 영적 규범들을 위반한 일로 사형이나 구속의 벌을 받아서는 안 된다. 그런 잘못들은 오직 영적 검과 질책으로 처벌받아야 한다"고 주장하였다.13) 그는 영적인 위법에 대한 세속적 처벌의 타당성을 부인한 것이다. 그는 침례교인들을 비롯한 다른 모든 사람들을 위해서 "자기 자신의 영혼으로 성서를 이해하는 축복된 자유"를 요구했던 것이다.

헬위스는 모든 사람들을 위한 종교의 자유를 요구했다는 점에 있어서 시대를 앞서간 사람이었다. "이단이 되든지, 모슬렘이나 유대교인이 되든지, 본인들 스스로가 결정하도록 놔두자. 어떠한 경우에도 세속 권력이 그들을 조금이라도 처벌하는 것은 적절하지 않다"는 헬위스의 말은 아마도 그 시대에 가장 포괄적인 자유에 대한 언급일 것이다.14) 헬위스가 로마 가톨릭, 유대교, 모슬렘 등과 같은 종파들에 대해 논리 정연하게 옹호한 것은, 아마도 그러지 않았더라면 그가 누렸을 수도 있었던 여러 가지 지지들을 막는 결과가 되었을 것이다.

비범한 능력을 가졌던 이 평신도는 종교의 박해를 위한 법적이고 성서적인 변증 논리들을 없애버렸다. 헬위스는 비록 구약성서의 왕들이 종교에 있어 우위권을 가지고 있었음을 부인하지 않았지만, 당시의 다른 침례교인들과 마찬가지로 구약만으로 이 주제에 관한 최종적인 결론을 내리려 하지 않았다. 대신에 그는 신약성서의 본문들에 호소하고, 그것들과 관련된 신약의 문구들을 자세히 설명함으로 결론을 도출하고자 했다. 헬위스의 결론적 주장은 제자들이 적대자들을 향해 불을 내려 달라는 요청을 허락지 않았던 예수님의 예에서 나왔다.

이와 같은 완전한 종교의 자유에 대한 요구와 더불어 헬위스는 후에 나오게 될 의회보다 왕의 권위를 더 인정했다. 국왕은 "그가 하기 원하는 어떠한 인간적인 법령이라도 명령하도록 하고, 우리는 그것에 복종하자"고 헬위스는 말하였다. 그러나 국왕은 교회에 관해서는 손을 떼야 한다. 왜냐하면 "이 왕국에서는 우리

의 군주인 국왕이 할 일이 전혀 없기 때문이다"고 하였다.15)

헬위스는 분명히 「불법의 신비」의 사본을 제임스 왕에게 직접 바치고자 했다. 그 시도가 실패하자, 그는 책의 여백에 기록한 개인적인 메모와 함께 자필 서명이 들어간 사본을 보냈다:

> 왕이시여, 당신의 비천한 자들의 조언을 멸시하지 마시고, 그들의 불평이 왕의 존전까지 이르게 하소서. 왕은 죽을 수밖에 없는 인간이며 하나님은 아니시니, 하나님 백성들의 불멸의 영혼들을 지배할 권력을 가질 수 없으며, 영혼들에 대한 규범이나 법령들을 만들거나, 영혼들의 영적 지배자가 될 수 없습니다. 만약 왕께서 영적 통치와 법률을 만들 권한을 가지고 있다면, 왕께서는 영원불멸의 하나님이며 죽을 수밖에 없는 인간이 아닐 것입니다. 오! 왕이시여, 속이는 자들의 유혹에 넘어가 당신이 복종해야 할 분이신 하나님을 대적하는 죄를 범치 마시고, 당신에게 모든 생명과 재물로서 복종해야 하고, 그렇게 하기를 원하는 당신의 가여운 백성들을 적대하지 마시며, 그들의 생명을 이 땅에서 거두지 마시옵소서. 왕께 하나님의 가호가 있으시길 기원합니다.16)

헬위스는 1612년에 투옥되었는데, 필시 그의 대담한 도전의 직접적인 결과였다. 우리는 그가 1614년까지는 감옥에서 생존하고 있었지만, 1616년에 그의 유언장이 공증된 것으로 보아 그 무렵에 사망한 것으로 추정된다.

레너드 부셔

전적으로 종교의 자유만 다룬 최초의 침례교 논문은 1614년 레너드 부셔에 의해 출판된 「종교의 평화: 양심의 자유를 위한 호소」(*Religion's Peace: A Plea for Liberty of Conscience*)이다. 부셔에 관한 정확한 정보는 찾기 어렵다. 암스테르담에 있던 초창기 침례교인들에 대해 기술한 1611년도의 문헌은 "일종의 아나뱁티스트 중의 한 사람인 스마이스 선생, 또 한 사람 헬위스 선생, 그리고 또 다른 사람 부셔 선생"을 언급한 것을 볼 수 있다.17) 학자 챔플린 뷰러지(Champlin Burrage)는 부셔가 네덜란드인이라는 것을 증명하려고 공을 들였고, W. T. 휘틀리(Whitley)는 부셔가 스마이스나 헬위스처럼 네덜란드로 망명한 영국인이라고 주장했다. 1646년판 「종교의 평화」 편집자는 그 책의 목적은 "나라를 편안하게 만들고 백성들이 사랑과 평화와 평온을 누릴 수 있게 하는 유일한 방법은, 모든 사람들에게 그들 스스로 하나님의 말씀에 부합한다고 생각하는 방식에 따라, 하나님을 섬길 수 있는 자유를 주는 것이 성서와 정론에 따라 분명한 것임을 밝히는 것"18)이라고 하였다.

스마이스와 헬위스처럼, 부셔도 성서, 논리 그리고 역사를 근거로 종교의 자유를 주장했다. 부셔는 아마도 스마이스나 헬위스보다 자유가 백성과 국가에 주는 장점들을 더 많이 언급했을 것이다. 분명히 부셔는 강요된 예배와 영적인 강간을 비교하기 위해 생생한 예를 사용한 최초의 사람이었고, 이후의 침례교인들은 그것을 많이 인용하였다. 부셔는 종교적 박해는 영혼과 양심을 폭행하는 것이고, 따라서 그것은 "여인들이나 여종들의 신체를 그들의 뜻에 반하여 폭행하는 것"보다 더 나쁜 짓이라고 했다.19)

부셔에게 있어 종교의 자유는 정부가 기분에 따라 특별한 호의로 주거나, 주지 않을 수 있는 것이 아니었다. 그것은 하나님께서 주신 양도할 수 없는 권리였다. W. K. 조단(Jordan)은 "여기 한 종파는 자신의 집단에 대한 가감 없는 관용을 결코 비굴하지 않게 간청하고 있다. 그것은 모든 사람들을 위한 종교의 자유에 대한 사려 깊고 숭고한 요청"이라고 올바르게 말했다.20)

존 머튼

버기스(Burgess)는 머튼을 헬위스의 "최고의 조력자"로 묘사했고, 1612년 이후부터 "헬위스의 역할"이 머튼에게 넘어갔다고 하였다.21) 그는 분명히 헬위스가 죽고 난 이후, 작은 영국 침례교 무리의 리더였다. 머튼은 박해를 직접 체험을 통해 알았으며, 1613년에는 "런던의 재소자"로 묘사되었다. 그는 몇 년 후 죽을 때까지 그곳에서 죄수로 수감되어 있었다. 그는 1615년 감옥에서 「대화의 형식으로 답변한 반론」(Objection Answered by Way of Dialogue)이라는 논문을 썼다. 이 논문은 후에 「종교재판 및 유죄선고의 박해」(Persecution for Religion Judg'd and Condemn'd)라는 제목으로 개정되고 재출간되었다.

머튼의 논문은 종교의 자유를 찬성하는 '기독교인'과 그것을 반대하는 '반(反)기독교인' 그리고 가끔 논쟁의 종식을 위해 끌려온 '무관심자' 사이에 있었던 토론을 다룬 것이다. 이러한 형식 아래서, 머튼은 종교의 자유를 반대하기 위해 제기된 반론들에 대해 대답하였고, 자유를 찬성하는 장문의 주장을 제시하였다. 그는 "비록 그것이 옳든지 혹은 그르든지 할지라도, 어느 누구도 자신의 종교로 인해 핍박 받아서는 안 된다. 그렇게 함으로써 그들은 왕에 대한 신실한 충성을 입증해야 한다"고 결론 내렸다. 그보다 앞서 살았던 스마이스, 헬위스, 부셔와 마찬가지로, 머튼은 "남자와 여자들을 잔인한 박해로서, 그들의 영혼은 참여할 수 없는 예배에 단지 그들의 육체만을 오도록 강제하는 것은, 주님의 눈에는… 극악무도한 짓"이라고 주장했다.22)

머튼의 자서전적인 글에는 많은 충성스러운 영국인들이 "불결한 감옥에 수년 동안 갇혀 굶주림, 추위, 실업상태로 고생하며, 아내와 가족, 직업으로부터 분리되어 있다. 그들은 끊임없는 고통과 유혹에 놓여 있으니, 죽음만이 많은 사람들로 하여금 박해를 덜 받게 만들 것"이라는 한탄을 찾아볼 수 있다.23) 침례교인들은 종종 위정자들을 인정하지 않는 아나뱁티스트 다수파들과 동일시되었기 때문에, 그들은 국민으로서의 충성을 천명하는 것을 반복적으로 해야 할 필요를 느꼈다. 머튼도 예외는 아니었다. 그는 침례교인들은 "하나님의 축복된 법칙인 세속 위정자들의 권위를 진심으로 인정한다. 모든 세속적 권위와 명령은 그들에게 속한다…. 그러나 만인은 영혼에 대한 주인과 입법자는 오직 하나님만이시라는 것을 인정해야만 한다"고 주장했다.24) 머튼은 세속적 영역과 영적 영역을 구분해야 한다고 주장했다. 그는 "세속적 권한은 세속 왕들에게 속하지만, 영적 권한은 왕 중의 왕이신 영적 왕에게 속한다"고 말했다.25) 머튼이 자신의 관점의 근거로 삼은 주된 성서 구절은 마태복음 13장 24-40절의 씨 뿌리는 비유이다. 머튼은 이 구절은 참된 종교를 따르는 자들과 거짓 종교를 따르는 자들 모두를 "이 세상에서는 자유롭게 놔두어야 하고, 세상 종말의 때인 추수하는 날까지 뽑아내서는 안 된다"는 가르침이라고 했다.

머튼은 1620년에 「겸허한 탄원」(*The Humble Supplication*)이라는 제목의 또 다른 논문을 발표했다. 이것은 그동안 거론되어 왔던 많은 똑같은 논쟁들을 좀 더 읽기 쉬운 방식으로 쓴 것이다. 우리는 「겸허한 탄원」의 기원과 관련된 흥미로운 이야기에 대해서는 로저 윌리엄스(Roger Williams)에게 빚을 졌다. 윌리엄스는 종교로 인한 투옥과 관련된 많은 논쟁문헌들이 있는 에드워드 코크 경(Sir Edward Coke)의 법률사무소에서, 이와 같은 내부 정보를 입수할 기회를 얻곤 하였다. 윌리엄스는 종교적 신념으로 인해 뉴게이트(Newgate) 감옥에 갇혀 있던 머튼은 매일 공급되는 우유병의 마개로 사용된 종이 위에 우유로 이 글을 썼다고 하였다. 이 꾸겨진 종이들은 침례교인들에게 반출되었으며, 그들은 글씨가 드러나도록 종이들을 촛불에 구워 갈색으로 만들었다.26) 이렇게 함으로써 감옥에 갇힌 목회자는 그의 양떼를 계속 가르치며 목회할 수 있었다.

2. 혼란의 시대, 1640-1648

왕과 의회 간에 쌓여왔던 갈등은 1640년에 이르러 한층 증대되었다. 의회는 왕의 의회 해산 명령 따르기를 거부하고, 개회를 계속 유지하며 왕권을 약화시키는 법률들을 하나씩 하나씩 통과시키려고 했다. 개혁 법안들은 아마도 1640년 12월에 "뿌리와 가지 청원서"(Root and Branch Petition)로 최고조에 이르게 되었는데, 그것은 주교 지배체제의 영국국교회와 "그 교회의 모든 종속된 것들, 뿌리들, 가지들"을 폐지하려 했기 때문에 그렇게 불렸다. 국왕은 일부 남아 있는 권력을 지키기 위해 전쟁을 일으켰다. 그는 왕당파 지지 세력의 군대를 모으고 옥스퍼드를 본부로 삼았다. 의회역시 의회 군대를 모으고, 교회와 국가를 더 많이 대표하는 정부로서 전력을 쏟았다. 이 군대들은 대부분 시골외각으로 행군해서 서로 만나지 못했지만, 1644년에는 마스턴 무어(Marston Moor)에서, 그리고 1645년에는 네이즈비(Naseby)에서 각각 전쟁이 있었고, 의회 군대는 두 곳에서 결정적인 승리를 거두었다. 의회 군대의 지휘관인 올리버 크롬웰(Oliver Cromwell)은 정치적, 군사적 명성을 떨치게 되었다.

의회가 갈등은 효과적 다루었지만 승리는 그렇게 할 수 없었다. 그들의 가장 시급한 과제는 종교적 합의 방안을 마련하는 일이었다. 하지만 복수를 계획하는 국왕과 왕당파, 종교의 자유를 추진하는 침례교회와 소수의 급진파들, 그리고 정치적 권력을 향해 공작을 벌이고 있었던 장로파 등, 그들과의 합의를 이끌어내는 일은 결코 쉬운 일이 아니었다. 개간파(Diggers), 랜터파(Ranters), 퀘이커파(Quakers), 균등파(Levellers), 제5 군주국파(Fifth Monarchist) 등과 같은 사회-종교적인 종파들이 난립하였는데, 이들은 교회와 국가의 가벼운 개혁에서부터 급진적 혁명에 이르기까지 다양한 변화들을 지지하였다. 의회는 주교 체제를 폐지하였고, 국가교회의 대체 형식을 강구하기 위해 그 유명한 '웨스트민스터 성도 총회'(Westminster Assembly of Divines)를 소집하였다. 의회는 모든 교회들에게 자유를 주고, 어떤 교회도 국법으로 세워져서는 안 된다고 했던 철저한 개혁가들의 선례를 채택하기를 거부했다. 그 시대의 영국 사람들 대부분은 공식적인 국가교회가 없는 상태에서의 질서정연한 사회를 상상할 수 없었던 것이다. 웨스트민스터 총회가 권고하고 의회가 제정함으로써 장로주의 체제가 영국국교회로 세워졌다. 비록 이러한 행위는 공식적인 것이었고, 장로교회는 법에 의해 수년 동안 국교회로 기능했지만, 결코 국민들로부터 신임을 받지 못했다. 침례교인인 헨리 덴(Henry Denne)은 이것에 대해 다음과 같이 가장 잘 표현했다: "장로교인들은 그들이 말안장에 앉기를 내켜하지 않는다는 것을 알게 되었다."27)

자유는 결코 웨스트민스터 교직자들(Westminster Divines)이 의도한 바가 아니었다. 이들 중 다수는 리처드 백스터(Richard Baxter)의 "나는 모든 사람을 위한 무제한적인 자유와 관용을 혐오한다"는 말에 동의했을 것이다.28) 그들은 진리를 믿으며 출판할 수 있는 자유를 허용했지만, 오류에 대해서는 그렇게 하지 않았으며, 1647년의 "웨스트민스터 신앙고백서"는 둘 사이의 차이점을 정의했다. 그들은 세속 위정자에 대해서, "교회 안에 일치와 평화를 보존하며, 하나님의 진리를 순전하고 온전한 상태로 지키며, 모든 신성모독과 이단들을 진압하기 위해 명령을 발하는 것이 그의 의무"라고 하였다.29) 새로운 국교회 지도자들의 판단으로 볼 때, 침례교 사상들과 행습들 대부분은 "신성모독과 이단들"의 범주에 포함되는 것이었으며, 따라서 침례교인들은 평안한 마음을 가질 수 없었다. 사실 그들은 이전의 정권보다 새로운 정권아래서 더욱 심하게 고통당했다. 그러한 상황은 "새로운 장로는 옛 사제와 다를 바 없다"는 존 밀턴(John Milton)의 항변이 정당함을 입증해 주었다.

그 시대의 장로교 소책자는 종교의 자유를 가장 나쁜 악으로 소개하였다. 1645년의 한 작은 광고 인쇄물에는 그러한 자유를 "담즙과 쓴맛의 뿌리"라고 묘사하였다. 그 글의 저자는 "우리는 그동안 많이 시도된 관용을 경멸하고 혐오한다. 우리 안에 있는 창자들, 우리의 창자들이 뒤틀린다"고 선포했다. 이러한 자유를 반대하는 논문들 가운데 최고의 위치를 차지하는 것은 존경받는 장로교 목사 토마스 에드워즈(Thomas Edwards)가 쓴 유명한 혹은 악명 높은 책인 「겐그레나」(Gangraena)일 것이다. 에드워즈는 이 책에서 종교의 자유를 "기괴한 사생아 혹은 기형적인 종교 파생물"을 여럿 받아낸 산파로 묘사하였다. 에드워즈의 저술은 그가 침례교회를 그러한 유형에 포함시키고 있다는 것을 의심치 않게 만든다. 그는 종교의 자유를 "사탄의 원대한 책략이자 걸작으로서, 비틀거리는 그의 왕국을 바로잡기 위해 지금까지 그가 사용하는 주된 엔진"이라고 했다. 최고의 보수적 칼뱅주의를 대표했던 에드워즈는 침례교회의 존재를 허용할만한 체제는 인정할 수 없었다. 그는 다음과 같은 진술, 즉 "지난 4년 동안 다른 어느 것보다 관용을 위한 많은 책들이 쓰여졌고, 설교들이 선포되었으며, 연설들이 행해졌다. 또한 책략과 행동들도 이루어졌다. 요즘은 관용을 위한 책들이 매일 쏟아져 나오고 있다"30)는 말을 통해, 종교의 자유를 향한 군중들의 외침에 대하여 흥미로운 증언을 하였다. 이러한 책들 가운데 많은 책들은 침례교인들이 썼으며, 그것들은 궁극적으로 큰 영향을 끼치게 되었다.

비록 때때로 의회군대라고 묘사되었지만, 군대와 의회는 군사적 승리가 확보된 이후, 그 다음 단계를 진행해 나가는 데 있어서 서로 다른 생각을 가지고 있었다. 군대는 내전을 세속적, 종교적 자유를 위한 투쟁으로 여겼으며, 승리가 두 가지를 다 가져다 줄 것이라고 생각했다. 많은 수의 장교들과 장병들이 침례교인들이었다. 침례교 설교집과 소책자들은 그들의 사상을 군대 전체로 퍼지게 했으며, 또한 그들이 통과하는 지역의 사람들에게도 그렇게 하였다. 기도모임은 그들이 가장 좋아하는 활동이었으며, 종종 침례교 목사와 군대 지휘관이 동일인이기도 했다. 군대 내의 다른 교파들과 독립파들도 전쟁이 끝난 이후의 세속적, 종교적 자유에 대한 희망을 공유하고 있었다.

한편 믿을 수 없을 정도로 무신경한 의회는 그들이 폐지하였던 교회를 대신할 또 다른 박해용 국교회를 세우려 했다. 의회는 밀린 봉급을 주지 않고, 전쟁 중에 수행한 활동에 대한 합법적인 보상도 없이 군대를 해산시키려고 했다. 아마도 그중에 가장 최악은 군대가 종교의 자유 없이도 전쟁에서 승리했다는 생각을 할 것이라고 판단한 점이다. 군대는 그러한 처사를 거부했다. 1648년에 전환점을 맞게 되었는데, 즉 크롬웰의 명령에 따라 프라이드 연대장(Colonel Pride)이 의회의 출입구를 막아서, 군대의 계획에 반대하는 사람들의 입장을 저지한 것이다. "프라이드의 숙청"(Pride's Purge)이라고 불리는 이 사건은 하나님의 뜻과 군대의 뜻을 행하려는 새로운 성도들로 하여금 의회로 나아가게 길을 터주는 계기가 되었다. 이러한 불안정한 정국 속에서 침례교인들은 예배를 위한 집회의 자유를 사실상 움켜잡을 수 있었다. 하지만 완전한 종교의 자유를 위한 그들의 시위는 계속 이어졌다.

에드워드 바버

"박식한 신사"로 묘사되는 바버는 런던에서 양복점을 운영했으며, 아마도 1630

년대에 침례교인이 되었다. 바버는 십일조와 유아세례를 부인한다는 이유로 1641년도에 감옥에 갇혔으며, 일반침례교인들 가운데서는 아직 일상적인 행습으로 자리 잡지 못했던 1642년에 침수례를 옹호하는 독특함을 보였다. 유능한 목사요, 설교자이며, 저술가였다. 크로스비에 따르면, 그는 "많은 확실한 자료들 볼 때, 유아세례는 성서에 근거가 없다"고 주장했다.[31]

바버의 탄원서 「존엄하신 국왕 폐하께」(*To the Kings Majesty*)는 1641년에 그를 감옥에서 풀려나게 하였다. 그의 종교의 자유에 대한 사상은 이론적인 신학이 아니라, 혹독한 경험에서 형성된 것이었다. 이전의 침례교인들이 했던 것처럼, 바버 역시 국민으로서의 온전한 충성을 맹세했고, 종교의 자유가 정치적, 사회적 불안으로 이끌어 간다는 생각을 거부했으며, 하나님에 대한 인간의 반응이 실현되기 위해서는 반드시 자발적이어야 한다는 것을 보여주기 위해 성서를 인용하였다. 그는 강요보다는 자유 아래서 보다 더 많은 사람들이 기독교를 받아들일 것이라고 예측했다.[32]

크리스토퍼 블랙우드

블랙우드는 그의 두 논문 「적그리스도의 습격」(*The Storming of Antichrist*, 1644)과 「사도적 침례」(*Apostolical Baptisme*, 1645)에서 침례교의 관점들을 열정적으로 주장했다. 캠브리지대학을 졸업한 국교회 사제였던 블랙우드는 프랜시스 콘월(Francis Cornwall)이 주도했던 공개토론회의 결과로 침례교 사상으로 전향하게 되었다. 놀랍게도 그와 그의 유식한 동료들은 침례교 주장들에 대해 답변할 수 없었다. 이후 블랙우드는 유아세례를 포기하고, 특수침례교회에 가입한 후, 켄트 지방에서 회중들을 모았다. 그는 의회군대에서 군목으로 사역했으며, 그에게 "아일랜드 아나뱁티스트 교도들의 신탁"으로 여겨진 플리트우드(Fleetwood) 장군을 수행해서 아일랜드의 한 지역으로 가기도 했다. 그로 하여금 런던으로 돌아가게 만든 것은 분명히 왕정복고였다. 그는 런던에서 토마스 베너(Thomas Venner)의 제5 군주국파 반란을 반대하는 선언문에 서명했다.

블랙우드가 「적그리스도의 습격」을 쓰게 된 것은 "절반의 종교개혁들로 인한 폐해들을 이전부터 보아왔기 때문에, 철저한 종교개혁에 대한 간절한 소원에서 비롯된 것"이라고 하였다.[33] 이 책은 한 주제에 관한 체계적인 논의라기보다는 논점들의 목록 열거에 좀 더 가깝다. 그는 "그것이 무엇이든 간에 한 인간의 양심을 압박하는 것이 합법적인가?"라는 질문을 던졌다. 그리고 다음의 여러 페이지에 걸쳐 그는 부정적 답변을 위한 29개의 이유들을 열거하고 설명하였다. 이와 같은 논쟁들의 대부분은 초기 저술들에서 볼 수 있지만, 블랙우드는 한두 개의 새로운 이유들을 덧붙였다. 예를 들면 그는 "양심에 대한 강요는 아주 높이 올라가는 것을 어렵게 만든다. 만일 사람들이 하나님으로부터 온 빛이 아니라, 그들 자신의 빛에 남겨져 있으면 훨씬 쉽게 타락하게 될 것"이라고 말했다.[34]

「적그리스도의 습격」 두 번째 부분은 정부의 강제적인 종교 일치를 찬성하는 26개의 주장들을 분석했다. 당연히 블랙우드는 모든 주장들이 아무런 장점도 없다는 것을 발견할 수 있었다. 그는 또한 로마 가톨릭교회는 개신교회들보다 좀 더 적은 종교의 자유를 가져야 한다고 주장했다. 이렇게 하여 스마이스와 헬위스 그리고 부셔가 세운 높은 기준을 조금 낮추었다. 그는 자유의 정도에 관해 "실제로 의문"을 가지고 있었으며, 그것으로 인해 그는 침례교 사상을 좀 더 약화시켰다. 그는 다음과 같이 말했다:

> 독자들이 좀 더 탐구할 수 있게 해야 한다. 하나님, 그리스도, 신구약성서, 거룩함 등을 반대하는 신성모독과 근본적인 측면에서 타락한 교리들로 사람들을 유혹하는 것이 사회의 평화를 침해하지 않을 경우, 위정자는 이러한 것들을 처벌할 권리를 가져야 하는가. 나에게 이것은 실제로 의문이며, 나는 어느 쪽으로도 결정하지 않을 것이다.[35]

블랙우드는 그 이후에 쓴 선언문을 통해 이러한 의문들을 조금 완화시켰다. "내가 아는 바에 의하면 신약성서에는 이러한 문제에 대해 언급한 곳이 없다. 지금 나의 양심은 평화, 평등, 건전함 등이 위정자의 권한에 속하기에 적합한 대상이라고 생각하려는 쪽으로 기울어지려 한다."[36]

존 툼즈

1640년대부터 1650년대 사이에 종교의 자유를 위한 주요 대변자는 레오민스터(Leominster) 출신의 존 툼즈였다. 그는 1642년에 브리스톨에서 열린 토론회에서 신자의 침례를 받아들였지만, 어떤 사람들은 그가 침례교인이었는지에 대해 의심하기도 한다. 그는 1650년대에 목회자 임명을 결정하는 일을 돕는 정부 위원회인

심리위원회에서 일했고, 1672년 이후에는 자신을 장로교 신자로 칭하는 것에 대해 만족해 하였다. 휘틀리는 "어떤 사람이 연설이나 혹은 인쇄물을 통해 톰즈를 반대하는 곳에서는 늘 즉시 침례교회가 세워졌다"고 했다.37) 톰즈는 1662년 "교식통일법"(the Acts of Uniformity)의 결과로 직장에서 쫓겨났다. 후에 헤리퍼드(Hereford)의 주교는 그에 대해 "저명한 사람들 중 비(非) 서명자는 오직 교만한 아나뱁티스트 교도인 톰즈뿐이다. 나는 그 보다 더 교만한 자를 본 적이 없으며, 그는 옛 마르키온을 따르는 어린아이에 불과하다"고 말했다.38)

톰즈는 종교의 자유를 옹호하는 여러 편의 논문을 썼으며, 그는 자신의 견해를 밝힐 수 있는 위치에 있었다. 톰즈의 대표적 저술은 「옛 경계선 혹은 친절하게 언급되고, 일반적으로 주장되었으며, 부드럽게 옹호된 양심의 자유」(*The Ancient Bounds. Or Liberty of Conscience Tenderly Stated, Mostly Asserted, and Mildy Vindicated* [런던, 1645])이다. 그는 분명히 모두를 위한 완전한 종교의 자유라는 개념을 완벽하게 요구하지는 않았다. 그의 논문 제목은 그러한 자유의 허가는 경계를 넘어서는 것을 암시한다. 그는 "내가 여러 다양한 의견들을 주장하지 않는 이유는 오직 하나의 진리만 있을 뿐이라는 것을 알기 때문이다"라고 말했다.39) 이 말은 온전한 진리를 가졌다면, 비(非) 진리는 허락해서는 안 된다는 것을 함축하고 있다. 하지만 진리는 자유 없이 발견될 수 없기 때문에 자유는 허용되어야 한다는 것이다.

톰즈는 종교의 차이들이 심각하지 않는 경우에는 위정자가 개입하지 않는 것이 더 좋다고 보았다. 그러나 그는 "흠결의 빙설대"와 "악함의 열대" 같은 극단들에 대해서는 정부가 완화시켜야 한다고 생각했다. 즉 위정자는 한편으로 종교가 완전히 방치되지 않게 해야 하며, 또 다른 한편으로는 그것이 지나치게 투쟁적인 행습들을 갖지 않도록 해야 한다는 것이다. 로저 윌리엄스와 다른 사람들이 많이 주장했던 율법의 두 돌판으로 상징되었던 세속과 영적인 영역들 사이의 분리에 대해 톰즈는 다음과 같이 말했다:

우리는 위정자가 두 번째 돌판의 책임을 맡는 것을 인정했다…. 하지만 그것이 전부인가? 절대 그렇지 않다. 위정자는 심지어 첫 번째 돌판의 가증스러운 것들이 있는 곳까지 들어갈 수 있다. 그리고 사탄과 사탄숭배자들을 그들의 구덩이와 소굴에서 찾아낼 수 있다…. 따라서 그것은 나에게 다신론 및 무신론의 교리들로 보이는데, 이 교리들은 첫 번째 돌판을 어긴 죄악이다…. 사람들이 자신들을 발견하고 부수고 나올 때까지, 그것들은 제지당해야 하며, 기독교인 위정자에 의해 타파되어야 한다.40)

이것은 스마이스, 헬위스, 머튼 그리고 초기 침례교인 대다수가 주장했던 완전한 종교의 자유에 대한 명백한 타협임을 보여준다. 하지만 툼즈는 일관적이지 않았다. 그는 다른 구절에서 "신앙은 납득되어야 하는 것이지, 사람들에게 강제하는 것이 아니다"라고 주장했다. 툼즈는 현실적인 차원에서 볼 때도, 진리는 자유로운 상태로 남아 있을 때 살아 남지만, 반면에 거짓은 붕괴될 것이라고 하였다. 종교에 대한 박해는 거짓 가르침을 통제할 수 없을 뿐만 아니라, 오히려 그것들을 실제적으로 더 증가시킬 수 있다. 왜냐하면 "거짓 가르침들을 금지하는 것은 그것들을 심는 것이다. 따라서 사람들로 하여금 그것들을 좋아하게 만드는 가장 손쉬운 길은 그것들을 강제적으로 진압하는 것"이라고 말했다.41)

1640년대에 종교의 자유를 위한 침례교 논문들, 설교들 그리고 탄원서들의 많은 양을 보면 감명받지 않을 수 없을 것이다. 그것들의 대부분은 완전한 자유를 직설적으로 요청하는 문서들로, 혹독한 시련의 직접적인 경험들부터 나왔다. 정부 대표들뿐만 아니라 일반 대중들을 향해서도 전했던 것으로, 그것들은 침례교인들이 종교에 대한 정부의 규제로부터 해방된 상태에서 하나님 앞에 설 수 있어야 한다는 것을 믿는 특징을 가진 세대라는 것을 보여주었다.

3. 성도들의 정부, 1648-1660

1648년도의 의회 숙청은 영국인들의 삶에 있어서 보다 급진적인 발전을 향한 문을 여는 계기가 되었다. 1649년 1월에 있었던 충격적인 국왕 찰스 1세의 처형은 그 시대의 과격한 성향을 보여주었다. 소위 청교도적 성향이 언명된 성도 의회(Saint's Parliament)는 1653년까지 주된 입법 기관이었다. 그 의회 내에서 여러 명의 침례교인들과 다른 비국교도들은 개신교주의를 표준으로 하는 기독교 연방국을 세우기 위해 무단히 노력했지만, 그들이 성취한 것들은 그들의 꿈보다 훨씬 뒤처져 있었다. 크롬웰은 1653년에 의회를 해산하고 호국경(Lord Protector)이라는 칭호 아래 유일한 지배자의 위치를 차지했다. 그는 왕의 권위와 더불어 왕관을 차지할까를 잠시 고민하기도 했다. 침례교인들 대부분은 크롬웰을 신모범군(New Model Army)의 지도자로 충실하게 지지하였지만, 그의 거만스러운 새로운 칭호와 그가 권력과 왕의 화려함을 취하고 종교의 자유에 대해 타협하려는 새로운 경향으로 인해 불쾌한 마음을 갖게 되었다.

그 시대에 영국에서는 두 개의 문서가 종교에 관한 합법적인 법령으로 제정되었는데, 1649년도의 「인민 협정」(Agreement of the People)과 1653년의 「통치 장전」(Instrument of Government)이 그것들이다. 이 문서들은 개신교회를 공식적인 국교로 요청했지만, 교리와 예배형식에 대해서는 상당한 자유를 허용하였다.

침례교회는 1648년에서 1660년 사이에 엄청난 성장을 했다. 상대적으로 자유가 인정된 그 시대의 이점과 더불어 복음주의 개신교가 세간의 인기를 얻게 되자, 침례교인들은 공개적으로 설교하였고, 새로운 교회들을 세우고, 그 교회들을 지방회들과 연결시켰으며, 신앙고백서들을 발표하였고, 소책자와 책들의 지속적인 출판을 통해 그들의 사상을 발표하였다. 이 시기에 몇 번의 박해 사건들도 있었지만, 대부분의 지역에서 침례교인들은 자유를 누렸으며, 그 자유를 최대한 활용했다. 심지어 일부 국교회 신자들과 장로교인들도 제한된 관용을 주장하기 시작했다. 침례교인들이 주의를 사로잡은 다른 문제들로는 종말론, 안수, 퀘이커교회와의 관계, 예배를 위한 올바른 요일 등이었다. 이와 더불어 침례교인들은 종교의 자유에 관한 주목할 만한 저작물들을 출판했다.

존 클라크

클라크는 로드아일랜드에 살았지만, 1650년대에 수년간 영국에 머문 적이 있었다. 바로 그때 그는 유럽과 북미에 큰 영향을 끼친 소책자를 발행했다. 그것은 1652년에 출판된 「뉴잉글랜드에서 온 나쁜 소식」(Ill Newes from New-England)인데, 이 소책자는 1651년 보스턴에 있었던 침례교인들에 대한 가혹한 처벌을 기술한 것이다. 일부 사람들은 미국 식민지들은 종교적 강압으로부터 자유로운 상태였다고 주장했기 때문에, 클라크는 그러한 기록을 바로 잡기위해 글을 썼다.

「나쁜 소식」에서 클라크는 다음과 같이 주장하였다:

어떤 신자나 혹은 그리스도 예수의 종도, 동료 종을 때릴 수 있는 자유나 권세를 주님으로부터 부여받지 않았다. 또한 양심을 강요하고 규제하기 위해 외부적인 폭력이나 신체적 힘을 사용해서는 안 되며, 양심의 문제나 하나님을 예배하는 것 때문에 육체를 그렇게 다루면 안 된다… 모든 사람은 그리스도의 심판 자리 앞에 서게 될 것이며, 본인 스스로 하나님께 해명해야 한다. 따라서 자신이 행하는 일에 대해서 스스로 충분한 이해를 가지고 있어야 될 것이다.42)

헨리 덴

영연방 시대에 일반침례교회의 뛰어난 지도자 중 한 사람이 바로 헨리 덴이다. 그는 1640년대 초반에 국교회를 탈퇴하였으며, 1644년에 워보이즈(Warboys)에 침례교회를 설립하고, 그 교회의 목사로 사역했다. 영국에서 개혁이 필요하다는 것에 민감하였던 덴은 얼마간 균등파 운동(Leveller movement)에 느슨하게 참여하기도 했다. 에드워즈의 저서 「겐그레나」는 그에 대해서 다음과 같이 묘사하였다.

> 위대한 종파주의자… 주교시대에 그는 시간만 보내는 대(大)제단 담당자였으며, 혁신을 일삼는 자였다. 하지만 최근엔 아나뱁티스트로서 그는 유명한 반(反)율법주의자이며, 극단적인 아르미니우스주의자가 되었다…. 그는 기술자(Mechanick)에 의해 침례를 다시 받았으며, 램스 교회(Lambs church)의 일원이 되었다.43)

하지만 에드워즈는 덴을 "기도와 강의 그리고 설교에 있어서는 영국에서 가장 유능한 사람"으로 확실히 인정했다. 그리고 그는 그의 "평상시 주제가… 그리스도께서 모든 사람을 위해 죽으셨다"는 것이라고 덧붙였다. 이것은 덴이 일반침례교회에 가입한 것을 보여준다.

덴은 1659년에 유명한 논문인 「퀘이커교도는 교황주의자가 아님」(*The Quaker No Papist*)을 출판했다. 그는 이 논문에서 당시에 영국에서 가장 인기가 없었던 두 단체인 가톨릭교회와 퀘이커교회를 포함해, 모든 사람들을 위한 종교의 자유를 강하게 주장했다. 덴은 모든 시민들이 세속적 충성에 대해서는 반드시 책임을 지도록 해야 하지만, 종교에서는 자유롭게 놔두어야 한다. 로마 가톨릭교회에 관해서 그는 다음과 같이 질문했다:

> 우리는 왜 그들에게 많은 견해들을 포기할 것을 요구하여 그들의 양심에 고통을 주는가? 그 견해들은 억제되어야 하는 것과 관련된 것도 아니며, 그것들을 유지해도 나라에 위험을 주는 것도 아닌데 말이다. 화체 교리와 예전 숭배가… 국가와 어떤 관계가 있는가? 그리스도가 예전에 계시며, 선행이 구원에 공로가 된다고 믿는 사람은 좋은 백성이 아니겠는가?44)

덴은 가톨릭교도들의 일상적인 권리들마저 거부하는 것에 대해 반대하였다. 그는 "모든 사람들이 그들을 학대하는데, 심지어 길에서 조차도 그렇게 한다. 그들이 다른 사람들에게 죄를 지은 것도 아니고, 더구나 많은 사람들을 만족시키는 데도 말이다"라고 하였다. 덴은 대중들의 괴롭힘과 홀대의 대상이 되는 그룹인 퀘이커교도들에 대해서도 유사한 변호를 했다. 덴은 단 한 명이라도 자유가 보장되지 않는다면, 자신의 자유 역시 위협 당하게 될 것이라고 생각했다.

4. 후기 스튜어트 시대, 1660-1668

상대적 자유를 가진 지 10년 이상이 지난 1660년 이후 세대의 영국 침례교인들은 아마도 가장 혹독한 박해에 직면하게 되었다. 냉혹한 정부는 모든 비국교회 단체들을 강력하게 탄압하였지만, 특별히 침례교인들은 독보적인 박해의 대상으로 지목되었다. 침례교인들은 지금까지 종교의 자유를 옹호하기 위해 가장 크게 목소리를 높여 왔고, 의회 군대 내에서 국왕을 몰아내고 국교회를 무너뜨리는 데 탁월한 역할을 한 사람들이었다. 1640년 이후부터 침례교인들은 일정한 정도로 교회와 국가의 모든 문제들에 대해 희생양이 되었다.

올리버 크롬웰이 사망한 1658년 즈음에 이르렀을 때, '영연방'이라는 실험에 대한 환멸이 확고히 자리잡았다. 올리버는 그의 아들 리처드(Richard)에 의해 계승되었는데, 그는 악하지는 않았지만 무능하다는 것이 입증되었다. 1659년에 이르자 군주제로의 복귀를 주제로 공개 토론회가 열렸다. 군주제로의 복귀는 몽크(Monk) 장군이 이끄는 영국 연립정부가 1660년에 젊은 찰스 2세를 망명지에서 돌아오게 하고, 그를 부친의 왕좌에 앉힘으로 성취되었다. 이 "왕정복고"(Royal Restoration)는 영국의 종교와 정치 역사에 일대 전기를 가져왔다.

군주제를 폐지하고 국왕을 교수형에 처했던 영국이 왜 같은 체제를 복원하려고 했을까? 주교제도의 모든 "뿌리와 가지들"까지 폐지하였던 나라가, 국교회를 회복하고 이전처럼 주교들에게 힘을 실어주려는 이유가 무엇일까? 간단히 말해서 우리는 실험적인 영연방제도가 완전한 성공을 거두지 못했다는 점에 주목해야 한다. "성도들"의 정부로 불렸던 1653년에 지명된 의회는 감명 깊은 목표들을 발표했지만 그 성과는 미미하였다. 그들의 엄격한 신앙, 극단적 종말론들 그리고 좁은 견해 등은 많은 사람들을 겁먹게 만들었다. 하지만 찰스 2세는 국민들을 억압하지 않았으며, 대다수 영국인들도 그를 반기며 환영했다.

새 국왕은 1640년 이후부터 영국에서 혼란을 일으킨 주된 분야가 신앙적 차이임을 알게 되자, 시민들을 안심시키기 위해 한 선언문을 발표했다. 선언문이 처음 발표된 곳인 네덜란드 마을의 이름을 딴, 브레다 선언(Declaration of Breda)에서 국왕은 자신의 아버지에 대항하여 군대에 부역했던 사람들을 괴롭히지 않을 것을 약속했다. 그리고 국왕부재기간에 이루어졌던 토지거래의 대부분을 승인했으며, 종교에 대한 관용 정책을 공표했다. 분명히 국내 평화를 희구하는 동기로 새 왕은 다음과 같이 약속하였다.

> 온순한 양심들에게 자유를 부여하고, 왕국의 평화를 어지럽히지 않는 한, 누구라도 종교적 문제들에 관한 견해 차이로 인해 불안을 느끼거나 의심받게 해서는 안 된다. 이제 우리는 의회가 심사숙고한 끝에 관용에 대한 완전한 허용을 요구하는 법령을 제시할 때, 그것을 인준할 준비가 되어 있다.45)

이 약속은 관용에 대한 왕의 바람과 그것을 제공하는 데 있어서의 그의 한계를 보여주고 있다. 침례교인들은 선언문의 첫 번째 부분을 붙잡고, 국왕에게 그가 약속한 자유를 지속적으로 상기시켰다. 하지만 찰스 2세는 의회에서 통과된 조항에 대해서만 허가를 약속했고 의회는 그러한 법령을 통과시키려 하지 않았다.

1661년 1월에 있었던 제5 군주국파의 무장 반란은 국왕을 크게 놀라게 하였고, 박해를 강화시키도록 만들었는데, 특히 침례교인들에게 그러하였다. 유럽 대륙에서의 30년 전쟁과 영국 내전은 많은 사람들로 하여금 세상의 종말과 천년왕국이 임박했음을 믿게 하였다. 그들에게 있어서 스튜어트 왕가의 복원은 결정타였다. 따라서 토마스 베너(Thomas Venner)는 1661년 1월 6일 무장 기병대를 이끌고 반란을 일으켰다. 그들은 반란이 진압될 때까지 4일 동안을 런던으로 하여금 공포에 떨게 하였다. 수 명의 반란군이 죽임을 당했으며, 베너를 포함하여 주요 지도자 20여 명이 사로잡혀 처형당했다. 대중들은 마음속으로 그 반란이 침례교인들과 관련이 있다고 생각했는데, 그것은 대부분의 경우 편파적인 것이었지만, 혹독한 탄압의 계기가 되었다. 그 후 수개월 동안 침례교인들은 신앙고백서들, 청원서들, 논문들, 설교들을 통해서 제5 군주국파의 종말론을 비난하고, 급진 종파와 자신들을 구분시키며, 새로운 국왕에 대한 충성을 재차 확인하였다. 어떤 침례교 그룹은 조셉 라이트(Joseph Wright)와 토마스 그랜섬(Thomas Grantham)으로 구성된 대표단을 파송해 찰스 2세를 알현하고 자신들을 급진 종말론과 구분하려 하였다.

 이 모든 노력들은 아무 소용이 없었다. 몇 주가 지나지 않아 침례교 예배를 위한 모임들은 금지되었고, 침례교인들은 정부에 의해 공식적으로 규제받았으며, 대중들에 의해 비공식적으로 학대받는 대상이 되었고, 감옥들은 침례교인들로 넘쳐나게 되었다. 침례교인 자녀들은 이웃사람들에게 구타당하기도 했으며, 일부 침례교 가족들은 폭도들이 두려워 밤에 불을 켜놓지 않으려 했다. 한 사람이 나무 한 단을 침례교인으로 가장하고 마을 모닥불에 집어 던지고 나서, "욕하고 울부짖으며, 땅을 치고, 이제 아나뱁티스트를 공격해야 한다"고 말했는데, 그것은 당시 사람들 가운데 팽배했던 마음을 표출한 것일 것이다.46)

 수년에 걸쳐 의회는 클라렌든 법전(Clarendon Code)으로 알려진 종교법령집을 만들었다. 1661년의 "지방자치단체법"(Corporation Act)은 국교를 따르지 않는 자는 누구도 관공서에서 일할 수 없다고 명시하였다. 침례교인들은 그렇게 할 수 없었기 때문에 그 법은 침례교인들을 효과적으로 공직에서 제외시킬 수 있었다. 그런데 그 법은 공직에 선출된 국민이 그 직책을 거부할 경우 과중한 벌금을 부과하도록 했다. 때때로 지방 당국자들은 침례교인들이 공직을 맡지 않을 것을 알고, 과징금을 걷기 위해 부유한 침례교인들을 공직에 선출하는 음모를 꾸미기도 하였다.

 "교식통일법"(Act of Uniformity, 1662)은 모든 영국 교직자들이 같은 교리들을 믿어야 하며, 똑같은 예배의식에 의해 예배드려야 할 것을 규정하였다. 그것을 거부하는 사람들은 자리에서 쫓겨났다. 이러한 "대 방출"로 영국 교직자의 약 20 퍼센트가 쫓겨났는데, 그 중에는 장로교회, 회중교회, 독립교회 그리고 살아남은 20개의 침례교회가 포함되어 있었다. 하지만 이 대방출은 비국교회주의를 크게 증가시켰고, 그것을 보다 더 존중받게 하였다.

 "비밀집회법"(Conventicle Act, 1664)은 침례교인들에게 직접적으로 영향을 끼쳤는데, 아마도 그들을 주로 겨냥해 만들어졌을 것이다. 이 법은 직계가족이 아닌 5명 이상이 모여 허락되지 않은 예배를 드리거나 "비밀 집회"를 갖는 경우 가혹한 벌칙을 부과하도록 했다. 이 법은 침례교인들이 모이는 것을 막지는 못했지만, 그들의 모임을 더욱 위태하게 만들었다. 그들은 집회가 발각되는 것을 염려해서 보통 찬송을 부르지 않았다. 또한 그들은 대부분 집에서 모였는데, 특히 뒷길 쪽으로 나 있는 집을 선호했다. 그들은 가급적 모든 사람들이 똑같은 시간에 도착하지 않으려 애썼으며, 종종 망보는 사람을 세워서 당국자들이 다가오면, 미리 목회자와 교인들에게 경고를 보내도록 했다. 만약 당국자가 사람들이 다만 조용히 앉아 있는 것만을 목격했다면, 그것은 엄밀히 따져 법을 어긴 것이 아니기 때문이었다. 만약 목회자가 회중들 사이에 앉아 있지만 설교를 하지 않으면, 당국자는 설교가 실제로 행해졌는지를 확정할 수 없었으며, 만일 확정하더라도 누가 설교한 것인지 알 수 없었다. 많은 경우 미리 신호를 받게 되면 회중들은 목회자를 작은 문으로 이어진 은폐된 지하실이나 위층 창문을 통해 옆집으로 피신할 수 있도록 했다. 침례교인들은 이층 방에서 모임을 갖는 경우가 많았으며, 이 경우 아이들과 여자들에게 층계를 막고 있게 하여 당국자들의 접근을 지연시키곤 했다. 우리는 기록을 통해 망보는 사람들이 설교를 듣다가 자신의 죄와 구원의 필요성을 확신케 되면서, 눈물이 흘러 시야를 가리게 되었고, 그럼으로 경고음을 발하지 못한 경우도 여러 번 있었다는 사실을 알 수 있다.

"5마일 법"(Five-Mile Act, 1665)은 "교식통일법"을 시행함에 있어 예상치 못한 맹점들을 보완하고자 만들어졌다. 추방당한 교직자들 중 일부는 전에 그들이 목회했던 바로 그 곳에 다시 교회들을 설립했다. 그들은 이미 신임을 얻었기 때문에, 그곳 사람들은 그들에게 다시 돌아갔다. 새 법령은 추방당한 목회자가 그들이 추방당한 곳에서부터 5마일 이내 지역에서 설교하거나 가르치는 것을 금했고, 심지어 거주하는 것마저도 금지했다.

심사법(Test Act, 1673)은 정부의 최고위 공직자들이 국교회 의식에 따라 주의 만찬에 참여할 것을 규정했다. 이것은 주로 로마 가톨릭교도들을 겨냥한 것이었으며, 특히 국왕 찰스 2세의 동생이자, 가톨릭 신자였던 제임스 2세를 겨냥한 것이었다. 1685년 찰스 2세가 죽고, 그해에 제임스가 집권하는 것을 막으려 했던 이 법률은 실패로 끝났다.

수년간의 박해 기간 동안 찰스 2세는 혹독한 박해를 완화시키기 위해 몇 가지 무익한 시도를 했었다. 찰스의 유일한 성공은 1672년의 면죄부였다. 그것은 비국교도들에게 절실했던 1년의 유예기간을 주었다. 이 면죄부는 존 번연(John Bunyan)으로 하여금 12년간 고생했던 베드포드(Bedford) 감옥에서 풀려나게 해주었다. 하지만 적의를 품은 의회는 1673년에 면죄부를 취소했고, 종교적 관용을 받기 위해 제출했던 목회자 및 교인들의 명단과 예배장소 목록들은 비국교도들을 추적하고 박해하기 위한 무기가 되어 버렸다.

이러한 박해의 분위기는 실제적이고 절박했으며, 침례교인들에게 엄청난 영향을 끼쳤다. 침례교인들의 주요 과제는 그저 살아남는 것뿐이었다고 했던 휘틀리의 말은 의심의 여지없이 정확한 것이었다. 하지만 그들은 박해를 없애 달라는 청원서를 대거 발행했으며, 심지어 "대 박해" 기간 동안에도 대부분의 지역에서 그들의 신념들을 확고하게 지켰다.

「아나뱁티스트 교도들이라고 불리는 사람들의 변명」(*The Apology of Some call'd Anabaptists*, 1660)은 침례교인들이 급진적 혁명가들이라고 하는 치명적이지만 근거 없는 소문에 대해 자신들을 방어하기 위한 하나의 노력이었다. 이 글의 저자는 "어떤 새로운 것들을 밝히려는 것이 아니라고" 단언하면서, 침례교인들이 세속 국왕에 대해 충성하였던 사실을 보여주기 위해 그들의 이전 고백서들과 논문들을 제시했다. 윌리엄 키핀(William Kiffin)이 이끄는 몇몇 침례교인들은 다음 해인 1661년에 「일반적으로 아나뱁티스트 교도들이라고 불리는 사람들의 겸손한 변명」(*The Humble Apology of Some Commonly Called Anabaptists*)을 발행했는데, 이것은 자신들이 급진적인 제5 군주국파와는 거리가 먼 사람들임을 보여주기 위한 노력이었다. 윌리엄 제프리(William Jeffery) 역시 1661년에 「선한 양심의 간증으로 인해 켄트 주에서 살았지만, 이제는 메이드스톤 감옥의 죄수로 있으며, 아나뱁티스트 교도라는 이름으로 불리는 몇몇 평화적이고 무죄한 백성들의 고통에 대한 겸손한 탄원과 대변서」(*The Humble Petition and Representation of the Sufferings of Several Peaceable, and Innocent Subjects, Called by the Name of Anabaptists, Inhabiting in the County of Kent, and now Prisoners in the Gaol of Maidstone, for the Testimony of a Good Conscience*)를 발행하는 일을 주도했다. 이 글의 제목이 모든 내용을 대변한다. 이 탄원서는 분명히 성공적이었을 것이다. 왜냐하면 얼마 지나지 않아 메이드스톤 감옥에 있던 침례교인 두 명이 자유의 몸이 되었고, 「고통으로 인한 시온의 신음소리들」(*Sion's Groans for Her Distressed*, 1661)과 완전한 종교의 자유를 위한 또 다른 청원서를 발행할 수 있었기 때문이다. 감옥에 갇혀 있던 16명의 일반침례교인들은 1664년에 「박해당한 하나님의 사람들」(*The Persecuted People of God*)이라는 제목의 소책자를 발행했다. 이것은 자유를 탄원했을 뿐만 아니라, 동료 침례교인들에게 자유를 얻기 위해 믿음을 타협하지 말 것을 촉구했다.47)

토마스 그랜섬(Thomas Grantham), 벤저민 키치(Benjamin Keach), 토마스 델라운

(Thomas Delaune) 등을 비롯하여, 다른 침례교인들도 그 시기에 종교의 자유를 옹호하는 글을 출판하였다. 그랜섬은 1678년에 그의 대표적인 책인「초대 기독교」(*Christianismus Primitivus*)를 출판했다. 그는 이 책을 통해서 침례교 신학을 자세히 설명하고 침례교 예배에 관해 서술했으며, 여러 가지 논쟁적인 주제들에 대한 침례교 관점들을 제시해 놓았다. 부피가 큰 이 책의 제3권은 종교의 자유에 관해 다루었는데, 여기서 그랜섬은 "침례를 준 교회들이 선동적인 원리들에 의해 부당하게 기소 당했다"는 것을 입증하려 했다.

벤저민 키치는 종교의 자유를 비롯한 많은 주제들에 관해 글을 썼다. 키치는 1655년에 일반침례교인이 되었지만, 1672년 특수침례교회로 옮겼다. 찬송 부르는 것을 예배의 일부라고 소개한 것으로 가장 잘 기억되는 키치는 어린이들을 위한 신앙교육 자료들도 준비했고, 침례교 역사 문서들을 수집하고 보관했으며, 종교적 우화를 문학 양식으로 대중화하는 데에 도움을 주었다. 키치는 자주 감옥에 투옥되고 벌금형을 받았으며, 그의 책들은 압수되고 파기되는 등 직접적인 박해를 경험한 사람이었다. 한번은 공적 기관들이 있는 곳에서 하루 종일 서있어야 되는 벌을 받기도 하였다. 그는 그 시간을 지나가는 사람들을 향해 설교하는데 사용했다.

키치는 침례교인들에게 제임스 2세가 1687년에 발행한 면죄부에 너무 많이 의존하지 말 것을 경고했다. 1672년 면죄부의 상황처럼 비국교도들은 사면을 받기 위해 그들의 목회자들과 교인들의 명단, 그리고 모임장소까지 제출해야 했다. 초기 면죄부가 철회된 이후, 그것들이 그들을 대적하는데 얼마나 이용되었는지를 기억해보라고 하면서, 키치는 동료 침례교인들에게 주의를 당부했다. 국왕 제임스 2세는 "우리는 자유롭게 그들[비국교도들]로 하여금 개인주택이나 혹은 집회의 목적으로 임대 혹은 건축한 건물에 모여 그들의 방식과 형태로 예배할 수 있게 할 것"이라고 선언하였다.48) 많은 침례교인들은 "T. W."라는 신원미상의 사람이 비국교도들을 향해 썼던 글, 즉 "지금 당신들은 품에 안겨져 있지만, 언젠가 쥐어 짜이게 되는 날이 올 것"이라는 말에 공감하였다.49)

런던에서 침례교인이자 학교선생이었으며, 직업적 인쇄공이었던 토마스 델라운은 1683년에「비국교도들을 위한 탄원서」(*A Plea for the Non-Conformists*)라는 제목의 책을 발행했다. 이 책에서 그는 두 가지 주장을 펼쳤는데, 첫째는 침례교회가 영국국교회로부터 분리될 충분한 근거가 있다는 것이고, 둘째는 모든 교파들은 완전한 종교의 자유를 가질 수 있어야 한다는 것이었다. 침례교인들의 "고집스럽고 경박한 양심들이 잘 억제되고 제지되어야 한다"는 국교회 선언문에 반발하여, 델라운은 침례교 사상은 순전하며 정통적이라는 것을 보여주려 했다. 이 논문은 1706년에 재 출판된 「로빈슨 크루소」의 작가, 데니엘 디포(Daniel Defoe)에게 깊은 감명을 주었는데, 디포는 자신의 책 서문에서 종교적 사안들을 두고 "투옥과 벌금으로 굴복시키는 논쟁들"(Knocking-Down-Arguments of a Gaol and Fine)을 비난하였다.50)

종교적인 이유로 델라운은 1683년 감옥에 들어가게 되었고, 1685년에 그곳에서 생을 마감했다. 그에 대한 특정한 기소 사유들은 없었으며, 그를 석방시키기 위한 노력들도 소용없었다. 그는 감옥에서조차 종교의 자유에 관한 글쓰기를 멈추지 않았다. 그의 궁극적인 소망은 "그리스도의 이름을 소유하고 있는 모든 사람들은 한 마음과 한 영혼으로 그를 섬겨야 하며, 서로 갈기갈기 찢어지면 안 된다"는 것이었다.51) 그러나 불행하게도 그는 그와 같은 날을 보지 못하고 죽었다.

브리스톨(Bristol)에 있는 브로드미드 교회(Broadmead Church)는 후기 스튜어트 시대에 있었던 박해, 그리고 살아남기 위해 침례교인들이 썼던 전략들에 관한 생생한 사례를 보여준다. 브로드미드교회가 생기기 이전에도 영국국교회를 반대했던 몇몇 시민들은 강제적인 예배를 피하기 위해서는 매 주일날 "그 마을을 떠날 수 있도록" 브리스톨 밖에 있는 건물을 빌려야 할 것을 주장한 바 있다. 침례교인이었던 도로시 해저드(Dorothy Hazzard) 역시 그들 중 한 사람이었다. 그녀는 자신이 임대한 집을 임신부들을 위한 "산원"로 사용했는데, 그것은 아기를 교구 밖에서 출산케 하여 유아세례를 받지 않아도 될 수 있게 하기 위함이었다. 1660년 이후부터 공직자들이 클라렌든 법전의 혹독한 법률들을 강력하게 적용하면서, 박해의 물결은 브리스톨 전역을 휩쓸고 지나가게 되었다. 다만 얼마 동안이라도 목회자들을 투옥으로 인해 잃지 않고 계속 둘 수 있는 교회는 거의 없었다. 하지만 목회자들은 감옥에서 석방되는 바로 그 날부터 거의 예외 없이 교인들을 모아 설교하곤 했다. 많은 목회자들은 건강이 상한 상태로 감옥에서 나왔다. 한 목회자는 건강이 너무 나빠져서 신자들에게 침례를 베풀 때 도움을 받아야 할 정도였다.

침례교인들은 이와 같이 어려운 시기 동안에도 정규적인 교회모임을 유지하기 위해 담대하게 노력했다. 1674년 2월 교회기록은 그들이 다음과 같이 동의했음을 보여준다.

> 모든 모임을 가질 때 청소년 몇 명, 혹은 두 명을 지정해서 문밖에서 망을 보게 하여 정보원이나 관원들이 오면, 그들 중 한 명이 들어와 우리들에게 알린다. 또한 우리의 모임이 시작되고 진행될 때, 부인들과 자매들은 계단에 몰려 앉아서 정보원들이 갑자기 들어오는 것을 막는다. 이렇게 하는 이유는 어느 때라도 그들이 오면 막아야 하기 때문이다.52)

때때로 침례교인들은 비밀 문으로 연결된 숨겨진 지하실 방이 있는 개인집에서 모이곤 했다. 1675년 7월의 어느 주일날, 관원들이 갑자기 침례교 모임에 들이 닥쳤다. 하지만 그들은 "설교하였던 형제를 찾을 수 없었는데, 우리가 그를 이미 벽의 맞은편에 있는 객석 혹은 교인석으로 둘러싸인 마치 뷔페 벤치 같은 비밀 통로를 통해 아래층 방으로 보냈기 때문이다."53) 어떤 경우에는 관원들이 목사의 외투를 붙잡아 거의 체포할 뻔 했다. 하지만 그 목사는 "팔짝 뛰어 외투를 벗겨지게 함으로 무사히 탈출할 수 있었으며, 그들은 목사를 추격해야 했다."54)

브리스톨 침례교인들이 고안한 또 다른 전략은 예배를 위해 한 집에서 모이고, 목사는 바로 옆집에서 설교하도록 하는 것이었다. 또한 그들은 항상 같은 시간, 같은 장소에서 모이는 것을 피하려고 일정을 융통성 있게 만들었다. 그들은 "다니기에 아주 까다로운 옷이라든지, 여자들의 경우엔 하얀 앞치마나 무늬가 있는 옷"을 입지 말고 평범한 옷을 입어, 보는 사람들로 하여금 예배모임에 가는 것처럼 보이지 않게 하라고 권고했다. 그리고 교인들에게 혼자나 작은 그룹으로 오갈 것을 교육했다.

침례교인들은 바깥에서 오는 관원들을 대비해 문밖에 경비원들을 세워 놓는 것이 충분치 않다는 것을 쓰라린 경험들을 통해 배웠다. 그들은 내부의 고발자들도 감시했어야 했다. 그들은 모임이 있는 방에 커튼을 쳐서 목사와 몇몇 핵심 교인들을 위해 따로 구획을 만들었다. 커튼 밖은 많은 사람들이 앉을 수 있는 공간이었다. 잘 알려지지 않았거나, 의심이 가는 예배자는 커튼 밖에 앉아야 했다. 모든 사람이 들을 수 있었지만, 오직 핵심 교인들만이 누가 설교했는지 알 수 있었다. 왜냐하면 목사는 커튼이 쳐져 있을 때만 일어나 설교했고, 커튼이 걷히기 전에 앉았기 때문이다. 그러나 한 번은 관원들이 가까이 오고 있다는 신호를 받았지만, 커튼을 걷는 일을 맡은 형제가 설교자인 테릴(Terrill) 형제가 자리에 앉기도 전에 너무 빨리 걷는 바람에, 그 자리에 있었던 고발자가 테릴을 관원들에게 보고했던 경우도 있었다.

이러한 전략들이 늘 효과가 있었던 것은 아니었고, 많은 경우 목사들과 남녀 교인들이 그들의 종교적 권리는 물론이고, 기본적인 시민의 권리도 묵살 당한 채 잡혀서 법정에 넘겨지고 감옥에 갇히곤 하였다. 1674년에 있었던 일로 한 목사가 탈출에 거의 성공했지만, "주교가 보낸 사람들 중 일부가 목사의 다리를 잡고, 다른 사람들은 팔을 잡고서, 아주 난폭하게 끌고 나와 연행해 갔다."55)

목사들이 감옥에 있는 동안에는 평신도 지도자들이 교회의 모임을 계속 이어 갔다. 집사들은 스스로 회심한 자임을 인정한 자들에게 침례를 주었으며, 평신도들은 예배를 주관했다. 하지만 교회는 목사가 부재한 경우 주의 만찬은 거행하지 않았다. 1674년 침례교인들은 그들의 곤경을 다음과 같이 묘사했다:

> 우리 목사들은 끌려가 한 사람은 죽었고, 나머지 사람들은 감옥에 수감되어 있다. 우리는 그들의 죽음이 마치 악한 죄인의 죽음처럼 취급받을까 염려된다. 우리는 주교가 보낸 사람들에게… 바짝 추격당하고 있다…. 우리들 입장에서는 우리 모임에서 현재 우리의 목회적 은사를 교회에서 사용하고 있다. (이전 박해시기에도 우리가 그렇게 했던 것처럼, 우리는 더 나은 것이 없는 상태에서, 부족한 은사들과 형편없는 음식에도 자족하고 있다). 이러한 이유로 우리는 설교자를 보호하면서, 모임을 유지할 수 있는 어떤 방법이 있는지를 고민하고 있다.56)

박해가 점점 심해지자, 브리스톨 침례교인들은 당분간 전체 교회 모임들은 포기할 수밖에 없었다. 그 대신 비밀집회법이 허용하는 범위에 부합되는 규모로 모임을 나누었고, 각 그룹을 평신도 리더의 지도하에 두었다. 감옥에 있는 목사에게 보낸 1683년도의 가슴 아픈 편지에서 교회는 공적 모임들을 계속할 것을 사람들에게 요구해야 하는가를 물었다. 이것은 목사들이 심지어 감옥에 있었어도 그들의 양떼를 계속 인도하였던 것과 또한 20여 년이 넘게 이어진 박해는 교회로 하여금 대가를 치르게 했음을 시사한다. 교회의 기록에 의하면, "우리 목사님은 공적 모임을 갖는 것이 우리의 의무이며, 위협으로 인한 두려움으로 그만두어서는 안 된다고 말씀하셨다." 그 교회는 영향력 있는 평신도 에드워드 테릴(Edward Terrill)의 인도 하에 모임을 가졌다. 당시 기록은 다음과 같이 말한다:

우리는 [1683년] 3월 4일에 있었던 교회 모임에서 현재의 통탄할 상황에 대해 숙고했다. 테릴 형제는 우리의 의무를 세 가지로 설명했다. 첫째, 서로서로 보살펴 아무도 세상적인 예배로 돌아가지 않게 할 것. 둘째, 모든 사람은 주님의 말씀을 거룩하게 할 것. 셋째, 우리가 교인으로서 서로 권면하고, 다른 사람들의 영혼을 위해서 우리가 할 수 있는 일을 행할 것 등이었다.57)

이 세 가지 의무를 완수하기 위해 "형제들이 은사를 사용할 수 있도록 다섯 장소에서 순회 모임을 갖기로 결정했다." 그들은 모임 장소와 시간에 시차를 두어 소규모 그룹이 돌아가며 모일 수 있는 방법을 고안해냈고, 각 모임에 참석할 교인들을 정했다. 그렇게 함으로 주일날에 100명이 말씀을 들을 수 있었고, 5주 안에 각 교인들은 다른 모든 소그룹들을 만날 수 있었으며, 모든 평신도 리더들의 설교를 들을 수 있었다. 이렇게 함으로 교회는 모든 교인들과의 접촉을 계속 유지할 수 있었지만, 다섯 명 이상의 모임은 가질 수 없었다.

박해로 인해 침례교인들은 임대한 건물에서 쫓겨나게 되고, 소그룹 가정 예배들까지 위험해 지자, 그들은 가까운 숲으로 달아났다. 추격자들은 주교의 관리들에게 연락을 취하면서 그곳까지 쫓아왔는데, 때론 말을 타고 나타날 때도 있었다. 1681년도 교회 기록에서, 우리는 다음과 같은 내용을 읽을 수 있다. "11번째 주일날에 포운드(Fowned) 형제[목사]가 런던에서부터 오기로 되어 있었다. 하지만 지방자치단체법(Corporation Act)으로 인해 도시로 오는 것은 위험해서, 스크루즈 홀(Scruze Hole) 근교에 있는 K 숲속의 한 나무 아래에서 우리와 만나 비를 맞으면서 설교하였다." 며칠 후, "우리 목사님은 숲의 다른 곳에서 말씀을 선포했다. 우리 친구들은 빗속에서의 고통을 감내하였는데, 왜냐하면 많은 정보원들이 명령에 따라 수색하고 있었기 때문이었다. 비록 20명 가까운 남자와 청년들이 수색하고 있었지만, 우리는 평안한 마음을 가졌다."58)

이러한 박해의 물결 가운데서도 브리스톨 침례교인들은 자신들의 신앙을 굳건히 지켜나갔다. 오직 몇 사람만이 세상적인 예배로 (그들은 영국 국교회를 그렇게 불렀는데) 돌아갔다. 그보다 좀 더 많은 수의 사람들이 "관념에 빠져들었다" (즉, 퀘이커주의). 어느덧 브리스톨은 런던과 경쟁상대가 될 정도로 서부지역 침례교 세력의 중심지가 되었다. 박해가 한창일 때인 1679년에 그들은 브리스톨 침례교대학(Bristol Baptist College)의 초석을 다졌다. 그것은 전 세계에서 가장 오래된 침례교 대학으로서 오늘날까지 브리스톨에서 계속 번성하고 있다.

5. 종교관용법, 1689

　제임스 2세는 영국 국왕으로서 오랜 기간 재임하지 못했다. 아마도 효과적인 변화를 위한 그의 행보가 너무 빨랐던 것 같다. 어쩌면 당시 영국은 가톨릭 국왕을 받아들이기에는 너무 개신교화되었거나, 혹은 프랑스 가톨릭의 개신교도들에 대한 박해가 영국에서도 똑같이 벌어지게 될 것을 염려하는 영국인들을 두렵게 만들었기 때문이었다. 어쨌든 국왕을 퇴위시키기 위한 강력한 연립정부가 1688년에 이루어졌다. 그들은 변장하고 도망가려는 왕을 사로잡았다. 왕이 왕비와 젖먹이 아들을 데리고 나라를 떠나는 것을 허락하기 전까지 아주 짧은 기간 동안 그를 구금하였다. 그들은 이미 1649년에 한 명의 왕을 죽인 적이 있었기 때문에, 더 이상 또 다른 국왕 살해를 행하고 싶지 않았던 것이다. 이후 연립정부는 네덜란드의 지도자들인 오렌지 윌리엄 공(William of Orange)과 메리를 초빙하여 영국의 왕좌를 받아들일 것을 요청했다. 윌리엄은 아주 독실한 개신교 가문 출신이었고, 제임스 2세의 딸인 메리 역시 진심이었든지 아니면 조용히 있을 만큼 현명해서 그런지 몰라도 개신교도임을 표방하였다.

　의회는 1689년에 현대 세계에서 종교의 자유에 큰 이정표가 될 관용법을 통과시켰다. 하지만 이 법안은 완전한 종교의 자유를 제공하기까지는 미흡했다. 비국교도들은 여전히 십일조를 국교회에 바쳐야 했고, 그들의 모임장소를 국교회 주교에게 신고하고, 관례적인 충성 맹세도 해야만 했다. 또한 그들의 예배 장소가 "문이 잠겨 있거나 빗장으로 걸려 있거나 문이 못으로 박힌 상태에서" 모이는 것은 금지되었다.59) 그럼에도 불구하고 관용법은 당시까지 영국에서 알려진 종교의 자유와 관련하여 가장 관대한 조치를 허용한 것이었다.

　이 관용에 대한 동기는 적어도 신학적인 것만큼이나 현실적인 것이었다. 이 법령은 다음의 구절에 나타난 동기에서 시작되었다. 즉 "종교를 실천하는 일에 대해 철저한 양심들을 조금 편안하게 해주는 것이 군주들의 개신교 백성들을 유익과 사랑으로 통합시키는 효과적인 수단이 될 수 있다."60) 이 법령은 분명히 그 목표를 달성했을 뿐만 아니라 훨씬 더 많은 것도 이룩하였다. 그것은 침례교인들을 포함한 영국 비국교도들에게 자신감을 갖고 미래를 마주할 수 있게 하였고, 예배, 설교, 출판에 대한 그들의 기본적인 권리가 보장될 것임을 알게 하였다. 관용법에 대한 침례교회의 반응은 벤저민 키치가 윌리엄과 메리에게 다음과 같이 기쁨으로 쓴 글에서 알 수 있다:

당신들께서 영국에 계시는 동안
우리가 본 이상하고 놀랍고 신기한 일이 무엇인줄 아십니까?
분열된 가난하고 병든 나라가; 그리스도의 능력으로
한 순간에 온전케 되며, 하나로 통합된 것입니다.61)

6. 요약

 침례교회의 종교의 자유에 대한 강조는 그들로 하여금 그들의 시대보다 앞선 사람들이 되게 하였다. 그들은 당시의 다른 그룹들이 시도조차 하지 않았던 것을 실행했다. 그것은 기독교의 여러 종파들뿐만 아니라, 다른 종교들을 따르는 자들이나 심지어 무신론자들도 종교의 자유를 가져야 된다는 것을 주장하는 것이었다. 블랙우드나 툼즈 같은 몇몇 침례교인들은 좀 더 제한된 종교의 자유를 가르쳤는데, 그것은 아이비미가 영국침례교인들에 관해, "어떤 사람들은 위정자의 권력과 이 세상에 속하지 않은 왕국의 정부가 가진 권력을 혼동했다"고 말한 것이 사실임을 보여주는 것이다.62) 그러나 그것은 일반적이지 않은 예이다. 절대다수의 침례교인들은 모든 사람들을 위한 완전한 종교의 자유를 가르쳤다.

 관용을 멋진 독립적 이론으로 만들었던 후기 철학자들과 달리, 침례교인들은 혹독한 박해의 현실 가운데서 그들의 가르침을 이어갔다. 그들의 주요 교재는 성서였는데, 특히 신약성서였다. 침례교 저서들은 침례교인들이 국왕들에 의해 종교가 좌우되는 구약성서 구절들에 대해서 난감해 했으며, 그들은 끊임없이 그리스도와 사도들의 가르침에 호소하였던 것을 보여준다. 가라지의 비유(마 13:24-30, 36-40), 그를 반대하는 자들에게 불을 내리자는 요청을 거절하신 예수님의 이야기(눅 9:54-55), 이전에 그리스도인들을 박해한 것에 대한 바울의 회개(행 9:1-18) 등은 그들이 가장 좋아하는 부분들이었다. 그들은 또한 자발적인 반응을 요청하시는 예수님의 예에 의존했다.

 침례교인들은 또한 특정한 본문들을 넘어서, 성서에 계시되어 있는 기독교 신앙의 본질에 호소하였다. 그들은 기독교 신앙은 본질적으로 다분히 인격적이기 때문에 강제될 수 없다고 하였다. 하나님께 대한 인간의 반응이 자발적이지 않는 한 무의미해진다는 것이다. 그들은 강압된 종교를 영적 강간으로 묘사하며, 종교에 대한 탄압은 "하나님의 코에 악취를 풍기는 일"이라고 결론지었다.

 각 사람은 하나님 앞에 자력으로 서야 하기 때문에, 각 사람이 자신의 종교를 선택할 수 있도록 해야 한다는 침례교인들의 주장보다, 더 합리적인 어떤 주장이 있겠는가? 그들은 진리의 추구는 어떤 종교의 사상과 실천을 넘을 수 없는 한계선으로 정한 상태에서 행하는 것보다, 자유로운 탐구를 통해 더 잘 이루어질 수 있다고 주장했다.

침례교인들은 종교의 자유에 대한 가르침을 뒷받침하기 위해 여러 가지 실제적인 논거들도 제시했다. 그들은 종교의 자유는 국내 평화를 증대시키고, 무역과 경제 발전에 좋은 환경을 제공하며, 결국 좀 더 안정된 사회로 인도하게 된다고 주장했다. 그들은 또한 역사는 종교의 박해가 교회와 사회 모두에게 피해를 끼친 반면에, 자유는 둘 다에게 유익을 주었음을 보여주고 있다고 말하였다.

역사가들은 침례교 신앙 간증이 1689년도 관용법으로 나아가는데 있어 주요한 한 가지 요인이었다는 사실에 대해 일반적으로 동의한다. 침례교인들은 종교의 자유에 대해 설교하고, 가르치며, 출판하는 일을 통해서 그리고 고통 중에 보여주었던 그들의 용기와 영웅적인 행동들의 예를 통해, 자신들의 수에 비해 훨씬 더 많은 영향력을 행사했다. 이 영향은 단지 영국에만 한정되지 않았다. 관용법은 식민지 미국에 있던 침례교인들에게도 큰 영향을 끼쳤다. 신대륙에서의 종교의 자유에 대한 투쟁에서, 침례교인들은 영국의 형제들이 맨 처음 공표했던 강조점들을 계속 유지하였다.

마침내, 침례교인들은 그들이 갈망한 자유를 얻게 되었다. 하지만 그들은 살아남기 위한 오랜 투쟁으로 인해 탈진한 것 같았다. 종교적 관용의 새로운 시대는 영국에 있는 침례교회 및 다른 대부분의 기독교회들에게 쇠퇴와 부패의 시기를 가져왔다.

주(註)

1) H. Wheeler Robinson, *The Life and Faith of the Baptists*, 123.
2) Edward Bean Underhill, ed., *Tracts on Liberty of Conscience and Persecution, 1614-1661*, 2.
3) Edward P. Cheyney, ed., *Readings in English History Drawn from the Original Sources*, 431.
4) Ibid.
5) Ibid.
6) Thomas Crosby, *The History of the English Baptists*, 1:147.
7) *Articles Agreed Upon by the Archbishops and Bishops of Both Provinces ... in the Year 1562. Reprinted by His Majesties Commandment, with his Royall Declaration Prefixed Thereunto* (London: n. p., 1628), 1-2. 이 문서는 Samuel R. Gardiner, *The Constitutional Documents of the Puritan Revolution 1625-1660* (Oxford: Clarendon Press, 1951), 75-6에서 현대 철자로 재판되었다.
8) Ibid.
9) W. T. Whitley, ed., *The Works of John Smyth*, 1:159.
10) William L. Lumpkin, ed., *Baptist Confessions of Faith*, 111.
11) Ibid., 140.
12) Champlin Burrage, *The Early English Dissenters in Light of Recent Research*, 2:171.
13) Thomas Helwys, *A Short Declaration of the Mistery of Iniquity*, form Table of Contents.
14) Ibid., 69.
15) Ibid., 40.
16) 헬위스의 오래된 사본 *The Mistery*의 여백에 있는 내용으로부터.
17)7) W. T. Whitely, "Leonard Busher Dutchman," *Transactions of the Baptist Historical Society*, 107.
18) Underhill, 10.
19) Ibid., 34.
20) Wilbur K. Jordan, *The Development of Religious Toleration in England*, 2:298.
21) Wilbur H. Burgess, J*ohn Smith the Se-Baptist, Thomas Helwys and the Frist Baptist Church in England*, 297.
22) Underhill, 95, 96.
23) Ibid.
24) Ibid., 100.
25) Ibid., 134.
26) Roger Williams, *The Bloudy Tenent of Persecution for Cause of Conscience*

Discussed in a Conference Between Peace and Truth, 36.
27) Henry Denne, *The Quaker No Papist*, 18.
28) Joseph Ivimey, *A History of the English Baptists*, 1:169에서 인용.
29) Henry Bettenson, ed., *Documents of the Christian Church* (New York: Oxford University Press, 1957), 347-8.
30) Thomas Edwards, *Gangraena: or a Catalogue of Many of the Errours, Heresies and Pernicious Practices of the Sectaries of This Time*, 121-2.
31) Crosby, 3:3.
32) Edward Barber, *To the Kings Majesty: The Petition of Many of His Subjects, Some of Which Having Beene Miserably Persecuted.*
33) Christopher Blackwood, *The Storming of Antichrist, in His Two Last and Strongest Garrisons: of Compulsion of Conscience and Infants Baptisme*, 속표지.
34) Ibid., 21.
35) Christopher Blackwood, *Apostolical Baptisme*, 후기.
36) Ibid.
37) W. T. Whitley, *A History of British Baptists*, 70.
38) A. C. Underwood, *A history of the English Baptists*, p. 70.
39) John Tombes, *The Ancient Bounds: or Liberty of Conscience Tenderly Stated, Modestly Asserted, and Midly Vindicated*, 머리말.
40) Ibid., 머리말, 7.
41) Ibid., 25, 31.
42) John Clarke, *Ill News from New England: or a Narrative of New England's Persecution.* 10.
43) Edwards, 1:76.
44) Denne, 16-7.
45) Henry Gee and William J. Hardy, *Documents Illustrative of English Church History*, 587.
46) Henry Jessy, *The Lord's Loud Call to England*, 29.
47) Harry Leon McBeth, *English Baptist Literature on Religious Liberty to 1689*, 216f 참조.
48) Gee and Hardy, 642-3.
49) McBeth, 250에서 인용.
50) Thomas Delaune, *A Plea for Non-Conformists*, reprinted with a preface by Daniel Defoe (London: Printed for William and Joseph Marshall, 1706), Preface, vii.
51) Thomas Delaune, *A Narrative of the Sufferings of Tho. Delaune*, 57.
52) Roger Hayden, ed. *The Records of a Church of Christ in Bristol*, 1640-1687, 149.
53) Ibid., 170.

54) Ibid., 256.
55) Ibid., 154.
56) Ibid., 150.
57) Ibid., 259.
58) Ibid., 243-4.
59) Gee and Hardy, 657.
60) Ibid., 654.
61) Benjamin Keach, *Distressed Zion Relieved, Preface*, To the King and Queen.
62) Ivimey, 1:vi.

제4장

미국 침례교회의 시작

초기 미국에서 침례교인들은 소수였고 곳곳에 흩어져 있었다. 그들은 17세기에 겨우 몇 개 안 되는 교회들만 세웠을 뿐이었는데, 이들은 신대륙에서 교단을 예기할만한 위대한 미래에 대한 기약을 거의 보여주지 못했다. 1700년 이전의 식민지에 세워졌던 교회들은 대부분 뉴잉글랜드 지방에 있었다. 17세기 후반에 몇몇 작은 교회들이 중부식민지에서 생겨나기 시작했다. 또한 그 세기 말에 윌리엄 스크리븐(William Screven)은 메인(Maine)에 있던 키터리(Kittery) 교회를 데리고 사우스캐롤라이나(South Carolina)로 이사하였고, 그곳의 '찰스타운'(Charles Towne)에 있었던 침례교인들에 합류하였다.

초기 미국의 침례교회들 대다수는 영국의 배경에서 비롯되었다. 비록 초기 교회들은 토착적이었지만, 머지않아 영국과의 관련성이 좀 더 분명해졌다. 식민지 교회들에 가입한 많은 사람들은 원래 잉글랜드나 웨일즈에서 침례교 신앙을 받아들였던 사람들이었고, 구세계와 신세계의 침례교인들 간에 오고간 수많은 편지들은 비슷한 관점들을 형성하는데 도움을 주었다. 미국 침례교인들은 영국의 동료 침례교인들 사이에서 보편적이었던 교단 체제를 채택했고, 영국인들의 신앙고백과 교리 문답서들을 복제했으며, 목회자들을 영국에 자주 보내기도 하였다. 미국 침례교회들을 단순히 영국 침례교회의 연장이라고 생각해서는 안 되지만, 그 둘 사이의 연관성을 축소해서도 안 된다.

이 나라에서의 침례교의 시작은 아주 다양하다는 특성이 있다. 영국에서 익숙한 유형들이 미국에서도 나타났는데, 즉 특수침례교회, 일반침례교회, 제7일 침례교회 등이 생겨났다. 그리고 이들은 시간이 지나면서 새로운 환경에 따라 변화되는 경향이 있었다. 영국에서는 알려지지 않았던 침례교 돌연변이들이 미국에서 나타났다. 17세기에 나타난 대표적인 두 가지 사례는 신유를 강조하는 극단적인 안식일 엄수주의 그룹이었던 뉴잉글랜드의 로저파(Rogerenes)와 퀘이커의 영성과 침례교의 침수침례의 방식과 교회생활 방식을 결합한 중부식민지의 키스파(Keithians)이다. 이들은 모두 미국적인 환경 속에서 지속적으로 살아남지 못했다.1)

이 장은 주요한 세 지역들인, 뉴잉글랜드, 중부식민지 그리고 남부식민지에서의 침례교회의 시작에 대해 추적할 것이다.

1. 뉴잉글랜드에서의 침례교회 시작

뉴잉글랜드라고 불렸던 북동쪽 식민지는 급격하게 인구가 증가하였고, 미국적 형태의 종교와 정부 그리고 일반 문화를 형성하는데 중요한 영향력을 행사했다. 선도적 식민지였던 매사추세츠의 초기 정착민들은 대부분 호전적인 청교도들로서, 경건한 열정으로 충만했으며, 그들의 신정적(theocratic) 개념에 위배되는 사람들에게는 엄격하고 불관용적인 태도를 취했다. 그들은 뉴잉글랜드 대부분의 지역에서 회중교회(Congregational Church)를 국가가 지원하는 종교로 만드는 일에 성공하였다. 이와 같이 교회와 국가의 연합은 선량한 시민의 전제조건으로서 종교적 일치를 요구하게 만들었다. 이것은 공식적인 종교를 감히 반대하는 모든 사람들에게는 혹독한 시련이 부과됨을 뜻하는 것이었다. 이러한 강압적인 환경 속에서, 초기 침례교인들은 기독교에 대한 그들만의 독특한 개념들을 가르치고 실천하기 위해 애썼다. 뉴잉글랜드 초기 침례교인들의 이야기는 박해 가운데에서의 발전이다.

로저 윌리엄스

현존하는 기록물들은 미국에서 최초의 침례교인으로 특정한 사람을 지목하지는 않지만, 그것들은 최초로 조직된 교회가 로저 윌리엄스(Roger Williams)에 의해 1639년 초 프로비던스(Providence)에 세워졌다는 것을 보여준다. 따라서 이 연구는 그의 생애와 사상을 포함해야 한다.

배경. 로저 윌리엄스(c.1603-1684)는 제임스 윌리엄스(James Williams)와 엘리스 펨버턴(Alice Pemberton)의 아들로 런던에서 태어났다. 로저 윌리엄스의 정확한 생년월일과 그의 유년 시기의 자세한 내용은 명확하게 알려지지 않았는데, 그것은 윌리엄스 가족이 소속되었던 세인트세펄처 교구(St. Sepulchre's Parish)의 기록이 1666년 런던 대화재로 소실되었기 때문이었다. 제임스 윌리엄스는 의욕적인 중산층으로 양복점을 운영했으며, 영국국교회의 충실한 회원으로서 자녀들을 국교회 전통에 따라 양육했다.

10대 소년 시절, 로저는 국왕 재판소의 수석재판관이자, 영국 최고 법학자 중 한 사람이었던 에드워드 코크 경(Sir. Edward Coke)의 관심을 끌었다. 코크는 세펄처교회에 가끔씩 예배드리러 오곤 했는데, 그때 로저 윌리엄스가 목사의 설교를 속기로 기록하는 비범한 기술을 가지고 있는 것을 눈여겨 보았다. 그 기술은 에드워드 경이 법률사무실에서 요긴하게 쓸 수 있는 것이었기 때문에, 그는 소년에게 직장을 제공했다. 로저 윌리엄스의 생애에 깊이 영향을 끼쳤던 인연이 이렇게 시작되었다. 코크를 통해서 윌리엄스는 많은 영국 정치지도자들을 만날 수 있었고, 그러한 접촉들은 그가 후에 프로비던스 식민지(Providence Plantations)의 허가서를 받으려 했을 때, 매우 유용했음이 입증되었다. 그는 또한 코크로부터 통찰력을 얻어서 새로운 정부의 법률적 골격을 만들었다. 코크의 사무실 시절, 청년 윌리엄스는 성법원(星法院; Star Chamber)의 재판을 방청하곤 했는데, 재판의 다수는 종교와 관련된 것이었다. 그곳에서 그는 종교적 반대자들이 겪는 법적 위험과 고통을 절실하게 깨달았으며, 어쩌면 그들의 가르침에 대해서도 어느 정도 알게 되었을 것이다.

코크는 소년 로저의 교육에 대해서도 핵심적인 인물이었음이 판명되었다. 코크의 딸은 이후, 그녀의 아버지와 로저의 관계에 대해 다음과 같이 썼다. 1621년에 "그[코크]는 그를 장래가 촉망되는 젊은이로 생각해서, 서튼즈 병원에 그를 입학시키기 원하셨다."2) 서튼의 병원(Sutton's Hospital)은 나중에 차터하우스(Charterhouse)로 이름을 바꾸었는데, 오늘날의 고등학교와 비슷한 것이었다. 주요 이사로서 코크는 윌리엄스가 학비와 그 외의 비용을 지불할 수 있도록 장학금을 받게 해주었다. 윌리엄스는 "적합한 학자"임을 스스로 증명해 보였으며, 1625년 6월 캠브리지 대학교의 펨브로크 대학(Pembroke College)에 합격했다. 윌리엄스는 1627년 문학사를 취득하여 캠브리지를 졸업한 후, 석사학위를 위해 등록했다. 그는 18개월 정도 공부를 한 후, 석사학위를 받지 않은 채 캠브리지 대학교를 자퇴했다. 대학교 기록에 "로저 윌리엄스는… 학교를 떠났고, 학업을 중단한 상태이다"3)라고 적혀 있다. 분명히 신앙적인 불만이 자퇴의 한 원인이었을 것이다.

영국국교도 로저 윌리엄스. 윌리엄스는 비록 영국국교도로 자라났지만, 꽤 이른 나이 때부터 종교적인 반대파들에 대해 공감을 보였는데, 그러한 태도는 그의 부모와는 반대되는 것이었다. 10세 혹은 12세 정도의 소년 시절에 그는 분명히 심오한 종교적 체험을 했으며, 그것은 그로 하여금 청교도주의를 향해 나아가게 하였다. 그가 이후에 "아버지의 집 안팎에서 괴롭힘을 당하며"라고 했던 말은 그러한 견해들 때문이었다. 하지만 윌리엄스는 1627년도 캠브리지 졸업식에서 서명 명부(Subscription Book)에 서명하였는데, 그것은 그가 영국국교회의 교리들을 진심으로 받아드린다는 것을 맹세하는 것이었다. 일부 사람들에 의해 "세 편의 사랑스러운 신앙조항들"로 불리기도 했던 서명 명부는 국왕은 정당한 권리에 의해 영국교회의 머리가 되며, 「공동기도서」(Book of Common Prayer)에 따른 예배와 주교들을 통한 교회의 통치는 합법적이고, "39개 신조"(Thirty-Nine Articles)는 교회의 공식 교리로서 참된 교리를 표현하였다고 단언했다. 졸업하기 위해서는 그 책에 서명을 해야 했기 때문에, 윌리엄스가 마지못해 서명한 것인지는 알 수 없다.

졸업 후 윌리엄스는 안수는 받았지만 목회직무는 수락하지 않았다. 대신에 그는 에섹스 카운티(Essex County)에 있는 윌리엄 매섬 경(Sir. William Masham)의 영지에 속한 전속 사제가 되었다. 이는 이례적인 일이 아니었고, 실제로 많은 젊은 사제들이 그런 방법으로 사역을 시작했다. 매섬 경의 영지는 노동자와 도우미들의 가정들이 있어서, 꽤 큰 공동체를 이루었다. 사람들은 이 젊은 사제를 좋아했고, 그도 사제직을 잘 감당했다. 윌리엄스는 매섬 경의 영지에서 초기 몇 개월 동안에는 급진적인 견해들을 발전시키지 않았다. 하지만 기록들은 젊은이들에게 흔한 실수들, 오도된 열정, 그리고 분별없는 실수들 등을 보여준다. 윌리엄스는 그의 이후 생애의 특성이 될 강렬한 성격을 이미 드러낸 것이었다.

쓰라리게 낙담스러운 연애 사건 이후, 윌리엄스는 사회적 지위가 높은 젊은 아가씨인 제인 월리(Jane Whalley)와의 결혼을 거절당했다. 윌리엄스의 반응은 극단적이었다. 그는 심각한 병에 걸렸는데, 그것은 심한 우울증과 고열로 나타났으며, 그의 인생을 절망에 빠뜨렸다. 그가 병중에 있을 여러 달 동안, 그를 돌보던 메리 바너드(Mary Barnard)는 평범한 사회적 신분의 아가씨였다. 목사의 딸이었던 메리 바너드(때때로 Bernard)는 매섬 부인의 딸인 조애나 저그 앨섬(Johanna Jug Altham)에게 고용되어 있었다. 매섬 부인의 편지 중 하나는 다음과 같이 기록하였다: "윌리엄스 씨는 저그 앨섬이 고용한 메리 바너드와 곧 결혼하려 한다."4) 그들은 1629년 12월 15일에 결혼하였다. 윌리엄스에게는 행운의 결혼이었는데, 메리는 충실한 동반자였음이 입증되었기 때문이다.

분리주의자 로저 윌리엄스. 윌리엄스는 1629년에 이르러 철저한 분리주의자가 되었다. 그는 영국 국교회를 거짓된 교회로 간주하였고, 참된 그리스도인들은 그 교회로부터 나와야 한다고 생각했다. 여러 요인들이 윌리엄스로 하여금 분리주의로 향하도록 영향을 주었을 것이다. 처음부터 윌리엄스는 독자적인 정신을 가졌으며, 따라서 그는 성경의 교훈을 자신이 직접 찾아내길 원했다. 또한 그는 런던의 중심인 웨스트 스미스필드(West Smithfield)에서 자랐는데, 그의 집 근처의 몇몇 영국 기독교인들은 그들의 신앙 때문에 순교 당했다. 윌리엄스는 이 사건들에 대해 분명히 알았을 것이고, 몇 건의 처형식은 직접 보았을 것이다. 그가 살던 인근지역은 여러 종류의 비국교도들이 많이 모이는 장소들로 알려져 있었다. 윌리엄스는 그것에 대해서도 분명히 알고 있었을 것이며, 일부 모임에 참석했을 수도 있을 것이다. 에드워드 코크 경의 비서로 일하면서, 윌리엄스는 종교 박해에 대한 어두운 면을 볼 수 있었다. 캠브리지 대학교에 있을 때, 그는 많은 경우에 영국국교회를 약화시키는 그 시대의 종교 사상에 접했다. 이와 같은 요인들이 합쳐져서 윌리엄스의 사상을 형성하였고, 1629년에 이르러 그는 온건한 분리주의에서 엄격한 분리주의로 옮아갔다.

분리주의 원리들을 지지하는 젊은 교직자로서 그는 영국에서 암울한 미래만 맞이할 수밖에 없었다. 따라서 윌리엄스는 보스턴 근처 세일럼(Salem)에 있는 교회로부터 온 "최근의 뉴잉글랜드의 청빙"을 받아들이기로 결정했다. 그는 처음에는 그 청빙을 거절하였다. 하지만 1630년에 이르자 그것은 점점 매력적으로 보였다. 거의 감옥행이 확정된 상황을 피해 로저와 메리 윌리엄스는 브리스톨로 갔고, 거기서 1630년 12월 1일 라이온(Lyon) 호를 타고 아메리카를 향해 떠났다. 그들은 56일간의 떠들썩한 여정을 거친 후 1631년 2월 5일에 상륙했다. 윌리엄스가 코크의 딸에게 보낸 편지에서 그의 태도의 일부가 드러난다. 그는 "로드 주교(Bishop Laud)가 나를 이 땅에서 쫓아낸 것은 죽음과도 같은 고통이었습니다. 나

의 양심은 국교회와 그 의식들과 주교들을 반대하는 쪽으로 나아갔습니다"라고 회상했다.5)

윌리엄스는 보스턴에서 열렬한 환영을 받았다. 윌리엄스의 도착에 대해, 주지사였던 윈스롭(Winthrop)은 그의 일기에 "윌리엄 피어스(Peirce) 선생이 라이온 호로 난타스켓(Nantasket)에 도착했다. 그 배는 (신실한 사역자) 윌리엄스 선생과 그의 부인… 그리고 약 20명 정도의 승객들을 태워왔고, 200톤 정도의 물품도 가져왔다"고 썼다.6) 윌리엄스는 당시 30세 정도의 나이에 키가 크고 잘생긴 외모와 좋은 학벌, 설득력 있는 연설을 하는 "여러 귀중한 면들을 지닌 신실하고 열성적인 사람"으로 인정받았다. 그는 거의 즉시로 당시 아메리카에서 가장 영향력 있는 교회 직책 중 하나인 보스턴 교회의 교사직을 제의받았다. 그 자리에 재직하였던 존 윌슨(John Wilson)은 영국으로 돌아갈 계획을 했고, 실제로 회항하는 라이언 호를 타고 떠났다. 윌리엄스는 그 관대한 제의를 거절했는데, 그것도 꽤 매몰차게 거절했다. 윌리엄스는 존 코튼 2세(John Cotton, Jr.)에게 보낸 편지에서, "보스턴에서 만장일치로 교사로 뽑혔지만, 나는 양심적으로 거절했고 플리머스(Plymouth)로 갔습니다. 왜냐하면 나는 대화와 검토를 통해 그들이 분리주의자들이 아니라는 것을 발견했고, 그러한 비분리주의자들을 위해 공무를 할 자신이 없었기 때문입니다"라고 말했다.7)

이것이 윌리엄스와 뉴잉글랜드 동료들 사이의 갈등의 핵심이었다. 그들은 온건한 "반(半)분리주의자들"이었지만, 윌리엄스는 존 스마이스처럼 강경한 분리주의자였던 것이다. 보스턴 사람들은 윌리엄스를 결코 용서하지 않았는데, 그것은 그의 견해뿐만 아니라, 자신들의 제의를 거절했기 때문이었다. 1631년에 이르러 윌리엄스는 세속 위정자들이 십계명의 첫 번째 돌판(즉, 종교적 위법행위들)을 위반한 행위들을 단속할 권한이 있다는 것을 공개적으로 부인하였다. 윌리엄스는 후에 이러한 영역의 구분을 교회와 국가의 분리 교리로 발전시켰다.

윌리엄스는 1631년 4월 12일에 강경 분리주의 견해를 좀 더 인정하는 보스턴 근처의 세일럼교회에서 사역자로 취임했다. 하지만 보스턴 당국은 세일럼교회에 압력을 가했고, 윌리엄스는 그해 여름에 플리머스로 가서 랄프 스미스(Ralph Smith) 목사의 부목사가 되었다. 윌리엄스는 플리머스에서 환영 받았다. 후에 그는 "세일럼에서 나온 후, 나는 플리머스에서 주일과 주중에 설교했고, 생계를 위해 열심히 농사도 지었다. 그러나 그곳 교인들이 뉴잉글랜드의 비분리주의자들과 마찬가지로 신앙고백하고, … 구(舊) 영국에 자주 드나들면서 그곳의 교구들과 교통한다는 사실을 안 후에는 그렇게 하지 않았다"고 썼다.[8]

윌리엄스는 1631년부터 1633년까지 2년간 플리머스에서 사역했다. 그 기간 동안 그는 설교하고, 농사짓고, 토착민들과 상거래도 했다. 그는 스스로 "아주 난해한 언어"라고 불렀던 여러 토착민 언어들도 배우기 시작했고, 1632년에 이르러서는 토착민 부족들을 상대로 선교활동도 시작하였다. 브래드포드(Bradford) 주지사는 플리머스에서 윌리엄스가 "교인들이 가난하여 그들의 수준에 준하여 대우받았지만, 그래도 우호적으로 대우받았으며, 그는 그들 가운데서 자신의 은사를 발휘했다"고 기록했다. 그러나 윌리엄스는 플리머스 사람들이 그가 생각했던 것만큼 분리주의적이지 않다는 것을 깨닫게 되었다. 브래드포드는 윌리엄스가 1633년에 "어떤 이상한 사상들에 몰입하기 시작했으며, 그 사상을 실행에 옮기려 했다. 그것은 그와 교회 사이에 여러 논쟁들을 야기하였고, 결국 그는 불만을 갖게 되었으며 갑작스럽게 그들로부터 떠나갔다"고 말했다.[9] 플리머스교회의 치리 장로인 윌리엄 브루스터(William Brewster)는 좀 더 구체적으로 말했다. 그는 1633년에 이르러 윌리엄스는 "자신만의 괴상한 여러 견해들을 표출하면서 그것들을 다른 사람들에게 강요했다. 하지만 그가 기대했던 동의를 얻지 못하자, 그는 세일럼교회로 다시 돌아가기를 원했다"고 하였다. 브루스터는 또한 윌리엄스가 "자기 자신에게 침례를 베푼 존 스마이스가 암스테르담에서 그랬던 것처럼, 강경 분리주의와 아나뱁티스트주의의 방향으로 나아가고 있다"고 하며 염려했다.[10] 우리는 어떤 이유들이 브루스터로 하여금 윌리엄스가 침례교인이 되어가고 있다고 생각하게 했는지 알 수는 없지만, 후에 그의 판단이 옳았음이 입증되었다.

윌리엄스는 보스턴의 압력에도 불구하고, 1633년 후반에 세일럼교회로 돌아와 사역자로 취임할 수 있었다. 그는 그곳에서 1635년까지 사역하면서, 자신의 생각을 종교적 독립성과 민주주의 정치라는 방향으로 좀 더 발전시켜 나갔다.

1635년 10월 윌리엄스는 다시 보스턴 법정에 소환되어, 그가 당국이 반대할만한 가르침을 행한 것에 대해 답변해야만 했다. 그의 가르침에 대해 다음과 같은 4가지의 구체적인 죄목들이 제기되었다:

첫째, 우리의 땅은 왕의 허가서에 의해 주어진 것이 아니며, 토착민들이 그 땅의 진짜 소유주이다. 따라서 우리는 허가서에 의해 땅을 얻게 된 것에 대해 회개해야 한다.

둘째, 악한 자들이 하나님께 드리는 예배 행위로서 맹세하게 하거나 기도하게 하는 것은 불법적인 일이다.

셋째, 영국의 교구 총회에 소속된 목사로부터 설교를 듣는 것은 불법적인 것이다.

넷째, 세속 공직자들의 권력은 오직 신체와 재산, 그리고 사람의 외부적인 형편에만 미칠 수 있다.[11]

윌리엄스는 자신이 그러한 사상들을 가르쳤다고 인정했다. 첫 번째 고소와 관련해서 영국 왕들은 "특허권"이라는 국왕의 칙령에 의해, 자신들이 선별한 사람들에게 토지를 분배할 수 있는 권한이 있다고 주장했다. 사실 영국은 기독교 국가였고, 이교도 토착민들은 영국 국왕에게 땅을 주었으며, 따라서 영국이 그 땅의 소유권을 가진 것으로 생각했던 것이다. 윌리엄스는 그러한 전제를 인정하지 않았다. 그는 토착민들이 진정한 소유주이며, 따라서 그 땅을 원하는 사람들은 토착민들로부터 구매해야 한다고 주장했다. 이러한 주장은 뉴잉글랜드 정착민들에게는 혁명적인 것으로 보였을 것이다. 그것은 국왕의 권위를 부정하는 것이며, 사람들의 토지 소유권을 위태롭게 만드는 것이었다.

두 번째 고소는 매사추세츠만의 정착민들에게 요구되었던 '자유인 선서'(Freeman's Oath)로 인해 발생하였다. "충성맹세"와 비슷한 이 선서는 당시의 종교적인 단어들로 표현되어 있었다. 정부 관리들에게 그 선서는 정치적 충성의 간결한 다짐으로 보였지만, 윌리엄스를 비롯한 다른 분파들에게는 하나님의 이름을 빌어 정부의 요구를 기도문의 형식으로 만든 종교적 선서로 보였다. 윌리엄스는 선서는 강요된 예배와 기도가 되기 때문에 비(非)기독교인들은 선서를 할 수 없으며, 기독교인들 역시 그것을 받아들일 수 없는데, 왜냐하면 하나님께 대한 선서로 세워져야 하는 왕국은 오직 하나님의 왕국이며, 세상 국가들이 아니기 때문이라고 말했다.

세 번째 고소는 윌리엄스의 강경한 분리주의에서 비롯되었다. 그는 기독교인들은 영국국교회에서 탈퇴해야 할 뿐만 아니라, 그 교회에서 탈퇴하지 못한 사람들로부터도 떨어져 나와야 하는데, 비록 가족의 일원이라도 그렇게 해야 한다고 주장했다.

네 번째 고소는 윌리엄스 사상의 기초를 드러냈다. 당시의 관례처럼 윌리엄스는 십계명을 첫 번째 돌판(하나님께 대한 의무)과 두 번째 돌판(동료 사람들에 대한 의무)으로 나누었다. 윌리엄스는 두 번째 돌판에 대한 위반사항들에 대해서는 공직자들이 다스릴 권한이 있음을 선뜻 인정했다. 그는 무정부주의자가 아니었다. 그러나 첫 번째 돌판의 위반사항들에 대해서는 어떠한 세속 당국도 그것을 통제하거나 처벌할 권한이 없다고 하였다. 이러한 그의 사상은 후에 교회와 정치의 분리로 불리었다.

법정은 후커 선생(Mr. Hooker)을 지목해 윌리엄스의 잘못된 생각들을 '완화'시켜보고자 했다. 후커는 과감하게 노력했지만 성과 없이 실패로 끝났다. 결국 법원은 1635년 10월에 다음과 같이 판결하였다:

> 로저 윌리엄스 선생은… 위정 당국의 권위에 대적하는 신종의 위험한 사상을 발설하고 드러냈으며… 그리고 여전히 그와 같은 사상을 철회하지 않고 주장하고 있으므로, 이에 본 법정은 상기의 윌리엄스 선생이 앞으로 6주 안에 관할 구역을 떠나야 함을 명령한다.[12]

보스턴 법원은 윌리엄스가 더 이상 그의 사상을 전파하지 않는다는 조건하에, 그의 추방 일자를 1636년 봄까지 연장시켰다. 하지만 윌리엄스가 사적 모임들을 계속 가지면서 그의 급진적인 사상을 계속 설교하고, 20여 명에 달하는 그의 추종자들과 함께 근처에 대항 식민지를 세우려고 계획한 사실을 알고 난 후에는 그를 체포하기 위해 즉시 움직였다. 담당 공무원들이 1636년 1월에 파견되었고, 그들은 윌리엄스를 체포하여 영국으로 향하는 배에 태워 보내려 했다. 하지만 무슨 이유에서인지 주지사 윈스롭(Winthrop)은 이러한 상황을 윌리엄스에게 비밀리에 알렸고, 윌리엄스는 광야로 달아났다.

윌리엄스가 그 동안 쌓아온 친분으로 겨울 동안 같이 지낼 수 있었던 토착민들이 없었다면, 그는 틀림없이 살아남지 못했을 것이다. 윌리엄스는 후에 그 겨울나기에 관해 다음과 같이 자세히 말했다:

> 나는 내가 살던 곳에서 무자비하게 쫓겨 나와 겨울동안 도피생활을 하게 되었으며, 추방당한 상황에서 고통, 빈곤, 필수품들의 결핍, 부채, 바다와 땅의 험난함에 노출되었다… 나는 혹독하게 추운 겨울의 14주 동안 양식과 잠잘 곳도 없이 떠돌아 다녔다… 얼음과 눈으로 덮혀 있고 들짐승들만이 우짖는 황야의 비참한 겨울을 경험했다.[13]

윌리엄스와 세일럼에서 온 몇 친구들은 1636년 6월에 매사추세츠만 관할구역을 바로 넘어선 지역에 프로비던스 식민지(Providence Plantation)의 요체를 건립했다. 그는 자신의 고통 가운데서 그를 향한 하나님의 섭리(providence)를 되새기기 위해 정착지의 이름을 프로비던스라고 지었다. 윌리엄스와 그 외 사람들은 영국에 합법적인 허가서를 신청할 수 있을 때까지, "민사상의 일들에 관하여는… 세대주들의 다수결에 의해 정해질 질서와 합의"를 준수할 것을 약속하는 협정서를 1636년 6월 16일에 만들었다.14) 새로운 식민지는 처음부터 민주주의, 종교의 자유 그리고 교회와 국가의 분리를 원칙으로 정했다. 1663년 발행된 허가서는 다음과 같이 규정하였다.

> 상기의 식민지에서는 어떤 사람도 종교 문제에 관한 견해의 차이로 인해, 이후부터 언제라도 괴롭힘을 받거나, 처벌당하거나, 불안하게 되거나, 논박당하지 않을 것이며, 시민들의 평화가 방해받지 않을 것이다. 어느 사람이든지, 이후부터 때때로 혹은 항상 신앙적인 문제에 관해서는 자신의 판단과 양심에 의한 결정권을 자유롭고 완전하게 누리게 될 것이다.15)

기록에 의하면 윌리엄스는 이러한 사상을 가졌을 뿐만 아니라, 그 사상대로 살았다는 것을 알 수 있다. 혹자는 윌리엄스가 보스턴에서 추방당했던 것과 유사하게, 프로비던스에서 추방당한 조슈아 벌린(Joshua Verlin)의 경우를 두고 이를 의심하기도 한다. 하지만 두 사람의 상황은 서로 매우 달랐다. 벌린은 "소란스럽고 극단적인 젊은이"로서, 프로비던스의 공중 예배에 참석하지 않았을 뿐만 아니라 자신의 부인까지도 참석하지 못하게 하였던 것으로 알려져 있다. 그는 또한 아내는 복종해야 한다는 일반적인 주장을 내세우며, 부인의 예배참석을 막기 위해 심하게 구타했다. 벌린은 그의 종교적인 견해에 대해서는 결코 이의제기를 당하지 않았으며, 아내를 구타하고 그녀의 시민적 권리들을 인정하지 않았기 때문에 시민으로서의 권리를 박탈당했던 것이다. 한 역사가는 이것을 여성의 권리에 대해 확인된 초기의 중요한 사건으로 간주하며 다음과 같이 언급했다:

> 이러한 새로운 자유는 여성에게 독립적인 지위를 주었고, 남편의 허락 없이 집을 떠날 수 있는 권리를 갖게 해주었다. 아내는 더 이상 남편의 소유물이 아니며, 그의 종교적 양심의 대상도 아니다…. 프로비던스는 여성들의 권리를 자연

권과 시민권으로 인정한 최초의 시민 정부였다.16)

침례교인 로저 윌리엄스. 1633년도의 윌리엄 브루스터의 언급은 예언적인 말이었음이 입증되었다. 로저 윌리엄스는 확실히 침례교 사상의 방향으로 움직이고 있었다. 프로비던스 식민지에서의 초기 3년 동안에는 분리주의자로 공식예배를 드린 것으로 보는 것이 가장 적절할 것이다. 아마도 윌리엄스와 교인들은 아직도 자신들을 세일럼교회의 회원으로 생각하고 있었는지도 모른다. 세일럼교회도 그들을 회원으로 생각했다. 왜냐하면 교회는 1639년에 그들에 대한 "중대한 문책"을 통과시킬 수 있는 권한을 가지고 있다고 여겼기 때문이다.

1639년 3월 16일 이전의 어느 시점에 윌리엄스와 다른 몇몇 사람들은 프로비던스에 침례교회를 세웠는데, 그것은 신대륙 최초의 침례교회였다. 그 날에 대해 주지사 윈스롭은 이렇게 적었다:

> 프로비던스의 상황들은 점점 더 나빠졌다. 허친슨 부인(Mrs. Hutchinson)의 자매이자 스콧(Scott)의 부인은 아나뱁티스트 교리에 물들었다. 그녀는 지난해 프로비던스에서 살기 위해 들어갔고, 윌리엄스 선생은 그녀의 인도에 따라 (혹은 그녀에 의해 용기를 얻어) 그러한 신앙을 공개적으로 고백했고, 그 고백에 따라 홀리맨(Holyman)이라는 사람으로부터 재침례를 받았는데, 홀리맨은 최근까지 세일럼에 살았던 사람이었다. 그 후, 윌리엄스 선생은 홀리맨과 다른 10여 명이 넘는 사람들에게 재침례를 베풀었다. 그들은 또한 유아들에게 침례를 베푸는 것을 부인했고, 공직자들을 받아들이려 하지 않았다.17)

허친슨 부인이라고 언급된 사람은 앤(Anne)으로 그녀는 반율법주의 논쟁(Antinomian controversy)에서 엄격한 청교도주의에 반대하는 연설을 한 이유로 1637년 보스턴에서 추방당했다. 앤은 거의 확실하게 미국에서 첫 번째 여성 설교자임에 틀림없다. 그녀는 간혹 잘못 알려지기는 했지만, 결코 침례교인이 되지는 않았다. 앤과 그녀의 가족들은 로드아일랜드에 정착하였지만, 후에 지금의 뉴욕에 거주하던 토착민들에 의해 학살당했다. 스콧 부인으로 언급되었던 여성은 캐서린(Catherine) 이었는데, 리처드 스콧의 아내였다. 그들은 아마도 영국에 있었을 때 침례교인들이었을 것이다. 어쨌든 그녀는 윌리엄스로 하여금 침례교 신념에 따라 행동하도록 설득했다. 아이작 배커스(Isaac Backus)는 윌리엄스가 아마도 좀 더 이른 시기에 신자의 침례에 대해 생각했지만, 그것을 베풀 합당한 권위를 찾고 있었을 것이라는 의견을 제시했다. "홀리맨"은 이지키얼 홀리맨(Ezekiel Holyman)으로 세일럼교회의 평신도였다. 유아세례를 부인하는 것은 침례교 사상과 일치하지만, "그들은 공직자들을 받아들이려 하지 않았다"는 구절은 아마도 위정자들이 종교적 문제들을 통제하지 못하게 하려 했다는 의미일 것이다.

윌리엄스에게 있어 침례교인이 된다는 것은 그에게 미친 여러 영향들이 정점에 이른 것을 의미하였다. 그는 영국에 있었을 때 침례교인들의 신앙생활을 알았고, 아마도 이미 침례교 신앙에 물든 상태에서 미국에 왔을 것이다. 윌리엄스는 네덜란드 언어를 알았고, 몇몇 증거들은 그가 네덜란드 아나뱁티스트들의 저작물들을 알고 있었다는 것을 뒷받침해 준다. 용의주도한 브루스터를 포함한 일부 사람들은 플리머스에서 행한 윌리엄스의 설교를 통해 그가 침례교 종착지를 향해 가고 있음을 확신하였다. 후에 세일럼에서는 "윌리엄스 선생은 1년 동안에 그곳을 아나뱁티스트적인 엄격한 분리주의 사상으로 가득하게 만들었다"는 말이 있을 정도였다. 1636년에서 1639년 사이에 프로비던스로 이주해 온 사람들 중 일부는 침례교인들로 알려졌다. 한 저술가는 그때 온 많은 사람들은 "아나뱁티스트의 냄새가 났다"고 말했다.[18]

구도자 로저 윌리엄스 윌리엄스는 겨우 몇 달 정도만 침례교인으로 남아 있었다.[19] 침례교인으로서 나중에는 퀘이커교회에 가입하였던 리처드 스콧(Richard Scott)은 그 사건이 일어난 지 38년이 지난 후에 쓴 글에서, "나는 그[윌리엄스]와 함께 약 4개월 동안 침례교인의 길을 걸었다… 이윽고 그는 공동체에서 탈퇴하며, 대략적인 탈퇴의 근거와 이유에 대해 공표하였다. 즉 그들의 침례는 사도에 의해 집행되지 않았기 때문에 옳지 않다는 것이었다"고 말했다.[20] 1639년 7월 윈스롭은 다음과 같이 적었다:

프로비던스의 문제들은 옛 방식을 따랐다. 윌리엄스 선생과 그의 많은 추종자들은 몇 개월 전에 서둘러 재침례를 받고 난 이후부터 다른 사람들과 함께 주의 만찬을 하지 않았다. 윌리엄스는 이제 그의 두 번째 침례에 대해 의문을 갖게 되었는데, 그것의 권위를 사도들로부터 이끌어낼 수도 없었으며, 그렇다고 (그가 병든 권위라고 생각했던) 영국국교회 교직자들로부터 그렇게 할 수도 없었기 때문이었다. 결국 그는 하나님께서 사도적 능력을 일으키실 것이라고 상상하게 되었다. 그는 사도가 될 것을 기대하고 (그렇게 추측하고), 스스로 그 길로 향해 나갔다. 그는 이전에는 약간의 사람들과 주의 만찬을 함께 했지만, 이제는 자신의 아내를 제외한 모든 사람들과의 주의 만찬을 거절하였다. 그는 방문자들에게 설교하고 그들과 함께 기도하려 했다. 그 결과 그의 추종자들 중 일부는 그를 떠나 자신들이 있었던 곳으로 다시 돌아갔다.21)

이것과 다른 증거들을 통해 윌리엄스가 침례의 형식이 아니라 침례의 권위와 관련하여, 자신의 침례에 대한 확신을 잃게 되었음을 알 수 있다. 그는 교회 의례들이 유효하기 위해서는 사도들에까지 이어지는 중단되지 않는 계승을 추적할 수 있어야 한다는 견해를 취했다. 그러한 계승의 어떠한 단절도 그 의례의 효력을 없앨 것이었다. 이와 같은 유효한 침례를 소유한 사람만이 다른 사람들에게 침례를 줄 수 있다. 홀리맨은 분명히 유효한 침례를 소유하지 않았으며, 따라서 그는 윌리엄스에게 그것을 전달할 수 없었다. 윌리엄스는 의례들이 중단되었다면, 그리스도께서 그것들을 다시 세우기 위해 새로운 사도를 보내기 전까지 새로운 시작은 있을 수 없다고 생각했다. 영적인 회복 없이는 참된 교회나 주의 만찬, 그리고 안수도 없을 것이었다. 아마도 윌리엄스는 자신이 그 사도이기를 희망했으며, 얼마 동안은 자신을 그렇게 생각하기도 했었다.

윌리엄스는 후에 "만약 내 영혼이 그리스도 예수에 대한 신앙고백이 오늘날까지 이어져온 교회를 찾아 가입할 수 있다면, 나는 기꺼이 그렇게 할 것"이라고 말했다.22) 하지만 그는 그러한 확신을 할 수 있는 교회를 결코 발견하지 못했으며, 결국 어느 교회에도 소속되지 않은 채 남은 인생을 '구도자'(Seeker)로서 살아갔다. 비록 계승이라는 절차상의 문제는 그로 하여금 교회나 유효한 의례들을 받아들이지 않게 했지만, 그는 죽는 날까지 많은 침례교 신념들을 지니고 있었다.

로저 윌리엄스의 공헌들. 로저 윌리엄스는 초창기 미국에서 종교 및 정치 역사에 큰 영향을 끼친 가장 중요한 사상가들 중 한 사람이었다. 윌리엄스의 공헌들은 많지만, 다음의 요약 정도로 충분할 것이다.

1. 미국 토착민들의 선교사. 초기 순례자교회(Pilgrim Church)의 교인들은 토착민들의 개종에 대해 자주 말했지만, 그 일과 관련하여 그들이 행한 것은 거의 아무것도 없었다. 마크 트웨인(Mark Twain)은 초기 정착민들이 처음에는 무릎을 꿇었지만, 나중에는 토착민들의 무릎을 꿇게 만들었다고 하였다. 윌리엄스는 1645

년에 너무 많은 영국인들이 토착민들을 "야만적인 개들"로 여긴다며 불평했다. 윌리엄스는 토착민들 사이에서 상거래 하고 설교하면서 내륙 깊숙이 돌아다녔다. 그는 토착민들에게 총과 술을 파는 것을 반대했으며, 불필요한 학대행위를 비난했고, 영토에 대한 토착민들의 권리를 지속적으로 주장했다. 윌리엄스 자신의 간증에 의하면, 그는 이 숲속의 아이들에게 "수백 번" 복음을 전했고, "나는 원주민의 영혼을 진심으로 얻기 원했다"는 말을 반복적으로 했다.23) 윌리엄스는 여러 토착민 언어들에 통달했고, 이와 같은 좋은 이점을 사용하여, 그들 가운데서 상거래와 복음전파, 그리고 정치적 중재를 할 수 있었다.

윌리엄스는 하지만 토착민들의 특성에 대해서 어떠한 환상도 가지지 않았으며, 결코 "고결한 토착민" 콤플렉스를 가지고 있지도 않았다. 그는 토착민들이 종종 부정직하고, 교활하며, 잔인한, 다시 말해 영국 사람들과 거의 같은 종류의 사람들임을 알았다. 윌리엄스의 최초 주요 출판물은 1645년에 출판된 「아메리카 언어들의 핵심」(*A Key to Languages in America*)이다. 이 책에는 토착민들의 언어, 관습, 생활 등에 관한 풍부한 자료들이 수록되어 있다. 초기 미국에서 윌리엄스보다 토착민들 사이에서 더 영향력이 있거나 신뢰받은 지도자는 없었다. 그는 여러 차례 토착민들과의 전쟁 및 유혈사태를 피하도록 중재하는데 성공하였다. 이러한 중재로 윌리엄스는 그를 추방시킨 식민지를 여러 번 구했다.

2. 만인을 위한 종교의 자유. 만인을 위한 종교의 자유는 오늘날에는 당연한 것이지만, 윌리엄스 시대에는 아주 새로운 것이었다. 윌리엄스는 1630년대 초반에 이 교리를 설파했고, 후에는 그가 개척한 식민지에서 법제화하였다. 윌리엄스가 쓴 거의 모든 글은 종교의 자유에 대해 어떤 형태로든 다루었다. 그러나 이 주제에 대한 그의 확신은 주로 다음의 두 출판물 즉, 「박해의 잔혹한 교리」(*The Bloudy Tenent of Persecution*, 1644)와 「잔혹한 여전히 더 잔혹한 교리」(*The Bloudy Tenent Yet More Bloudy*, 1652)에서 발견할 수 있다.

윌리엄스는 프로비던스 식민지의 허가를 받기 위해 영국에 있을 때 「잔혹한 교리」를 썼다. 이 책에는 급히 서둘러 준비한 흔적들이 보인다. 윌리엄스는 "다양한 낯선 집들의… 이 방 저 방과 이 모퉁이 저 모퉁이에서, 때로는 야외에서, 때로는 여행하는 와중에," "그의 느슨한 생각들을 흩어서" 하나의 책으로 엮는 일에 거의 시간이 없었음을 인정했다.24) 이 책은 비록 잘 배열되지 못하고 장황하지만, 종교의 자유에 대한 훌륭한 논문이다. 윌리엄스는 성경과 역사가 종교에 대한 박해가 부당한 것과 민간 관료는 오직 세속 권력만을 가져야 한다는 것을 입증한다고 주장하였다. 그는 가톨릭교도들, 이슬람교도들, 유대인들, 무신론자들 등을 포함하여 모든 사람들을 위한 완전한 종교의 자유를 주장했다. 윌리엄스의 주장은 주로 신학적인 것이지만, 그는 그러한 자유가 국가의 평화와 안녕에 기여할 것이라고 했다. 그는 "참된 세속정부와 기독교 모두는 유대인 혹은 이방인들의 다양하고 상반된 양심을 허용하더라도 한 국가 혹은 왕국 내에서 함께 번영할 수 있다"고 주장하였다.25)

「잔혹한 교리」는 영국과 미국에서 금방 관심을 끌게 되었다. 1649년이 끝나기 전에 100개가 넘는 소책자들이 그 책을 공격하였다. 윌리엄 프린(William Prynne)은 "윌리엄스 선생은 그의 최근 위험하고 방종한 책에서… 그 자체로 아주 잘못되고, 거짓되며, 선동적이고, 혐오스럽다"고 맹렬히 비난했다. 조지 길레스피(George Gillespie)는 윌리엄스가 "악의적이고, 하나님을 격동시키고, 진리를 훼손하며, 교회를 파괴시키고, 국가의 안정을 뒤흔드는 관용"을 주장하고 있다고 생각했다.26) 의회는 이 급진적인 책을 제지하는 일에 너무 꾸물거렸으며, 결국 책은 이미 출판되고 말았다. 하원(Commons)의 저널지(*Journal*)는 "화이트(Mr. White) 선생은 의회에 의해 모든 종교에 대한 관용이라는 제목이 붙여진 윌리엄스의 책을 공개적으로 불태울 것을 명령할 것을 주문함"이라고 기록되어 있다.27) 윌리엄스의 책들이 서가에서 치워지자마자 즉시 무허가 인쇄판들이 다시 나타났다. 의회가 그 책을 불태울 때, 분명히 그 책의 저자를 화형 시키기를 더 원했겠지만, 윌리엄스는 안전하게 미국으로 돌아가는 항해 길에 오를 수 있었다.

보스턴 국교회의 영도적 목회자였던 존 코튼(John Cotton)은 「어린양의 피로 씻기어져 희어진 잔혹한 교리」(*The Bloudy Tenent Washed and Made White in the Bloud of the Lamb*, 1647)라는 제목의 소책자로 윌리엄스에 대응하려 했다. 코튼은 부차적인 문제들에 대해서는 제한적으로 신앙의 자유가 허용될 수 있어도, 좀 더 근본적인 문제들에 대해서는 그럴 수 없다고 했다. 그는 교회와 공직자들은 심지어 무력을 사용하더라도 참된 기독교 기초 교리들이 받아들여지도록 감독해야 할 의무가 있다고 했다. 그는 또한 윌리엄스는 신앙 양심 때문이 아니라, 그가 진리 안에서 교육받은 양심에 반하는 죄를 범했기 때문에 박해받게 된 것이라고 주장했다.28)

윌리엄스는 그 시대의 방식에 따라, 또 다른 소책자로 답변했다. 책의 제목은

「잔혹한 여전히 더 잔혹한 교리: 코튼 목사가 어린양의 피로 씻어 희게 만들고자 애쓴 교리」(*The Bloudy Tenent Yet More Bloudy: By Mr Cottons endevour to wash it white in the Bloud of the Lamb*, 1652)였다. 이 소책자는 코튼의 주장을 반박하고 아메리카 식민지에서 발생한 종교적 탄압을 추가로 제시하였다. 윌리엄스는 그의 이전 책에서 강조한 내용들을 반복하였고, 장문의 서문에서 의회, 법원, 국민들에게 온전한 자유의 실행을 촉구하였다.

3. 교회와 국가의 분리. 로저 윌리엄스에게 있어 근본 원리는 종교의 자유와 하나님 앞에서의 영혼의 자유이지만, 그는 세속과 영적 영역의 구분이 영혼의 자유를 제공하는데 필수적이라고 보았다. 「잔혹한 교리」에서 윌리엄스는 로마서 13장을 논하면서 "이 성경은 두 가지 국가, 즉 세속 국가와 영적 국가, 세속 관리들과 영적 관리들, 세속 무기들과 영적 무기들에 대한 설명을 제시한다"고 했다. 그리고 한걸음 더 나아가 "교회 위에 군림하는 공직자들의 모든 권력은 영적인 것이 아니라 세속적인 것이며, 공직자들 위에 군림하는 교회의 모든 권력은 세속적인 것이 아니라 영적인 것"이라고 단언하였다.29)

윌리엄스는 교회와 국가 사이에는 그 본질과 목적에 있어서 근본적인 차이가 있다고 주장했다. 하나는 세속적인 것으로 국민들의 모든 사항을 다루고, 다른 하나는 영적인 것으로 오직 교인들의 문제만 관여한다. 윌리엄스는 이것은 서로 다른 분야들을 나타낸다고 생각했다. 공직자는 세속 권력을 가졌지만, 교회 안에서는 단지 한 평신도에 불과하다. 목회자는 교회에서 지도자의 위치에 있지만, 국가에서는 일개 국민에 불과한 것이다. 윌리엄스는 이것을 바다 위의 배라는 유명한 예를 들어 설명했다. 한 분야, 즉 바다에서는 선장이 지휘권을 가지고 있어서 심지어 공직자라도 배 안에서는 선장의 권위 아래 있게 된다. 다른 분야, 즉 육지에 도착했을 때는 공직자가 지휘권을 가지게 되고 선장은 공직자의 권위 아래 있게 된다.

윌리엄스가 분야들을 구분한 것과 관련하여 가장 기억할 만한 설명은 그가 십계명의 두 돌판을 사용해 설명한 것이다. 즉 공직자들은 인간 사회에 관한 명령을 다루고 있는 두 번째 돌판을 위반하는 경우 규제하고 징벌하지만, 하나님에 대한 의무를 다루고 있는 첫 번째 돌판에 대해서는 그렇게 하지 못한다. 이것을 현대적 용어로 말하면 교회와 국가의 분리이다.

4. 민주주의. 비록 윌리엄스는 민주주의란 단어를 거의 사용하지 않았지만, 그

는 분명하게 정치적 민주주의를 주장하고 실행하였다. 프로비던스 식민지는 처음부터 시민들의 다수결에 의해 통치되었으며, 윌리엄스는 이러한 행습을 뒷받침하기 위해 정치 이론을 발전시켰다. 윌리엄스는 「잔혹한 교리」에서 다음과 같이 말했다:

> 세속 권력의 주권, 원천, 기초는 국민들에게 있다…. 그렇다면 국민들은 그들의 시민적 상황에 가장 잘 맞는 형태의 정부를 세우고 설립할 수 있을 것이다. 국민들에 의해 세워지고 설립된 정부들은 국민들이 합의하고 허락하여 그들에게 맡긴 세속 권력 이상의 권력을 가지지 못하며, 권력의 기간을 늘리지 못한다.30)

현대 독자들은 이 선언문이 그 시대에 얼마나 급진적으로 들렸는지를 모른다면, 그것을 대충 훑어보는 정도 밖에 안 되는 것이다. 당시 영국은 왕정복고를 위해 투쟁하는 시기였고, 아메리카의 선도적 지도자들은 민주주의를 결코 "적합한 정부 형태"가 아니라고 선언하던 때였다. 윌리엄스의 견해의 진가를 알아본 것은 이후 세대나 되어서였다.

5. 미국 최초의 침례교회 창시자. 비록 그가 침례교인으로 남아 있던 시간은 길지 않았지만, 윌리엄스가 침례교인이었다는 것을 부인할만한 (비록 몇몇 저자들은 부인했지만) 타당한 이유는 없다. 그는 불행히도 사소한 문제로 침례교와 갈라섰지만, 그가 신대륙에서 최초의 침례교회를 세운 것은 사실이다.

로저 윌리엄스는 미국 역사에서 영예의 위치를 차지할 자격이 있지만, 명백한 결정적 약점도 있었다. 민주주의와 모든 사람들을 위한 자유라는 새로운 사회에 대한 그의 비전은 그를 동시대 사람들에게 아주 급진적인 사람으로 보이게 만들었다. 그는 종종 옹고집을 부리는 것처럼 자신의 확신을 완강하게 주장하였으며, 그의 성품은 변덕스럽고 거친 면이 있었음도 사실이다. 존 코튼은 윌리엄스는 "그의 머리에 풍차"가 있어서 그것이 끊임없이 돌아가면서 빛보다는 열을 더 발생시킨다고 생각했다. 아마도 플리머스 주지사 윌리엄 브래드포드의 판단이 가장 적절한 것이었다. 그는 윌리엄스에 대해서 "많은 귀중한 자질들을 가지고 있는 경건하고 열정적인 사람이지만, 판단에 있어서 안정적이지 못했다"고 말했다.31)

프로비던스교회

미국에서의 최초 침례교회는 파란 만장한 초기 역사를 가지고 있었다. 몇몇 사람들은 그렇게 했지만, 그 교회의 유적에 대하여 언급할 만한 것이 거의 남아있지 않다고 지적한 것은 너무 가혹한 일이다. 심지어 모건 에드워즈(Morgan Edwards)도 1771년의 글에서 "이 교회는 133년 전부터 존재해 왔지만, 특별히 주목할 만한 사건들이 없었다"고 하였다.32) 그 교회는 특수침례교의 기반에서 시작되었지만, 1650년대 중반부터 일반침례교의 전통 혹은 "여섯-원리"를 강조하는 전통이 대세를 장악하게 되었다. 하지만 다음 세기에는 제임스 매닝(James Manning) 목사의 지도하에 다시 특수침례교 전통으로 복귀하였다. 에드워즈는 "그들이 처음에는 예배 시간에 찬송가를 사용했지만, 나중에는 그렇게 하지 않았는데," 그 이유는 찬송하는 일과 관련된 논쟁이 너무 심해졌기 때문이었다고 말했다.33) 1652년경 토마스 올니(Thomas Olney)는 교회로 하여금 안수하는 의식을 폐지하고 "다섯-원리" 교회로 복귀할 것을 촉구하였다. 교회는 거절하였고 올니와 일단의 사람들은 교회를 탈퇴하여 대항 교회를 설립하였다. 원래의 교회는 지속되었지만, 때때로 목사가 없거나 심지어 모임조차 갖지 못한 때도 분명히 있었다. 두 교회는 결국 다시 통합되었지만, 그것은 그 교회의 역사에 있어 한 가지 의문을 야기하였다. 즉 1639년의 원래 교회는 사라졌으며, 현재의 교회는 1652년 올니 분파로까지만 소급되어야 하는가? 아니면 현재 교회는 비록 몇 차례의 중단 사례가 있긴 했지만, 1639년까지 거슬러 올라갈 수 있는가? 비록 후대 침례교의 삶에서 이 질문에 대한 답변이 별로 중요한 의미를 갖고 있지는 않지만, 아마도 후자가 옳을 것이다.

프로비던스교회는 1700년까지 예배당을 갖지 못했으며, 주로 개인 집에서 모였고 날씨가 좋을 때는 나무 숲 속에서 모임을 갖기도 하였다. 첫 번째 예배당은 그 교회의 목사 파던 틸링해스트(Pardon Tillinghast)가 건축비용을 부담했는데, 그는 예배당 부지도 헌납하였다. 모건 에드워즈는 후에, 그 교회에서 목회하는 일은 "목회자들에게는 아주 비용이 많이 드는 일이었고, 교회에게는 아주 돈이 적게 드는 일이었다"고 말했다. 파던 틸링해스트는 비록 자신은 월급을 받지 않았지만, 목회자들은 교회로부터 지원을 받을 권리가 있다고 가르쳤다.

존 클라크

로드아일랜드의 뉴포트(Newport)는 미국에서 두 번째 침례교회가 세워진 곳이다. 그 교회는 1644년 혹은 좀 더 이전에 설립되었다. 교회의 창설자는 존 클라크였는데, 그는 목사요 의사였다. 클라크의 생애는 로저 윌리엄스와 놀랄 만큼 유사하였다. 두 사람은 거의 같은 나이에 분리주의에서부터 침례교 신앙생활로 향하는 여정을 떠났고, 각각 로드아일랜드에 식민지를 개척했으며, 초기 침례교 회들을 세웠다. 두 사람은 또한 공무에도 탁월하여 윌리엄스는 1644년에 허가서 (역자주: 영국 국왕이 아메리카 식민지 설립을 허가하는 문서)를 받았으며, 클라크는 1663년에 허가서를 취득했다. 두 사람 사이에는 물론 큰 차이점들도 있었다. 윌리엄스는 다소 변덕스러운 사람이었지만, 클라크는 꿋꿋한 정신의 소유자였다. 윌리엄스는 단지 몇 개월 동안만 침례교인으로 남아 있었지만, 클라크는 40년 이상을 충실하게 사역하였다. 윌리엄스는 좀 더 역동적이고 창조적이었지만, 클라크는 좀 더 꾸준하고 안정적이었다.

존 클라크(1609-1676)는 1609년 10월 3일, 영국의 서퍽 주(Suffolk County)에서 토마스와 로즈 케리츠 클라크(Thomas and Rose Kerrich Clarke)의 아들로 태어났다. 그리고 태어난 지 5일 만에 침례를 받았다. 그가 좋은 교육을 받았다는 것은 분명하지만, 어디서 교육을 받았는지는 알 수 없다. 레이던대학교(University of Leyden)의 1635년도 학생명단에 "요하네스 클라크"(Johannes Clarcq)라는 이름이 있는데, 일부 사람들은 이것을 근거로 클라크가 그 유명한 네덜란드 대학교에 다녔으며, 거기에서 네덜란드 아나뱁티스트와 침례교회를 알게 되었을 것이라고 결론 내렸다. 이것은 사실일 수 있지만, 실증적 증거로 볼 수는 없다. 클라크는 침례교 목사로서 뛰어나게 성공적으로 사역하면서 동시에 명성 높은 의사였고, 때때로 법률의 일에도 종사했으며, 유능한 정치가요 외교관이기도 했다.

클라크는 그의 아내 엘리자베스(Elizabeth)와 함께 1637년 보스턴에 도착했는데, 그때는 윌리엄스가 그곳에서 추방된 지 1년이 지난 뒤였다. 영국의 종교적 박해와 신대륙에서의 밝은 전망이라는 흔한 조합이 아마도 클라크를 식민지로 이끌었을 것이다. 그는 소위 반(反)율법주의 논쟁(Antinomian Controversy)이라고 불린, 그 세기의 주요 지성적 논쟁이 한창일 때, 보스턴에 도착했다. 반율법주의는 청교도주의에 상당한 도전이 되는 것으로 드러났다. 그것은 "은혜의 언약"(covenant of grace)의 입장에서 외부적 권위를 약화시키고, 개인의 자유를 좀 더 많이 인정하며, 신앙을 내적이고 신비적인 것으로 이해했다. "매사추세츠만 신정체제의 대제사장"으로 불렸던 존 코튼(John Cotton)은 청교도 정통주의의 주된 옹호자였다. 특별히 코튼의 설교를 따라 아메리카로 건너왔던 범상치 않은 여인, 앤 허친슨

(Anne Hutchinson)은 반율법주의 세력의 리더가 되었다.

"준비된 재치와 담대한 정신의 여인"으로 묘사된 허친슨 부인은 후에 보스턴 교회에서 출교되고 매사추세츠만 식민지에서 추방당했다.34) 보스턴에 도착한 후, 클라크는 허친슨 그룹에 가입하였다. 클라크는 그들의 신학 견해들을 모두 다 받아들인 것은 아니며, 종교의 자유에 대한 그들의 헌신에 참여한 것으로 보인다. 뉴햄프셔(New Hampshire)에서 짧은 기간 동안 일을 하고 난 후, 클라크는 1638년에 로저 윌리엄스와 의논하였다. 그 결과 허친슨 그룹은 포츠머스(Portsmouth)에 정착하게 되었다. 한 해가 지난 후 그 그룹은 뉴포트 마을을 건설하기 위해 섬의 좀 더 아래쪽으로 이주하게 되었다.

뉴포트의 첫 침례교회. 존 클라크가 언제, 어디서 침례교인이 되었는지는 알 수 없다. 일부 사람들은 그가 영국이나 혹은 네덜란드에서 침례교 신앙을 받아들였을 것으로 본다. 그는 1637년에 보스턴 당국에 의해 "아나뱁티스트주의에 물든 사람"으로 의심되어 무장해제를 당한 사람들 가운데 한 사람이었다. 하지만 어떤 증거를 가지고 그랬는지는 알 수 없다. 다른 사람들은 클라크가 아메리카에 온지 얼마 안된 시기, 아마 1640년대 초반에 침례교인이 되었을 것이라고 생각한다. 그가 로저 윌리엄스와 1638년에 상담했을 때, 윌리엄스가 클라크를 신자의 침례 사상을 갖도록 영향을 끼쳤을 것이라는 추측은 충분히 가능하다. 「윈스롭 일기」(Winthrop's Journal)는 1638년도에는 클라크를 "그 섬에 있는 사람들의 의사요 설교자"로 불렀지만, 1641년에는 그를 좀 더 공식적으로 "그들의 목회자"로 호칭하였다.35)

1638년까지 포츠머스에 교회가 있었다는 사실은 확실하지만, 어떤 성격의 교회인지는 분명치 않다. 윈스롭은 "보스턴과 여타 지역에서 허친슨 부인의 사상을 따르는 많은 사람들은 아퀴데이 섬(Isle of Acquiday[Aquidneck])으로 떠났고, 엄격한 분리를 주장하고 아나뱁티스트주의의 기미를 띤 사람들은 프로비던스로 떠났다. 따라서 그 지역들에는 많은 사람들로 채워지게 되었다"고 기록하였다.36) 그는 또한 "허친슨 부인은 공개적으로 활동[설교]하였다"고 불평했다. 윈스롭에 따르면 "그들은 매우 무질서한 방법으로 교회를 세웠는데," 그들 가운데는 보스턴 교회가 규탄했던 사람들도 회원으로 받아들여졌다. 1639년도 보고서들은 "각양각색의 사람들이 공개적인 아나뱁티스트로 전향했음"을 시사했다. 1640년에 로버트 렌설(Robert Lenthal)은 로드아일랜드 섬에서 "청소년 교육을 위한 공립학교를 유지하기 위해" 채용되었다. 이 학교가 미국에서 최초의 무료 공립학교일 가능성이 있다는 것은 별개로 치더라도, 렌설이 일찍이 1638년에 매사추세츠의 웨이머스(Weymouth)에서 침례교 견해를 옹호했다는 이유로 고난당했다는 사실은 흥미로운 일이다.

포츠머스교회는 처음부터 두 파로 나누어져 있었다. 허친슨, 윌리엄 코딩턴(William Coddington), 니콜라스 이스턴(Nicholas Easton) 등이 주도하는 그룹은 내적 빛의 권위를 주장하고, 외부적 규례들에는 거의 권위를 부여하지 않았다. 클라크, 렌설, 로버트 하딩(Robert Harding) 등이 인도하는 다른 파는 기록된 성경의 권위를 주장했다. 논쟁은 결국 1641년에 분열로 발전했다. 코딩턴과 그와 같은 믿음을 가진 사람들은 후에 퀘이커교회를 설립하기 위해 탈퇴하였다. 허친슨의 가족은 머지않아 북쪽으로 이주했는데, 그곳에서 토착민들에 의해 피살되었다.

클라크와 그와 같은 믿음을 가진 사람들은 1641년에 이르러서는 명백하게 포츠머스 교회를 탈퇴하고 섬의 좀 더 아래쪽에 있는 뉴포트에서 교회를 세웠다. 그 당시의 한 보고서는 뉴포트에 있는 "클라크 선생이 장로인 교회"라고 소개하고 있다. 이전의 포츠머스교회처럼 초기 뉴포트교회는 다양한 배경의 회원들로 구성되었을 것이다. 그 교회는 이후 클라크의 지도로 뚜렷하게 침례교회가 되었고, 그 세기가 끝날 때까지 미국에서 주도적인 침례교회 가운데 하나로 남게 되었다. 그 교회가 언제부터 분명하게 침례교회가 되었는지는 분명치 않다. 1641년, 1644년 혹은 1648년 정도일 것이다. 우리가 분명한 자료적 증거를 통해서 말할 수 있는 첫 번째 날짜는 1648년이다. 존 코머(John Comer)는 15명의 남자 회원들의 이름이 기록된 그 해의 회원 명부를 발견했는데, 그것은 그 교회를 침례교회로 규정했다.37) 1725년에 뉴포트교회의 목사가 된 코머는 그 교회가 이미 1644년에 침례교회였음을 암시하는 다른 정보를 발견하였다. 배커스는 "그 때보다 더 늦을 수도 더 빠를 수도 있어 보인다"는 문구를 첨가했다. 비록 날짜로 따지면 프로비던스에 이어 두 번째이지만, 뉴포트교회는 침례교 원리들에 대한 일관된 헌신, 활발한 조직화, 복음전도에 대한 열정 등에서는 분명히 첫 번째 자리를 차지한다. 1652년부터 1664년까지 12년 동안 영국에 체류함으로 인해 부재했던 사실을 제외하고, 클라크는 그가 사망한 1676년까지 뉴포트교회의 담임목사로 남아 있었다. 영국에 있는 동안에 그는 설교하고, 의료행위를 했으며, 의회에서 식민지를 대변하는 일을 하였다.

심각한 교리적 문제들이 초기부터 뉴포트교회에 어려움을 주었다. 클라크와 대부분의 회원들은 특수침례교인들 이었지만, 회원들 가운데는 일반침례교인들도 있었다. 일반침례교인들은 종종 "여섯-원리 침례교인들"로 불리었는데, 그것은 그들이 히브리서 6장 1-2절에 나오는 여섯 개 요소들을 주장했기 때문이다. 특수침례교인들은 여섯 개 요소 중 하나인 새신자에게 안수하는 행습을 늘 지킨 것은 아니었기 때문에, 그들은 종종 "다섯-원리 침례교인들"로 불리었다. 따라서 안수하는 것은 그들 사이의 차이점에 대한 가시적인 표시가 되었다.

뉴포트교회는 일찍이 1665년에 (어떤 자료는 1656년이라고 함) 분열되었는데, 21명의 회원들은 일반침례교 강조점들이 압도적으로 인정받는 교회를 만들기 위해 탈퇴하였다. 윌리엄 본(William Vaughan)이 분열을 주도하였고, 그는 분립된 교회의 목사로 사역하였다. 이 교회는 몇 년 내에 자신들과 같은 입장을 취하는 2-3개의 교회들을 세웠다. 그들은 일반 속죄를 주장하고, 예배의 일부로서 찬송하는 것을 반대하며, 새신자에게 안수하였다. 존 클라크의 조카인 제임스 클라크(James Clarke)는 1697년에 그 교회의 목사로 안수받았다.

1671년에 또 다른 분열이 발생되었는데, 그것은 예배일을 토요일로 할 것인지, 주일로 할 것인지와 관련된 것이었다. 미국의 최초 "안식교도"로 불리는 스티븐 멈포드(Stephen Mumford)는 1665년에 뉴포트로 왔고, 교회에 출석하며 제7일 안식교주의를 선전하기 시작했다. 그는 주일날 밭을 갈아서 많은 사람들을 불쾌하게 만들었다. 설득력이 있었던 멈포드는 차츰 다른 사람들로 하여금 자신의 관점을 받아들이게 하였다. 그들은 처음부터 교회를 떠나지는 않았다. 첫째 날 성수주의자들과 제7일 성수주의자들은 함께 예배드리며 계속 교제를 이어갔다. 그런데 토요일에 예배드리던 일부 사람들이 주일 예배로 되돌아가면서 문제가 발생하게 되었다. 안식교도들은 제7일 성수주의를 받아들이지 않은 사람들과는 예배를 함께 드릴 수 있었지만, 한 때 자신들의 행습을 받아들였다가 포기한 사람들과는 함께 주의 만찬을 거행하는 것을 원치 않았다. 결국 1671년에 안식교도들은 자신들의 교회를 설립하기 위해 교회를 탈퇴하였다.

1670년대에 이르러 로드아일랜드에 있는 여섯-원리 교회들은 교제와 상호간의 교화를 위해 정기적인 만남을 가졌다. 일부 사람들은 이것을 미국 최초의 침례교 지방회로 간주하려 한다. 하지만 공식 조직에 대한 어떠한 증거도 없으며, 그 모

임들 자체도 오래 지속되지 못하였다.38)

「뉴잉글랜드에서 온 나쁜 소식」(Ill News from New-England). 존 클라크는 뉴잉글랜드에서의 종교적 박해에 관한 책을 1652년에 영국에서 출판했다. 이 책은 종교의 자유를 위한 용기 있는 선언문으로서 윌리엄스의 「잔혹한 교리」와 나란히 위치할 가치가 있으며, 양국에서 비슷한 정도로 심대한 영향을 끼쳤다. 「나쁜 소식」은 보스턴에서 일어난 가혹한 박해 사건이 계기가 되었다. 클라크는 1651년 7월 16일 부목사 오바댜 홈스(Obadiah Holmes), 평신도 존 랜덜(John Randall) 등과 함께 매사추세츠의 린(Lynn)에 살고 있던 윌리엄 위터(William Witter)의 집에 심방을 갔다.39) 시력을 거의 상실한 늙은 성도인 위터는 필시 뉴포트교회 성도였을 것이다. 클라크는 분명히 그의 개인 집에서 말씀을 전했지만, 주위의 몇몇 이웃들이 함께 참석하였다. 클라크 일행은 체포되어 보스턴 법정으로 이송되었다. 그들은 심문받았고, 벌금을 내거나 공개적으로 매를 맞는 형을 정식으로 선고 받았다.

클라크는 총독으로부터 토론회에 참석할 것을 통보받고, 자신이 주장할 내용을 다음의 네 가지 원리로 준비하였다: (1) 그리스도는 삶의 모든 영역에서 주인이시다; (2) 침례는 오직 신자들에게 베풀어야 하고, 유아들에게 행해서는 안 된다. 침례는 반드시 침수로 해야 한다. (3) 안수받지 않은 평신도를 포함한 모든 신자들은 교회의 안과 밖에서 그리스도를 전할 수 있다. (4) 모든 사람을 위한 신앙의 자유는 하나님이 주신 권리이다. 보스턴의 목회자들에게는 이러한 주제들에 관해 공개적 토론을 하고자 하는 열망이 총독 넌지시 비추었던 바에 비해 훨씬 없었다. 따라서 토론회는 결코 이루어지지 않았다.

클라크의 벌금 20파운드는 알려지지 않은 기부자가 지불하였다. 랜덜은 보석금을 내고 풀려났다. 그러나 좀 더 거침없이 말했던 홈스에게는 30파운드의 벌금이 부과되었다. 무명의 기부자가 그 벌금을 내주려고 했으나, 홈스는 거절하고 매를 맞겠다고 고집했다. 몇 주간 감옥에 갇힌 후, 마침내 1651년 9월 5일에 채찍 형을 당했다. 홈스의 두 손은 보스턴 의사당에 앞에 있는 말뚝에 묶였고, 허리 부분까지 옷 벗김을 당하였다. "채찍질하는 사람"은 그의 두 손에 침을 뱉고, 세 갈래 채찍으로 "그의 온 힘을 다해" 홈스의 등짝을 30차례 내리쳤다. 채찍질이 시행되기 전에, 친구들은 홈스에게 포도주를 주려고 하였다. 그러나 그는 세상 사람들이 성령이 아니라 포도주에 의해 견뎠다는 말을 하지 못하도록, "나는 벌 받는 일이 끝나기 전에는 포도주나 독주를 마시지 않기로 결심했다"고 말했다. 매를 맞는 동안 내내 홈스는 청중들에게 설교했다. 고난이 끝나자 그는 관리들에게 "당신들은 장미로 나를 때렸소"라고 말했다.40) 홈스는 나중에 간증하기를, 자신은 그리스도께서 그의 소유된 자가 고난받을 때 옆에 계신다고 오랫동안 믿어 왔는데, 이제는 자신의 삶을 통해 그것이 사실임을 보여주었다고 했다. 하지만 홈스는 너무 심하게 상처를 입어서 몇 주 동안 보스턴을 떠날 수 없었으며, 그 기간 동안 오직 팔꿈치와 무릎으로 웅크린 자세로 잠을 잘 수밖에 없었다. 그의 등은 일생동안 흉터투성이로 남게 되었다.

클라크는 「나쁜 소식」에서 이 사건을 충격적인 일로 묘사하였다. 실제적 예는 추상적인 주장들보다 미국에서의 종교적 박해에 관한 실상을 더 생생하게 보여주었다.

스완지

이 정착지는 매사추세츠에서 최초의 침례교회가 있었던 곳이었다. 스완지는 로드 아일랜드 경계지역에서 가까운 곳에 있으며, 후에 프로비던스 침례교인들로부터 어느 정도 영향을 받았다. 매사추세츠에는 침례교회가 설립되기 오래 전부터 침례교에 공감하는 사람들이 있었다는 충분한 증거들이 있다. 1630년대 초기부터 여러 기록들은 매사추세츠만 식민지에서 "아나뱁티스트주의 기미가 있는" 사람들에 대해 언급했다. 이중 몇 가지 사례들을 간략하게 살펴보자. 로버트 렌설(Robert Lenthal)은 1638년도에 유아세례를 반대한 것으로 알려졌다. 그는 후에 뉴포트에서 클라크의 부목사가 되었다. 1642년에는 세 여자들 즉, 데보라 무디 부인(Lady Deborah Moody), 킹 부인(Mrs. King), 그리고 존 틸턴(John Tilton)의 아내 등은 유아세례를 거부한다는 이유로 세일럼 법정으로 소환되었다. 1644년에는 윌리엄 위터와 페인터(Painter)라고 불리는 사람이 유사한 죄목으로 법정에 서게 되었다.

침례교 신앙에 공감하는 사람들이 늘어갔던 것은 분명한 사실이다. 그들은 다양한 방법으로 유아세례에 대한 불만을 드러냈다. 어떤 사람들은 그것에 대해 공개적으로 반대 의사를 밝혔고, 다른 사람들은 유아세례가 실시될 때에는 교회에서 나와 버렸으며, 또 다른 사람들은 그것을 지켜보지 않으려고 고개를 돌려버리거나, 인정하지 않겠다는 의사를 드러내기 위해 얼굴을 찡그리기도 했다. 이러한 정서가 상당히 퍼지게 되자, 매사추세츠만 식민지는 1644년에 유아세례를 부인하는 것을 범죄로 취급하는 법을 제정하였다. 침례교 신앙에 공감하는 사람들 가운데는 당시 하버드 대학교의 총장인 헨리 던스터(Henry Dunster)도 포함되어 있었다. 그는 자신의 아이에게 침례 베푸는 일을 거부한 것과 특히 그 문제에 대해 침묵하라는 명령을 거부한 이유로 1654년에 총장직을 박탈당했다. 오바댜 홈스와 마크 루커(Mark Lukar)는 1649년 시콩크(Seekonk)에서 침수침례를 받았지만, 그것이 교회의 설립으로 발전되지는 못했다.

스완지 근교에서 최초의 침례교회는 1663년 존 마일즈(John Miles)에 의해 시작되었는데, 그 교회는 일찍이 1649년 웨일즈(Wales)의 옛 스완지 근교, 일스턴(Ilston)에 세워진 교회였다. 영국에서 1662년 교식통일법(Act of Uniformity)이 모든 비국교도들에게 커다란 압력이 되자 마일즈와 교인들은 아메리카로 이주하였던 것이다. 마일즈는 그가 사망했던 1638년까지 스완지교회의 담임목사로 사역하였다. 이 교회는 자체 건물을 가진 미국 최초의 침례교회 중 하나였다.

미국 초기 침례교회들과 마찬가지로 스완지교회는 특수와 일반침례교인들이 함께 있었다. 일반침례교 신앙을 가진 사람들은 1680년에 분립하여 모임을 형성했다. 그들은 새신자에게 안수하는 것은 시행했지만, 예배시간에 찬송하는 것은 거부하였다. 몇 년 후 비공식적인 모임은 정식 교회가 되었으며, 그 교회는 토마스 반즈(Thomas Barnes)를 1693년에 안수하여 담임목사로 세웠다.[41]

보스턴

1665년 6월에는 뉴잉글랜드 전체의 침례교인들에게 큰 영향을 끼치게 될 보스턴 제일침례교회(The First Baptist Church of Boston)가 설립되었다. 매사추세츠만 식민지에서 유아세례를 꺼려하는 많은 사람들 가운데 토마스 굴드(Thomas Gould) 부부는 1655년에 있었던 유아세례식에 아이를 참석시키려 하지 않았다. 굴드가 유아세례를 반대하는 것은 잘 알려진 사실이었다. 그는 "그 의식의 공허함과 효력 없음"에 대해 말하며, 종종 유아세례가 행해지는 시간 동안은 교회당 밖으로 나왔으며, 가끔은 "의식이 집행될 때 어울리지 않는 제스처를 취하기도 했다."[42] 굴드 부부가 회원으로 있는 기존의 합법적 교회는 아이를 세례반(洗禮盤)으로 데리고 나오라고 명령했다. 그러나 굴드는 "나는 그들에게 그렇게 하지 않겠노라고 대답했다. 왜냐하면 하나님의 말씀에는 유아세례에 대해 어떠한 규칙도 찾아볼 수 없기 때문이었다"고 말했다.43) 수년 동안 그 문제는 그러한 상태로 남아 있었고, 굴드는 순응하기를 거부했으나, 공식적으로 교회에서 쫓겨나지는 않았다. 굴드 부부는 영국에서 침례교인이었던 몇몇 친구들과 함께 자신의 집에서 예배를 드렸고, 그들은 1665년에 침례교회를 세웠다. 굴드는 후에 다음과 같이 기록했다:

> 앞으로 주님께서 내가 행하기 원하는 것을 생각해보면… 하나님은 몇몇 침례교인들을 옛 영국에서부터 나오게 하셨다. 우리는 무엇을 해야 하는 지에 대해 함께 논의하고, 주님의 인도하심을 바라며, 우리와 함께 거주하고 있는 유능하고 경건한 다른 친구들과도 상의하였다. 그들은 우리들에게 모임을 가지라고 권고했고, 우리는 그렇게 했다. 우리 아홉 명은 그리스도의 법칙과 복음의 명령 안에서 행하기로 하였다.44)

이들 침례교인들은 수년 동안 계속된 박해의 집중 포화를 견뎌냈다. 반대자들에 대한 지나치게 가혹한 행태와 침례교인들의 매우 모범적인 품행은 기존의 합법적 교회의 일부 교인들로 하여금 그들의 고통을 경감해줄 것을 청원하게 만들었다. 굴드는 추방의 판결을 받았으나, 떠나기를 거부하였다. 그러자 그는 얼마 동안 감옥에 갇히게 되었다. 보스턴교회는 7명의 남자와 2명의 여자, 도합 9명의 회원으로 시작하였다.

이 교회는 1665년에 신앙고백서를 채택하였는데, 그것은 의심의 여지없이 굴드가 작성한 것이었으며, 아마도 미국에서 최초의 침례교 신앙고백서일 것이다. 이것은 용감한 문서로 온건한 특수침례교 관점들을 드러냈다. 신앙고백서는 다음의 내용들을 분명하게 주장하였다.

> 그리스도께서 제자들에게 위임하신 것은 가르치고 침례 베푸는 것이다. (1) 이 말씀을 기쁘게 받고 침례받은 사람들은 부름 받은 성도들이며, 가시적 교회에 합당한 사람들이다. 그리고 언약 안에서 복음으로 교제함에 있어 함께 모인 충분한 수의 사람들은 그리스도의 교회가 된다…. 그리고 그리스도로부터 받은 권한에 의해, 그들은 그들 가운데서 직분자들을 선정할 수 있다…. 교회가 함께 모였을 때, 그들 모두는 한 사람씩 차례차례 설교할 수 있고 또한 모두는 배우고 위로 받을 수 있다…. 우리는 정부를 하나님의 법령으로 받아들이며, 진노 때문이 아니라 양심을 위해서 주님 안에서 공직자들에게 복종한다…. 그러므로

우리는 하나님께 속한 것은 하나님에게, 가이사에게 속한 것은 가이사에게 바치기 원한다.45)

신앙고백서는 "누구라도 이것을 이단적인 것으로 여긴다면, 그들이 이단이라고 부르는 사도들의 고백을 따라, 우리는 우리 주 예수 그리스도의 아버지를 예배할 것이다"라고 결론 내렸다.

보스턴 침례교인들은 분명히 공동담임목사 역할을 하였던 존 러셀(John Russell)과 아이작 헐(Isaac Hull)의 지도 아래 1679년에 그들의 첫 번째 교회 건물을 세웠다. 그들은 1679년 2월 15일에 데이비드 베네딕트(David Benedict)가 "널찍한 예배당"으로 묘사한 그 건물의 첫 번째 소유자가 되었다. 그 후에 곧 정부 당국자들은 신자들이 들어가지 못하도록 그 건물을 봉쇄하였다. 그리고 5월에는 소급 입법을 통과시켰는데, 그것은 "어떤 사람도 관계 당국의 허가 없이 공중 예배를 위해 건물을 세우거나 집을 사용하지 못하며," 허가받지 않은 건물은 몰수당하게 된다는 것이었다.46) 그러나 짧은 시간 안에 침례교인들은 그 건물을 사용하기 위해 다시 문을 열 수 있게 되었다.

키터리

윌리엄 스크리븐(William Screven, 1629-1713)은 메인(Maine) 주에서 최초의 침례교회를 1682년 키터리에 세웠다. 그는 메인 및 사우스캐롤라이나(South Carolina) 두 곳에서 침례교 사역을 조직화한 탁월한 사람이었고, 초기 미국에서 가장 뛰어난 침례교 지도자들 가운데 한 사람으로 자리매김한다.

스크리븐(스크리븐의 영문철자는 때때로 Scriven, Sereven, Screeven, Scrivine, Serievener 등으로 표기됨)에 관한 얼마 안 되는 사실들은 다음과 같이 요약될 수 있다. 윌리엄 스크리븐은 영국 서부지역의 서머턴(Somerton)에서 태어났다. 그곳에서 스크리븐은 훌륭하지만 변덕스러운 침례교 복음전도자 토마스 콜리어(Thomas Collier)의 영향을 받게 되었다. 스크리븐은 대략 1652년에 침례 받았고, 콜리어의 지도 아래 "다재다능한 형제"로서 수년 동안 설교했는데, 아직 정식 안수를 받기에는 다소 부족한 평신도였다. 스크리븐은 1656년에 "서머세트신앙고백서"(Somerset Confession)에 서명한 것으로 보아, 어느 정도 유명한 지도자였을 것이다. 그는 아마도 침례교 사상을 지녔다는 것으로 인한 박해를 피하려는 목적으로, 1668년에 아메리카로 피난 갔으며, 메인의 키터리에 정착하게 되었다. 먼 거리에도 불구하고, 스크리븐은 종종 보스턴 제일침례교회에 가서 예배드렸다. 그는 1681년에 그 교회의 회원으로 받아줄 것을 요청하였다.

교회의 기록들은 스크리븐이 1681년 침례를 받음으로 보스턴교회에 의해 받아들여졌다고 되어 있지만, 한 가지 문제점이 있다. 스크리븐이 영국에서 1652년에 이미 침례를 받았다면, 왜 1681년에 침례를 또 받으려고 했을까? 몇몇 역사가들은 키터리의 스크리븐은 영국의 스크리븐의 아들일 것이라고 추측하였다. 그러나 로버트 A. 베이커(Robert A. Baker)는 꼼꼼하게 조사한 후, 두 사람이 동일인이라는 결론을 내렸다.47) 베이커는 스크리븐이 먼저 받은 침례로 보스턴교회에 입교하는 일에는 지장이 될 만한 몇 가지 요인들이 있었다고 주장했다. 즉 그에게 침례를 주었던 교회는 해체되었고, 따라서 뒷받침할만한 기록물이 없었으며, 그에게 침례를 준 목사(토마스 콜리어)는 비록 당시에는 정통이었지만, 나중에는 교리적으로 빗나가서 특수침례교회로부터 퇴출당했고, 보스턴에서 얼마간 떨어진 곳에 살았던 스크리븐은 보증해 줄 사람이 하나도 없는, 보스턴에서는 낯선 사람이었던 것이다.48) 베이커는 스크리븐은 비록 베테랑 침례교 목사였지만, 확실히 하는 차원에서 다시 침례를 받은 것이라고 결론 내렸다. 보스턴교회는 1681년에 다음의 사실을 확정적으로 말했다.

> 우리의 사랑하는 윌리엄 스크리븐 형제는 우리와 함께 주의 만찬을 행하는 정규회원이다. 우리는 그의 은사들에 대해 시험한 결과, 그는 하나님께서 성령의 은사와 은혜로 자질을 갖추게 하고 준비시킨 사람이라는 것을 발견했다…. 따라서 우리는 그가 살고 있는 지역이나 혹은 하나님의 섭리에 따라 파송된 곳에서, 그의 은사를 사용할 것을 승인하고, 찬성하며 또한 격려한다.49)

스크리븐은 키터리에서 설교했는데, 자신들을 보스턴교회의 교인으로 생각하고 있었던 일단의 침례교인들이 그곳에 모였다. 스크리븐은 1682년 7월 보스턴교회에 안수를 요청하였고, 그것은 받아들여졌다. 보스턴 침례교인들의 도움으로 키터리 무리들은 독립된 교회를 세웠다. 보스턴과는 날씨가 좋은 날에도 예배에 참석하기가 어려울 만큼 먼 거리, 그리고 "교회를 이루어서 그리스도의 귀중한 규례들을 지키는 기쁨을 누리기 원하는" 그들의 욕구가 그러한 조치의 이유들로 제시되었다. 키터리 침례교인들은 1682년에 교회 언약서를 채택하였는데, 이것은 아마도 미국에서 최초의 침례교 언약서일 것이다. 이 가슴을 뭉클하게 하는 문서에 소수의 박해 받은 회원들은 다음을 서약하였다:

> 우리는 거룩한 언약서 아래에 주님과 서로를 위해 자신을 드리기로 서약한다. 우리는 언약서에 나와 있는 바와 같이, 하나님과 함께 행하고, 하나님의 거룩한 말씀, 구약과 신약 성경에 계시되어 있는 하나님의 가장 거룩하고 축복된 명령들, 규례들, 제도들, 위임들을 분명히 지킬 것을 언약하고 약속한다. 그리고 하나님의 은혜와 그의 은혜를 통해 우리에게 주어진 현재의 빛에 따라서, 혹은 향후 하나님께서 우리가 발견하기 원하거나, 혹은 그의 거룩한 영과 복된 말씀을 통해 우리 인생의 날들 가운데 우리로 알게 하실 것을 지킬 것을 언약하고 약속한다.50)

스크리븐과 키터리교회 회원들 대부분은 1696년에 사우스캐롤라이나의 찰스턴(Charleston)으로 이주하였다. 메인에서의 최초 침례교회는 그곳에서 남부 최초의 침례교회가 되었다. 메인에서는 약 80년 동안 더 이상 침례교 사역이 나타나지 않았다.

2. 중부식민지에서의 침례교회 시작

중부식민지는 이웃의 뉴잉글랜드나 남부지역과 달리 어떤 교회도 그 지역의 공식 종교로 세우지 않았다. 각 교단은 정부가 세속의 일들을 감당하는 데 관여하지 말고, 종교 사상들의 개방된 시장에서 스스로 살 길을 찾아야 했다. 이 식민지는 비록 이후 시대에서 이해되는 수준의 완전한 종교적 자유를 갖지는 못했지만, 상당한 정도의 관용을 누렸다. 적어도 세 가지 요인들이 이러한 관용을 설명해준다. 첫째, 그 지역에 퍼져 있던 퀘이커의 영향이 자유를 고무시켰다. 펜실베이니아는 그 식민지를 건설한 윌리엄 펜(William Penn)의 이름을 따서 지역 명을 삼았다. 찰스 2세는 1681년 3월 4일, 펜에게 관대한 허가서를 수여했다. 즉 국왕이 펜의 아버지에게 진 빚의 일부를 갚는 조건으로, 그로 하여금 아메리카의 광대한 지역의 유일한 소유자가 되도록 했던 것이다. 펜은 독실한 퀘이커교도였으며, 모든 사람들을 위한 종교의 자유에 기초하여 "펜의 숲"(Penn's Woods)을 만들었다. 그의 마음가짐은 가장 중요한 정착지에 붙인 이름, 필라델피아에서 잘 나타나는데, 그것은 형제애라는 의미이다.

두 번째, 중부지역 식민지 가운데 널리 퍼진 종교적 복수주의는 어떤 교단이 다수를 점하는 것을 방지하였다. 많은 대표적인 종교 단체들이 있었지만, 어떤 단체도 우위를 점하지 못했다. 심지어 퀘이커의 영향이 없다고 하더라도, 이 단체들은 필요에 의해 서로를 견디면서 지낼 수밖에 없었다. 세 번째 요인은 상업적 사업이었다. 당시에 많은 지도자들은 신앙의 자유가 정착과 경제적 성공을 고무한다는 것을 알게 되었다. 네덜란드 무역업자들은 그러한 동기에서 몇 년 후에 뉴욕이라고 불릴, 뉴암스테르담(New Amsterdam)에서 잠깐 동안 있었던 종교적 압제를 억제시켰다. 이러한 자유로운 분위기는 중부식민지에서 침례교회의 성장을 용이하게 만들었다.

펜실베이니아의 초기 정착민들 가운데는 침례교인들도 더러 있었다. 이들 대부분은 잉글랜드와 웨일즈, 그리고 소수의 아일랜드 출신들이었다. 그 지역에서 최초로 알려진 침례교 설교자는 토마스 던건(Thomas Dungan)이었는데, 그는 박해를 피해 아일랜드에서 피난 온 사람이었다. 그는 처음에는 로드아일랜드 뉴포트로 왔지만, 1684년에 그의 가족 및 몇몇 사람들과 함께 필라델피아에서 멀리 않은 벅스 카운티(Bucks County)의 콜드스프링(Cold Spring) 마을로 이주하였다. 그는 대략 1684년에 침례교회를 설립하고, 그가 사망했던 1688년까지 그 교회의 목사로 사역하였다. 아마도 던건은 이미 나이가 많이 들었던 것 같다. 엘리아스 키치는 그를 "침례교인들 가운데 초대 제자요 선생"이라고 불렀다.51) 던건이 사망한 후, 그 교회는 약화되었다.

1688년 1월, 엘리아스 키치는 12명의 회원들과 함께 페네펙(Pennepek) 교회를 설립하였다. 이 교회는 중부식민지에서 살아남은 최초의 침례교회였다. 이 교회는 필라델피아 교외지역 로워더블린(Lower Dublin)에 지금도 남아 있다. 키치는 런던의 침례교 목사 벤저민 키치(Benjamin Keach)의 아들이었다. 아들 키치는 1687년 아메리카에 도착했는데, 그 때는 아직 신앙고백을 한 기독교인이 아니었다. 그는 아주 거칠고, "하나님의 은혜와는 거리가 먼" 사람으로 묘사되었다. 어떤 이유인지 몰라도, 그는 허리띠를 차고, 교직자처럼 옷을 입고는 필라델피아 근처의 한 침례교회에서 설교하도록 초청받았다. 그는 종종 부친으로부터 설교를 들었기 때문에 큰 어려움 없이 설교할 수 있었다. 그러나 키치는 설교하는 도중에 자신의 죄가 막대하다는 사실에 사로잡히게 되었다. 그는 설교하는 것을 멈추고 떨기 시작했다. 청중들은 그가 아픈 것으로 생각하고 그에게 다가갔다. 키치는 자신이 속였다는 사실을 고백하고 용서를 구하였다. 그는 또한 온전하게 회심하였다. 자신이 설교하는 가운데! 그는 얼마 후 콜드스프링의 던건 목사로부터 침례받았다.

키치의 회심은 중부식민지 가운데 있었던 침례교 사역에 엄청난 축복이 되었음을 입증했다. 그는 조직화하는 기술과 함께, 침례교 사역에 젊음과 활력 그리고 역동성을 가져왔다. 그는 영국 침례교의 가장 발전적인 두 요소들, 즉 온건한 신학과 활발한 교회 질서 및 복음전파를 대변하였다. 그는 침례교회의 힘을 소멸시키고 성장을 방해하는 당시의 분열적인 논쟁들에 관여하지 않았다. 그는 무엇보다도 활발하게 전도 활동을 하였으며, 그 지역 전체에 걸쳐서 설교하며 여러 새로운 교회들을 개척하였다.

키치는 페네펙교회의 담임목사로 사역하였지만, 그의 설교를 그 근방에만 머물게 하지 않았다. 얼마 안가서 그는 뉴저지와 펜실베이니아에서 회심자들에게 침례를 베풀었다. 이 회심자들은 자신들을 페네펙교회의 회원으로 간주하였지만, 거리가 멀어서 따로 예배를 드릴 수밖에 없었다. 그러나 각 분기마다 전체 교회가 이러한 예배처소들 가운데 한 곳에 모여 예배하고, 교제하며, 주의 만찬을 나누었다. 이것은 "분기별 모임들"(Quarterly Meetings)이라고 불렸다. 그러나 각 예배처소에는 1년에 한 번만 오게 되므로 사람들은 그것을 연차 모임(Annual Meeting)이라고 부르기도 했다. 이러한 비공식적 모임들은 필라델피아 침례교 지방회(Philadelphia Baptist Association)의 핵심 요체가 되었다.

수년에 걸쳐 예배처소들은 독립된 교회가 되었다. 예를 들면, 토마스 킬링스워드(Thomas Killingsworth)가 모임을 주도하여 1689년에 세워진 피스카타웨이(Piscataway) 교회, 로드아일랜드로부터 이주해온 사람들이 핵심이 되어 1688년에 세워진 뉴저지의 미들턴(Middleton) 교회, 아일랜드에서 이민 온 소수의 사람들에 의해 1687년에 세워진 뉴저지 의 코핸시(Cohansey) 교회 등이 있다. 오바댜 홈스 2세는 코핸시교회의 가장 중요한 회원 중 한 사람이었다. 필라델피아에서 침례교인들이 1687년부터 예배를 위해 모였지만, 1698년까지는 교회가 설립되지 않았다. 영국 침례교인들이 1696년과 1697년에 그 도시로 이민 와서 침례교회의 힘을 증가시켰다. 필라델피아교회는 초기 시절에, 안식일 문제 및 키스파 퀘이커교도들(Keithian Quakers)과의 관계 설정과 관련된 내부적인 논쟁으로 어려움을 겪었다.

중부지역 식민지의 침례교회들은 17세기 후반에 시작되었기 때문에, 그들에 관한 1700년 이전 시대의 기록은 거의 없다. 그러나 별 볼일 없는 출발들도 무시하면 안 된다. 이 지역의 침례교인들은 다음 세기 동안 엄청난 성장을 보여주었고, 미국 전체에 걸쳐 침례교회의 풍조를 결정지었다. 그들은 현재까지 존재하는 최초의 지방회를 만들었고(1707), 신앙고백서를 채택했으며(1742), 침례교 대학을 설립했고(1764), 활발한 국내 선교 사역을 시작하였다.

3. 남부식민지에서의 침례교회 시작

오늘날 남부에서는 침례교회가 지배적이기 때문에, 많은 사람들이 그 지역에서 침례교인들의 수가 항상 많았을 것으로 추측하지만 사실은 그렇지가 않다. 침례교회는 남부에서 늦게 시작했다. 그리고 미국에서 100년 동안 신앙생활을 한 이후에도, 침례교는 남부식민지 전체에 걸쳐 아주 적은 수의 작은 교회들이 흩어져 있는 정도에 지나지 않았다. 버지니아와 사우스캐롤라이나 일부 지역에서는 영국국교회가 공식교회의 위치를 점하고 있었으며, 이것이 다른 교단들에게는 가혹한 규제를 가져다주었다. 비록 다음 세기에는 국교회의 폐지로 인해 모든 교단들이 동등한 입장에 놓이게 되었지만, 그렇게 되기 이전 시대에 침례교인들이 아메리카에서 겪은 가장 가혹한 박해는 남부에서 일어났다.

우리가 사우스캐롤라이나라고 부르는 지역에서는 존 콜레턴(John Colleton)과 애슐리 쿠퍼(Ashley Cooper)가 우두머리로 있는 그룹이 찰스 2세로부터 1663년에 허가서를 받았다. 그들은 1670년에 150명의 정착민들로 하여금 탐험에 참여하게 했고, 그들은 포트로열(Port Royal)에 정착하게 되었다. 그러다가 약 1680년에 애쉴리 강(Ashley River)의 제방 쪽으로 몇 마일 더 가서 그곳에 정착하고, 왕을 기념하여 그 정착지를 "찰스의 마을"(Charles Towne)이라고 명명했다. 그들은 종교의 자유를 인정하였고, 그 식민지는 처음 시작부터 번성하였다.

초기 정착민들 가운에 많은 사람들은 침례교의 본거지인 영국 서부지역에서부터 온 사람들이었다. 그리고 그들 가운데 제법 많은 침례교인들이 있었다는 것은 증거를 통해 입증된다. 한 사려 깊은 역사가는 사우스캐롤라이나의 초기시대의 "침례교인들의 이민"을 언급했다. 그러나 그 식민지의 초기 문서들은 국교회 신자가 아닌 모든 사람들을 단지 "비국교도들"이라고만 적어 놓았기 때문에, 침례교인들의 신원을 알아보기는 어렵다고 기록하였다.[52] 아마도 이 초기 침례교인들은 "가정 교회" 형식으로 예배를 위한 모임을 때때로 가졌을 것이다. 비록 그들은 목사나 정식 조직을 갖지 않았지만, 찰스턴에서 침례교 예배 전통은 1680년대부터 계속 있어 왔다.

사우스캐롤라이나에서 침례교 신앙생활은 베테랑 목사인 윌리엄 스크리븐이 1696년 10월에 메인의 키터리에서 전체 교회를 이끌고 찰스턴으로 이주해 오면서 본격화되었다. 몇 가지 요인들이 이러한 이주를 유발시켰다. 토착민들이 키터리 주변을 습격하여 그곳에서의 생활을 불안하게 만들었다. 스크리븐의 조선(造船) 사업은 중간 돛대를 만들기 위한 목재들을 필요로 했는데, 키터리 주변은 목재들이 고갈된 상태였다. 캐롤라이나에 정착한 사람들 중에 많은 사람들은 영국의 서머세트(Somerset)에서 왔는데, 스크리븐도 그곳에서 성장했기 때문에, 그는 아마도 그들 중 일부를 알았을 것이다. 어쩌면 찰스턴에 있는 친구들이 스크리븐에게 그곳의 경제적 기회들, 따뜻한 기후, 그곳에 있는 침례교인들에 관한 소식을 전하는 편지를 보냈을 것이다.

찰스턴의 침례교 정착민들과 이주해 온 스크리븐교회 사이의 관계에 대한 초기의 기록은 거의 남아 있지 않다. 그들은 분명히 함께 예배드리기 시작했고, 초기 정착민들 중에서 많은 사람들은 새로운 교회에 회원으로 가입하기를 원했을 것이다. 베이커는 "찰스턴 침례교 공동체(특수침례교인들과 일반침례교인들을 모두 포함하여)와 뉴잉글랜드 그룹과의 신속한 통합"에 대해 언급했다.53) 교회는 1699년에 처치 스트리트(Church Street)에 부지를 확보하였고, 1701년 1월 이전의 어느 시점에 자체 건물을 갖게 되었다. 스크리븐이 아마도 가로 47피트, 세로 37피트로 된 첫 번째 건물을 세우는 일을 도왔을 것이다. 키터리 사람들을 포함해서 대부분의 교인들은 특수침례교 신앙을 가졌지만, 그 교회는 지속적으로 일반침례교인들을 받아들였다. 영국 일반침례교회는 1702년 6월에 격려 편지와 함께 책 구매를 위한 약간의 비용을 "침례교 사상과 일반침례교 신앙을 가진 캐롤라이나에 살고 있는 우리 형제들에게" 보냈다.54)

찰스턴 제일침례교회(First Baptist Church of Charleston)는 처음부터 스스로를 이주해 온 키터리교회의 연속으로 간주했으며, 자신의 기원을 1682년으로 소급하였다. 스크리븐 그룹이 찰스턴에서 그들의 교회를 재조직하거나, 혹은 새로운 교회로 시작하려는 생각을 가졌는지에 관해서는 어떠한 증거도 없다. 1832년에 거행된 찰스턴교회의 150주년 기념예배 때, 사려 깊은 역사가이자 그 교회 담임목

사인 배절 맨리(Basil Manly)는 다음과 같이 기록하였다:

> 앞서 언급한, 1682년 9월 25일에 키터리교회가 채택한 헌법과 언약서에 이르기까지 찰스턴침례교회는 그 기원을 거슬러 올라간다. 그리고 현재 접근가능한 모든 정보 자료들을 통해 볼 때, 그들이 찰스턴에 정착한 것은 전에 피스카타쿠아(Piscataqua)에서 모였던, 박해 받던 무리들(혹은 그 교회의 다수)이 예배 장소를 옮긴 것에 불과하다고 결론 내리는 것이 가장 타당할 것이다.55)

남부에서 가장 오래된 이 교회는 1982년에 300주년 기념예배를 걸맞게 드렸다.

4. 초기 미국 침례교회의 모습

이 부분에서 식민지 미국 시대의 침례교 출발에 대한 우리의 스케치를 마무리 짓게 된다. 1700년 이전에 세워진 모든 교회들을 다 추적할 수는 없었지만, 아마도 각기 다른 지역에서 세워진 침례교회의 대표적인 모습들은 충분히 제시했으리라 본다. 그러나 이러한 사실적 자료들만 가지고는 전체 이야기를 다 말할 수 없다. 침례교인들은 과연 어떤 사람들이었으며, 그들은 어떻게 예배드렸나? 그들을 움직인 이슈들은 무엇이었으며, 그들이 당면한 문제들은 어떤 것들이었는가?

독자적인 발전

식민지 아메리카에 있었던 많은 침례교인들은 영국에서 왔기 때문에, 미국 침례교 사역은 영국 침례교회로부터 시작되었을 것이라고 추측할 수 있다. 토마스 볼드윈(Thomas Baldwin)은 1814년에 영국 침례교회를 "미국 침례교회가 나오게 된 창고"라고 표현했다.56) 양 대륙의 침례교인들은 빈번한 교통과 전달자들(messengers)의 교환 방문으로 서로 간의 관계를 긴밀하게 발전시켜 나갔다. 또한 영국 침례교회는 분명히 신학, 신앙고백서들, 조직하는 일 등에서 식민지 침례교인들에게 영향을 끼쳤다.

그러나 식민지에 온 영국 침례교인들 대부분은 자기 스스로 온 것이었다. 영국의 교단이 미국에 침례교회를 세우는 선교 사역을 위해 설교자들을 특별히 선정하여 보낸 경우는 거의 없었다. 윌리엄 맥로클린(William McLoughlin)은 "뉴잉글랜드에서의 침례교 운동은 본질적으로 토착적 운동으로서, 영국에서 일어난 침례교 운동과 유사한 형태이다. 결코 영국 침례교회의 분파나 확장이 아니다"라고 결론지었다.57) 하지만 시간이 지나면서 양 지역의 침례교인들은 서로 더 가까워졌다.

다양성

침례교인들을 잘 아는 사람 중에서 그들이 아주 두드러지게 다양하다는 사실에 대해 놀라워할 사람은 없다. 이러한 다양성은 결코 새로운 것이 아니다. 그것은 미국 침례교회의 기원으로까지 추적해 올라갈 수 있다. 침례교에는 격정적인 로저 윌리엄스에서부터 평화적인 존 클라크에 이르기까지 다양한 성품들을 가진 사람들이 있었으며, 뉴잉글랜드의 혹독한 박해에서부터 중부식민지의 종교 자유에 이르는 상황들이 있었고, 대서양 양편을 오가며 지지자들이 함께 참여했던 특수침례교와 일반침례교의 논쟁들의 유물들로부터 야기된 여러 신학적 관점들이 존재했다.

이러한 다양성은 그들의 흔적을 남겼다. 로드아일랜드와 매사추세츠의 초기 침례교인들은 가혹한 박해로 인해 거의 꼼짝할 수 없었다. 처벌, 투옥, 궁핍 등 매일같이 행해지는 위협 아래서, 침례교인들은 나름의 방어책을 개발했다. 아마 이것이 그들이 종교의 자유를 많이 강조하게 된 한 가지 이유일 것이다. 하지만 그들은 교회 질서, 조직, 외부적 활동에 대해서는 똑같은 정도로 강조하지는 않았다.

반면에 중부식민지는 심한 박해를 거의 받지 않았다. 그들은 기구를 구성하거나 전도활동 프로그램을 운영하는 일에 좀 더 자유로웠다. 중부식민지로 이주해 온 침례교인들 중 많은 사람들은 영국의 서부지역이나 웨일즈에서 왔는데, 그 지역들은 침례교인들 간의 상호협력과 적극적인 전도로 정평이 난 곳이었다. 이러한 정신은 중부식민지의 침례교인들에게도 확연하게 나타났으며, 따라서 그 지역에서 침례교회는 급속한 성장을 이루게 되었다.

지속적인 문제들

기록물들은 미국 초기의 침례교회들이 계속된 내부 논쟁으로 어려움을 겪었음을 보여준다. 문제들의 대부분은 교리와 행습에 관한 네 가지 쟁점을 중심으로 나타났다.

첫 번째, 침례교인들은 하나님의 예정의 범위와 본질에 대해 합치된 의견을 갖지 못했다. 모든 사람들의 영원한 운명은 하나님의 예정과 결정으로 이미 영원 전에 정해졌는가? 아니면 각 개인은 복음을 받아들일 자유가 있으며, 따라서 그들 자신의 영원한 운명에 영향을 끼칠 수 있는가? 물론 이것은 영국의 특수침례교회와 일반침례교회 사이에 있는 갈등의 핵심이었다. 이 질문은 사소한 것들을 따지는 것 이상의 의미가 있다. 그것은 교회와 복음을 향한 태도에 영향을 끼치게 된다. 아메리카 식민지에 있었던 침례교인들은 칼뱅주의를 완화시켜서 어느 정도 인간의 책임과 반응을 인정하고, 설교, 선교, 복음전도 등과 같은 인간의 "노력"을 권장하려는 경향을 가졌다.

두 번째, 침례교인들은 목사에게 안수를 행하는 것과 비슷하게 새신자에게 "안수하는" 행습에 대해 논쟁하였다. 일반침례교회는 이 행습을 찬성하여 때때로 여섯-원리 침례교회라는 이름을 얻기도 했는데, 그들은 히브리서 6장 1-2절에 나오는 안수를 포함한 여섯 가지 요소들을 고수했기 때문이다. 특수침례교회는 안수하는 행습을 별로 중요하게 생각하지 않았고, 종종 그 행습을 아예 실행하지 않았다. 따라서 그들은 때때로 다섯-원리 침례교회라고 불렸다. 이 문제에 대해 당시의 교회들, 교인들 그리고 목회자들이 종종 격렬하고 분열적인 논쟁들을 했다는 사실을 현 시대 독자들은 쉽게 이해하기 어려울 것이다.

세 번째 문제는 예배 시간에 노래하는 것과 관련되어 있다. 오늘날 전형적인 침례교 예배에서 찬송을 부르는 것보다 더 익숙한 요소는 거의 없다. 하지만 이것은 1680년대의 영국과 미국의 침례교인들 사이에서는 논란이 되는 행습이었다. 벤저민 키치는 1680년대 후반에 영국 침례교인들에게 찬송부르는 것을 소개했다. 그러나 이 행습은 그때까지 대중화되지 않았으며, 특히 일반침례교인들 사이에서는 더욱 그러했다. 미국에 있는 몇몇 교회들은 시편과 같은 성경 본문을 가사로 노래하는 것은 용납했지만, "인간이 만든" 노래들은 허락지 않았다. 어떤 교회들은 어떤 종류의 노래도 허용하지 않았다. 많은 침례교회들이 내부적 혼란 가운데 있었고, 적지 않은 교회들이 "찬송하는 것"과 관련된 논쟁으로 분열되어 산산이 흩어졌다.

네 번째는 기독교인들이 공중 예배를 위해 그 주의 첫날, 즉 주일에 모여야 하는가, 아니면 일곱 번째 날인 안식일에 모여야 하는가의 문제였다. 이것은 대서양 양쪽의 침례교인들 모두를 괴롭힌 문제였다. 영국의 침례교 안식일주의자들은 그것이 정당하든 그렇지 않든 간에, 급진적 천년왕국론자들과 동일시되거나, 때로는 제5 군주국 운동(Fifth Monarchy Movement)과 같은 혁명적 사상과 동일시 되었다.

아메리카 식민지에서의 안식일주의는 로드아일랜드에 있는 침례교인들 사이에서 가장 강하게 나타났다. 그들은 로드아일랜드에서 1671년에 최초의 교회를 세웠다. 상당수의 안식일 교회들이 그곳과 다른 지역에서 성장하였다. 안식일주의 침례교인들 전부가 다 침례교회를 탈퇴한 것은 아니었다. 많은 사람들은 '주일예배' 교회들과의 교제를 끊지 않고 계속 이어갔다. 그러나 안식일 교인들은 수가 어느 정도 많아지면, 탈퇴하여 자신들의 교회를 세우는 경향이 많이 있었다.

교회 내부적 삶

아메리카 식민지에서 대부분의 침례교회들은 대부분 교인이 12명이 넘지 않는 작은 교회들이었다. 자체 건물을 가진 교회는 거의 없었고, 수년 동안 목회자가 없이 지내는 경우도 있었다. 예배는 격식에 얽매이지 않는 경향이 있었고, 성경을 크게 강조했다. 목회자들은, 그들이 아메리카로 오기 전에 받았던 교육이 어느 정도인가에 상관없이, 대체로 타고난 재능을 가진 성숙한 사람들이었다. 대부분의 목회자들은 오늘날로 말하자면 이중직, 즉 다른 사업이나 혹은 직장으로 생계를 위한 수입을 마련했으며, 설교하는 일로는 거의 사례를 받지 못하거나 전혀 받지 못했다. 실제로 어떤 침례교인들은 목회자가 월급을 받는 것을 신앙적으로 옳지 않은 일로 보았다. 몇몇 행운의 예외들을 제외하고, 많은 초기 교회들은 대내적으로는 교리적 분쟁, 그리고 대외적으로는 박해 가운데서 자신들의 생존을 위해 고분 분투할 수밖에 없었다. 따라서 그들은 주변 세상에 자신들의 신앙을 효과적으로 증언할 수 있는 방법을 거의 발전시키지 못했다.

이번 장은 초기 미국에서 침례교인들은 수도 적었고 산발적으로 흩어져 있었다는 말로 시작했다. 그러나 그들은 미래의 커다란 도약을 위한 태세를 갖추었다.

주(註)

1) 초기 미국에서 다양한 유형의 침례교회들에 관한 유익한 분석은 Robert G. Gardner, *Baptist of Early America: A Statistical History*, 1639-1970에서 찾아볼 수 있다.
2) Ola Elizabeth Winslow, *Master Roger Williams*, 46.
3) Ibid., 72.
4) Ibid., 87.
5) James Ernst, *Roger Williams: New England Firebrand*, 59.
6) Winthrop's Journal: *History of New England* 1630-1649, 1:57.
7) Ernst, 63에서 인용.
8) Ibid, 81.
9) Henry Martyn Dexter, *As to Roger Williams, and his 'Banishment' from the Massachusetts Plantation*, 8.
10) Ibid.
11) Roger Williams, *Mr. Cottons Letter Lately Printed, Examined and Answered* (London: n. p., 1644), 4.
12) Dexter, 59에서 인용.
13) Ernst, 156.
14) Joseph Martin Dawson, *Baptists and the American Republic*, 34.
15) Ibid.
16) Ernst, 194.
17) *Winthrop's Journal*, 1:279.
18) Ernst; 그리고 *Winthorp's Journal*, 1:274 등을 보시오.
19) 비록 일부는 이의를 제기하지만, 프로비던스에서의 침례는 아마도 침수침례였을 것이다. William Heth Whitsitt, *A Question in Baptist History*; Roger Williams, *Christenings make not Christians* in Perry Miller, ed., *The Complete Writings of Roger Williams*, 7 vols. (New York: Russell and Russell, inc., 1963), 7:36; Roger Williams, *Letter to John Winthrop*, Jr. in Miller, 7:188; Henry Melville King, *The Baptism of Roger Williams*, 102 등을 보시오.
20) King, 96.
21) *Winthrop's Journal*, 1:309.
22) Reuben Aldridge Guild, "A Biographical Introduction to the Writings of Roger Williams" in Miller, 1:37-8.
23) Ernst, 76, 252.
24) Roger Williams, *The Bloudy Tenent Yet More Bloudy*, 104.
25) Roger Williams, *The Bloudy Tenent of Persecution for Cause of Conscience Discussed in a Conference between Peace and Truth*, 2.

26) Ernst, 247에서 인용.
27) Winslow, 198에서 인용.
28) John Cotton, T*he Bloudy Tenent Washed and Made White in the Bloud of the Lamb* in James E. Tull, *Shapers of Baptist Thought*, 37.
29) Williams, *The Bloudy Tenent*, 118.
30) Ibid., 193-4, 214-5.
31) *Winthrop's Journal*, 1:299에서 인용.
32) Morgan Edwards, *Material Towards a History of Baptists*, 1:167. 에바 B. 윅스(Eva B. Weeks)와 메리 B. 워렌(Mary B. Warren)이 제공한 이 두 권의 책은 초기 미국 침례교 역사에 대한 에드워즈의 중요한 원고를 기리는 대표적인 출판물이다.
33) Ibid.
34) *Winthrop's Journal*, 1:195.
35) Ibid., 1:277; 2:41.
36) Ibid., 1:273-4.
37) C. Edwin Barrows, ed., *The Diary of John Comer*, 35n.
38) William H. Brackney, ed., *Baptist Life and Thought: 1600-1980*, 97.
39) Edwin S. Gaustad, ed., *Baptist Piety: The Last Will and Testimony of Obadiah Holms*, 22f.
40) Ibid., 28-9.
41) Isaac Backus, *A History of New England with Particular Reference to the Denomination of Christians Called Baptists*, 2:434.
42) Ibid., 289, 293.
43) Ibid., 293.
44) Ibid., 296.
45) H. Shelton Smith, Robert T. Handy, and Lefferts A. Loetscher, eds., *American Christianity: An Historical Interpretation with Representative Documents*, 1:172.
46) David Benedict, *A General History of the Baptist Denomination in America and Other Parts of the World* (New York: Sheldon, Lamport, and Balkeman, 1855), 388.
47) 다음의 책, Robert A. Baker, T*he First Southern Baptists*, 그리고 Robert A. Baker와 Paul J. Craven, Jr.의 공저, *Adventure in Faith: The First 300 Years of First Baptist Church, Charleston, South Carolina*를 살펴보라. 다음의 논문, Robert A. Baker, "More Light on William Screven," *Journal of the South Carolina Baptist Historical Society*, 18-33도 살펴보라.
48) Baker and Craven, 40-41.
49) Robert A. Baker, ed., *A Baptist Source Book*, 1.
50) Ibid., 2.
51) Albert Henry Newman, *A History of the Baptist Churches in the United States*, 201.

52) Baker and Craven, 22.
53) Ibid., 78.
54) Ibid., 27.
55) Ibid., 80.
56) Joseph Ivimey, *A History of the English Baptists*, 4:iii.
57) William G. McLoughlin, *New England Dissent 1630-1833: The Baptists and the Separation of Church and State*, 1:6.

제2부 18세기

18세기는 영국 침례교인들에게 많은 것을 약속했지만 실제로 가져다준 것은 거의 없었다. 침례교인들은 일정한 종교의 자유를 얻었지만, 쇠약케 만드는 내부적 갈등으로 인해 이 새로운 기회를 활용할 수 없었다. 그러는 사이 미국 침례교는 갑작스럽게 커다란 성장을 이룩하였고, 영국에 비해 수적인 우세를 점할 기초를 놓을 수 있었다. 이러한 수적 우세는 오늘날까지 지속되고 있다.

산업혁명은 영국 사람들의 생활과 노동 방식을 바꾸었다. 수많은 사람들이 농토를 떠나 방직산업으로 급성장하는 도시로 몰려들었다. 하지만 도시들은 그들을 맞이할 준비가 되어 있지 않았으며, 교회도 마찬가지였다. 영국국교회는 일반 대중들을 목회할 능력이 없거나 혹은 의향이 없는 상태에 놓였다. 따라서 영적으로나 세속적으로 급진적인 새로운 운동들에게 틈을 주게 되었다. 많은 사람들은 최하층 계급 사이에서 이루어지는 비국교회들의 사역이 프랑스나 미국 식민지에서 발생했던 혁명이 영국에서 일어나지 못하도록 막는 일에 도움이 된다고 생각했다.

의회의 경제정책은 미국에서 저항을 불러일으켰고, 결국에는 물리적 충돌로 이어졌다. 그러나 진정한 "미국 혁명"은 아마 전쟁에 앞서 자신들을 "미국인"으로 생각한 사람들의 마음과 정신에서 발생했을 것이다. 조지 워싱턴이 이끈 식민지 주민들은 미국으로 파병 온 영국군과의 전쟁에서 승리하였다. 당시에 영국군의 주력 부대는 유럽에 남아 있어야 했다.

18세기 지성의 혁명은 사람들로 하여금 하나님과 우주 그리고 인간들을 보는 관점에 대해 도전하였다. 데이비드 흄(David Hume)과 조셉 버틀러(Joseph Butler) 같은 사람들은 하나님의 특별계시에서부터 창조된 우주의 자연신학으로 신학적 관심을 이동시켰다. 발전하는 상업과 과학은 이전에 종교에 대해 쏟았던 사람들의 에너지를 대신 차지하게 되었다. 사람들의 관심은 천국과 지옥에서 지상 세계로 이동하였는데, 이러한 현상은 후에 '세속주의'로 불렸다. 신앙의 영역에서는 조셉 프리스틀리(Joseph Priestly) 같은 사상가들이 전통적 교리들을 약화시켜 유니테리언주의의 기초를 놓았는데, 유니테리언주의는 영국 종교계에 깊이 침투하였다.

찰스 웨슬리와 요한 웨슬리(Charles and John Wesley) 두 형제의 이름을 딴 웨슬리 부흥운동(Wesleyan Revival)은 18세기의 가장 의미 있는 종교적 사건이었다. 이 복음주의 운동은 이전의 이성주의로 향하던 흐름을 역전시키고, 약 반세기 동안 대부분의 영국 교회들에게 복음주의적 강조점들을 제시하였다. 비록 웨슬리는 결코 영국국교회를 떠나지 않았지만, 그의 추종자들은 그 세기의 막바지에 이를 즈음에 영국국교회를 탈퇴하고 감리교를 세웠다. 이 부흥운동의 강력한 영향은 어느 한 교단에 국한되지 않았으며 영국국교회를 비롯한 영국의 모든 교회들에게 영적 갱신을 가져왔다. 침례교는 일반침례교와 특수침례교 모두 웨슬리 부흥운동으로부터 직접적인 혜택을 받았다.

침례교인들은 이상과 같은 모든 추세들로부터 영향받았으며, 교리의 변화에 아주 민감하게 반응하였다. 침례교인들은 초기 신학자들과 신앙고백서들을 도외시하고, 영국국교회 및 회중교회 사상가들의 우물물을 너무 깊게 받아 마셨던 것이다. 조셉 프리스틀리에서부터 매튜 캐핀(Matthew Caffyn)에 이르기까지 일반침례교인들은 유니테리언 기독론(Unitarian Christology)에 깊이 물들었고, 그 결과 그들의 교회들은 급속히 쇠퇴하기 시작했다. 토비아스 크리스프(Tobias Crisp)로부터 존 길(John Gill)에 이르기까지 특수침례교인들은 고등 칼뱅주의(hyper-Calvinism)에 깊이 물들었는데, 이 척박한 극단보수주의는 특수침례교회들을 말라 죽게 만들었다. 감리교 부흥운동에 의해 회심한 댄 테일러(Dan Taylor)는 일반침례교회들 가운데 보수적 입장의 경향을 주도하였다. 그가 1770년에 설립한 뉴커넥션(New Connection)은 일반침례교회가 완전히 소멸되는 것을 막아냈다. "길주의"(Gillism)와 고등 칼뱅주의로 인해 피폐하게 되었을 때, 앤드루 풀러(Andrew Fuller)는 좀 더 복음적인 형태의 칼뱅주의를 시작하였다. 이것은 현재까지 "풀러주의"(Fullerism)로 알려져 있다. 특수침례교회가 회복되는 과정에서 미들랜즈(Midlands) 지방 출신 목회자 윌리엄 캐리(William Carey)는 1792년에 침례교선교협회(Baptist Missionary Society)의 창설을 고무하였고, 이후 그 협회가 최초로 임명한 선교사들 가운데 한 사람이 되었다.

미국에서 침례교회는 제1차 대각성 운동(First Great Awakening)으로 일컫는 부흥의 물결에 자극받아 18세기 동안 폭발적인 성장을 이룩하였다. 시간, 거리, 독립전쟁으로 인한 갈등 등은 미국 침례교인들로 하여금 영국 배경들로부터 벗어나게 하였고, 활동과 사고방식에 있어서도 보다 독립적인 자세를 취하게 하였다. 이 시기에 침례교인들은 종교의 자유를 위한 투쟁을 당시 대중들의 정치적 독립 운동과 연결시킬 수 있었다. 18세기가 끝나기 전에 연방헌법(Federal Constitution)은 여러 차례 개정되었고, 그 결과 침례교인들은 미국에서 완전한 종교의 자유를 얻게 되었다. 대각성 운동의 열정은 침례교인들로 하여금 서부의 개척지들 및 북부지역과 캐나다로 나아가게 하였고, 이러한 활동으로 신대륙에서 거대한 침례교 왕국을 건설하는 기초가 세워지게 되었다. 1700년에 미국 침례교인들은 단지 적은 숫자의 흩어져 있는 교회들만 가지고 있었지만, 1800년에 이르면 그들은 미국에서 가장 큰 교단을 갖게 되었다.

제5장

영국 일반침례교회

영국 침례교인들은 높은 기대를 갖고 그들의 두 번째 세기를 맞이하였다. 수십 년 동안의 투쟁 끝에 1689년의 종교관용법(Act of Toleration)이 통과되었고, 그들은 어느 정도 종교의 자유를 얻을 수 있었다. 17세기 침례교인들은 광범위하게 유포된 신앙고백서들로 자신들의 신앙을 나타냈으며, 그것들은 영국 비국교도들 가운데서도 침례교인들에게 정체성을 갖게 해주었다. 유능한 침례교 학자들은 영적 감화, 윤리적 교훈, 젊은이를 위한 교리문답, 신학교육 등을 위한 저작물들을 공급하였다. 아름다운 침례교 예배당들이 더 많이 건축되었다. 몇몇 교회들은 침례식을 보다 정숙하게 거행할 수 있도록 "침례탕" 혹은 "침례수조"를 만들었다. 사람들은 17세기는 18세기를 위해 길을 내었고, 영국 침례교인들은 가장 큰 발전을 위한 준비를 마쳤다고 생각했다.

그러나 정반대의 일이 일어났다. 종교적 관용 이면에 신앙에 대한 무관심과 퇴락의 짙은 안개가 따라왔다. 영적인 무기력은 두 개의 영국 침례교단의 급격한 숫자적 감소에서 분명하게 드러났다. 신앙적 열정은 더 심하게 추락하였다. 그들에게 가장 큰 위험은 더 이상 외부의 적들이 아니라, 영혼의 무미건조함, 즉 내부의 쇠락이었다.

휠러 로빈슨(H. Wheeler Robinson)은 18세기 전반기를 "침례교 역사상 가장 침체되고 무기력한 기간"으로 평가했다.[1] 다른 저술가는 동일한 기간을 침례교 역사의 "빙하기"로 기술했다.[2] 세기가 바뀌는 시점이 가까웠을 무렵, 런던지역 침례교 목회자 단체는 "우리 교회들은 영적으로 퇴락하였고, 힘과 아름다움, 영광을 상실했다"고 한탄했다.[3] 그들은 그러한 추세를 반전시킬 방법들을 찾는 동안,

영적 퇴락의 증거들이 "우리 마음을 갈기갈기 찢어 놓았다"고 말하기도 했다.

아마도 침례교인들은 수십 년 동안의 극심한 박해로 인해 감성과 영성이 고갈되었던 것 같다. 1700년에 이르는 동안 첫 세대 지도자들의 활동은 대부분 끝이 났다. 토마스 그랜섬(Thomas Grantham) 같은 지도자들은 어떤 경우라도 대체하기 어려웠을 것이다. 18세기 침례교인들은 영국의 주요 대학들에 진학하는 것이 허락되지 않았고, 대학에서 공부한 사람들이 침례교 신앙으로 회심하는 초기의 추세는 거의 끝이 났다. 몇몇 다행스러운 예외들을 제외하고, 1700년 이후 침례교 지도자들의 질이 떨어졌다는 것은 부인할 수 없었다.

교리의 극단화가 침례교인들 사이에서 만연하였는데, 그것은 침례교인들의 영적 활력을 약화시키는 원인과 결과로 작용했다. 일반침례교인들은 점점 더 그리스도와 속죄의 교리들을 약화시켰고, 아리우스주의(Arian), 혹은 심지어 소시누스주의(Socinian) 형태의 사상들을 받아들이기 시작했다. 이러한 사상들에 의해 지역교회들은 시들게 되었고, 목회를 지원하는 사람들의 숫자는 감소하였다. 특수침례교회의 교리적 극단화는 정반대 방향으로 진행되었다. 그러나 결과는 똑같이 파괴적이었음이 입증되었다. 많은 목회자들과 교회들은 고등 칼뱅주의(hyper-Calvinism)와 심지어 율법폐기론(Antinomianism)을 기꺼이 받아들였다. 이러한 사상들은 복음적 설교, 선교 그리고 때로는 심지어 도덕적 삶에 대한 진지한 헌신을 못하게 만들었다. A. C. 언더우드(Underwood)는 "그들이 자신들의 마음의 욕망을 인정하는 일이 그들의 영혼들을 메마르게 하는 일이 될 것임을 결코 알지 못했다"고 하였다.4)

이러한 영성의 몰락은 결코 침례교인들에게만 국한되는 것은 아니었으며, 영국 기독교계 전체에 만연된 것이었다. 언더우드(Underwood)는 말하기를:

> 종교에 대한 무관심의 차가운 안개가 한 세기 동안 종교적 문제들에 사로잡혀 있던 국가에 내려 앉았다. 이제는 다른 문제들, 가령 상업이나 과학에 대해 생각하기 시작하였다. 종교는 관심의 중심에서 배제되었다. 18세기는 이성의 시대였다. 이신론자들은 기독교에서 초자연적 요소들을 없애려고 하였다… 철학은 로크(Locke)와 흄(Hume)의 영향에 의해 회의주의로 바뀌었다… 도덕은 저급한 수준으로 떨어졌고 사회의 모든 계층에서 노름과 음주가 성행했다. 국교회는 힘을 잃고 무기력에 빠졌다. 버틀러(Bulter) 주교는 캔터베리 대주교직을 제안 받았으나 "추락하는 교회를 돕는 일을 시도하기에는 너무 늦었다"고 말하면서

거절했다.5)

이런 비참한 묘사는 영국과 영국 침례교회에 꼭 맞았는데, 18세기 후반보다는 전반에 더 들어맞았다. 1750년 이전부터 부흥의 표식들이 표면으로 들어났기 때문이다. 존과 찰스 웨슬리 형제와 조지 위트필드(George Whitefield)가 주도한 웨슬리 운동은 영국의 종교를 바꾸어 놓았다. 이 복음적 부흥은 이후 감리교 운동이 되었으며, 그것은 또한 영국 침례교회가 부흥하는 데 주된 요인이 되기도 하였다. 감리교 운동에서 회심했던 댄 테일러를 통해 일반침례교인들은 1770년에 설립된 '뉴커넥션'에서 새로운 활로를 찾았다.

1. 일반침례교회의 쇠퇴

일반침례교회의 쇠퇴는 일찍 시작되었으며 그 황폐함은 특수침례교회보다 훨씬 더 심각했다. 그들은 스튜어트 왕조의 박해와 클라렌든 법전(Clarendon Code)으로부터 받았던 심각한 손상을 결코 회복하지 못했다. 퀘이커교도들은 일반침례교회의 힘을 빨아들였다. 어떤 역사가들은 조지 폭스(George Fox)가 일반침례교인들로부터 그의 가르침에 대한 지지와 상당수의 회심자들을 얻었다고 보았다. 퀘이커교회에 합류하지 않은 많은 일반침례교인들도 그들의 침례교 신앙이 흔들리기 시작했다. 그들은 "역사"(기록된 성서)보다 "신비"(신앙의 내적이고 신비적인 요소들)를 강조하는 경향을 갖게 되었는데, 이것은 침례교 사상을 위태롭게 하는 것이었다. 일반침례교인들은 사역을 위해 재정적인 후원을 할 수 있는 능력이나 의향이 특수침례교인들보다 훨씬 적었다.

교리적 문제들

일반침례교인들 가운데 신학적 쇠퇴 현상은 그리스도의 신성과 속죄의 의미를 다루는 부분에서 잘 드러났다. 일부 학자들은 아르미니우스주의를 좀 더 강조하는 일반침례교인들은 아마도 네덜란드의 메노파(Dutch Mennonites)의 상대적으로 약한 기독론을 흡수한 것으로 보았고, 따라서 침례교 기원에 있어 아나뱁티스트 영향설을 가정적 이론 이상으로 취급하려고 하였다. 멜키오르 호프만(Melchior Hofman)과 같은 몇몇 아나뱁티스트들은 그리스도의 완전한 인성을 약화시키려 하였다. 일부는 존 스마이스(John Smyth)가 이와 같은 그리스도에 대한 완화된 교리를 반영하였고, 따라서 이후로 일반침례교인들은 유사한 문제들에 취약한 상태에 놓이게 되었다고 생각했다. 어떠한 이유이든지, 일반침례교인들은 그리스도의 신성을 약화시키거나 혹은 심지어 부인하는 경향이 있었으며, 그 결과 많은 교회들이 유니테리언이 되었다는 것은 명백한 사실이다.

그리스도의 신성에 대한 의심은 18세기 내내 영국의 모든 기독교 단체에 영향을 끼친 이성주의의 한 부분이었다. 당시 영국에서는 두 가지 형태의 반(反)삼위일체론이 유행하였다. 아리우스주의자들은 그리스도의 선재를 받아들였으며, 그는 단순한 인간보다는 높지만 피조물이므로 하나님보다는 낮은 존재라고 하였다. 이 교리는 그리스도의 완전한 인성과 완전한 신성의 교리를 약화시키는 것으로 볼 수 있다. 하지만 소시누스주의자들은 좀 더 나가서 그리스도의 선재와 신성 모두를 부인하고, 그리스도는 단지 선한 사람이었다고 말했다. 이 이론은 십자가와 참된 속죄의 교리를 없애버렸다.

이러한 견해들은 영국의 모든 교단들에 광범위하게 퍼졌는데, 아마도 장로교회, 영국국교회, 일반침례교회가 여기에 가장 취약했음이 드러났다. 일찍이 1690년대 초, 부유한 런던 상인인 토마스 퍼민(Thomas Firmin)이 그리스도의 신성을 공격하고 유니테리언주의를 옹호하는 소책자 시리즈를 출판하는 비용을 지원했다. 장로교 목사 토마스 엠린(Thomas Emlyn)은 아리우스 사상을 옹호함으로 인해 1702년 설교권을 박탈당했다. 웨스트민스터의 사무엘 클락(Samuel Clarke of Westminster)은 1712년에 아리우스주의 저작인 「삼위일체에 대한 성서적 가르침」(The Scripture-doctrine of the Trinity)을 출판하였고, 이 책은 광범위하게 읽혔으며 비국교도들에게 큰 영향을 끼쳤다.

솔터스 홀(Salters' Hall)에서 있었던 유명한 논쟁은 영국에서 유니테리언주의가 상당하게 진행되었음을 보여주었다. 여러 교단의 지도적 위치에 있는 목회자들이 그리스도에 대한 새로운 관점을 찬성하는 설교를 하고 책자를 출판하자, 장로교, 회중교, 침례교 등 세 개의 주류 비국교회 교단 대표들은 이 문제를 다루기로 결정했다. 세 교단 대표들은 1719년에 런던에 있는 솔터스 홀에 모였다. 그리고 격렬한 논쟁 끝에 57대 53으로 "삼위일체 교리에 대해서는 어떠한 인간의 작문이나 해석도 필요로 하지 않는다"고 결론내렸다. 이것은 그리스도의 신성을 "인간의 첨가물"로 규정했던 아리우스주의와 소시누스주의 분파들의 명확한 승리였다.

1719년 3월 3일 패배한 소수파는 그리스도의 신성과 하나님의 삼위일체 교리를 천명하는 문서에 서명하였다. 이후로 양쪽은 서명파(삼위일체론 주의자)와 비서명파(대부분이 반(反)삼위일체 주의자였거나 그렇게 되어가는 사람들)로 알려졌다. 14명의 특수침례교회 대표자들 가운데 대부분은 서명파였다. 그러나 일반침례교회는 한 명만 삼위일체 신앙에 서명하였다. 반면에 14명의 일반침례교 대표와 두 명의 특수침례교 대표는 서명을 거부하였다.6) 그리스도의 신성에서 이탈하는 일반침례교회의 경향은 이후에 더 가속화되었다.

매튜 캐핀

일반침례교회 안에서 이와 같은 견해는 새로운 것이 아니었다. 매튜 캐핀(1628-1714)은 18세기가 시작할 무렵에, 그리고 윌리엄 비들러(William Vidler, 1758-1816)는 그 세기가 끝날 무렵에, 유사한 견해를 공개적으로 표명했다.

캐핀은 1640년대에 옥스퍼드 대학에서 공부할 때 침례교인이 되었는데, 바로 그 이유로 학교에서 퇴학당했다. 그는 대학교에서 교육을 받았기 때문에 상당한 자질을 가지고 있었고, 타고난 예리한 재치까지 겸비했으므로 일반침례교회 내에서 메신저(messenger)로서 상당한 영향력을 발휘할 수 있었다. 어느 저자에 따르면, 꽤 이른 시기에 캐핀은 "설명할 수 없는 것들을 설명하는 일에 당혹스러움을 느끼기 시작했다." 그리고 삼위일체에 대해 자기 스스로에게 만족할 만큼 설명할 수 없게 되자, 그 교리는 사실이 아니라고 결론지어 버렸다.7) 서섹스(Sussex)의 홀셤(Horsham)에서 일반침례교회 목사로서 캐핀은 이러한 새로운 기독론을 설교하고 출판하였다. 그리스도가 하나님이라는 것을 처음에는 의심했고 이후에는 부인했으며, 생애의 후반기에는 그리스도가 단순한 선한 인간이었다고 하는 소시누스주의를 공개적으로 받아들였다. 언더우드는 이러한 과정을 다음과 같이 요약했다. 캐핀은 "우리 주님의 인간적 본성을 부인하는 데서부터 시작하여 그의 신성을 부인하는 데까지 나아갔다."8)

캐핀은 이러한 일탈된 견해로 인하여 메이드스톤(Maidstone)에서 목회하던 조셉 라이트(Joseph Wright)로부터 일찍이 1686년에 공격받았다. 캐핀과 개인적으로는 가까운 친구 관계였지만, 라이트는 총회에서 캐핀이 그리스도의 인성과 신성을 부인함으로써 두 배의 이단이 되었다고 고발하면서 그를 총회에서 제명시킬 것을 요구했다. 캐핀은 능숙하게 방어하였으며, 그 결과 총회는 캐핀을 무죄로 선언하고 사랑이 부족하다는 이유로 라이트를 책망하였다. 캐핀은 자신을 제거하려는 시도가 실패한 것에 고무되어, 그의 생각을 좀 더 공개적으로 전파하기 시작하였다.

분열과 후유증

캐핀에 대한 고발은 1693년에 다시 발생하였다. 하지만 총회는 그 사안을 다루지 않으려 했다. 그러자 일단의 교회들이 "자신들과 총체적인 오류에 빠진 교회들을 분명하게 구분하기 위해" 총회를 탈퇴하였다.9) 분립해 나간 그룹은 "총연합회"(General Association)라는 명칭을 채택하고 "우리가 총회에서 분립한 이유들"이라는 글을 공포하였다. 그들은 "그러므로 우리는 하나님과 우리 주 예수 그리스도의 명예, 교회들의 순수성 그리고 우리의 양심을 따르는 것 등에 대한 의무가 있다. 따라서 우리 자신과 우리가 대표하는 교회들을 위해 우리는 총회를 반대하며, 관계를 끊고 분리해 나간다."10) 구 총회를 "캐핀주의자들"(Caffynites)이라고 부르면서 정통파는 "우리는 우리로 하여금 총회로부터 분리하게 만든 이미 언급된 이단을 총회가 제거하지 아니하면, 총회와 교류하는 어떤 사람도 우리들 가운데서 설교하는 것을 허락하지 않을 것이며, 그들과는 주님의 식탁 교제(역자 주: 주의 만찬)를 가질 수 없다"고 주장했다.11)

향후 34년 동안 두 개의 일반침례교단이 존재하였으며, 좀 더 정통적인 그룹은 버킹엄셔(Buckinghamshire)와 미드랜즈 지역을 중심으로 하였고, 덜 정통적인 그룹은 켄트(Kent), 서섹스(Sussex), 에섹스(Essex), 그리고 웨스트컨트리(West Country) 등에서 위세를 떨쳤다.12) 1731년 캐핀이 죽고 난후 두 그룹은 히브리서 6장 1-2절의 여섯 원리들을 기초로 재통합하였다. 이 재통합은 교리들을 자세히 설명하지 않고, 성서적 기준에 합의하는 방식으로 교리적 문제를 피하였기 때문에 사실상 타협이라고 할 수 있다. 그들은 "삼위일체에 관한 모든 공적, 사적 논쟁은 성서적 용어와 단어로 이루어져야 하며, 그 외의 술어로는 안 된다"고 결의하였다.13) 그들은 또한 이러한 타협의 기초 위에 재통합을 원하는 사람은 "제명의 아픔을 감수해서라도, 어떠한 질문도 하는 것이 허락되지 않으며, 또한 어떤 질문도 받지 않는다"는 규칙을 세웠다.14) 즉 일반침례교인들은 교리적 일치를 포기하고 교단의 통합을 선택하였다.

몇 년이 지나지 않아 일반침례교회의 원로 지도자들은 대가를 치르게 되었다. 어느 역사가에 의하면, "이러한 일들이 일단락되자 거짓된 관용과 믿음을 소홀히

하는… 경향이 강화되었다."15) 그리스도의 완전한 인성과 완전한 신성, 십자가의 대속적 속죄 등과 같은 옛 교리들을 기억하는 일반침례교인들은 많지 않았다. 따라서 한 세대 후에 일어난 '뉴케넥션' 분립의 기초가 놓여졌다. W. T. 휘틀리(Whitley)에 의하면, 이러한 쇠약함에 빠지게 만드는 논쟁은 "일반침례교회로 하여금 영향을 발휘할 수 있는 기회를 갖지 못하게 하였다. 그리고 1731년 경쟁하던 두 교단이 통합했을 때, … 그들은 훌륭했던 이상들을 망각했던 과거에 지나치게 집중하였고, 반면 새 시대가 요구하는 새로운 필요들에 대해서는 무지했음이 드러났다."16)

그 이후로 일반침례교인들은 그들의 힘을 사소한 일들에 낭비하였다. 그들은 기독교인들이 예배의 한 부분으로서 노래를 부를 수 있는가, 만일 가능하다면 서서 불러야 하나 앉아서 불러야 하나, 참가할 수 있는 부유한 교인들이 사실상 거의 없으면서도 스포츠로서 여우 사냥을 정죄해야 하는가와 같은 문제들로 논쟁하였다. 그들은 계속 불신자와의 결혼을 정죄하였고, 피를 먹는 것에 대해 두꺼운 책을 출판하였다. 그러는 사이 마땅히 대체할 사람들이 없는 가운데 목사들은 늙어갔다. 목사와 그의 가족들은 쇠망하게 만드는 가난에 빠지게 되었고, 복음 전도는 약화되었다. 교회들은 목사가 50년 이상 오랜 기간 목회함으로 인한 어려움에 봉착했다. 목회의 마지막 시절, 목사의 건강이 약해지면서 교회도 함께 내리막을 걷는 형국이 되었다. 당시는 일반침례교인들에게 좋지 않은 시절이었다. 그들은 극단적 자유주의의 희생물이 되었다. 그들은 전파해야 할 복음도 없었고, 아무런 복음도 전파하지 않았다.

2. 뉴커넥션

일반침례교회의 고통스러운 몰락은 감리교 운동에서 1763년에 침례교회로 넘어온 활동적인 회심자에 의해 적어도 당분간은 멈추게 되었다. 댄 테일러(1738-1816)는 당시에 가장 창조적이고 활동적인 탁월한 침례교 지도자임이 분명했다. 그는 죽을 때까지 거의 혼자 단독으로 일반침례교회의 남은 자들을 정통 교리와 복음적 열정으로 되돌려 놓았다.

감리교 운동을 통해 회심했고 얼마 동안 그 운동의 설교자로 활동했던 테일러는 1763년에 신자의 침례를 받아들였다. 같은 해 그는 웨슬리운동을 통해 회심한 사람들이 다수를 이루고 있는 침례교회를 설립했는데, 그 교회는 일반침례교 링컨지방회(Lincoln Association of General Baptists)에 가입했다. 테일러는 그 지방회에 실망을 금할 수 없었다. 그는 만연한 영적 침체, 열정도 비전도 없는 목회자들, 신학적 타락에 대한 많은 증거들을 보고 충격을 받았다. 링컨셔 지도자들이 이러한 상황을 개선하려는 노력을 보여주지 않자, 테일러와 몇몇 젊은 목회자들은 1770년 지방회를 탈퇴하여 새로운 교단적 단체를 조직하였다. 그들은 이 단체를 "일반침례교회 뉴커넥션"(New Connection of General Baptists; 역자주: Connection은 원래 영국의 웨슬리 운동이 조직화되면서 여러 지방조직들(districts)을 하나의 연합체로 묶었던 데서 비롯된 말이다. 이전에 그 운동에 가담했던 댄 테일러는 그가 일반침례교회 내에서 새로 형성하고자 했던 교회들의 연합체에 이 개념을 사용한 것으로 보인다. 역자는 이 용어의 고유성을 살려서 번역하지 않고 그대로 사용한다)이라고 불렀고, "프리그레이스 침례교"(Free Grace Baptists) 모임이라고도 했다.

사람들에 의해 구(舊)커넥션(Old Connection)이라고 불리던 교회들은 한 세대 안에 대부분 사라졌다. 그들 교회 중 일부는 뉴커넥션에 가입하였고, 일부는 유니테리언이 되었으며, 일부는 초교파가 되었는데, 활동적인 교회가 아닌 박물관의 전시품들처럼 겨우 생존만 하였다. 다른 교회들은 아예 없어졌는데, 간혹 회의록에만 그 흔적이 남아 있는 정도였다. 따라서 사실상 뉴커넥션이 일반침례교회가 되었으며, 그 교단의 명맥을 유지하게 되었다. 19세기에 특수침례교회와 일반침례교회 사이의 제휴 시도 그리고 그에 따른 통합에 관한 논의는 뉴커넥션과 관련된 것이었다.

선구자들

1738년 이후부터 영국의 종교 상황은 이전과는 완전히 달라졌다. 그 해는 존 웨슬리가 런던의 올더스게이트(Aldersgate) 모임에서 특별한 체험을 했던 때였다. 웨슬리는 그 때, 그의 마음이 "이상하게 뜨거워지는 것"을 느꼈다. 이 경험은 존 웨슬리와 그의 동생 찰스 그리고 그들의 친구 조지 위트필드에게 영국 기독교 역사상 가장 놀라운 운동 중 하나를 주도하는 일에 발판의 역할을 하였다. 이 운동은 처음에는 웨슬리 형제들의 이름을 따라 불렸는데, 후에는 보다 광범위하게 사용되는 명칭으로 "복음주의 부흥운동"이라 불렸다. 웨슬리 형제는 엄격한 개인 훈련을 추구했기 때문에 시간 사용을 매우 세심하게 했다. 옥스퍼드 대학교에서 웨슬리 형제를 반대하는 사람들은 그들의 영적 훈련을 위한 "방법들"(methods)을 비웃었다. 이것이 발전해서 "감리교도"(Methodist)라는 별명을 얻게 되었다. 웨슬리 형제는 둘 다 영국국교회에 충성하는 사람들이었으며, 결코 그 교회로부터 분리하여 나오려는 생각을 갖지 않았다. 존은 그의 추종자들이 후에 감리교회를 세우기 위해 영국국교회를 탈퇴할 때, 마지못해 축하해 주었다.

이 각성운동에 의해 도덕적 갱신과 더불어 선교, 주일학교, 복음전도에 보다 열정적으로 참여하는 일들이 일어났다. 일부 사람들은 그것을 최근 영국의 진정한 개신교 종교개혁이라고도 했다. 이 복음주의 부흥운동은 침례교회를 포함한 모든 교단들에게 부흥을 가져다주었다. 어떤 사람은 뉴커넥션을 침례교판 웨슬리 신앙각성운동으로 간주했다.

웨슬리 운동의 강조점들은 레스터셔(Leicestershire)에 있는 복음주의 그룹을 통해 침례교로 스며들어 왔다. 1741년 즈음에 데이비드 테일러(David Taylor; 댄 테일러와 혼동하지 말 것)는 헌팅돈 백작부인(Countess of Huntingdon)의 가정과 연결되었고, 레스터셔에 있는 그녀의 저택 근처 마을들에서 설교하기 시작하였다. 웨슬리 형제들로부터 영감을 얻은 테일러는 여러 회심자들을 얻었고, 1745년에는 그들과 함께 작은 교회를 세웠다. 그들은 독립교회로 등록했지만, 신약성서를 계속 연구하면서 침례의 성서적 방법은 침수례라는 것을 확신하게 되었다. 이 회심자들은 1750년에 이르면 여러 교회로 숫자가 늘어났는데, 그들은 얼마 동안 큰 통을 준비하여 아이들에게 침수례를 베풀었다. 그들은 성서연구를 좀 더 한 후, 침례는 신앙고백을 한 신자들에게만 해당하는 것이며, 아이들은 해당되지 않는다고 결론 내렸다. 그들은 오직 신자들에게만 침례를 베풀었지만, 아이들을 위해서는 헌아식을 만들었다. 아이들의 부모들은 "공중 예배 때, 아이들을 목사에게 데리고 오며, 목사는 아이들을 팔로 안고서 그들에게 애정이 넘치는 축복을 선포하였다."17)

이 레스터셔 교회들이 침수침례를 채택하기로 결정했을 때, 그들은 그 예전을 그들에게 베풀 수 있는 단 한 명의 침례교인도 몰랐다. 따라서 두 명의 목사들은 1755년 11월에 서로에게 먼저 침례를 주었고, 그 다음 60명 내지 70명의 추종자들에게 침례를 베풀었다. 1760년에 이르러 다섯 교회로 발전했으며, 그들은 매달 한 번 열리는 목회자 모임과 분기별로 전 회원이 참가하는 모임을 통해 서로 자주 의사소통을 했다. 따라서 웨슬리 부흥운동과 레스터셔 복음주의자들이 뉴커넥션의 선구자들로 볼 수 있을 것이다. 웨슬리파의 활동력, 열정, 조직적으로 활동하는 것 등은 뉴커넥션에서도 잘 나타났다. 레스터셔 운동의 일부 지도자들과 교회들은 뉴커넥션의 핵심세력이 되었다.

댄 테일러

댄 테일러는 1738년 12월 17일에 요크(York) 지방의 핼리팩스(Halifax) 마을 근처에서 광부의 아들로 태어났다. 테일러는 어렸을 적부터 몸과 마음이 비범할 정도로 강했다. 그는 다섯 살 때부터 수년간 광산에서 일했다. 그는 "키가 작은 사람"이었다. 테일러는 나중에 자기가 키가 작은 것은 한참 자랄 시기에 땅 밑에서 햇볕을 많이 쬐지 못한 탓으로 돌렸다. 그는 일찍이 강인하고 민첩한 정신의 소유자임을 보여주었다. 그는 어린 나이에 읽기를 터득했으며, 잠깐 쉬는 시간에 읽기 위해 종종 책을 광산으로 가져갔다.

테일러 가족은 그렇게 종교적인 사람들이 아니었다. 하지만 댄은 16세 때 영국국교회에서 견진성사를 받았다. 그러나 그는 곧 웨슬리를 포함하여 감리교 운동 설교자들의 설교를 정규적으로 들었는데, 젊은 댄은 웨슬리의 설교를 듣기 위해 수 마일을 걷기도 했다. 테일러는 20세 때 "감리교 운동의 일원이 되기를 제안했고" 받아들여졌다. 그리고 곧 감리교 운동의 평신도 설교자가 되었다. 그는 레스터셔 복음주의자들 사이에서 잘 알려진 사람이 되었다. 테일러는 1761년 9월에 첫 설교를 하였는데, 에베소서 2장 8절을 근거로 "은혜로 말미암아 구원받았음"을 선포했다. 감리교 운동가들 사이에서 설교자로 확고한 위치를 점하고 있었던 테일러는 1762년에 그 모임에서 탈퇴하였다. 당시에 테일러가 반대했던 것은 교리가 아니라, 엄격한 훈련과 존 웨슬리의 독재적 운영이었다. 이 두 가지가 테일러를 불쾌하게 만들었다. 감리교 운동을 떠난 후, 테일러는 그의 고향 워즈워드(Wadsworth)에서 계속 설교하며 적은 수의 회심자들과 함께 모임을 만들었다. 회심자들은 대부분 "하층민"들이었는데, 가난한 농부이거나 테일러와 같은 노동자들이었다.

테일러는 1762년에 신자의 침례를 확신하게 되었는데, 자신이 그러한 입장으로 선회하게 된 원인은 신약성서 연구와 홀 박사(Dr. Hall)의 「유아세례 역사」(*History of Infant Baptism*)라는 책 때문이었다고 말했다. 비록 홀 박사는 유아세례를 옹호하는 입장이었지만, 테일러는 정반대의 결론에 도달했다. 한 역사가는 그 이후로 테일러가 "몇몇 특수침례교 목회자들에게 요청했지만, 그들 모두는 그에게 침례 베푸는 것을 거절했다… 그들은 그리스도의 죽음의 범위에 대한 테일러

의 생각에 반대했기 때문"이라고 하였다.18)

한 특수침례교 목사는 비록 테일러에게 침례를 주려고 하지는 않았지만, 링컨셔의 일반침례교인들은 일반 속죄를 믿는다고 말해주었다. 1763년 2월 11일, 테일러와 한 동료는 그들을 만나기 위해 나섰다. 첫날밤은 폭풍우로 인해 길을 잃고 들판의 건초더미에서 잠을 잤다. 그러나 둘째 밤에는 갬스톤(Gamston) 근처의 "꽤 좋은 여관"에서 묵을 수 있었다. 그곳에서 그들은 한 일반침례교회를 지나쳐 약 8마일을 더 왔다는 것을 알게 되었고, 그 다음 날 그들은 되돌아갔다. 이틀간의 대화와 신앙고백을 나눈 후, 갬스톤 일반침례교회(Gamston General Baptists)는 테일러를 받아들였다. 테일러는 2월 16일에 강에서 침례를 받았다. 갬스톤교회의 일부 회원은 테일러와 함께 워즈워드로 가서 작은 무리들을 침례교회로 전환시키는 일을 도와주었다. 테일러는 자기 손으로 버치클리프(Birchcliff)라는 언덕에 예배당을 세웠는데, 그것이 교회의 이름이 되었다. 테일러는 1763년 7월 30일에 적법하게 목사안수를 받았고, 그의 작은 교회는 급속히 성장하였다.

테일러는 링컨셔 침례교지방회의 존재를 알게 되자 그와 그의 교회는 서둘러 가입하였다. 하지만 레스터셔 복음주의자들 사이에서 경험했던 열정적 예배와 복음전도에 대한 뜨거운 마음이 있을 것이라는 그의 예상은 완전히 실망스러운 결과로 나타났다. 테일러는 대부분의 링컨셔 교회들이 열정도 비전도 없는 늙은 목사들로 채워져 있었고, 그들은 복음전도에 대해 못마땅하게 생각하고 있다는 것을 알게 되었다. 또한 교회들은 쇠퇴하고 있었으며, 온갖 자질구레한 이슈들을 가지고 다투었고, 무엇보다도 가장 나쁜 것은 그 교회들이 아리우스주의, 소시누스주의 교리들을 용인하고 있었다는 점이었다. 일찍이 테일러는 1765년도 일기에 다음과 같이 기록하였다. "나와 나의 가장 훌륭하고 좋은 친구 B씨는 서로 다른 몇몇 부분들에 대해 논의하기 위해 갬스톤에서 곧 만나기로 했다."19) "무례할 정도로 옥신각신 말다툼"을 했지만, 테일러는 그 대화를 통해 어떠한 만족도 얻지 못했다. 테일러는 그의 교회가 좀 더 정통 기독론을 받아들이도록 했고, 교회회원이 되고자 하는 모든 신자는 안수를 받아야 한다는 행습을 폐지시켰다. 또한 예배의 일부로서 찬양하는 것을 허락하고 권장하였으며 심지어 여성신자들도 찬양하게 했고, 열정적인 복음전도를 추구하였다. 이와 같은 행습 모두는 구(舊) 일반침례교회들과 갈등을 일으키게 하였다.

뉴커넥션의 발족

테일러는 그의 견해를 배척하려는 시도에 실망하여, 가까운 친구이자 링컨셔 지방의 보스턴(Boston) 마을의 목사 윌리엄 톰슨(William Thompson)과 함께 레스터셔 복음주의 교회들과 교제하기로 마음먹었다. 하지만 레스터셔 교회들은 링컨셔 지방회의 잘못된 점을 고쳐주기 위한 목적으로 그 지방회에 가입하자는 제안을 거부하였고, 결국 테일러는 레스터셔 교회들과 함께 새로운 단체를 만들기 위해 지방회를 탈퇴하기로 결심했다.

1770년 6월 6일 20명이 넘지 않는 목회자들이 런던의 화이트채플(Whitechapel)에 모여 "일반침례교회 뉴커넥션"이라는 새로운 단체를 결성하였다. 자신들을 "무료 은혜" 단체로 표현하면서, 회의에서 조정자의 역할을 하도록 "댄 테일러를 의장으로 지명하였다." 그 이후 46년 동안 테일러는 이 단체의 총회에서 단 한번 의장직을 차지하지 못한 것을 제외하고는 계속 의장직을 유지하였다.

얼마 후, 테일러는 런던에서 열리는 구(舊) 일반침례교회의 총회에 참석하여, 뉴커넥션 교회들이 탈퇴한 이유에 대해 설명하였다. 즉 그들은 옛 교단이 기독교의 핵심을 도외시하고, 낡은 관습에 매달려 사역을 저해했으며, 이단 교리들을 용인하였다고 주장했다. 테일러는 새 단체는 "위험한 이단이라고 생각하는 것들로부터 감염되는 것을 막고 스스로를 보호하기 위해" 분리할 수밖에 없었다고 말했다.[20] 테일러는 다음과 같이 직설적으로 말했다:

> 성서에 관해 말하자면, 이 시대의 일반침례교인들 중 일부는 최고로 잘못된 생각들을 주장하고 있으며, 그러한 주장에 대한 정열과 열의가 이전 시대의 어느 그룹보다 더하다는 것은 의심의 여지가 없다. 따라서 그것을 경고를 하고 모든 힘을 다해 유해한 교리들을 방지하는 것은 우리의 의무이다. 그 교리들은 우리 선조들이 매우 혐오한 것들이며, 하나님의 말씀이 분명하게 정죄하는 것들이다.[21]

구(舊) 교단은 분열을 막기 위해 온갖 노력을 다했다. 호슬리다운(Horsleydown)의 모임에서 그들은 다음과 같이 말했다:

> 일반구속과 히브리서 6장 1-2절을 기초하여 만들어진 총회에서 우리와 함께 연합되었던 형제들이 성서에 대한 어떤 특별한 정서와 해석으로 인하여 우리에게

서 분리하려는 이유로 삼는 것은 매우 유감스러운 일이다. 개인적 견해의 차이가 형제 사랑과 자비를 파괴하지 못하게 하는 것이 우리의 결정임을 표명하며, 우리는 진정으로 연합과 화합을 바란다. 우리는 불만을 가지고 있는 사람들이 스스로 판단하고 행동함에 완전한 자유가 있음을 인정하지만, 그들이 작금의 제안 사항과 앞으로의 행동에 대해 좀 더 심사숙고하기를 권고한다.[22]

총회는 이 하나의 결의안만 채택하고 다음 해까지 휴회하였다.

링컨셔지방회의 메신저였던 길버트 보이스(Gilbert Boyce)는 테일러가 분리하지 않도록 온 힘을 다해 노력했다. 테일러는 뉴커넥션을 설립하기 바로 직전에 보이스에게 보낸 날짜가 적혀 있지 않는 편지에서, 그가 분리할 수밖에 없다고 느낀 몇 가지 이유들을 말하였다. 테일러의 편지는 상세히 인용할 가치가 있다. 왜냐하면 그것은 분열의 정당성을 살펴볼 수 있을 뿐만 아니라, 일반침례교회의 신학적 흐름을 추적할 수 있기 때문이다. 테일러는 다음과 같이 썼다:

17세기 일반침례교인들 거의 모두는 인간의 죄를 위한 그리스도의 죽음이 죄인들의 유일한 소망이라는 것을 주장했습니다. 그들의 교회는 많았으며, 목회자들과 교인들의 열정과 경건은 정평이 나 있었고, 그들의 사역에는 주님의 기쁨으로 충만했습니다. 17세기가 끝나가는 즈음에 몇몇 지도자들에 의해 아리우스와 소시누스의 사상들이 용인되기 시작했습니다. 다른 사람들이 경고를 발하였지만, 그들은 오히려 사랑이 부족하다는 식으로 비난받았습니다. 많은 사람들이 지금까지 복음의 근본적 교리들을 손질하고 변화시키는 것에 대해 관심을 기울이지 않아도 되는 일로 취급하였습니다…. 사람들은 그 교리들을 너무 많이 망각하였으며, 그것들에 대해 점점 흥미를 잃었습니다. 현세욕과 세상에 순응하는 것이 교회 안에서 만연하였습니다…. 그러면서 교회들은 차례차례 사라졌고, 전국에 걸쳐 수많은 예배당들은 없어지거나 다른 용도로 바뀌었습니다. 한마디로 말해, 그들은 예수 그리스도를 비하시켰고, 예수 그리스도는 그들을 낮추셨습니다.[23]

신앙 조항

뉴커넥션의 목적은 그 단체를 설립할 때 채택한 선언문에 따르면, "신앙과 행습에 있어서 체험적 종교 혹은 원시 기독교를 부활시키는 것"이었다. 뉴커넥션의 회원들은 이 부분에 대해서 다른 사람들이 이해할 수 있도록, "신앙 조항"(the Articles of Religion)으로 알려진 짧은 신앙고백서를 "제시하고, 동의하며, 서명했다." 그들은 이것을 완전한 고백서로 생각하지 않았고, 다만 그들과 '구(舊)커넥션' 사이에서 가장 논란이 된 여섯 개의 요점들에 대해서 자신들의 입장을 선언하는 문서로 생각했다. 이 "신앙조항"은 댄 테일러가 작성하였고, 뉴커넥션 창립 초기 5년 동안, 뉴커넥션과 관련을 맺고자 하는 모든 목회자나 교회들은 의무적으로 그 문서에 서명해야 했다. 그러나 1775년 이후부터 서명하는 일이 더 이상 의무사항은 아니었다. 그러나 새로 가입하는 목회자들은 중생과 교리적 정통성에 대해서 만족할만한 간증을 해야만 했다.

"신앙 조항"은 다음과 같은 주제를 다루었다: 인간의 타락, 도덕법의 본질 및 그것에 대한 영원한 의무, 그리스도의 인격과 사역, 믿음으로 얻는 구원, 성령으로 인한 중생 그리고 침례 등이다.[24] 이 보수적인 선언문은 한편으로는 아리우스주의와 소시누스주의를 방지하려고 하였고, 다른 한편으로는 율법폐기론과 같은 극단을 막으려 하였다. 고백서는 그리스도를 떠난 인류는 영적으로 잃어버린 상태이며, 모든 인간은 "그리스도가 해방시킬 때까지 사탄에 사로잡힌 포로"일 뿐이라는 사실을 단언하였다. 그것은 또한 복음적이어서 "우리는 사역을 하는 동안 우리의 사역에 참여한 모든 사람들에게 이 구원을 제시 혹은 제공해야 한다." 왜냐하면 "구원은 예외 없이 복음적 계시가 임한 모든 사람들이 소유할 수 있는 것이기 때문이다." 당시의 일부 침례교회들과 달리 뉴커넥션은 침수침례를 "필수적인 의무"이자, 교회회원이 되는 전제 조건으로 규정하였다. 특수침례교나 일반침례교 할 것 없이 많은 구(舊) 교회들은 개방 회원제를 운영했다. 즉, 침수를 선호하지만 그것을 의무로 요구하지는 않았던 것이다.

아마도 "신앙조항"의 핵심은 그리스도의 인격과 사역을 다룬 부분일 것이다. 뉴커넥션은 그리스도의 완전한 신성과 완전한 인성 그리고 그리스도가 십자가에서 이룬 속죄의 유효성에 대한 믿음을 확고히 주장했다. 또한 그리스도는 "하나님이며 인간"이라는 생각을 분명히 인정하면서, 그의 신성-인성의 본질에 대한 깊이를 "설명할 수 있는 것처럼 하지 않겠다는 뜻"을 천명했다. "신앙조항"은 나아가 그리스도는 "모든 사람의 죄에 대한 완전한 속죄를 위해 고난당하셨고-이로써 그리스도는 우리를 위해 완전한 구원을 이루셨다고" 단언했다.[25] 이 구원은 믿음으로 얻게 되는데, 오직 선행을 생산하는 특성을 가진 믿음으로 얻게 된다.

분열이 치유될 수 있을 것이라고 기대하였던 구(舊) 교단의 사람들은 1770년과 1771년의 기간에 뉴커넥션의 대표들과 만남을 가졌다. "신앙 조항"의 사본이 제시되자, 많은 목회자들과 교회들은 서명하기를 거부했다. 그들은 하나의 조항 혹은 다른 조항을 반대하거나, 혹은 어떤 신앙고백서에 서명하는 원칙 자체를 반대하였다. 그러나 일부는 "신앙조항"을 만족스럽게 여기고 뉴커넥션에 가입하였다.

뉴커넥션의 발전

1770년부터 1800년까지 구(舊)커넥션과 뉴커넥션의 관계는 애매한 상태로 남아 있었다. 뉴커넥션은 옛 일반침례교 총회와 계속 의사소통을 유지하고 있었으며, 때로는 분명히 총회와 유대를 맺고 있는 하나의 지방회처럼 보이기도 했다. 두 단체는 몇몇 과제들을 협력해서 수행했으며, 댄 테일러는 1803년까지는 거의 매년 투표권 있는 회원으로 참석하였고, 종종 "(회의를 주재하는) 의장으로 지목되기도" 하였다. 이렇게 했던 부분적인 이유는 분열을 영구적인 것으로 받아들이기 싫었기 때문이었다. 구(舊) 교단의 지도자들은 테일러파(Taylorites) 사람들을 설득하여 돌아오게 만들기를 원했다. 테일러와 뉴커넥션은 그들이 생각하는 좀 더 복음적인 위치로 옛 형제들을 데려오기 원했다. 그러나 구(舊) 교단이 오랜 논쟁 끝에, 1803년에 공개적인 유니테리언주의 및 보편구원론자인 윌리엄 비들러(William Vidler)를 동료로 받아들이기로 결정하자, 테일러는 그들의 모임에 더 이상 참여하지 않을 것이며, 심지어 출석도 하지 않을 것이라고 통보했다.

테일러의 적극적인 지도하에 뉴커넥션은 급속히 성장했다. 그들은 1770년에 고작 일곱 교회와 약 1,000명의 회원으로 시작하였다. 그렇지만 1786년에는 31개 교회와 2,357명의 회원을 확보할 수 있었다.26) 테일러는 "뉴커넥션을 그의 등에 지고 다녔다"는 어떤 관찰자의 타당한 언급과 같이, 그는 그가 죽은 해인 1816년까지 분명히 최고 지도자였다. 1800년이 되기 전에 그들은 예배의 일부로서 찬송의 중요성, 방법들, 정당성 등을 설명한 교습서와 함께 찬송가집을 마련하였다. 그들은 어린이와 청년들의 교육을 위해 교리문답서와 오늘날 주일학교 교육 자료에 해당되는 기초 교재들을 준비하였다. 그들은 목회 후보자들을 양육하였다. 1798년에는 런던에 그들의 교육을 위해 신학교를 세웠으며, 테일러가 교육을 담당했다. 테일러는 1797년에 대외적으로 뉴커넥션 침례교회들을 알리고, 교회들을 서로 협력의 정신으로 결속시키기 위해 "일반침례교 매거진"(The General Baptist

Magazine; 나중에 "The Baptist Repository"가 되었음)라는 신문을 발행하였다.

테일러는 1783년에 워즈워드에서 핼리팩스(Halifax)로, 1785년에는 핼리팩스에서 런던으로 이사하였고, 그곳에서 여생을 보냈다. 테일러는 런던에서의 목회를 받아들이기 전에 한 가지 조건을 제시하였는데, 그것은 뉴커넥션 교회들을 방문하기 위해 "테일러 목사가 완전히 자유롭게 여행하는 일을 존중하는 것"이었다.27) 비록 이후에 그 교회가 테일러의 잦은 부재에 대해 불평했지만, 그는 이 자유를 행사하였다. 그의 추종자들 가운데 테일러의 역할은 감리교 운동가들 가운데 존 웨슬리의 역할과 아주 유사하였다. 그는 웨슬리로부터 받은 영향을 보여주었다.

바쁜 사역 가운데서도 테일러는 45개의 저작물을 출판하였는데, 그것들은 짧은 설교문과 소책자들, 그리고 「신앙의 근본 원리들」(Fundamentals of Religion, [1775년 출판, 개정판은 1802년에 출판])을 비롯한 여러 개의 주요 저서들과 침례, 예배, 교회 치리에 관한 논문들 등으로 이루어졌다. 글을 쓰는 데 있어서 테일러는 그의 추종자들의 대부분을 구성하고 있는 평민들의 관심을 얻기 위해 아주 "평범한 언어"를 사용하려 했다. 그는 교단과 관련하여 수많은 편지들을 썼고, 안수식에 서른여덟 번 참석했으며, 매년 수천 마일을 여행하였다. 오늘날로 말하자면, 테일러는 아마 '일 중독자'로 불릴 것이다. 일기에서 그는 한두 번의 설교도 하지 않고, 여러 교회들을 방문하지도 않고, 어떤 주제들에 관해 몇 쪽의 글도 쓰지 못한 낭비된 날이 몇 날인지 계산하기도 했다.

테일러의 위상은 그의 말이 거의 하나님의 말씀과 같은 정도였다. 그가 없는 가운데, 혹은 그를 반대하면서 이룰 수 있는 일은 없었다. 가끔 어떤 뉴커넥션의 목회자가 위치를 벗어나 아리우스주의 혹은 소시누스주의에 너무 가깝게 근접하면, 테일러는 질책할 수 있었고 반드시 그렇게 했으며 필요하면 그를 면직시켰다. 그는 비록 어떠한 직함도 갖지 않았지만 그는 대체로 교회들 가운데서 주교의 역할을 했다.

그럼에도 불구하고 테일러는 신실한 추종자들로부터 약간의 반대와 비판을 피해갈 수 없었다. 몇몇은 그가 "별것 아닌 일들에 대해 너무 지나치게 완고하다"고 비난했다.28) 테일러는 독재적인 리더십이라는 비난에 대해 여러 차례 자신을 변호해야 했다.

3. 뉴커넥션 교회들의 내부적인 삶

뉴커넥션 교회들은 시의적절하고 타당성을 갖추기 위해 노력했다. 그들은 구(舊) 교단의 구태의연한 행습에서 벗어나려 애썼고, 다소 엄격한 사회 관습을 완화시키고자 했으며, 좀 더 활기 있고 흥미로운 예배를 드리려고 했다. 그 결과 비록 그들은 주로 사회경제적으로 낮은 계층의 사람들을 지속적으로 끌어들였지만, 젊은 사람들에게 크게 호소력을 갖게 되었다.

결정을 공유함

뉴커넥션의 초기 시대 목회자들은 임지를 자주 옮기지 않았다. 다른 침례교인들과 마찬가지로 그들은 목회를 결혼으로 비유하여, 목사와 교회는 서로 일생동안 헌신하는 관계로 보았다. 그러나 일찍이 1783년에 테일러는 워즈워드를 떠나 핼리팩스 근처의 교회로 오라는 초청을 받았다. 1년의 논의 끝에 테일러는 옮기기로 결정하였고, 이로써 뉴커넥션 내에서 목사가 목회지를 옮기는 일을 허용하는 전례를 남겼다. 그리고 이것은 아마도 일부 교회들에게는 신선한 소식이었을 것이다. 하지만 테일러는 이러한 결정을 혼자서 할 수 있는 것으로 생각하지 않았다. 그는 그 문제를 교단에 맡겨 교단이 결정하게 했다. 테일러가 핼리팩스에서 2년이 지난 후 런던으로 이사하려는 계획은 훨씬 심한 반대에 부딪치게 되었다. 그는 이미 한 번 목회지를 옮겼고, 형제들은 그가 침례교 목회자들이 몇 년 안에 목회지를 옮기는 전례를 남길 것을 두려워했다. 그러나 런던의 필요에 따라서 교단은 1785년 4월 그 문제에 대해 투표하였고, 19대 8로 "테일러 목사를 런던으로 보내는 것이 하나님의 영광을 위한 최선의 길이 될 것"이라고 결정하였다.[29]

댄 테일러의 경험에서 볼 수 있는 바와 같이, 심지어 결혼과 같은 개인적인 결정사항들도 개인이 전적으로 결정할 수 있는 것이 아니었다. 테일러 목사의 첫 번째 아내가 아홉 명의 아이들을 남기고 1794년에 죽자, 모든 사람들은 목사가 재혼해야 한다는 데 동의하였고, 교회는 그의 아내를 물색하기 시작했다. 하지만 교회는 "누가 가장 적합한 사람인지에 대해 쉽게 의견의 일치를 보지 못했다." 테일러가 서둘러 결혼한 것에 대해 일부 사람들은 교회가 전체적으로 찬성할 때까지 기다리지 못하고, 행동한 것에 대해 불쾌하게 생각했다. 수년이 지난 후 테일러가 세 번째 결혼을 하자, 일부의 교회회원들은 아주 분개했고, 그를 설교단에서 끌어내고자 하였으며, 그 시도가 실패하자 약 30명이 교회를 떠나버렸다. 그들은 테일러가 너무 젊은 과부와 결혼한 것이 불쾌했으며, 아마도 심기를 더 상하게 한 것은 테일러가 결혼을 반대하는 교회의 충고를 따르지 않은 것이었다. 수년이 흐르고 난 이후, 뉴커넥션 교회들은 개인과 가정이 결정해야 하는 일들에 대해서 덜 통제하게 되었다.

찬송과 예배

구(舊) 교단과 뉴커넥션 교회들의 예배에서 가장 큰 차이점은 필시 후자가 음악과 찬송을 예배의 일부로 받아들인 점일 것이다. 영국은 18세기 후반에 일반 대중음악의 부활을 경험하였다. 가정과 가족들 가운데 노래하는 것의 중요성이 재 강조되었고, 대중오락의 한 형태로 "음악 홀"이 발전하였다. 자연히 공중 예배에서 음악과 찬송의 위치에 대한 질문이 생겨났다.

구(舊) 일반침례교인들은 교회에서 노래하는 것은 육적이며, 세속적이고, 경망스러운 것이라고 묘사하면서 그것을 엄격하게 금하였다. 옛 링컨셔 지방회의 메신저였던 길버트 보이스는 찬송하는 것을 반대하는 글을 계속 썼다. 그는 모든 사람들이 효과적인 노래를 할 수 있는 "음악적 목소리"를 가지고 있지 않으며, 공중찬송은 "육적인" (즉, 중생하지 않은) 사람들의 참여를 허용하게 된다. 그것은 또한 바울이 여성은 교회에서 잠잠해야 한다는 명령을 위반하는 것이 되고, 노래는 예배를 엄숙한 마음보다는 세속적인 분위기로 이끌 것이며, 노래에 종종 동반되는 웃음과 즐거움은 하나님을 모욕하는 것이 될 것이라고 하였다. 보이스는 또한 신약성서는 기독교인들에게 예배의 일부로서 찬송할 것을 분명하게 제시하고 있지 않으며, 신약 교인들이 그렇게 했다는 명확한 예도 없다고 주장했다.

보이스의 규제에 대한 직접적인 응답으로 댄 테일러는 1786년에 「하나님의 예배에 있어 찬송에 관한 논문」(*A Dissertation on Singing in the Worship of God*)이라는 중요한 논문을 출판했다. 테일러는 "키치 목사가… 등장하기 이전에" 성서와 기독교 역사는 그리스도인들이 수세기 동안 노래한 행습이 타당하다는 풍부한 증거가 있다고 주장하며, 찬송하는 것을 옹호하였다.[30] 보이스와 마찬가지로, 테일러 역시 구원받지 못한 사람이 찬송하는 데 참여할 가능성이 있음을 인정했다. 그러나 그것은 그들로 하여금 복음을 받아들이도록 인도할 수 있다고 하며, 사실 찬송이 설교보다 그들에게 더 쉽고 강력하게 영향을 끼칠 수 있다고 주장했다.

여성들이 노래하는 것에 대해서 테일러는 "여성은 남성과 똑같이 이성적인 능력을 가지고 있다…. 그들도 남성과 마찬가지로 하나님의 피조물이다." 따라서 예배에 참여하는 데 있어서 똑같은 자유를 가져야 한다고 하였다.31) 사실 이 "음악의 딸들"은 종종 남자들보다 더 노래를 잘한다. 테일러는 "발성과 청음의 역량이 미덥지 못한 사람들이 있음"을 인정하였다. 그러나 이것이 그들로 하여금 목소리로 하나님을 최고로 찬양하는 것을 금지하는 이유가 될 수는 없다고 했다. 테일러는 교회에서 악기를 사용하는 것은 반대하였지만, 어린이들에게 노래를 가르치고, 그들을 회중 찬송에 참여하게 하는 것은 찬성했다. 심지어 어린이들이 아직 회심하지 않았더라도 허용하자는 입장이었다.

테일러는 회중 찬송은 쉽고 간단한 노래들이 되어야 한다고 주장하였다. 그는 특별축가(Anthems)를 부르는 것에 대해서 "나는 그것이 전능하신 하나님께 드리는 공중예배의 일부분이 되는 것은 적절치 않다고 생각한다"고 반대하고, "특별축가를 부를 수 있는 사람들이 거의 없으며, 그들은 그것을 배울 충분한 시간도 그리고 실력도 없다"고 하였다. 테일러는 관찰을 통해 "경험상, 특별축가를 부르는 것이 듣기에 좋을지 몰라도 영혼에는 크게 유익한 점이 없었다"고 결론내렸다.32) 테일러는 공중예배의 노래들은 회중들이 대체로 아는 것들이어야 한다고 했다. 새로운 곡들은 "공중예배 시간이 아닌 다른 시간에 배워야 한다"고 했다. 그는 "나는 찬양 인도자가 일반적으로 잘 모르는 노래를 고르는 일을 어떻게 정당화할 수 있는지 모르겠다"고 말했다.33)

여성들의 역할

뉴커넥션 교회의 여성들은 필시 구(舊) 교단이나 특수침례교회의 여성들보다 더 많은 자유를 누렸을 것이다. 다른 모든 분야에서처럼, 이 분야에서도 댄 테일러는 그 기준을 세웠다. 찬송에 관한 그의 책에서 테일러는 여성들이 교회에서 연설할 수 있는 권리가 있다는 것을 옹호하였다. 그는 다음과 같이 말하였다:

> 교회가 여성들이 관심을 갖는 특별히 중요하거나 혹은 어려움이 있는 일을 착수할 때; 혹은 여성들이 기여할 수 있는 소명에 비용이 드는 일에 대하여; 혹은 좋은 결과든 나쁜 결과든, 그들이 적어도 남자들만큼 관심을 갖는 일에 대하여;

여성들이 목소리를 내고, 그에 대하여 그들의 의견을 내는 것은 옳은 일이다. 그리고 이러한 권리를 그들에게 허락하지 않는 것은 편협한 일이다.34)

테일러는 신약 교회에서는 여집사와 여선지자들이 활동했다는 사실을 지적하면서 "나는 여성들이 남성들보다 더 잘 이해할 수 있는 많은 것들이 있다고 확신한다"고 결론내렸다. 그는 고린도전서 14장 34절을 여성들이 무질서한 태도로 말해서는 안 된다는 뜻으로만 한정해서 해석했다.35)

교회 권징

일반침례교회들 가운데 가장 많으면서도 심각한 교회 권징 사항은 아마 결혼과 관계된 일이었을 것이다. 수년 동안 일반침례교회들은 교단 밖의 사람들과의 결혼을 금했는데, 이 법칙이 자신들을 아프게 했어도 실행했다. 그들은 결혼은 양 부모뿐만 아니라 교회의 승인을 필요로 한다고 생각했고, 결혼하는 남녀 둘 중 한 사람이라도 침례교인이 아니면 교회는 결혼 승낙을 유보했다. 이것은 교회 권징의 과잉 사례를 낳는 결과를 가져왔고, 교회가 좀 더 중요한 사역들에 집중하는 일에 방해가 되었으며, 많은 사람들로 하여금 교회를 떠나게 만들었고, 교회의 축복 안에 남아 있기를 진심으로 원하지만, 자신들의 가정 상황이 공동체의 기대와는 정반대에 있음을 알게 된 사람들에게 끝없는 인간적인 고통을 겪게 하는 원인이 되었다.

1704년에 일반침례교총회는 1668년도 정책선언문을 재확인했는데, 그것은 다음과 같다:

> 신자가 불신자와 결혼하는 것에 대한 성서의 일반적 평가는… 하나님의 율법을 어기는 죄로 여기고 있으며, 그러한 결혼을 하고 여전히 남편과 아내로 살아가는 사람들은 그것을 죄로 여겨 회개해야 한다…. 상기의 죄는 주님을 벗어난, 혹은 교회를 벗어난 결혼으로 불려야 한다.36)

결혼의 정의에 대하여 이와 같이 지나치게 엄격한 규정은 심지어 회개했다 하더라도, 계속 죄를 짓고 있는 상태가 되게 만들었다. 그래서 "상술한 바와 같이 신자가 불신자와 결혼하는 일은 하나님의 법과 교회가 발표한 판결, 혹은 신자 자신의 동의한 바에 어긋나기 때문에 철회되어야 한다"는 조항이 추가되었다. 많은 증거들이 이러한 배척의 규칙이 실행되었음을 보여준다.

점차적으로 이런 가혹한 입장은 완화되었다. 이후의 침례교인들은 비록 불신자와의 결혼은 계속 반대했지만, 적절한 회개가 있으면 그러한 결혼을 지속하는 것을 허락했으며, 악한 것으로 규정하지 않았다. 심지어 1704년 회의록에는 그러한 관계에 대해서 "나는 나의 형제가 곤란해 하도록 그것을 간음이라고 불러서는 안 되며, 형제도 내가 곤란하지 않도록 그것이 간음이 아니라고 말해서는 안 된다는 것에 모두 동의하였다"는 문구가 있다.37) 총회는 1721년에 노르웨이 교회로부터 "불신자와의 결혼"에 대한 질문을 받고 다음과 같이 답변하였다. "우리는 성서가 침례 받은 사람이 침례 받지 않은 사람과 결혼하는 것을 인정한다고 말할 수 없으며, 또한 그러한 일이 발생되었을 경우 그러한 결혼을 한 모든 사람들이 제명되어야 한다고 말할 수도 없다."38) 일반침례교인들은 불신자와의 결혼은 나쁜 결과들을 가져오며, 성서도 그것을 허락하지 않으므로 "우리는 불신자와의 결혼은 부적절하며, 그러한 결혼을 한 모든 사람은 비난받아야 한다고 분명히 결론 내린다"고 하였다.39) 그것을 인정하지는 않지만, 1704년에 표현된 것처럼 철저한 정죄에는 훨씬 못 미치는 것이었다.

한 세대 후에는 좀 더 완화된 견해가 널리 퍼졌는데, 그것은 엄격한 규칙을 시행하여 생긴 결과로 인해 발생하였다. 1744년, 켄트(Kent)에 있는 한 교회의 질의에 대해 총회는 "모두가 동의하기를, 불신자와의 결혼은 부적절할 뿐만 아니라 위험하며 때때로 아주 나쁜 결과들을 가져온다. 따라서 그것은 시기적절한 경고, 충고, 경계 등을 통해서 가능한 예방해야 한다"고 답변하였다. 그러나 그러한 결혼이 실제로 발생되었을 경우, 교회는 처벌보다는 구제하는 쪽이 되어야 한다. 총회는 "남은 한 가지 어려움은 우리의 교제 밖에 있는 사람과 결혼한 회원을 교회가 어떻게 대해야 하는 점이다… 예외 없이 모든 주의 만찬에 참여중지를 시키는 일을 일반 규칙으로 만드는 것에 대해서, 본회는 하나님의 말씀이 그것을 옹호하는 경우를 전혀 찾을 수 없다"고 선포했다.40)

1744년 선언문에 따르면, 불신자와의 결혼에 관한 침례교인들의 접근방식은 제명보다는 예방에 중점을 두고 있었다. 그들은 "그러한 결혼에 대해 주의 만찬 참여를 금지시키는 것이, 신중함이라는 측면에서, 죄 지은 사람을 되찾는 적절한 방법이거나 혹은 침례교회의 이익을 증진하는 방법이 될 수 있는지 생각해봐야 한다"고 말했다. 그들은 가혹한 취급을 받은 사람들이 교회를 떠나 결코 돌아오지 않았던 경우들, 그리고 자신들의 결혼이 반대 받을 것을 우려하여 침례교인이 되지 않았던 사람들을 예로 들었다. 반면에 친절하고 관대한 대우는 많은 사람들을 교회로 되돌아오게 하였으며, 종종 침례교인이 아닌 배우자도 함께 왔다.

보고서는 계속해서 말하기를 더구나 주의 만찬에 배우자 모두가 항상 참여할 수 있는 것은 아니다. 따라서 "침착하고, 고결하며, 기독교인으로 보이는 사람이 단순히 침수에 의해 침례를 받지 않았다는 이유로 거부당하고" 출교의 고통을 받아야 하는가? 침례교인들은 그런 것을 반대하며 "결혼의 경우는 기독교 교회의 엄격하고 불변하는 법칙 아래 둘 수 있는 것은 아니다"라고 결론내렸다.41) 이러한 교회 권징의 완화에 대해 모든 사람들이 동의한 것은 아니었고, 일부 교회들은 여전히 옛 규칙을 실행하려 했다. 그러나 18세기 중반 이후, 대다수의 침례교회들은 좀 더 완화된 경로를 따랐다.

4. 요약

18세기는 일반침례교회에 엄청난 손실을 가져다 준 세기였음이 드러났다. 신학적 문제들, 낡아빠진 교회 행습들, 지명도 있는 새로운 지도자들을 충원하는 일에 실패한 것 등은 그들의 성장을 방해하였다. 뉴커넥션은 적어도 일정 기간 일반침례교회에 영적 부활을 가져왔다. 뉴커넥션은 정통 교리, 살아 있는 영성, 의미 있는 예배 등을 회복하려 하였다. 이러한 분야들에 있어 뉴커넥션의 성공은 예정된 것이지만, 그것은 부분적인 성공이었다. 한 세기 안에 뉴커넥션은 많은 문제들을 안게 되었는데, 그것들은 뉴커넥션이 처음 시작할 때 저항했던 동일한 문제들이었다. 그 운동은 결코 수적인 성공에 도달하지는 못했다. 그리고 활동적인 초기 지도자들이 사망한 후에는 성장률도 줄어들었다.

일반침례교회들은 주로 하층민에서 회원들을 끌어드리는 경향이 항상 있었으며, 뉴커넥션 역시 그러한 경향을 따랐다. 당시의 다른 침례교회들처럼, 혹은 아마 더 많은 정도로 뉴커넥션 교회들은 낮은 자질의 목회자들을 얻게 되었으며, 평신도나 목회자들의 리더십을 위한 교육도 충분하게 제공되지 못했다. 또한 목사들에게 세속 직업을 갖도록 강요했는데, 그것은 목사들의 시간과 에너지를 소진시켰고, 결과적으로 목회에 관심을 멀어지게 만들었다. 1770년의 분립은 구(舊) 일반침례교회에게는 죽음의 종소리가 되었다. 한두 세대 안에 그들은 대부분 사라졌다.

주(註)

1) H. Wheeler Robinson, *Baptists in Britain*, 20.
2) J. M. G. Owen, ed., *Records of an Old Association*, 37.
3) *Narrative of the General Assembly in London*, 1689, from introductory "General Epistle to the Churches," 1-2.
4) A. C. Underwood, *A History of the English Baptists* (London: Carey Kingsgate Press, 1947), 117.
5) Ibid.
6) Michael R. Watts, *The Dissenters*, 375.
7) Adam Taylor, *The History of the English General Baptists*, 1:464.
8) Underwood, 127.
9) Taylor, 1:468.
10) Ibid., 469.
11) W. T. Whitley, ed,. *Minutes of the General Assembly of the General Baptist Churches in England*, 1:84.
12) Watts, 300.
13) Taylor, 1:470.
14) Ibid., 477.
15) Ibid., 480.
16) W. T. Whitely, *A History of British Baptists*, 174.
17) Underwood, 150.
18) Adam Taylor, *Memoirs of the Rev. Dan Taylor*, 11-12.
19) Ibid., 21.
20) Ibid., 74.
21) Ibid., 76.
22) Whitely, *Minutes*, 2:141.
23) W. E. Bloomfield, *The Baptists of Yorkshire*, 105.
24) William L. Lumpkin, ed., *Baptist Confessions of Faith*, 342-4.
25) Ibid., 343.
26) *Minutes, Association of General Baptists held at Leicester*, 1786, 8-9.
27) Taylor, *Memoirs*, 170.
28) Ibid., 80.
29) Ibid., 128.
30) Dan Taylor, *A Dissertation on Singing in the Worship of God*, 18.

31) Ibid., 33.
32) Ibid., 62.
33) Ibid., 70.
34) Ibid., 36.
35) Ibid., 40.
36) Whitely, *Minutes*, 1:93.
37) Ibid.
38) Ibid., 135.
39) Ibid., 135-6.
40) Ibid., 2:72-3.
41) Ibid., 74.

제6장
영국 특수침례교회

일반침례교회와 마찬가지로 특수침례교회도 18세기에 대체로 오르막길을 견인해야 하는 처지에 놓여 있었다. 두 그룹은 다음과 같은 많은 공통적인 문제들, 즉 영국에서 복음적 신앙의 전반적인 쇠퇴, 종교의 자유에 대한 지속적인 위협, 침례교인들이 주요 대학들에서 배제됨, 교회들이 오늘날 관점에서 볼 때 별로 중요하지 않은 문제들에 집중하는 경향, 시대에 걸 맞는 지도자들을 구하기 어려운 일 등에 직면하였다. 일반침례교회와 마찬가지로 특수침례교회의 첫 세대 지도자들은 시간이 가면서 현역에서 물러났다. 토마스 콜리어와 핸서드 놀리스(Hanserd Knollys)는 1691년에, 윌리엄 키핀(William Kiffin)은 1701년에, 벤저민 키치는 1704년에 사망했다. 불행히도 이들의 위치를 대신한 새로운 지도자들 가운데 어떤 이들은 초기 지도자들이 보여주었던 신학과 목회 사이의 균형을 유지하지 못했다.

일반침례교회가 극단적 자유주의에 빠진 반면에 특수침례교회는 극단적 보수주의 교리의 희생물이 되었다. 양 극단은 공히 침례교회의 삶과 활력에 엄청난 손상을 가했음이 드러났다. 벤저민 키치와 핸서드 놀리스 같은 17세기 지도자들은 그들의 보수적 칼뱅주의를 온화하고 열정적인 복음전도주의와 균형을 이루게 하였다. 그러나 이와 같은 건강한 균형은 지속되지 않았다. 18세기의 많은 특수침례교인들은 신학적으로 협소해지고 메마른 정통주의를 고집하며, 성서적이기보다는 이성적인 신앙을 갖게 되었다.

그러나 18세기가 끝나기 전에 이러한 음산한 그림은 상당히 밝아지게 되었다. 특수침례교인들은 신학적 균형을 회복했다. 로버트 홀(Robert Hall)과 앤드루 풀러(Andrew Fuller)를 통해 존 길(John Gill)의 극단적 칼뱅주의를 수정하였고, "만인이 받을 만한 복음"을 회복하였다. 윌리엄 캐리(William Carey)는 특수침례교인들로 하여금 세계 선교를 향한 노력을 시작하도록 유도하였으며, 1784년의 "기도 요청"은 교회들 가운데 영적 갱신의 물결을 일으킨 원인과 결과가 되었음이 입증되었다.

1. 특수침례교회의 쇠퇴

특수침례교회는 비록 일반침례교회와는 다른 방향에서부터 온 실제적이며 신학적인 문제들을 가지고 있었지만, 침례교인들을 대량으로 줄어들게 만든 쇠퇴에 있어서는 충분히 똑같았다. 특수침례교회들 가운데 그리스도의 신성을 의심하는 교회는 거의 없었다. 이러한 사상을 받아들인 한 특수침례교회는 결국 사라져 버렸다. 견고한 칼뱅주의는 아리우스 및 소시누스 사상으로부터 특수침례교회들을 보호하였다. 하지만 불행하게도 동일한 칼뱅주의가 그들을 반대편의 극단으로 이끌었다.

고등 칼뱅주의의 발흥

18세기 초반 많은 특수침례교인들은 그들의 신학을 "고등 칼뱅주의"로 경화시켰다. 그들은 선택과 예정 같은 특정한 측면들을 지나치게 강조하였다. 그것들은 그들의 신학 전반을 장악하게 되었고, 다른 모든 부분은 그러한 관점에서 판단되었다. 특수침례교인들은 점차적으로 그들의 신앙에서 칼뱅주의 측면들을 더 강조하면서 복음전도는 덜 강조하게 되었다. 또한 복음전도에 대한 열정과 활력 넘치는 교회 생활도 점차로 상실하게 되었다. 가장 극단적인 단계로 나아간 특수침례교인들은 아예 불신자들에게 복음을 선포하거나 전하려고 하지 않았다. 그들 중 일부는 율법폐기론에 빠졌다. 율법폐기론은 극단적 칼뱅주의의 한 형태로서 모든 사람의 개인적 행동은 이미 예정되어 있다고 생각하여서, 사람들이 도덕적인 행동을 하지 않는 핑계를 대게 만들었다. 여기서 꼭 살펴봐야 할 점은 특수침례교회의 신학이 율법폐기론으로 향하는 경향이 있음에도 불구하고, 대부분의 교단 지도자들은 자신들은 그럴 의도가 없다고 주장했다는 것이다.

18세기의 특수침례교인들에게 칼뱅주의는 전혀 새로운 것이 아니었다. 이 침례교 분파는 처음부터 장 칼뱅의 신학을 따르는 경향이 있었다. 특히 그들의 청교도-분리주의 배경은 그러한 사상을 받아들이게 하였다. 특수침례교인들의 초기 신앙고백서들은 다음의 사상들 즉, 선택, 예정, 성도의 견인 등을 열성적으로 주장하였다. 특수침례교인들은 이러한 관점들과 더불어 복음전도도 열정적으로 행하였다. 지역 교회들은 자기 목사들을 파송해 주변 지역들을 복음화했다. 지방회들은 설교자들을 파송하기 위해 기금을 모았다. 예를 들면 1649년에 런던의 특수침례교회들이 웨일즈를 복음화하기 위해 대표단을 파송하였다. 그들은 교리적인 측면에서는 정통주의를 확고하게 주장하면서, 인쇄된 설교집과 전도책자들을 통해 교단 내에 있는 사람들에게는 영적인 안녕에 대한 관심을 불어넣었고, 다른 사람들에게는 기독교 신앙으로 나아올 수 있도록 도우며 전도하였다. 그들의 신앙은 아마도 복음적 칼뱅주의라고 말할 수 있을 것이다.

교리 자체는 변화지 않았지만 그 교리들이 가지고 있는 색깔과 정신은 변했고, 혹은 선택과 예정이 다른 교리들보다 강조되는 정도가 변했다. 점차로 이 교리들은 다른 모든 교리들을 무색하게 만들었다. 1689년의 신앙고백서에서 특수침례교인들은 자신들을 "개인적 선택과 견인을 지지하는" 사람들이라고 주장하였다. 1717년에 설립된 최초의 주요 교단 기금인 특수침례교기금(Particular Baptist Fund)은 지원 대상을 엄격한 칼뱅주의 사상을 가진 사람들로 한정했다. 점차적으로 그들은 복음전도를 덜 강조하였다. 마침내 그들의 신학자들과 목회자들은 왜 불신자들에게 복음을 전해서는 안 되는가에 대한 학문적인 논문들을 발표하기 시작했다.

어떤 역사가는 영국에는 1715년에 220개의 특수침례교회들이 있었지만, 1750년에는 146개로 줄어들었다고 했다. 이것은 같은 기간에 146개 교회에서 65개 교회로 줄어든 일반침례교회들에 비하면 감소세가 덜 심한 편이다.1) 많은 교회들이 놀위치(Norwich)에 있는 교회와 같은 입장이었는데, 그 교회는 1723년에는 52명의 회원이 있다고 보고했지만, 1750년에는 겨우 27명만 보고했다. 조셉 아이비미(Joseph Ivimey)는 "우리 교회가 1688년의 혁명 때에 65년이 지난 지금보다 훨씬 번창하고 수가 많았다는 것을 의심할 이유는 없으며, 결과적으로 그 번영은 칼로 도륙당한 것보다 더 많이 파괴당했다"고 결론지었다.2) 1689년에 특수침례교회가 총회로 모일 것을 요청하면서, 대변인은 "우리는 우리 교회들이 처한 현 상태에 대해 비통해하지 않을 수 없다. 우리에게 있었던 이전의 많은 힘과 생명력 그리고 열정이 이제는 사라져버린 사실과 많은 곳에서 우리 주 예수 그리스도에 대한 관심이 없어진 사실을 우려한다"고 말했다.3) 수적 감소는 재정적 지원이 아주 급격하게 떨어지는 것과 맞아떨어졌다.

1689년 문서는 계속해서 교회들이 쇠약해지고 있었고, 목회자들과 그들의 사역이 등한시되고 있었으며, 목회자가 되겠다고 자원하는 사람들이 거의 없어지고 있었던 사실에 대해 통탄하였다. 그들은 미래를 계획하며, "우리의 가라앉고 쇠한 정신들"을 다시 세우기 위해 회의를 개최해야 한다고 주장하였다.4) 쇠락은 18세기가 진척되면서 가속화하였다. 대부분의 역사가들이 동의하는 한 가지 이유는 특수침례교인들 사이에 고등 칼뱅주의가 증가하는 추세였다는 사실이다.

고등 칼뱅주의의 근원들

특수침례교인들은 어디서 이러한 극단적 칼뱅주의를 취하게 되었을까? 물론 그들이 성서에서 발견했을 것이지만, 그들의 교리적 유산은 처음부터 칼뱅주의적이었다. 그러나 두 명의 영향력 있는 신학자들이 침례교인들을 좀 더 극단적인 형태의 칼뱅주의로 이끄는데 일조했다.

윌트셔(Wiltshire)의 영국국교회 교구 목사인 토비아스 크리스프(Tobias Crisp, 1600-1642)는 영국 내전(Civil War) 이전에 이미 극단적 칼뱅주의를 설파하고 출판했다. 1690년에 크리스프의 아들은 「오직 그리스도만 높임을 받으심: 토비아스 크리스프 전집」(*Christ Alone Exalted: Being the Compleat Works of Tobias Crisp*)을 출판하였다. 핸서드 놀리스를 포함한 몇몇 침례교인들은 크리스프 책의 출판을 후원했으며, 크리스프의 사상은 당시 침례교인들의 사고방식을 형성하는 데 큰 영향을 끼치게 되었다. 침례교인이었던 존 길은 후에 크리스프의 생애에 대하여 극찬하는 회고록을 첨부하여 그의 책을 다시 출판했다. 이 극단적으로 보수적인 영국국교회 목사는 후에 침례교인들 가운데 나타난 고등 칼뱅주의의 중요한 원천이 되었다. 후에 나온 존 길의 저서들의 많은 부분은 침례교 판 크리스프와 같은 것이었다.

크리스프는 극단적 칼뱅주의뿐만 아니라 율법폐기론도 옹호하였다. 그의 복잡한 가르침들 가운데, 율법폐기론은 어떤 죄도 택함 받은 자들의 영적 신분의 안전성을 위협할 수 없기 때문에 기독교인들은 도덕적 행위의 의무에서 자유롭다고 주장한 것에서 발견된다. 크리스프는 "아직 회심을 하지 않은 택함 받은 사람의 상태는 영광 가운데 있는 성도의 상태만큼이나 종국적 실패의 위험으로부터 안전하다"고 말했다.5) 그는 신자들에 관하여서는 "신자들이라면 그들이 범한 어떠한 죄든지, 그 죄들이 그들에게 어떠한 해도 끼치지 못할 것"이라고 말했다.6) 요한복음 14장 6절을 중심으로 했던 설교에서 크리스프는 "신자가 되고 난 후에 신자가 종종 죄를 짓는다 하더라도, 하나님은 그에 대하여 더 이상 화를 내거나 불쾌하게 여기지 않으신다; 분명히 말하건대, 그가 그리스도를 영접하였다면 하나님은 그에 대하여 더 이상 화를 내거나 불쾌하게 여기지 않으신다"고 말했다. 그것은 하나님이 죄를 용납한다는 뜻이 아니라, 택함 받은 사람들을 위해 하나님은 분노를 그리스도께로, 즉 십자가에 고통당하신 분께로 향하도록 한다는 의미였다. 그러나 택함 받지 못한 자들에 대해서는 하나님께서 분노를 죄인들에게 향하게 하신다. 따라서 크리스프에 따르면, 택함 받은 사람들이 어떠한 죄를 범하더라도, 하나님은 그들을 원망하지 않으며, "하나님은 성도에 대한 고소를 영광 가운데 승리로 바꾸어 놓으신다." 조셉 아이비미는 이러한 체계가 "사람들로 하여금 악한 안심감 안에서 잠들게 만든다"고 말했다.7)

극단적 보수주의의 또 다른 근원은 장로교인이었던 조셉 후시(Joseph Hussey) 였다. 후시는 1691년 캠브리지에서 목회하면서 칼뱅주의를 아주 심각하게 받아들였다. 그는 하나님의 은혜를 죄인들에게 베푸는 것을 거절했는데, 택함 받지 못한 자들을 무심코 초청에 포함시켜 하나님을 모욕하지 않기 위해서였다. 이러한 가르침은 존 스켑(John Skepp)에게 심대한 영향을 끼쳤는데, 스켑은 캠브리지교회의 회원으로 후시의 사상을 흡수하였다. 스켑은 후에 침례교인이 되었고, 이러한 사상들을 침례교에 전하는 역할을 했다. 온건한 칼뱅주의는 처음부터 특수침례교회 전통의 일부였지만, 18세기의 한 때에 특수침례교인들에게 강하게 나타난 고등 칼뱅주의는 주로 비침례교 원천들에서 비롯되었다.

특수침례교의 고등 칼뱅주의 선구자들: 스켑과 브라인

특수침례교는 두 명의 강경한 대변인 존 스켑과 존 브라인(John Brine)이라는 통로를 따라 극단적 칼뱅주의로 나아갔다. 스켑(1721년 사망)은 크리스프와 후시의 극단적 사상들이 침례교의 신앙생활로 침투하는 주요 도로가 되었다. 스켑은 1715년까지 크리플게이트(Cripplegate)에 있는 특수침례교회의 목사였으며, 1719년에 솔터스 홀(Salter's Hall)에서 정통신앙에 서명한 사람 가운데 하나였다. 그는 침례교인이 되기 이전에 후시 교회의 교인이었다. 스켑은 부끄러운 행위로 인해 수년 동안 먹구름이 낀 상태였지만, 얼마 후 명예를 회복하였다. 그는 책을 한

권 썼는데, 그가 사망한 후 「하나님의 능력: 혹은 인간의 영혼에 대한 하나님의 영의 사효적인 활동들」(Divine Energy: or the efficacious Operations of the Spirit of God upon the Soul of Man)이라는 제목으로 출판되었다. 이 책은 침례교인들에게 꽤 영향을 끼쳤다. 존 길은 그의 사상의 많은 부분을 스켑으로부터 입수했다. 그는 칭찬일색의 서문을 첨가하여 그 책을 1751년에 다시 출판했다. 이 책 역시 1815년에 재 출판되었다.

당시 "펠라기우스의 오류들"에 대한 해독제가 되도록 의도된 스켑의 「하나님의 능력」은 기본적으로 크리스프와 후시가 이전에 강조했던 내용들의 침례교 판이었다. 그는 회심이 하나님의 계획으로부터 오는 것이며, 인간의 결심에 의해서는 아무런 영향도 받지 않는다는 사상을 발전시켰다. 이것이 스켑의 책 제목 요지로서, 회심은 인간의 결심으로부터 온 결과가 아니라, 예정과 선택의 방법으로 작용되는 "하나님의 능력"으로부터 온다는 것을 보여준다. 그는 제3장을 "도의적 권고"의 불충분함을 보여주기 위해 할애했다. 스켑이 말하는 "도의적 권고"는 "아직 새롭게 되지 않은 자연인의 상태에 있는 사람을 적절한 방법과 토론을 통해 설득하는 노력"을 의미하였다.8) 그것은 "복음적 초청"을 불신자에게까지 확장시키거나, 설교하는 것을 완전히 소용없는 일로 만들었다. 스켑은 복음적 초청에 대해서, "그 방법은 부족할 뿐만 아니라 잘못된 것이며, 전적으로 옛 오류에 기초한 것"이라고 솔직하게 말했다.9)

스켑은 죄인들을 권고하거나 그들에게 기독교인이 되라고 설득하는 것은 잘해야 시간 낭비이고, 최악의 경우에는 하나님의 주권을 침해하는 것이 된다고 하였다. 그것들은 택함 받지 못한 사람들에게는 아무런 의미가 없는 것이며, 심지어 택함 받은 자라도 아직 하나님의 은혜에 의해 활성화되지 않은 상태라면, 반응하지 않을 뿐만 아니라 할 수도 없다. 만일 구원초청이 선택 받지 못한 자들, 즉 하나님이 구원으로 초청하지 않은 사람들을 포함한다면, 그것은 하나님의 주권 앞에서 사라져 없어지게 될 것이다. 스켑은 구원초청이 "죽은 영혼이나 불구의 영혼에게는 거의 소용이 없으며; [구원초청은] 죽은 권고나 무력한 권고 밖에 안 될 것"이라고 주장했다.10) 물론 중풍병자에게 일어나 걸을 것을 요청할 수는 있다. 스켑은 이에 대해 분명한 불만을 드러내면서 다음과 같이 한탄하였다: "그것은 설교가 무력하고 생명력 없게 되는 길이며, 요사이 우리의 높고 위대한 이성주의자들과 자유의지의 박사들 가운데 유행하는 논리이며… 그들의 생명력 없는 동기와 영성 없는 권고와 제안들은 게하시의 손에 있는 선지자의 지팡이가 아무 효력이 없는 것과 마찬가지로 효력이 없다."11)

스켑도 율법폐기론을 받아들인 것으로 보이지만 결코 크리스프 만큼 극단적이지는 않았다. 그는 분명하게 인간의 "도덕적 무능"을 가르쳤다. 인간의 의지는 타락에 의해 심하게 훼손되었고 여전히 사탄에 사로잡혀 있기 때문에, 인간은 어떠한 선한 일을 결심하고 실행할 도덕적 자유를 상실하였다. 스켑은 의지의 자유를 괴저병과 비교하면서 인간은 하나님의 능력 앞에서 참으로 수동적이며 회심 전, 중, 후에도 "어떠한 생명력 있고 영적인 행위도 생산해 낼 수 없다"고 하였다.12)

비록 두 사람 사이에는 몇 년의 간격이 있지만, 존 브라인(1703-1765)은 스켑을 계승해 크리플게이트에서 목회하였다. 젊은 시절에 브라인은 존 길의 친구가 되었는데, 두 사람은 케터링(Kettering) 근처에 있는 침례교회에 함께 다녔다. 브라인은 케터링교회로부터 목회자로 부름받았고, 후에 코벤트리(Coventry)에서 목사로 섬겼다. 그는 교육을 받고 책을 구입하기 위해 특수침례교기금으로부터 보조를 받았다. 그는 1730년 즈음에 런던으로 갔으며, 오랜 기간 길 박사의 가까운 친구요 신뢰받는 사람이 되었다. 한 역사가는 "브라인씨는 교단에서 큰 비중이 있었으며, 또한 아주 훌륭한 저자이기도 하였다"고 말했다.13) 그는 1732년에 「영원 전 칭의론에 대한 변호」(*A Defence of the Doctrine of Eternal Justification*)를, 그리고 1734년에는 「드러난 은혜언약」(*The Covenant of Grace Opened*)을 출판하였다. 1734년 이후부터 브라인은 설교들과 짧은 논문들에서부터 많은 분량의 저서에 이르기까지, 거의 매년 저작물들을 출판했다.

브라인은 저작물의 대부분에서 그 시대의 저술을 아주 망치게 만드는 요인들이었던 과장이나 문학적 수식을 피했다. 대부분 간략하고 분명한 문체로 기록된 브라인의 저작물들은 광범위하게 유포되었다. 스켑이나 길과 마찬가지로 브라인도 교단을 고등 칼뱅주의 사상으로 단단히 고정시키기 위해 많은 노력을 기울였다. 크리플게이트에 있는 그의 교회 커리어스 홀(Curriers' Hall)은 이미 스켑 하에서 교세의 하락이 시작되었는데, 그가 목회하는 동안에 교인은 30명이 넘지 않을 정도로 줄어들었다.14)

브라인은 그의 전임자들과 마찬가지로 계속해서 "비초청, 비적용" 방식의 설교를 했고, "그는 올바른 교리를 분명하게 나타내는 진술이라고 생각되면, 그것을 변경시키지 않고 그대로 주장해야 한다고 생각했다."15) 비록 스켑과 달리 거친 성격을 전혀 갖고 있지는 않았지만, 브라인은 그의 설교에서 복음전도에 대한 어떠한 여지도 허락하지 않았다. 한 역사가의 불평처럼, "심지어 그의 설교 주제가 불신자들을 대상으로 말해야 하는 것으로 예상되는 부분에서도… 그들에게는 어떤 주제에 관해서도 한 마디도 말하지 않았다."16)

선두적인 고등 칼뱅주의자, 존 길

유명한 존 길(John Gill, 1696-1771)은 아마도 당대의 가장 저명한 특수침례교인이었으며, 일반적으로 엄격한 칼뱅주의의 선두적인 침례교 대변인으로 여겨진다. 케터링에서 자라고 교육받은 길은 1719년부터 런던의 서더크(Southwark)에 있는 역사적인 호슬리다운(Horsleydown) 교회에 종신직 목사로 사역하기 시작하였고, 그 교회에서 50년 이상을 목회했다. 길은 27년 동안 사례받는 교수직을 유지하였는데, 그는 그레이트이스트칩(Great Eastcheap)에서 매주 수요일 저녁 시간에 가르쳤고, 그의 강의는 런던에 있는 모든 교단의 지성인들을 끌어 모았다. 가장 심오한 침례교 학자 중 한 사람으로 인정받았던 길은 여러 저작들을 출판하였다. 대표적인 저작으로는 「삼위일체론에 대한 진술과 정당성 입증」(*The Doctrine of the Trinity stated and Vindicated*, 1731), 「구약성서 해설」(*An Exposition of the Old Testament*, 총 6권, 1748-1763), 「교리신학 요체」(*A Body of Doctrinal Divinity*, 1769), 「실천신학 요체」(*A Body of Practical Divinity*, 1770) 등이 있다. 그는 아주 열정적으로 하나님의 주권을 주장하였다. 또한 불신 죄인들에게 "그리스도를 권고하는 것"을 거부했고, 다른 사람들에게도 그렇게 하지 않도록 가르쳤다.

길은 스켑과 브라인 두 사람으로부터 크게 영향 받았으며 필시 특수침례교에 고등 칼뱅주의를 퍼뜨리는 데 있어 두 사람보다 더 큰 역할을 했다. 길은 누구보다도 "침례교 목회자들에게 아주 강력한 영향을 끼쳤고, 그들의 설교 논조를 제공하였다." 존 포세트(John Fawcett)의 기록에 의하면, 길의 방대한 저작물들은 "도서관에 없어서는 안 되는 것으로 여겨졌고, 목회자들뿐만 아니라 [특수]침례교회의 개별 신자들에게 거의 독점적으로 읽혀졌다. 그들은 다른 신학 책들은 무시할 정도였다."17)

길의 대표적인 사상적 표본은 「교리신학 요체」에서 찾아볼 수 있을 것이다. 이 책에서 그는 생명으로 선택 받는 것과 그것의 반대, 즉 하나님의 은혜로부터 거부, 혹은 배격되는 것을 비교하였다. 영생으로 선택받는 것은 영원 전부터 시작된 것이며, 신자의 믿음, 혹은 믿음의 인내에 의존하거나 함께 시작하지 않는다. 선택은 "자유롭고 주권적이다. 하나님은 어떤 것을 어쩔 수 없이 선택하지 않으신다. 그분은 그가 하려고 하는 것을 선택하신다… 어떤 것은 선택하고 다른 것은 선택하지 않는 것은 전적으로 그의 의지에 달려 있다."[18] 하나님의 선택은 "변경할 수 없으며, 취소할 수 없다." 하나님은 결코 그의 마음을 바꾸지 않으신다. 하나님은 그의 결정들을 영원 전부터 하셨으며, 그 결과를 바꿀 수 있는 것은 아무것도 없다. 선택은 "특별하고 특정적"인데, 즉 하나님은 특정한 사람들을 선택한다. 하나님께서 그가 택한 자들을 기쁘게 부르시면, 그들은 자신들이 택함 받은 것과 그곳에서 영적 안정이 있음을 발견할 수 있게 된다.[19]

길에 의하면 하나님이 어떤 사람들을 영벌로 특별히 선택하는 것도 마찬가지로 의도적이며 구속력이 있는 일이다. 길은 "나는 어떤 사람들은 선택을 받았지만, 인간의 아들들 가운데 선택받지 못한 자들, 혹은 거절당한 자들이 있음을 입증할 것"이라고 말했다.[20] 하나님은 "한 법칙을 만드셨는데, 그는 그것에 의해 아담의 인류 중 일부에게 그의 호의를 베푸는 일을 거부하였다." 그들이 죄를 범해서가 아니다. 왜냐하면 모든 사람들은 죄를 범했기 때문이다. 단지 그가 그렇게 하기로 결정했기 때문이다. 그들을 영벌로 선택한 원인은 죄가 아니라, "하나님의 기쁘신 의지"이다.[21] 어떠한 인간의 원인, 혹은 행동도 "하나님으로 하여금 이것을 선택하고 저것을 거부하게 할 수 없다." 그것은 전적으로 하나님의 주권적 의지로부터 오는 것이고, 선택받지 못한 자들의 영원한 형벌의 궁극적 목적은 하나님의 영광을 크게 비추는 것이다. 선택받지 못한 자들은 그들의 비참한 상태와 미래를 바꿀 수 없다. 사실 그들의 운명은 그들이 태어나기 이전뿐만 아니라, 세상이 만들어지기 전에 하나님의 영원한 섭리로 정해진 것이다. 왜냐하면 "세상의 기초가 생기기 전에 일부는 선택받았고, 동시에 다른 사람들은 남겨졌거나 혹은 내침을 당했다."[22]

택함을 받지 못한 사람들은 "정죄 받기로 이미 정해진 사람들이기 때문에, 그들의 이름은 생명책에서 지워졌다." 그들에게 복음을 설교하거나 그들의 죄를 회개하라고 촉구하는 것 그리고 그들에게 "복음적 초청"을 하여 그리스도를 영접하고 기독교인이 되라고 하는 것은 이치에 맞지 않는 일이다. 이러한 엄격하게 "비초청적" 형태의 신학과 설교는 비록 논리적으로는 설득력이 있지만, 특수침례교회에게는 죽음의 키스를 가져왔다.

고등 칼뱅주의가 어느 정도로 특수침례교회에 영향을 끼쳤는지를 알려면, 앞에서 이미 인용한 길의 강조점들과 헨서드 놀리스의 초기 사상을 비교해보면 된다. 놀리스는 「현재의 세계와 앞으로 도래할 세계」(*The World that now is, and the World that is to come*, [런던, 1681])에서 칼뱅주의를 주장함에도 불구하고, 죄인들의 회심을 간곡히 촉구하였다. "오, 회심하지 않은 죄인들이여, 그대 학자와 속인들은 영적인 권고의 말씀을 지금 적기에 받아들이고 영접하겠는가"라고 외쳤다. 이 설교자는 계속 말하기를 만일 그렇다면, "나는 당신들에게 어떻게 비참한 상태에서 행복하게 될 수 있는지 가르쳐 줄 것이다. 그러면 멸망 받을 상태에 있는 당신들은 구원의 상태로 들어가게 될 것이다." 놀리스는 여러 복음전도에 대한 성서구절들을 인용하면서, 독자들에게 그것들을 마음에 적용할 것을 촉구하였다. 그는 결론적으로 죄인들은 자신들의 구원을 두렵고 떨림으로 이루어 나갈 것을 촉구하였다.23)

2. 특수침례교회의 부흥

1750년 이후부터 특수침례교회들은 강력한 영적 회복을 경험하였다. 일반침례교회들 사이에 일어난 유사한 운동과 마찬가지로, 이 부흥 역시 다음의 것들 즉, 좀 더 생명력 있는 교리, 설교, 복음전도 등을 회복시키고자 하였다. 뉴커넥션(New Connection)과 마찬가지로, 특수침례교회의 부활도 좀 더 거대한 복음적 각성 운동이었던 웨슬리 운동에서부터 왔다. 그러나 뉴커넥션과는 달리, 특수침례교 부흥은 분열을 초래하지 않았다. 이 부흥은 한 사람과 깊이 연결되었는데, 그는 케터링(Kettering)의 앤드루 풀러(Andrew Fuller)였다. 그리고 그 부흥은 종종 "풀러주의"(Fullerism)라는 이름으로 알려졌다. 풀러 만큼이나 영향력이 있었던 다른 사람들 역시 침례교인들 사이에 존재했던 메마른 고등 칼뱅주의를 반대하는 일에 동참하였다.

길의 사상은 여러 해 동안 군림했지만, 마침내 그것은 도전받기 시작했다. 역설적이게도, 최고로 효과적인 도전은 길의 고향 교회인 케터링에서 나왔다. 그 교회의 새 목사, 앤드루 풀러는 좀 더 복음적 신앙 형태로 돌아가자는 부흥 운동을 주도하였다. 기록들은 특수침례교회 내에서 스켑, 브라인, 길의 신학이 교회를 죽게 만드는 결과를 가져온 것에 대한 불만이 증가하고 있었다는 사실을 보여준다. 교회들은 쇠퇴하였고, 복음전도는 줄어들었으며, 전체 교단은 시들어버렸다.

1750년에 이르자 좀 더 복음적인 칼뱅주의를 추구했던 옛 신앙으로 돌아가자는 목소리들이 나타나기 시작했으며, 그러한 목소리는 1780년대에 이르면서 점점 더 커져갔다.

많은 침례교 목회자들은 존 포세트(John Fawcett)의 의견에 동조했는데, 특수침례교회 목사였던 그는 의미 있는 사역에 사용되어야 할 영적 에너지를 사라지게 만드는 교리 논쟁을 매우 싫어했다. 포세트는 결코 고등 칼뱅주의를 반대하는 설교를 하지 않았다. 다만 그것을 끌어내렸다. 그는 복음을 전하였고 많은 사람들이 반응했는데, 특히 젊은이들이 그랬다. 어떤 사람들은 포세트가 침례교회에서 최초로 "청소년 부흥"을 이끈 사람이라고 했다.24) 포세트의 사상은 그가 쓴 시에 잘 나타나 있는데, 그것은 다음과 같다:

내 친구들이여 간단히 말해서, 당신들이 하려는 것을 말해 보시오.
나는 길(Gill)을 제외하고는 어떤 책이라도 제한받지 않고 읽을 겁니다.25)

부흥의 선구자들

1752년에 요크셔(Yorkshire)의 특수침례교회 목사 앨버리 잭슨(Alvery Jackson)은 고등 칼뱅주의를 반박하기 위해 책을 출판하였다. 몇 년 후, 역시 특수침례교회 목사인 아브라함 부스(Abraham Booth)도 같은 목적으로 「은혜의 통치」(*The Reign of Grace*, 1768)를 출판하였다. 부스는 노팅엄셔(Nottinghamshire)에서 자랐으며, 열정적인 복음전도자들 가운데서 회심하였는데, 그들은 후에 뉴커넥션의 설립을 도운 사람들이었다. 사실 부스는 한동안 일반침례교인이었지만, 칼뱅주의 사상으로 전향했다. 그러나 부스는 이전에 접촉하면서 깊이 영향을 받은 열정적인 복음전도 신앙을 결코 잃어버리지 않았다. 그는 「은혜의 통치」에서 다음과 같이 말했다:

모든 죄인들의 확실한 구원을 위한 준비는 완벽하게 되어 있다. 아무리 자격이 없는 사람일지라도, 그들은 자신의 부족함을 알고 그리스도에게 나오는 사람들이다. 죄인들이란 택함 받지 않은 사람들이라는 선입견을 가지고서는 그들에게 복음을 전파한다든지, 예수를 믿으라고 권고하는 일을 하지 못하게 된다. 그러면 안 된다. 천국의 자비로운 소식은, 곧 죽게 될 존재로 여겨지는 죄인들을 향해 전해진 것이다.26)

확고한 칼뱅주의와 열정적 복음전도주의가 결합된 이 책은 런던의 존 길이 그의 가장 영향력이 큰 논문인, 상당히 다르고도 덜 희망적인 견해들을 피력했던, 「교리신학 요체」를 출판하기 1년 전에 나왔다. 부스는 그의 논문을 좀 더 보강하여 몇 년 후, 「죽어 가는 죄인들을 향한 기쁜 소식」(*Glad Tidings to Perishing Sinners*, 1796)을 출판하였다. 부제는 이 책의 강조점들을 잘 설명하고 있다: "죄 많은 사람들이 그리스도를 믿는 것을 완전히 보장하는 참된 복음" 부스는 선택 교리를 믿는 칼뱅주의자로 남아있었지만, 죄인들의 회개를 촉구하는 것은 가능한 것으로 이해하였다. 그는 특수침례교회에서 지도자로 부상하였고, 1790년대 선교협회를 후원하는 일에 협력했으며, 1797년에는 국내선교 사역을 후원하는 '순회협회'(Itinerant Society)를 조직하는 일을 주도하였다. 또한 그는 비록 교육을 받지 못했지만, 스텝니대학(Stepney College)을 설립한 주요 인물 중 한 사람이 되었다. 부스는 변덕스러운 존 토마스 박사(Dr. John Thomas)를 풀러와 캐리에게 소개하였다. 부스는 또한 반(反)노예제도 사상으로 유명했는데, 그러한 관점은 당시 영국의 일반적인 사상과는 거리가 매우 멀었다.

부스가 특수침례교회를 영적 갱신으로 이끌어 갈 것이라고 예측한 사람은 거의 없었다. 그는 비록 교육을 받지 못했지만 성서를 꼼꼼하게 공부했으며, 그가 섬기는 사람들에게 전적으로 헌신하였다. "그는 거의 모든 일들을 교회가 결정하게끔 늘 기꺼이 양보하려 하였으며, 그 결과 교회는 거의 모든 것을 그의 결정에 맡겼다."27) 단순한 생활 방식의 옹호자였던 부스는 언젠가 동료 목회자에게 자신의 부엌에서 간소한 음식을 내어 주면서, 다음과 같이 충고하였다: "친구여, 주의하지 않으면, 당신은 차를 마시는 탁자에 매년 20 파운드를 쓰게 될 것입니다."

비록 잭슨과 부스가 별로 주목받지 못했지만, 노샘프턴셔 지방회(Northamptonshire Association)의 1770년도 회보와 같은 옛 사료들에는 분명하게 기록을 남아있다. 뉴커넥션의 설립연도와 같은 해에 출판된 이 영향력 있는 회보는 흔히 고등 칼뱅주의에 대한 선전포고로 묘사되었다. 한 역사가는 그것을 "고등 칼뱅주의의 겨울이 지난 후, 새로운 생명을 위한 첫 번째 동요"(動搖)라고 불렀다.28) 그 회보는 "우리는 지옥과 자신의 죄로부터 구원 받기 위하여 그리스도께 나아오는 모든 영혼들을 격려해야 한다…. 주님께로 나아오는 영혼은 그가 택함 받지 않았을 것에 대해 염려할 필요가 없다. 그리스도께 기꺼이 나아가 순복하고자 하는 모든 사람들은 모두 택함 받았기 때문이다"라고 단언했다. 노샘프턴셔에서 목회하고 있던 젊은 존 릴랜드(John Ryland)는 1770년대 중반에 조나단 에드워즈(Jonathan Edwards)의 「자유의지에 대한 탐구」(Inquiry into the Freedom of the Will)를 읽고, 그 책의 통견에 깊이 감명 받았다. 릴랜드는 이 미국인 목사이자 복음전도자가 정통 칼뱅주의와 부드러운 복음전도를 결합하는 길을 발견했음을 감지하고, 에드워즈의 책을 레스터셔(Leicestershire)에서 목회하는 로버트 홀(Robert Hall)과 케터링의 앤드루 풀러를 비롯하여 다른 동료들에게 추천하였다.29) 에드워즈는 스코틀랜드에서 일어난 복음주의 운동으로부터 영향을 받았다. 그는 기도에 관한 글을 출판했는데, 그것은 미드랜즈(Midlands) 지역의 특수침례교회들에게 많은 영향을 끼쳤다. 아마도 그 책은 1784년에 있었던 노샘프턴 지방회의 기도요청에 감화를 주었을 것이며, 그 기도요청은 부흥운동에 영향을 주었고, 몇 년 후에 있을 선교운동을 일으키는 데 도움을 주었다.

로버트 홀(1728-1791)은 1779년도 노샘프턴 지방회에서 "돋우고 돋우어 길을 수축하여, 내 백성의 길에서 거치는 것을 제하여 버리라"는 이사야 57장 14절을 근거로 설교하였다. 홀은 고등 칼뱅주의를 죄인들로 하여금 죄 용서를 하는 그리스도에게 나아오는 것을 방해하는 장애물로 묘사했다. 그는 자신의 설교를 "교리 및 실제적이고 실천적인 신앙과 관련하여, 여러 거침돌들을 제거하려는 시도"라고 설명했다.30) 이것은 "실천적 신앙을 회복시키기 위해"라는 몇 년 전 뉴커넥션의 설립 목적을 선언한 문장과 깜짝 놀랄 정도로 유사하다.

이 노샘프턴 지방회 설교는 미드랜즈의 특수침례교회들에게는 폭탄선언과 같은 효과를 가져왔다. 긴박한 요구에 부응하기 위해, 홀은 그의 설교를 「시온의 순례자들을 위한 도움」(Help to Zion's Travellers)이라는 제목으로 1781년에 출판하였다. 그는 이 책에서 "예수를 향한 길은, 그에게 나아갈 것을 선택한 모든 사람들을 위해 은혜롭게 열려있다"고 단언했다. 누구도 그 설교의 영향이 과대평가되었다고 말할 수 없을 것이다. 나중에 윌리엄 캐리는 "나는 그처럼 황홀한 마음으로 읽은 다른 책이 있는지 기억하지 못한다"고 말했다. 아마도 그것은 분명히 캐리로 하여금 선교 사역을 준비하게끔 도움을 주었을 것이다. 아이비미(Ivimey)가 그 설교와 그 설교의 출판이 "우리 교단 역사에서 새로운 시대의 시작"을 알리는 것이라고 말한 것은 결코 과장이 아니었다.31)

앤드루 풀러와 "풀러주의"

특수침례교회들 가운데서 부흥과 회복에 대한 움직임들은 케터링의 유명한 목사 앤드루 풀러(1754-1815)의 사역과 저작에서 그 정점에 이르렀다. 케임브리지셔(Cambridgeshire)의 한 농부의 아들이었던 풀러는 어깨가 넓고 키도 183센티미터가 넘는 큰 체구의 사람이었다. 엄청난 힘을 가졌던 풀러는 젊었을 때 레슬링 선수로 활동하였다. 전해지는 말에 의하면, 세월이 지난 후에 풀러는 또 하나의 강한 사람을 만났을 때 자신이 여전히 그 사람을 이길 수 있을지 알아보기 위해 옆 눈으로 살펴보고 마음속으로 계산했다고 한다.

풀러는 16세 때 회심하였고 케임브리지셔에 있는 소햄교회(Soham Church)에서 침례 받았다. 그는 일 년이 지나지 않아 설교하게 되었으며, 20세 때 소햄교회의 목사로 안수 받았다. 풀러는 1783년에 목회지를 케터링으로 옮겼고, 그곳에서 여생 동안 사역하였다. 풀러의 초기 목회는 그가 나중에 얻은 명성을 예측할 만한 것이 거의 없었다. 그는 소햄의 교인들이 "그의 목회에 트집을 잡으려는 경향이 있었는데, 그가 복음의 무제한적 초청에 대하여 자유롭게 역설하자, 그러한 경향은 점점 더 신랄하고 실제적으로 나타났다"고 불평했다.32) 그들은 풀러에게 극단적으로 인색하게 사례하는 방식으로 불만을 드러냈으며, 그가 학교의 일을 유지할 것과 가족의 생계를 위해 가게를 열 것을 강요하였다.

풀러는 죄인들에게는 결코 복음을 전하지 않는 고등 칼뱅주의 교회에서 자랐다. 그러한 극단적인 체계로 철두철미하게 교육받아 왔기 때문에, 풀러는 "수 년 동안 감히 불신자들을 예수님께로 초청하지 못했다"고 말했다.33) 그러나 1775년에 런던을 방문하는 동안, 풀러는 "나는 아브라함 테일러(Abraham Taylor) 박사의 『최근의 질문』(The Modern Question)이라는 소책자를 접하게 되었다"고 말했다. 그는 그 소책자를 읽으면서 "죄인들의 의무, 그들에게 전파해야 할 목회자들의 의무와 관련하여 고등 칼뱅주의 체계 혹은 길 박사와 브라인 목사를 비롯한 여러 사람들의 체계에 대한 나의 모든 의심들이 되살아났다"고 말했다.34) 예수님과 침례요한, 그리고 사도들의 본보기가 테일러의 주장 이상으로 더 풀러에게 확신을 심어주었다. 그는 길의 논리와 주장에도 불구하고, 그리스도와 그를 따랐던 초대 신자들은 분명히 죄인들에게 복음을 전했으며 믿을 것을 초청했던 것이다.

풀러는 안스비(Arnsby)의 로버트 홀, 올니(Olney)의 존 서트클리프(John Sutcliff), 노샘프턴의 존 릴랜드 2세 그리고 물턴(Moulton)의 윌리엄 캐리와 같은 격려를 얻을 수 있는 노샘프턴 지역의 친구들이 있었다는 이점을 가지고 있었다. 풀러는 "나는 그들이 친숙하고 신의 있는 형제들임을 발견하였다…. 그들은 거짓된 칼뱅주의 체계에 대해 벌써부터 의심하고 있었다"고 썼다.35) 풀러의 1784년 7월 16일자 일기는 고등 칼뱅주의를 혐오하는 그의 입장을 잘 보여준다. 안스비를 짧게 여행한 후, 그는 다음과 같이 기록했다: "다녀 온 후, (거짓 칼뱅주의에 깊게 빠졌던) 노 목회자의 설교를 비통한 마음으로 들었다. 그를 포함하여 너무 많은 사람들이 받아들인 그 신앙 체계는 분명히 신앙의 중요한 모든 부분들을 약화시키고 있다."36)

반대 의견은 풀러로 하여금 그의 생각들을 좀 더 철저하고 면밀하게 살펴보게 만들었고, 그가 원숙한 나이가 되었을 때, 그는 아마도 영국 침례교회가 배출한 신학자들 중에 가장 뛰어난 신학자가 되었다. 독학으로 공부한 사람이지만, 그는 사상가로서의 깊이와 능력이 충분함을 보여주었다. 그렇지만 그는 당시에 만연해 있었던 화려한 미사여구로 그의 글을 치장하지 않았다. 풀러의 통찰은 신선하고 생동감이 있었고, 헛된 추상적 공론에는 관심이 거의 없었다. 로드아일랜드 침례교 대학(Baptist College of Rhode Island)이 그에게 신학박사(Doctor of Divinity)를 수여하려 하자, 풀러는 자신의 부족함을 겸허하게 인정하면서, "이제 학위증을 읽기 위해 라틴어를 반드시 공부해야 하겠군"이라며 유쾌하게 말했다. 엄청난 에너지를 가진 사람이었던 풀러는 잠을 별로 자지 않았고, 지칠 줄 모르고 일했으며, 휴식이나 편안을 거의 생각지 않았다. 어떤 사람들은 신앙의 경건한 측면들에 주로 치중하는 반면에, 풀러는 신앙의 이론과 실제 모든 면에서 강점을 보였다. 그는 공부와 저술에 몰두할 때, 방문객들의 갑작스러운 방문으로 인해 그러한 일이 방해받는 것을 싫어했다. 그러한 일이 발생되면, 풀러는 그의 거구로 문을 가로막고는 가급적 그들을 짧은 시간 안에 상대했다. 그는 때때로 "내 지갑을 훔치는 사람은 돈을 훔치는 것이고, 내 시간을 훔치는 사람은 내 생명을 훔치는 것"이라는 문구가 써져있는 벽에 걸린 명판을 가리키기도 했다.

풀러의 독창적인 신학적 발전은 그가 회심한 지 1년 후에 발생한 소햄교회에서의 불행한 경험으로 인해 가속화되었다. 청년 풀러는 동료 신자가 자주 술에 취해있는 것을 보고, 그를 꾸짖었다. 그러자 그 술주정뱅이는 고등 칼뱅주의 이론들을 인용하면서, 자기는 스스로 어떻게 할 능력이 없으며, 따라서 어떠한 책임도 질 이유가 없다고 하며 변명하였다. 그 결과로 교회 내에서 잇달아 일어난 논쟁은 목사가 해고되는 결과를 가져왔고, 교회 회원들의 대부분이 고등 칼뱅주의를 받아들이고 있었음을 보여주었다. 풀러가 나중에 별로 사랑스럽지 못한 이 교회에서 사역하게 되었을 때, 그의 복음주의적 사상에 대한 교인들의 반대는 그의 사상을 보다 체계화하도록 만드는 요인이 되었다.

"풀러주의"라는 명칭을 얻게 만든 「만민이 받을 만한 복음」(The Gospel Worthy of All Acceptation)은 새로운 복음적 가르침의 전형적인 진술서였다. 풀러는 이 책의 저술을 그가 아직 소햄에 있을 때부터 시작했는데, 자신의 사상을 좀 더 명확하게 하기 위함이었다. 그러나 출판은 1785년까지 미루었다. 이 책은 분명히 당시의 가장 영향력 있는 침례교 서적 중 하나로 여겨졌다. 이것은 특수침례교의 방향을 돌려놓았고, 새로운 설교 방식을 가져왔으며, 고등 칼뱅주의로 인한 마비를 모면하는 데 도움을 주었고, 윌리엄 캐리에 의해 실현된 선교 운동을 가능하게 하는 온건한 보수 신학을 발전시켰으며, 19세기 침례교회 발전의 기초를 놓았다.

풀러는 1783년에 케터링교회로부터 청빙을 받자, 그 교회에 자신의 신앙고백을 상당한 분량의 문서로 제출하였다. 그것은 새로운 사역을 맡게 되는 목회자들이 행하는 매우 관례적인 행습이었다. 이 신앙고백서에서 풀러는 선택과 예정을 인정하면서도 모든 사람들에게 복음이 전파되어야 함을 주장하는 수정된 칼뱅주의를 받아들였다. 그는 다음과 같이 말했다:

> 나는 모든 그리스도의 사역자들에게는 복음을 듣기 원하는 사람들 모두에게 분명하고 성실하게 복음을 전파해야 할 책무가 있다고 믿는다…. 따라서 나는 그들을 향해 자유롭고 엄숙한 설교, 구원초청, 요청과 경고가 일관되게 행해져야 하고, 하나님의 성령의 손 안에서 그것들이 그들로 하여금 그리스도로 오게 만드는 수단들로 즉시 채택되어야 한다고 믿는다. 나는 이것을 나의 의무의 일부로 여기며, 그렇게 하지 않는 것은 영혼들의 피를 범하는 일이 된다.[37]

풀러는 2년 후, 이 주제에 대해 좀 더 완성된 저서를 출판했는데, 그 책의 제목이 「만민이 받을 만한 복음」이었다. 이 책에서 풀러는 정통 칼뱅주의를 보존하면서도 전도와 선교를 위한 여지를 확보하는 신학을 제시하였다. 그는 복음이 불쌍히 여기는 마음으로 모든 듣는 자들에게 제시되어야 하고, 모든 사람들은 그리스도를 영접하도록 초청받아야 하며, 어떤 특정한 사람들이 택함 받은 사람들 가운데 있는지를 확인하는 수고는 하나님께 맡겨져야 한다고 주장했다. 그는 "육적인 청중들에게 그들의 영혼 구원을 위해 예수 그리스도를 믿을 것을 권면하는 것이 목회자들의 의무일 뿐만 아니라, 그러한 수준에 미치지 못하는 권면에 대해서는 책임져야 한다"고 말했다.38) 같은 책에서 풀러는 고등 칼뱅주의가 침례교의 설교에 끼친 영향을 평가하였고, 그것이 부정적인 영향을 끼쳤음을 밝혔다. 그는 그처럼 생기 없는 설교가 "모든 종류의 죄인들이 매년 우리의 예배 장소에서 조용히 앉아 있게 만드는" 한 이유라고 말했다. "이러한 종류의 청중들이 우리 회중 가운데 편안하게 앉아 있다"는 풀러의 언급은 그가 소햄 침례교회에 출석했던 처음 10년 동안 어떤 침례도 이루어지지 않았던 사실을 생각나게 한다. 풀러는 "나는 우리들의 설교 가운데 시대의 무기력한 이론체계로부터 어느 정도 영향을 받지 않은 경우는 거의 없다고 생각한다"고 결론내렸다.39)「만민이 받을 만한 복음」에서 풀러는 침례교인들에게 좀 더 성서적 신학으로 돌아가야 할 것을 요청했을 뿐 아니라 성서적 설교 방식의 회복도 함께 촉구했다. 풀러는 「그리스도의 속죄」에서 동료 목회자들에게 마지막 권고를 하였다. 그는 그들에게 "심지어 죄인의 괴수도 받아들여야 할 그의 구원의 축복을 굳건히 잡으시오…. 복음은 축제이며, 당신들은 손님으로 초청받은 것입니다."40)

3. 선교 운동의 대두

윌리엄 캐리(1761-1834)의 생애와 공헌을 빠뜨리는 침례교 역사책은 없다. 사실 캐리와 그가 시작한 침례교 선교운동에 대해 여러 책들이 쓰여졌지만, 아직까지 그 이야기가 완벽하게 다 진술된 된 것은 아니다. 아버지와 아들인 두 명의 로버트 홀, 존 서트클리프, 존 릴랜드, 앤드루 풀러 등에 의하면 윌리엄 캐리는 18세기 후반에 북부 미드랜즈 지역의 복음주의 부흥을 공유한 특수침례교인들 가운데 한 사람이었다. 캐리는 결코 풀러와 같은 신학자나 릴랜드 같은 정도의 목사가 되지 못했지만, 그는 새로운 분야, 즉 해외 선교에서 세계를 변화시키는 공헌을 이루어냈다.

영국에서의 윌리엄 캐리

윌리엄 캐리는 1761년에 노샘프턴의 폴러스퍼리(Paulerspury)라는 마을에서 마을학교의 교직자 아들로 태어났다. 캐리는 명목상으로 영국국교회에 가입된 신자로 양육되었다. 소년 시절 윌리엄은 열정적이고 탐구심이 많아서 어린 시절 그의 영웅 크리스토퍼 콜럼부스(Christopher Columbus)에서 딴 "콜럼부스"라는 별명을 얻었다. 그는 선원이자 세계 여행가인 그의 삼촌 피터 캐리(Peter Carey)의 이야기에 매료되었으며, 후에는「쿡 선장 항해기」(Captain Cook's Voyages)를 열심히 탐독하였다. 이러한 영향들은 캐리가 보다 넓은 세계를 아는 데 도움을 주었다.

캐리는 14살 때, 옆 마을에 있는 구둣방에 견습공으로 들어갔다. 그 때 견습공 중 한 명이었던 존 워(John Warr)는 한 비국교도 모임에 가자고 캐리를 설득하였다. 캐리는 그곳에서 한 침례교인의 설교를 들었다. 캐리는 18세가 되던 1779년에 그의 회심을 공개적으로 고백했지만, 즉시 침례를 받으려 하지는 않았다. 캐리 스스로의 성서 연구와 더불어 로버트 홀의 소책자,「시온의 순례자들을 위한 도움」을 읽은 것이 그를 침례교인이 되도록 이끌었다. 그는 1783년 10월 5일 넨(Nen) 강에서 존 릴랜드 2세로부터 침례를 받았다. 릴랜드는 그 날 일기장에 "오늘 가난한 구두수선공에게 침례를 주었다"고 기록하였다.

캐리는 침례교 모임들에서 설교하기 시작했고, 그가 좋은 연설가로 평가받은 적은 결코 없었지만 설교를 해야 한다는 확신을 갖게 되었다. 작은 키, 때 이르게 진행된 대머리, 잘 어울리지 않는 빨간 가발 착용 등 캐리는 확실히 호감 가지 않는 외모를 가지고 있었다. 그는 올니(Olney)에 있는 교회에서 1785년 여름 내내 설교하였, 하지만 그의 설교는 형편없어서 교회는 그에 대한 안수 추천을 하지 않기로 했다. 한 청중에 의하면, 어느 한 경우에 그가 행한 설교 메시지는 "설교라고 불릴 수 있는 것 가운데 가장 빈약하고 미숙한 것이었다." 하지만 캐리는 끈질기게 계속하였고, 이듬 해 교회는 투표를 통해 그가 "하나님께서 섭리 가운데 그를 부르시는 곳에서 설교하도록" 마지못해 추천하기로 했다. 교회는 교인 가운데 한 사람인 트레슬러 양(Miss. Tressler)을 선임하여, 캐리가 안수 받을 때 입을 검은색 정장을 구입하기 위해 지역을 돌아다니며 기금을 모으는 일을 하도록 했다. 캐리는 얼마 후 물턴(Moulton) 교회로부터 담임목사로 청빙받았다.

목사가 되어서도 캐리는 신발 수선하는 일을 계속하였다. 늘어가는 가족을 부양하기 위해 그는 학교도 열었다. 그는 지식에 목말라했으며, 배우는 일에 뛰어난 능력을 보여주었는데, 특히 언어에 대해 그러했다. 신발 수선대 위에 항상 책을 놓아두고, 헬라어, 히브리어, 독일어, 프랑스어, 라틴어, 그 외의 다른 인도-유럽 언어들을 공부했다. 캐리는 나중에 인도에서도 똑같이 놀랄 만한 언어적 능력을 보여주었다. 그는 여러 인도 방언들을 터득했으며, 성서와 기독교 문헌들을 그러한 방언들로 번역하였다.

캐리의 관심사 중 하나는 지도를 만드는 일이었다. 우리는 그가 구두 가게에서 신발 가죽을 가져다가 여러 대륙들을 다른 색깔로 무두질한 가죽으로 꿰매어 임시변통의 지구본을 만들었다는 이야기를 종종 듣는다. 지리학을 가르칠 때, 캐리는 그리스도가 없는 세계 인구에 대해 생각하였다. 수업을 할 때, 그는 종종 잠시 멈추고 "이교도들이여! 이교도들이여!"라며 혼잣말을 했다. 캐리의 영혼에서 솟아난 세계의 개종을 위한 염려는 강렬한 열정으로 발전하였다. 그것은 그의 대화, 설교, 집필의 주제가 되었다. 1787년 캐리는 '노샘프턴 지방회의 목회자 친교 모임'(Ministers Fraternal of Northampton Association)에 참석하였으며, 그곳에서 다음과 같은 토의 주제를 제시하였다: "모든 민족들을 가르치라는 제자들에게 주신 명령이 세상 끝날까지 있을 모든 후임 목회자들에게도 구속력 있는 명령은 아닌지." 존경받는 릴랜드 1세 박사는 "젊은이여, 앉게나. 당신은 열광주의자야! 하나님께서 이교도들을 개종시키길 원하시면, 그분은 당신이나 나와 상의하지 않고 그 일을 하실 걸세"라고 말하며 쏘아붙였다.

캐리는 앉았지만, 선교에 대한 생각을 멈출 수 없었다. 그는 자신의 생각을, 주목할 만한 책, 「이교도들의 개종을 위해 여러 수단들을 사용해야 할 기독교인들의 의무에 관한 탐구」(*An Enquiry Into the Obligation of Christians to Use Means for the Conversion of the Heathen* [Leicester, 1792])에 기록하였다. 이 책은 현대 선교운동의 헌장이 되었고, 양 대륙에 커다란 영향을 끼쳤다.

침례교선교협회

캐리는 1792년 5월 노팅엄(Nottingham) 지방회 모임에서 이사야 54장 2절을 근거로 설교하였다. 캐리의 설교는 오직 두 가지 요점이 강조했다: 1. 하나님으로부터 위대한 일을 기대하라; 2. 하나님을 위해 위대한 일을 시도하라. "불후의 설교"로 불리는 이 설교는 침례교 역사에 전환점이 되었다. 그 설교는 고무적이었지만, 모임의 사회를 보았던 풀러는 특별한 조처 없이 모임을 끝내려고 하였다. 캐리는 풀러의 외투를 잡아당기며 간청하였다. "오! 목사님, 아무 일도 결정하지 않으려 합니까? 또 다시 아무 일도 결정하지 않으실 겁니까?"

바로 그 감성적인 탄원이 분위기를 일변시켰다. 지방회는 다음과 같은 결의안을 채택하였다: "이교도들에게 복음을 전파하기 위한 침례교 협회의 설립을 위하여, 케터링에서 다음 번 목회자 모임을 가질 때까지 한 가지 계획안을 마련하기로 결의하다." 그 일을 추진하기 위해 1792년 10월 2일에 14명의 사람들이 풀러교회의 활동적인 교인이었던 케터링의 과부 마르다 월리스(Widow Martha Wallace)의 집에서 모였다. 기도와 토의 끝에 그 사람들은 "이교도들에게 복음을 전파하기 위한 특수침례교 협회"를 만들 것을 가결하였다. 그 단체는 일반적으로 좀 더 짧은 명칭인 '침례교선교협회'(Baptist Missionary Society) 혹은 그냥 BMS로 더 잘 알려졌다. 그들은 첫 모임에서 헌금시간을 가졌는데, 그 때의 헌금과 작정헌금을 합한 금액은 13파운드 2실링 6센트였다. 모여진 헌금은 당분간 앤드루 풀러의 코담뱃갑 중 하나에 보관되었다. 풀러는 그 단체의 서기로 선출되었고, 향후 22년 동안 협회의 발전, 모금, 기획의 일 등에서 원숙한 지도력을 발휘하였다.

인도에서의 윌리엄 캐리

BMS는 당시 영국에 있던 침례교 외과의사인 존 토마스 박사(Dr. John Thomas)가 인도에서 여러 해 살았던 적이 있었고, 다시 그곳으로 돌아가기를 원한다는 사실을 알게 되었다. BMS는 토마스를 최초의 선교사로 임명했는데, 그것은 어쩌면 현명치 못한 결정일 수 있었다. 그러나 토마스가 출항하기 이전에 BMS는 캐리를 선교사로 임명하기로 결정했다. 캐리의 가정 사정이 그의 임명을 복잡하게 만들었다. 왜냐하면 그의 아내 도로시(Dorothy)가 선교 나가는 것을 단호하게 거부했기 때문이었다. 그녀는 결코 남편의 선교에 대한 관심에 공감하지 않았으며, 세계 비전에 대한 그의 생각도 공유하지 않았다. 5세대에 걸쳐 그녀의 가문에서는 어느 누구도 고향 마을에서 10마일 이상 떨어진 곳으로 가본 적이 없었다. 도로시는 친절하고 순박한 마음을 가진 시골 처녀였으며, 사랑스러운 아내요 다정한 엄마였다. 그녀는 아마도 몇몇 역사가들이 그녀를 동정한 것 이상으로 동정을 받아 마땅한 사람이었다. 때때로 그녀는 남편이 인도로 가려는 터무니없는 계획에 골몰하는 것을 보면서 그가 실제로 미쳐가고 있다는 생각을 하기도 했다.

캐리는 인도 선교사로 임명된 것을 받아들였고, 도로시에게는 미리 말하기도 전에 항해 날짜까지 정했다. 캐리는 그녀에게 함께 갈 것을 종용하였지만, 그녀는 처음에는 거절했다. 그러자 캐리는 그들의 첫째 아들 펠릭스(Felix)를 데리고 배를 타러 갔다. 하지만 출항은 연기되었고, 캐리는 급히 집으로 돌아가 도로시에게 함께 갈 것을 한 번 더 간청할 수 있는 기회를 갖게 되었다. 많은 눈물을 흘린 뒤, 그녀는 양보하였다. 그리고 단지 몇 시간 안에 그녀와 4명의 아이들의 짐을 쌌고, 가족들과 친구들에게 작별 인사를 한 뒤에 영국을 영구히 떠났다. 그녀는 자신의 결정을 후회하였으며 가까스로 승선하였다. 그리고 그녀는 인도에서 잘 적응하지 못했다. 뜨겁고 습한 기후는 그들에게 악영향을 끼쳤다. 도로시는 심한 열병을 얻게 되었다. 그들의 끝도 없이 계속되는 빈곤, 생존의 불확실성, 한 자식의 죽음 등은 그녀가 감당할 수 있는 한계를 넘는 것이었다. 그녀는 쇠약케 만드는 깊은 우울증에 빠졌다. 그녀는 인생의 마지막 13년 동안 보호대를 덧댄 벽으로 된 단칸방에 갇힌 채 살았다. 선교 역사 어딘가에 도로시 캐리에 대한 동정의 글이 기록되어야 한다. 그녀는 결코 그 이유를 알지 못한 채, 침례교 선교를 위해 비싼 대가를 치렀다.

인도에서의 초기 몇 년은 캐리 가족들에게는 악몽이었다. 토마스 박사는 그들에게 할당된 1년 치의 돈을 몇 주 만에 전부 다 탕진해 버렸다. 따라서 그들은 일반 직업을 찾지 않으면 굶어 죽게 되는 처지에 놓이게 되었다. 캐리는 순진한 희망으로 수많은 인도 사람들이 복음으로 돌아올 것이라고 예측하였다. 그런데 그가 설교할 때, 완전한 무관심과 간헐적인 적대감에 마주치게 되자 충격을 받았다. 생계를 위해 캐리는 농장을 경영하고, 인도 공장의 관리인으로 일했으며, 나중에는 대학교의 교수가 되기도 하였다. 그는 자주 설교했지만, 반응은 거의 없었다. 캐리는 인도의 사회, 종교 문화는 카스트 제도와 서로 긴밀히 뒤얽혀 있으며, 신분이 높은 사람들은 기독교 신자가 되는 것을 우려한다는 사실을 발견하였다.

인도에서 초기 몇 년 동안, 캐리는 본질적으로 선교 적응 기간이었다. 그를 인도해줄 선임자도 없었고, 그에게 통찰력을 제공해줄 선교 자료들도 충분하지 않았으며, 의견을 교환할 동료 선교사들도 거의 없었다. 캐리의 사역은 몇 년 뒤에 그가 영국에서 발전시킨 선교 신학에 부합하는 선교 전략을 궁리하여 짜내기까지는 시행착오의 연속이었다. 캐리가 발전시킨 방법들로는 설교뿐만 아니라 성서 번역과 인쇄물을 강조하는 것 그리고 선교사 주도의 교회를 토착 교회로 나아갈 수 있게 노력을 기하는 일 등과 같은 것들로, 이것들은 선교 역사에서 주목할 만한 가치가 있다. 캐리는 선교지에서 다른 교단들에 대해서 보다 개방적인 태도를 취했으며, 후에 있을 초교파 운동에 침례교회가 참여할 수 있는 기초를 놓았다.

새로운 세기, 1800년의 첫 번째 날, 캐리와 그의 가족들은 세람포레(Serampore)로 이사했다. 그곳에서 존 마쉬먼(John Marshman)과 윌리엄 워드(William Ward)라는 두 명의 침례교 선교사와 그 가족들이 캐리 사역에 합류하였다. 그렇게 하여 그 유명한 동역 선교와 세람포레 선교가 시작되었다. 마쉬먼은 설교자였고, 워드는 인쇄업자였으며 캐리는 번역자였다.

4. 특수침례교회의 내부적인 삶

교리적인 주제들만 가지고 18세기 영국 침례교인들의 전체 이야기를 말할 수는 없다. 그것은 지역 교회들과 활발한 지방회의 모든 활동들에 대한 설명을 필요로 한다. 영국 침례교인들은 회심자들을 얻고, 새로운 교회들을 설립했으며, 목회자들을 청빙하고, 목회자 훈련을 위한 학교들을 세웠으며, 교회회원들을 치리했고, 당시의 사회적, 도덕적 주제들에 대해 거리낌 없이 목소리를 내었다. 일반침례교인들과 특수침례교인들은 많은 유사한 사안들에 직면했다.

1689년과 1691년에 전국적인 모임들이 성공적으로 이루어진 후에도, 특수침례교는 일반침례교와 달리 전국 단위의 총회를 구성하지 않았다. 그들은 계속해서 지방회들, 여러 커피하우스 친교모임들, 지역 목회자 단체들-특히 런던에 있는-을 통해 활동하였다. 런던 침례교 지방회와 런던 목회자 모임(London Ministers Meeting)이 기능할 때는 전국적으로 영향을 끼칠만한 영향력과 리더십을 행사하였다. 그러나 다음 세기 초반에 특수침례교회들은 전국적인 단체를 조직하였다. 아마도 그들의 분리주의 기원에서부터 이어져 내려온 독립적 연합주의는 지역 교회의 독립을 과장하거나, 전국적 기구 설립을 우려하는 원인이 되었을 것이다.

특수침례교기금

일단의 런던 목회자들은 가난한 목회자들의 급여 보조, 은퇴 목회자들과 과부된 사모들을 위한 최소한의 지원, 학생 목회자들의 학비 보조 등과 같은 일을 위하여 1717년에 특수침례교기금을 설립하였다. 이것은 영국 침례교에서 최초로 조직화된 기금이었으며, 오늘날까지 계속 운영되고 있다. 이러한 기금의 필요를 설명하는 가운데, 후원자들은 당시 영국침례교인들이 처한 상황의 비참한 모습들을 보여주었다. 그러한 상황에 대한 그들의 설명에는 의심의 여지가 없다. 후원자들의 "기금 조성을 위한 제안서"는 "진리를 변호할 수 있는 유능하고 좋은 자질을 갖춘 사람들의 태부족 상태, 목회자를 필요로 하는 교회들에 목회자들을 공급하는 일, [그리고] 거룩한 직분에 고용된 일부 사람들이 자신과 가족들의 생계비 부족으로 인한 가난과 고통" 등에 대해 언급하였다.41) 이들 선구자들은 가난한 목회자들이 종종 부유한 사람들에게 도움을 호소해야만 되는 상황에 대해 개탄하였다. 부유한 사람들이 그렇게 할 만한 가치가 있는 경우들을 판단할 능력이 항상 있는 것도 아니며, 그러한 기부들은 종종 개인들이 목회자들에게 과도하게 권세를 부리게 만든다는 것이다.

기금은 기부자들이 뽑은 이사들에 의해 운영되었다. 6개의 특수침례교 대표자들은 1717년 6월 4일에 첫 번째 모임을 갖고, 기금의 사용에 대한 규칙들을 제정하였다. 그 중 한 항목은 매우 논란의 여지가 있었는데, 그것은 기금 신청자를 오직 특수침례교인들로 제한하는 것이었다. 이사회는 다음과 같이 말했다:

> 특수침례교인들이라 함은 다음의 사람들, 즉 개인적 신앙고백에 근거하여 엄숙하게 침례 받았던 사람으로서, 1689년에 칼뱅주의 침례교인들에 의해 런던에서 출판된 신앙고백서에 따라서, 세 분의 신적 인격이신 하나님, 영원하고 개별적인 선택, 원죄, 특별 구속, 중생에서의 효과적인 은혜와 성화, 그리스도의 전가된 의에 의한 거저 받는 칭의, 성도들의 최종적 견인 등과 같은 교리들을 고백한 사람들을 의미한다.42)

벤저민 스틴턴(Benjamin Stinton)은 비록 기금에 대한 열정적인 지지자였지만, 그러한 제한에 반대하고 기금의 혜택은 모든 침례교인들이 누릴 수 있어야 한다고 주장하였다. 그는 어떤 침례교인들은 일반침례교나 특수침례교의 범주에 명확하게 속하지 않는 경우도 있고, 기금을 제한하는 것은 침례교인들을 까다롭고 좁아터진 사람들로 보이게 만들 것이며, 따라서 만일 그렇지 않다면 기부하려 했던 교회와 개인들에게 퇴짜를 놓게 될 것이라고 하였다. 그는 또한 다른 비국교회 교단들은 유사한 기금들을 설립했지만 그러한 제한들을 두지 않았으며, 개별적 선택과 성도의 견인을 믿는 사람들에게만 혜택을 제한하는 것은 그러한 교리들을 지나치게 높이는 것이 된다고 주장했다.

그러나 스틴턴은 투표에서 졌으며 그 제한은 유지되었다. 어떤 사람이 교리적으로 보조를 받을 자격이 있는지 혹은 없는지를 결정하는 것이 계속 골치 아픈 일이었음을 볼 때, 세월이 흐르면서 스틴턴의 우려가 옳았음이 입증되었다. 이사회가 여러 차례 교리적인 이유로 가난한 과부와 고아들의 지원을 불가피하게 거부한 것은 기금을 필요로 하는 사람들을 당황하게 만들었다. 예상할 수 있는 바와 같이 지원자들의 교리적 관점들을 시험하기 위해 개발된 질문지는 많은 반감을 불러일으켰다.

기금은 250년 이상 영국 침례교인들 사이에서 운영되어 왔고 수많은 사람들에게 혜택을 주었다. 교단 내에서 체계적인 자선의 시작으로서 이러한 노력은 도외시할 수 없는 필요를 천명했다는 점에서 칭찬할 만하다. 그러나 주목해야 할 한 가지 슬픈 사실은 많은 영국 침례교회들이 그들의 목회자들을 후원하는 일을 다른 사람들에게 의존하는 경향이 아울러 시작되었다는 점이다. 기금의 초기 관리자들은 이러한 위험을 알고 있었다. 그들은 일정한 후원을 받을 자격을 갖춘 목회자들이 있는 교회들에게 그렇다고 해서 "헌금을 줄이지" 말 것을 촉구했다. 왜냐하면 그것은 "다른 사람들의 관대함을 매우 심각하게 오용하고 왜곡시키는" 결과를 가져오기 때문이었다.43)

몇몇 일반침례교회들과 개인들이 기금에 성금을 보내고자 했지만 그렇게 할 수 없었던 것은 그 기금이 특수침례교인들에게만 제한되었기 때문이었다. 따라서 일반침례교에도 유사한 기금이 설립되었다. 그들은 그 기금이 자기 그룹만 혜택을 받도록 제한하지 않았다. 따라서 침례교의 두 교단은 초기에 서로 협력할만한 기회를 놓치게 되었다.

종교관용에 대한 위협

18세기 영국 침례교인들의 법적 신분은 다소 모호한 상태였다. 1689년의 승리가 처음 닥쳐왔을 때 그들은 종교관용법으로부터 긍정적인 혜택을 볼 것이라고 여겨졌다. 관용법이 침례교의 존립과 그들의 교회에서 예배하는 일을 가능하게 해주었기 때문이다. 그러나 시간이 지남에 따라 침례교인들이 영국에서 신앙생활은 자유롭게 할 수 있었지만, 많은 경우에 한계들이 있음을 발견하게 되었다.

한 가지를 들면, 침례교인들은 다른 자유교회 교인들과 더불어 영구적으로 "비국교도들"이라는 꼬리표가 붙어 다녔다는 점이었다. 이 단어는 부정적인 의미를 가지고 있었으며, 실제로 그러한 용어로 불리는 사람들은 명백하게 2류 계층으로 격하되었다. 클라렌든 법전(Clarendon Code; 역자주: 왕정복고 후 국교 재건을 위해 기사 의회가 클라렌든의 지도하에 1661-65년에 제정한 네 가지 법)의 일부는 여전히 실행되고 있었고, 특히 지방자치단체법(Corporation Act; 역자주: 지방 자치 단체의 임직을 맡은 전원에게 국왕에 대한 충성을 선서케 하고, 영국국교회에서 주의 만찬을 받도록 명령한 법으로 1661년에 제정, 1828년에 폐지됨)과 **심사법**(Test Act; 역자주: 공직 취임 때 국교 신봉의 선서를 규정한 법으로 1673년에 제정되고 1828년에 폐지됨)은 침례교인들로 하여금 공적 생활에 의미 있는 참여를 못하게 만들었다. 비국교도들은 대학들로부터도 배제되었다. 당시에 옥스퍼드와 캠브리지 대학도 심각하게 쇠퇴하고 있었고, 몇몇 비국교도 학교들이 두 대학교들만큼, 혹은 그보다 더 좋은 교육의 기회들을 제공하고 있었다는 것을 인정하더라도, 침례교인들이 유능하고 준비된 지도자들의 부족으로 인하여 고통을 받고 있었다는 것은 사실이었다. 영국이 강력한 지성적 탐구의 시대로 진입하고 있었던 시기에, 침례교 목회자들은 거의 모든 분야에서 당시의 종교적 대화에 참여할 수 있는 준비가 되어 있지 않았다. 침례교인들은 성도들을 돌보는 많은 목회자들을 보유하고 있었지만, 그들 지도자들은 대개 비전이 별로 없으며, 준비가 덜 되어 있었고, 큰 기대를 하기 힘든 사람들로부터 나왔으며, 그럼으로써 교단은 값비싼 대가를 치러야 했다.

종교관용법 조항들은 오렌지의 윌리엄(William of Orange)에 의해 그가 죽을 때인 1701년까지는 빈틈없이 지켜졌다. 그러나 앤 여왕(Queen Anne, 1701-1714)의 즉위는 고교회파(High Church party)의 부활을 알렸다. 종교관용법에 의하여 부여된 비국교도들 종교 자유를 약화시키고, 궁극적으로는 폐지하고자 하는 집요한 노력들이 함께 진행되었다. 앤 여왕의 시대 동안, 이전에는 거의 모든 분야에서 각자 독자적으로 활동하던 침례교회, 장로교회, 회중교회가 공동의 위험에 대처하기 위한 제휴를 위해 "세 교단들"의 위원회들을 설립하였다.44)

앤 여왕의 후기 통치 시대 동안, 그녀는 영국에서 종교의 자유를 결정적으로 축소하는 방향으로 나아갔다. 앤 여왕 치하에서 "비국교도들의 처지는… 매우 위태로워졌다"고 쓴 역사가의 말은 옳았다.45) 많은 사람들은 비국교도들이 대폭 줄어드는 것은 단지 시간문제라고 느꼈다. 그러므로

> 사람들 사이에서 질투와 박해의 마음이 되살아난 것과 종교관용법을 잠식하는 여러 행위들은 일부 사람들에게는 우려를, 다른 사람들에게는 그 법 자체가 얼마 가지 않아서 완전히 폐기될 것이라는 희망을 주었다. 좀 더 열성적인 사람들은 이에 고무되어 비국교도들의 예배 장소들을 철거하고, 그들의 지도자들을 궁지로 몰고, 국교회를 감히 반대하는 모든 사람들을 국외로 추방시키는 등의 위협을 가했다.46)

종교관용법을 폐지하기 위하여 제안된 법안은 많은 사람들이 "임시 법안"(Occasional Bill)이라고 부르긴 했지만, 실제로는 "분열 법안"(Schism Bill)으로 불렸다. 비록 침례교인들은 "임시 순응"(occasional conformity) 금지에 의한 직접적인 영향은 덜 받았지만, 그 법안의 다른 규제들에 의해 어려움을 겪었다. 다른 비국교도들과 함께 침례교인들은 수많은 청원서를 여왕에게 제출했다. 그들은 제안된 법안이 종교관용법의 많은 부분들을 무효로 만들고, 그들의 자녀들을 영국 국교회 교인으로 교육받게 하지 않으면 무지한 상태로 남아 있게 만들며, 그들에게서 교육받은 목회자들을 박탈하고, 영국에서 종교적 내분과 소란을 되풀이하게 만들며 나라의 영적, 시민적 건강 둘 다를 해친다고 지적하였다. 그들은 여왕이 승인을 거부할 것을 촉구하였다. 이러한 절규들에도 불구하고 여왕은 법안에 서명하였다.

그런데 1714년 8월 1일, 그 법안이 효력을 발생하는 바로 그날 앤은 50세의 나이로 갑자기 세상을 떠났다. 그 공포의 법안은 그녀의 죽음과 함께 사라졌다. 크로스비(Crosby)가 "하나님의 섭리 그리고 그 섭리의 필연적인 법칙이 그 모든 일을 그들의 손에서부터 떠나게 만들었다"는 다소 경솔할 수 있는 말을 했지만, 아마도 그것이 대다수 침례교인들의 반응을 정확하게 표현한 말일 것이다.[47] 벤저민 키치의 사위이자 후계자인 벤저민 스틴턴이 다니엘서 2장 20-21절을 근거로 한 "하나님의 섭리에 대한 담론"이라는 제목의 설교는 좀 더 신랄한 것이었다. 그 성경구절의 한 부분이 하나님은 "때와 계절을 바꾸시며 왕들을 폐하시고 왕들을 세우시며"라는 말씀이다.[48]

1714년에 조지 1세가 왕좌에 오름에 따라 다소 창의성은 떨어졌다 하더라도, 적어도 개신교 군주들의 계통은 계속되었다. 비록 침례교인들이 "비국교도들"이라는 끔찍한 이름을 계속 뒤집어써야 했고, 그들을 하류층으로 격하시키는 무력함으로 고통을 겪었지만, 왕은 종교관용법을 뒤집으려는 시도를 다시는 하지 않았다.

침례교 건물들

1700년경의 침례교회들 가운데 자체 건물을 소유한 교회는 거의 없었다. 그들은 대체로 임대한 홀에서 모였는데, 종종 장기간 임대하였다. 또한 가정이나 야외에서 모이기도 하였다. 그러나 1700년 이후부터는 좀 더 많은 교회들이 비록 대부분 대단치 않은 것이었지만, 자체 건물을 가지는 호사를 누렸다. 후대의 관찰자들은 초기 침례교 건물들이 "볼품없으며 불편하다"고 생각했으며, 등받이가 높은 교인석을 "일종의 신앙적 속죄소"로 묘사했다.49) 침례교인들은 국가교회가 지배하고 있는 나라에서 그들의 교회를 눈에 띄지 않는 곳에 두는 신중함을 보여주었다. 심지어 오늘날 영국에서도 몇몇 침례교회들은 뒷골목이나 다른 건물 뒤에 숨겨져 있거나, 혹은 다른 방법으로 감추어져 있다. 한 저자가 말한 바와 같이 "적들의 감시를 피하기 위해서 그것들은[건물들] 후미진 곳에 건축되었다."50)

하지만 이러한 일반적인 경우가 18세기 동안에 많은 침례교회들이 크고 멋진 건물들을 건축했고, 몇몇 건물은 1,000명 이상의 좌석을 가지고 있었던 사실을 가려서는 안 된다. 그러한 교회들은 런던과 큰 도회지 지역들에 많이 있었다. 하지만 비국교도들이 세인트폴 대성당이나 웨스트민스터 성당에 비견될 만한 건물들을 소유하지는 못했다. 어떤 사람들은 침례교인들이 자체 건물을 갖게 됨으로 말미암아 뒤섞인 축복을 받았다고 말한다. 그들이 영구적인 모임 장소들을 갖는 혜택은 얻었지만, 목회자들이 좀 더 한 지역에 국한되는 경향을 띠게 되고, 마을 순회 설교는 쇠퇴하게 되었다.

목회자들과 신학 교육

18세기 내내 침례교 목회자들은 다른 비국교회 목회자들에 비해 적은 재정적 지원을 받았으며, 국교회 사제들에 비해서는 훨씬 적게 받았다. 많은 목회자들이 특수침례교기금이나 일반침례교회 혹은 뉴커넥션 그룹의 유사한 기금으로부터 추가적인 보조를 받았지만, 많은 사람들은 겨우 빈곤 수준의 생계를 이어가거나 더 많은 경우 세속 직업을 가졌다. 목회에 대한 이중 직업적 접근은 목회자들의 에너지와 관심을 목회보다 일상적인 일에 더 많이 기울이게 만들었다. 존 길과 같은 몇몇 목회자들은 독자적인 수입이 있었고, 따라서 월급에 대해서는 크게 걱정하지 않았다.

영국침례교 목회자들 대부분은 '교직자'(minister) 혹은 '장로'(elder)로 불렸다. 그 세기의 말에 이르면서는 '목사님'(reverend; 역자주: 목사를 높이는 의미의 존칭)이라는 칭호가 좀 더 일반적인 용어가 되었다. 예를 들어, 1776년에 동부 지방회(Eastern Association)는 "교황 위계체제 방식에 따라 서로 안수하는 한 교직자의 터무니없는 주장에 대항하여, 비국교회 목회자들의 안수가 적법하다는 우리의 생각을 나타내기 위해 '목사님'(reverend)이라는 칭호를 사용하기로 결의하였다."51) 몇몇 침례교 목사들은 영국국교회 사제들이 그렇게 하는 것처럼, 자신들도 목회에 진지하게 임하고 있다는 것을 강조하기 위해, 특별히 설교단에서 사제 칼라가 있는 옷을 입었다.

침례교인들은 18세기 전 기간 동안, 주로 침례교 목회자들이 운영하는 지역학교들을 통해서 목회자들의 훈련을 위한 노력을 계속 해왔다. 법적인 문제뿐만 아니라 비용도 침례교인들로 하여금 옥스퍼드나 캠브리지에서 공부할 수 없게 만들었다. 일찍이 1702년 허큘리스 콜린스(Hercules Collins)는 그의 논문 「보수된 예배당」(The Temple Repair'd)을 통해 침례교회에서 교육을 강조하는 풍조를 세웠다. 그는 교회와 목회자들이 젊은이들을 잘 돌보고 그들이 사역할 수 있도록 격려해야 하며, 또한 평신도 사역을 고무시키고 준비시켜야 한다고 주장했다.

콜린스는 교회가 목회자는 없어도 여전히 교회인 것은 분명하지만, 유능하고 소명 받은, 훈련된 목회자가 있으면 훨씬 효과적으로 사역할 수 있다고 하였다. 그는 교회들이 다음과 같은 목회자들 즉, "인문학을 공부했고, 작은 단점은 마치 단점이 아닌 것처럼 보일 수 있을 만큼 장점이 크고, 영적인 은사들이 결코 부족하지 않은 사람"을 선호한다고 했다.52) 그는 목사가 필요한 많은 교회들이 그들 가운데서 한 사람을 불러 세우는 것이 더 나을 것 같은데, 굳이 바깥에서 사람을 찾는다고 불평했다. 콜린스는 "오직 하나의 은사만이 사용되고 있는"(즉, 오직 한 명의 목사만 있는) 교회들은 취약한 상태에 있는 것이라고 하였다. 그는 열왕기하 2장의 선지자 학교들을 인용하면서, 서로 이웃하고 있는 목사들이 훈련을 위해 한 달에 한 번이나 혹은 더 자주 모일 것을 권고했다.

콜린스는 침례교인들 사이에서 이따금씩 들리는, 설교자는 공부할 필요가 없고, 설교하는 바로 그 순간 직접적인 영감에 의지해야 한다는 생각을 배격하였다. 반대로 그는 비록 학문적, 문학적 정확성이 결코 영성의 깊이를 대신할 수 없다고 하더라도, 면밀한 연구와 준비를 하라고 권고했다. 그는 "동일한 [성서]에 대한 정확한 문법 구조를 제시하는 것은 가능하지만… 만일 사람에게 그리스도의 영이 없으면, 그는 하나님 말씀 안에 담겨 있는 신비들을 알거나 이해할 수 없을 것"이라고 인정하였다. 콜린스는 "내가 비록 라틴어, 헬라어, 철학, 논리학, 수사학 등등을 안다고 하더라도, 회심 이전에는 마치 야생 망아지처럼 그리스도에 대해 아무것도 모르는 사람일 뿐"이라는 말을 자주 인용하곤 했다.53)

실제적인 문제들에 관하여, 콜린스는 설교는 제한된 수의 "요점들"이 있는 비교적 짧은 설교이어야 하며, 노트 없이 맑고 자연스러운 목소리로 전달되어야 하고, 잘 준비되어야 하지만 박식함을 과시하는 것이 되어서는 안 되며, 목사들은 설교단에서 옷차림과 행동에서 단정해야 한다고 권고했다. 설교의 길이에 대해서, 콜린스는 사람들이 "질색하기 보다는 그리워하는 마음"으로 떠나게 하는 편이 더 좋다고 했다. 그는 목사들은 토요일 밤 이전에 설교 준비에 신경을 써야 하며, "그렇지 않을 경우, 어쩔 줄 몰라 헤매게 될 것이며, 아주 빈약하고 얕은 설교를 하게 될 것"이라고 말했다. 콜린스는 "무엇보다도 결코 저속한 행동이나 어울리지 않는 의복을 입지 말 것"을 촉구하였다.54) 그는 몇몇 목사들이 "머리와 어깨에 파우더를 묻힌 채로" 설교단에 올라간다고 불평하였다. 심지어 젊은이들도 나이든 모습을 연출하기 위해 흰색 가발을 쓰거나, 머리에 하얀 파우더를 뿌렸는데, 그렇게 함으로 교회로부터 더 많은 존경을 받으려 했다.

침례교 교육에 있어 가장 중요한 발전은 영국의 서부지역에 있는 브리스톨(Bristol)에서 일어났다. 에드워드 테릴(Edward Terrill)은 1679년에 "언변에 재능이 있고" 시간의 일부를 다른 사람들을 가르치는 일을 위해 사용할 목사를 지원하는 목적을 위해 상당한 유산을 남겼다. 그 부유한 평신도는 목회자 교육의 중요성을 깨달았고, 침례교 목회자들이 제대로 지적 준비가 되어 있지 않다는 비판을 일소하는 일에 도움을 주기 원했다. 그리하여 학교가 간소하게 시작되었고, 오늘날까지 브리스톨에 존립하고 있다. 이 학교는 전 세계에서 현존하고 있는 최고로 오래된 침례교 대학이다. 초기 시절에 대학의 교수와 학생들은 침례교인들 사이에 있던 반교육주의 정서에 대항했어야 했다. 침례교 목사인 사무엘 하우(Samuel How)는 1639년에 「인간적인 학습 없이, 성령의 가르침의 충분성: 혹은 인간적 학습이 하나님 말씀의 영적 의미를 이해하는 데 도움이 되는지 증명하려는 논문」 (*The Sufficiency of the Spirit's Teaching without Humane Learning: or, a Treatise Tending to prove Humane Learning to be Help to the Spiritual Understanding of the Word of God*)라는 논문을 썼다. 심지어 활동적이지만 다소 엉뚱했던 서부지역의 침례교 지도자 토마스 콜리어도 1651년에 "그리스도의 영의 부족함, 혹은 빈 공간을 채우기 위해 인간적인 노력을 추구해야 한다는 생각은 적그리스도적인 사상이며, 인간의 노력에 대한 오만에서부터 나오는 것"이라고 주장했다.55) 이와 같이 교육받은 목회자에 대한 의심에도 불구하고, 교회들은 잘 준비된 목사들이 설교, 교육 그리고 전반적인 리더십에 있어 분명히 장점을 가지고 있다는 것을 알면서 선호하게 되었다.

브리스톨대학은 버나드 포스키트(Bernard Foskett, 1685-1758)의 역동적인 리더십 아래서 더 견고해졌다. 포스키트는 1720년에 브리스톨에 왔고, 훈련된 목회의 유리한 점들을 입증하는 일에 교훈과 모범이 되었다. 그 학교는 테릴의 유산뿐만 아니라, 둘 다 1717년에 설립된 특수침례교기금과 브리스톨침례교기금(Bristol Baptist Fund)으로부터도 지원을 받았다. 당시의 방식에 따라 학생들은 목사이기도한 선생의 가정에서 살면서 그와 함께 먹고, 신학을 공부할 뿐만 아니라 일정한 정도의 실제적인 목회 책무들도 함께 공유했다. 따라서 학문적인 것과 실제적인 훈련이 함께 결합되어 있었다. 1735-1740년 사이에 브리스톨대학은 약 12명의 학생들을 배출하여 잉글랜드와 웨일즈에 있는 교회들을 섬기게 하였다. 모두 합하여 64명 가량의 학생들이 포스키트 밑에서 공부하였다. 포스키트는 18세기의 침례교 목회자 훈련에 있어서 주요한 요인으로 평가받아야 한다.

1758년에 포스키트가 사망하자 브리스톨교회는 휴 에번스(Hugh Evans)와 그의 아들 케일립(Caleb)을 초빙했는데, 그들은 함께 23년 동안 공동담임목사로 사역했다. 우선적인 책무가 대학 업무였던 아버지 에번스는 자신의 목표는 "단순히 학식이 상당한 사람들을 만드는 것뿐만 아니라 그에게 속해 있는 사람들을 유능하고, 복음적이며, 적극적이고, 열정적인 복음의 사역자들로 만드는 일을 위해, 그가 하나님의 손에 붙잡힌 도구가 될 것을 열망한다"고 하였다.56) 따라서 학교는 학문적 준비, 영성의 형성, 목회를 위한 실제적 훈련 등을 통합하여 운영하였다.

대학은 1770년에 브리스톨교육협회(Bristol Education Society)가 설립되면서 안정되어갔다. 협회는 잉글랜드 전역에 있는 침례교인들에게 재정적 후원을 호소하였다. 거의 즉시로 입학생은 9명에서 18명으로 두 배가 되었고, 수업과정도 4년으로 연장되었다. 대학을 확장시키는 것이 옳다고 하는 1770년도 협회 선언문은 인용할 가치가 있는데, 부분적으로 선언문이 당시 침례교회의 형편에 대하여 통찰력 있는 언급을 제공해주기 때문이다. 협회는 다음과 같이 말했다:

침례교단의 교회들에게 공급해야 할 목회자들이 매우 부족하다는 불평은 오래 전부터 계속되어온 문제였다. 침례교인들 가운데 목회로 소명 받은 자들 중 많은 사람들은 후원의 부족으로 말미암아, 그들로 하여금 그들의 목회 은사들을 좀 더 일반적으로 받아들일 수 있도록 만들어 주는 예비적인 공부를 시도할 수 없었다. 목회자의 부족을 메우기 위해 적은 수의 학생들이 브리스톨에서 지난 수년 동안 여러 분야의 지식을 배워왔다. 그러나 그들 중 여러 사람들은… 다른 사람들에게 양보하기 위해 매우 갑작스럽게 공부하는 것을 중단해야만 했다. 추측되는 약점에도 불구하고, 왕국 내 여러 지역에 있는 침례교회들은 그 기관의 유용성을 경험할 수 있었다.57)

1770년 이후부터 이 확장된 대학은 "궁핍한 교회들에게 유능하고 복음적인 목회자들을 계속 공급하며," 전도유망한 젊은이들이 교육을 받을 수 있도록 돕고, 복음전도 사역을 하도록 교회들을 격려하는 기관으로 자리매김할 수 있었다. 브리스톨 학생들로는 존 리폰(John Rippon), 존 서트클리프, 존 콜레트 릴랜드(John Collet Ryland), 토마스 블런델(Thomas Blundell), 윌리엄 스타우튼(William Staughton) 등이 있는데, 이들은 모두 뛰어난 침례교 지도자들이 될 사람들이었다.58) 이 대학의 졸업생들의 효과적인 사역은 교회들로 하여금 교육의 가치에 대해 확신하게 하였다. 휴 에번스의 사역은 열매를 맺었다. 그는 「유능한 목회자」(*The Able Minister*)라는 설교에서 "유능한 목회자는 웬만한 정도의 재산을 소유할 필요가 있다… 그리고 그는 인간적 학문에서의 향상도 필요하다"고 말했다.59) 다른 지역의 특수침례교 교인들이 고등 칼뱅주의에 빠져들 때, 브리스톨 출신들은 계속 복음주의적 설교를 하였다. 그들은 브리스톨 졸업생이자 종전의 교수로서, "죄인들에게 그리스도를 권고하려던" 앤드루 기포드(Andrew Gifford, 1700-1784)와 같은 입장이었다. 의심의 여지없이 브리스톨은 풀러주의가 일어나게 된 한 요인이 되었으며, 심지어 어떤 사람들은 풀러에 대한 케일럽 에번스의 직접적인 영향을 거론하기도 한다.60)

많은 침례교인들은 목회자 교육 이외에 평신도 교인들을 위한 기독교교육이 필요하다는 것을 알았는데, 특히 젊은이들을 위한 신앙훈련의 필요를 느꼈다. 많은 지방회 및 총회 회의록들은 이러한 필요에 부응하려는 노력들을 보여준다. 지방회들에게 보내진 편지들은 이것이 교회들의 주요 관심사였다는 것을 확인시켜 준다. 그들은 주일이나 평일 저녁 시간에 성서를 가르치기 위해 여러 방안들을 강구하였으며, 때때로 어린이들의 신앙 교육에 적합한 교과 자료를 제공하려 하였다. 물론 비국교도 자녀들에게 제공되는 일상적 교육에 종교교육이 포함되기도 하였다.

대부분의 역사가들은 현존하는 주일학교의 설계자는 영국국교회 평신도인 로버트 레이크스(Robert Raikes)라는 데 동의한다. 그는 1780년경에 불우한 아이들을 위해 주일날 교육을 시작하였다. 레이크스 수업들은 세속 과목들이 포함되었는데, 읽기와 쓰기가 주된 과목이었고, 나머지는 고용된 선생들에 달려 있었다. 침례교 평신도 윌리엄 팍스(William Fox)는 주일학교를 좀 더 종교교육 쪽으로 바꾸었다. 영국 침례교가 젊은이들을 위한 종교교육에 여러모로 노력들을 기울이고 있는 가운데, 어른들을 위한 성서 공부에 대한 강조는 없었다는 점이 지적되는 경우도 있다. 당시의 설교들은 길고, 권고적이며, 성서와 교리에 대한 내용으로 가득하였는데, 아마도 그들은 어른들을 견고한 신앙으로 인도하는데 있어서 그 방법에 의존했다.

안수하는 문제

초기부터 일반침례교인들은 때때로 특수침례교인들도 안수의 중요성에 관해 논쟁하였다. 목사안수를 받을 사람을 안수하는 것에는 모두가 다 동의하였지만, 모든 새신자에게 안수해야 하는가에 대해서는 맹렬한 논쟁이 있었다.

침례교인들 사이에서는 "세상"에서 교회로 넘어오는 데에 여러 단계가 있었다. 때때로 "죄의 자각 상태"라고 불리기도 하는 자신의 죄에 대한 내적인 불안과 혼란에 대한 개인적인 강렬한 경험 후에, 그 구도자는 회심의 경험을 공개적으로 말하고 교회와 관계를 맺는다. 종종 꽤 긴 시간 동안 죄에 대한 깨달음과 믿음으로 고군분투한 것에 대해 간증하였다. 그 경험이 믿을 만하다고 판단되면, 교회 회원들은 새로운 회심자를 받아들일 것인지에 대해 투표하고, 받아들이기로 결정하면 그에게 침례를 주었다. 그런데 침례로 모든 과정이 끝난 것은 아니었다. 다음 단계는 교회에 가입하는 것이었다. 대부분의 일반침례교회들과 일부 특수침례교회들은 새신자가 교회 회원이 되는 전제 조건으로 안수받는 것을 의무화하였다. 보통 새신자가 무릎을 꿇고 있으면, 교회 회원들이 줄지어 나와 기도하는 자세로 새신자의 머리에 두 손을 얹고 안수하였다. 이 의식을 행하는 사람들에게 있어서 안수식은 교회 회원이 되는 마지막 과정이었다.

주의 만찬의 조건들

아마도 더 심각한 논쟁은 주의 만찬에 관한 논쟁일 것이다. 이 논쟁은 비교적 조용했던 한 세대가 지난 후인 세기 중반에 다시 터져 나왔다. 개방만찬 대 폐쇄

만찬은 침례교인들 사이에 오래된 갈등이었다. 그들은 17세기에는 윌리엄 키핀(폐쇄)과 존 번연(개방) 사이에서 큰 논쟁을 경험한 바 있으며, 19세기에는 교단 전체가 관련되었던 조셉 킹혼(Joseph Kinghorn; 폐쇄)과 로버트 홀(Robert Hall; 개방) 사이에서 속개된 논쟁을 보게 될 것이었다. 논쟁은 아브라함 부스(Abraham Booth)의 책이 1778년에 출판되면서 더 가열되기 시작했다. 당시의 많은 다른 책들의 경우처럼 긴 제목을 읽어보면 그 책의 요지를 알 수 있게 된다. 부스는 그의 저서를 다음과 같이 칭하였다. 「침례교인들을 위한 변호: 그들이 침례 의식에 대해 부당하게 강조점을 둔다는 비난 그리고 유아세례자들에 대해 주의 만찬을 거부하는 심한 편견을 가진 사람들이라는 비난에 대한 변호」(*An Apology for the Baptists. In which they are Vindicated from the Imputation of Laying an Unwarranted Stress on the Ordinance of Baptism and against the Charge of Bigotry in refusing Communion at the Lord's Table to Paedobaptists* [런던, 1778]).

부스의 책은 논리가 탄탄하고 정연하며 문체도 훌륭한 그 시대의 주요 신학 저술이었다. 부스는 조셉 킹혼이 다음 세기에 발전시킬 몇 가지 사상들을 계발하였다. 비록 그의 논증은 침례와 주의 만찬에 집중되었지만, 부스의 더 큰 관심은 교회에 관한 교리였다. 그는 교회 회원의 주된 영적 특권인 주의 만찬이 침례를 받지 않은 사람들에게까지 확장된다면, 그것은 침례를 멸시하는 것으로 나아가게 될 것이며, 결국에는 교회까지도 그렇게 될 것이라고 하며 우려를 표명했다. 그것은 또한 침례를 받지 않은 사람들뿐만 아니라, 회심을 하지 않은 사람들도 교회 회원으로 받아들이는 쪽으로 나아가게 될 것이라고 우려했다. 이것은 "가시적 성도들"로 이루어진 모인 교회 사상을 훼손하게 될 것이다. 많은 특수침례교인들과 대다수 뉴커넥션 침례교인들은 폐쇄만찬을 선호하여, 주의 만찬의 참여자격을 (침수)침례 받은 회원으로 한정하였다. 옛 일반침례교인들은 개방 만찬을 선호하였고, 풀러와 같은 온건한 특수침례교인들은 그 방향으로 가는 편이었다.

교회 권징

교회권징에 관하여 18세기 영국 침례교인들은 질서와 통제가 잘 이루어진 전통을 지켜나갔다. 침례교인들은 인간 사회에 흔한 일상적인 도덕적 과실 외에 교리적 신앙의 해이, 의심스러운 사회적 행습들, 게으름에서 파산의 범위까지 경제적 위법 등의 문제들에 대해서도 소환되어 설명했어야 했다. 다음의 위법들 즉, "세상으로 되돌아가는 일"(영국국교회로 되돌아가는 일), "다른 사상에 빠지는 일"(퀘이커교에 가입하는 일) 그리고 "영원한 법칙을 의심하는 일"(고등 칼뱅주의 교리들을 의심하는 일) 등은 규정 위반자가 될 수 있었고, 그들은 자신들의 교회 앞에 소환되어 설명하고 철회하든지, 아니면 출교를 당하든지 해야 했다. 가벼운 규정 위반들에 대해서는 단지 견책만 받았다. 좀 더 심각한 규정 위반들에 대한 징벌은 출교였다. 런던의 존 길 목사는 호슬리다운 교회책자(Horseydown churchbook)에 휘갈겨 쓴 문서에서, 어떤 사람도 이해할 수 없는 복잡한 신학 법칙들을 기록하고, 모든 회원들은 그것에 의무적으로 동의해야 하며, 그렇지 않으면 출교 당할 것이라고 하였다. 아마도 12명 가운데 1명 해당하는 평신도도 그 교리가 의미하는 최소한의 이해도 갖지 못했을 것이다. 그러나 그들은 목사를 사랑하고 신뢰했기 때문에, 그 제안에 동의하였다.

침례교인들 가운데 여우 사냥에 참여하거나 공중 댄스 모임, 음악 회관, 오락장, 영화관 등에 가는 것, 그리고 대중 여관에 너무 오래 머무르는 것은 교회의 주목을 받게 되는 일탈 행동으로 간주되었다. 대부분의 침례교인들은 이러한 행습들을 반대하였다. 하지만 일부 뉴커넥션 교회들은 보호자가 따르는(chaperoned) 댄스 모임이나, 노래가 지나치게 세속적이지 않다면 노래 모임에 참석하는 것을 조심스럽게 허락하였다. 침례교인들이 반대했던 행동들이 그들의 사회적 지위를 드러낸다는 주장을 반대하기는 어렵다. 그와 같은 유흥들은 특혜를 누리던 상류층을 표시하는 것이었으며, 대다수 침례교인들의 재력을 넘어서는 활동들이었다. 따라서 그것들은 그들을 매우 불쾌하게 만들었고, 그들의 수수한 사회적 유흥을 정당화하게 만들었다.

아이들의 지위

기록에 의하면 18세기 침례교인들 사이에서 아이들의 종교적 지위에 얼마간의 변화가 있었음을 보여준다. 유아세례를 거부하는 것은 처음부터 침례교회의 주요 강조점이었다. 하지만 일부 침례교인들은 헌아식이라는 대체적 의식을 고안하였다. 현존하는 개략적인 기록물들에 의하면, 그 의식은 유아의 헌신 못지않게 부모의 헌신으로 보인다. 이러한 헌아식은 17세기에 적어도 간간히 실행되었으며, 시간의 지나면서 보다 일상적인 의식이 되었다.

18세기의 침례교인들은 어린 아이들의 회심도 좀 더 인정하기 시작했다. 대부분의 침례교인들은 회심은 통상적으로 성인 시절에 일어나며, 16세 혹은 18세 이전에는 회심이 거의 발생하지 않는다고 생각했었다. 12살 먹은 아이의 회심은 그 해의 "주목할 만한 일들" 가운데 하나로 지방회에 보고될 만큼, 아주 드문 일로 간주되었다. 한 교회는 9살 난 여자 아이의 회심을 보고했다. 일부 사람들은 이것을 분명하게 반대했으며, 교회도 그녀의 경우가 특별한 사례였음을 인정하면서 상세하게 변론하지 않으면 안 되었다.

여성의 역할

침례교 여성들의 교회에서의 역할은 18세기에 어느 정도 변화했음을 알 수 있다. 이전 세기에서 여성들은 집사로서 봉사했고, 그들은 소위 가끔 "여집사"로 불리기도 했으나, 18세기에는 이러한 역할이 점차 줄어들었다. 그 무렵에는 침례교 여성들이 설교하는 경우는 거의 찾아볼 수 없게 되었다. 사실 1740년대에 앤 더턴(Ann Dutton)은 여성들이 출판을 위해 글을 쓰는 일, 교회에서 공개적으로 가르치는 일, 심지어 새신자가 교회에 들어올 때 하는 긴 신앙고백 혹은 "체험의 간증"을 공개적으로 하는 일등을 위해 변호했어야 했다. 자신이 다작의 저자요 유능한 연설가였던 그녀는 교회에서 이러한 은사들이 자유롭게 사용되는 일에 제약이 있음에 대하여 안타깝게 여겼다.

사회적 이슈들

영국 침례교인들은 사회적, 도덕적 이슈들에 대해 분명하게 의견을 표명하였지만, 항상 단일한 목소리만 낸 것은 아니었다. 초기 침례교 저작자들 중 일부는 노예제도를 옹호했지만, 다른 사람들은 노예제도와 노예무역을 이루 말할 수 없는 죄악으로 정죄하였다. 서부지방회(Western Association)는 1711년에 사우스캐롤라이나에 있는 찰스턴제일침례교회(First Baptist Church of Charleston)로부터 질문서를 받았는데, 그것은 도망간 노예를 심하게 처벌했던 그 교회의 회원을 치리해야 하는지에 관해 조언을 요청하는 것이었다. 그 지방회는 노예제도를 강하게 옹호하는 입장을 담은 답장을 보냈다. 그들은 노예제도는 합법적이며, 노예를 사고 파는 일에 대해 성서는 어디에서도 금지하지 않았고, 따라서 노예 소유자들은 그들의 재산을 보유하기 위해 필요한 어떠한 처벌도 시행할 수 있다고 하였다. 그들은 노예들에 대해서, "우리는 창세기 17장 13절, 23절, 27절 등에서 그들을 사는 것이 성서적으로 합법적인 것을 발견했다. 그리고 만일 그들을 사는 것이 합법적이라면, 그들을 적법하게 보유하고, 통치하는 것도 합법적이다. 그리고 자신의 것을 보존하기 위해, 더 심한 잘못을 방지하기 위한 처벌도 합법적"이라고 결론 내렸다.[61]

시간이 지나면서 이러한 가혹한 견해들은 도전받았으며 바뀌었다. 그 세기 중반 이후부터 여러 침례교 지방회들은 노예제도를 반대하는 입장을 취했으며, 일부는 노예제도 폐지 지역협회들을 설립하고, "사악한 노예무역의 폐지"를 추진하기 위해 모금을 하였다.[62] 케임브리지에서 영향력 있는 침례교 지도자였던 로버트 로빈슨(Robert Robinson)은 노예제도를 반대하는 설교와 저술을 했으며, 1788년에는 의회에 보낼 노예제도를 반대하는 초기 결의안의 기본 틀을 만드는 일을 도왔다.

아마도 18세기에 노예제도를 반대하는 가장 강력한 침례교 목소리는 아브라함 부스로부터 나왔을 것이다. 그는 「모세 율법과 그리스도 복음에 적대적인, 인간 종족의 무역과 무죄한 사람들을 노예로 만드는 일에 대하여」(*Commerce in the Human Species, and the Enslaving of Innocent Persons, Inimical to the Laws of Moses and the Gospel of Christ*)라는 소책자를 1792년에 출판하였다. 부스는 노예제도는 신구약성서의 가르침을 위반하는 것일 뿐만 아니라, 인간의 생존권을 박탈하는 것이라며 격렬하게 규탄하였다. 그는 노예제도를 "신성한 자유권에 대한 잔학한 행위"라고 부르며, 노예들을 포획하는 자들과 노예들을 구입하는 사람들을 모두 정죄하였다. 왜냐하면 "만일 장물아비들이 없다면, 도둑들도 없을 것이기 때문이다."[63] 부스는 "사람을 거래하는 것은 불의하고 잔인한 것이며, 흉포하고 야만적인 일"이라고 하면서, 기본적인 인간의 권리는 영국에서 뿐만 아니라, 아프리카에서도 유효한 것이어야 한다고 결론지었다.[64]

5. 요약

영국 침례교인들에게 있어서 18세기는 운명적인 시대였다. 그들은 1689년에 상당한 정도의 종교의 자유를 획득했지만, 영적으로 너무 쇠약해져 있어서 이와 같은 새로운 기회들을 선용하지 못한 것으로 보인다. 그들은 나이 많은 지도자들을 대체할 능력이 없었으며, 교회들은 목회자 없이 지내거나 혹은 자질이 부족한 사람에게 의지하였다. 침례교인들은 기독교 헌금의 미덕을 결코 계발시키지 못하였다. 대부분은 매우 가난하긴 했지만, 그들은 심지어 자기들이 감당할 수 있는 정도조차도 하지 않을 정도로 그들의 교회를 재정적으로 지원하지 않았다. 여러 교단 기금의 설립은 꼭 필요한 것이었으며, 칭송받을만한 일들을 이루었지만, 목회자를 지원하는 일은 다른 곳에서부터 와야 한다는 생각을 교회들에 고착화시키는 결과를 초래했다. 많은 목회자들은 아마도 평신도들이 목회에 별로 가치를 두지 않았음을 감지했으며, 그들도 미묘하게 그러한 생각을 공유했었던 것 같다. 어쨌든 많은 목회자들은 세속 직업에 마음을 많이 빼앗김에 따라 목회에 시간을 거의 들일 수 없었고, 그 결과 교회들은 돌봄을 받지 못하는 상태에 처했다.

교회들은 또한 교회의 활력을 잃게 만들고 침례교 사고방식을 왜곡시키는 교리적인 극단주의에 의해 황폐화되었다. 일반침례교인들은 극단적 자유주의, 아리우스주의, 소시누스주의 등에 빠졌고, 교단은 약화되었다. 일반침례교회들의 일부 강조점들은 분립된 뉴커넥션을 통해 살아 남았지만, 일반침례교는 18세기의 대대적인 황폐화로부터 결코 회복하지 못했다. 특수침례교인들은 극단적 보수주의인 고등 칼뱅주의, 반율법주의에 빠졌으며, 그들 교회들은 매우 무미건조한 바람으로 인해 시들어갔다. 그들의 극단적 보수주의는 극단적 자유주의만큼 영적 생명력에 피해를 준다는 사실을 입증해 주었다.

침례교인들은 좋은 전망과 큰 희망을 가지고 18세기에 진입하였다. 그러나 그 세기가 펼쳐지면서 전망은 축소되었고, 희망은 점점 희미해졌다. 그들은 반전된 상황들로부터 잘못을 깨달으며 19세기를 맞이하였는데, 교단은 여러 분파들로 나뉘어졌고, 수가 감소되었으며, 영적 생명력은 약화되었다.

주(註)

1) H. Wheeler Robinson, *Baptists in Britain*, 21.
2) Joseph Ivimey, *A History of the English Baptists*, 3:279.
3) Ibid., 1:479.
4) Ibid., 478-9.
5) Tobias Crisp, *Christ Alone Exalted: Being the Compleat Works of Tobias*, 579.
6) Ibid., 549.
7) Ivimey, 3:55.
8) John Skepp, *Divine Energy: or the efficacious Operations of the Spirit of God upon the Soul of Man*, 58.
9) Ibid., 59.
10) Ibid., 81.
11) Ibid., 82.
12) Ibid., 163.
13) Ivimey, 3:367-8.
14) Ibid., 373.
15) Ibid., 271.
16) Ibid., 272.
17) John Fawcett, *An Account of the Life, Ministry and Writing of the Late Rev. John Fawcett* (London: Baldwin, Cradock, and Jay, 1818), 97.
18) John Gill, *A Body of Doctrinal Divinity*, 1:311.
19) Ibid., 312.
20) Ibid., 315.
21) Ibid., 321.
22) Ibid., 322.
23) Ivimey, 3:364-5n.에서 재인용.
24) Fawcett, 168-9.
25) A. C. Underwood, *A History of the English Baptists* (London: Carey Kingsgate Press, 1947), 173.
26) W. T. Whitley, *Calvinism and Evangelism in England*, 35.
27) Ivimey, 4:375.
28) Underwood, 160.
29) Michael R. Watts, *The Dissenters*, 459-60.
30) Underwood, 160.

31) Ivimey, 4:41.
32) Underwood, 163.
33) John Ryland, *The Life and Death of Rev. Andrew Fuller*, 26.
34) Ibid., 28.
35) Ibid.
36) Ibid., 86.
37) Ibid., 58.
38) Joseph Belcher, ed., *The Complete Works of the Rev. Andrew Fuller*, 3 vols. (Philadelphia: American Baptist Publication Society, 1845), 2:387.
39) Ibid.
40) Andrew Fuller, *The Atonement of Christ, and the Justification of the Sinner*, 208.
41) Ivimey, 3:150.
42) John Rippon, *A Brief Memoir of the Life and Writings of the Late Rev. John Gill*, 3n.
43) Ivimey, 3:156.
44) Ibid., 43.
45) Ibid., 67.
46) Ibid., 104.
47) Thomas Crosby, *The History of English Baptists*, 3:81.
48) Ivimey, 3:104.
49) Fred Trestrail, *The Past and Present*, 25.
50) Ibid.
51) C. F. Stell, "The Eastern Association of Baptist Churches, 1775-1782," *The Baptist Quarterly*, 16.
52) Hercules Collins, *The Temple Repair'd: or, An Essay to revive the long-neglected Ordinances, or exercising the spiritual Gift of Prophecy for the Edification of the Churches; and of ordaining Ministers duly qualified*, 12.
53) Ibid., 19, 20.
54) Ibid., 29-31.
55) Norman S. Moon, *Education for Ministry: Bristol Baptist College 1679-1979*, 2에서 인용.
56) Ibid., 11.
57) Ibid.
58) Ibid., 19-21.
59) Ibid., 15.
60) Ibid., 20.

61) Robert A. Baker, ed., *A Baptist Source Book*, 31에서 인용.
62) Ivimey, 4:63.
63) Abraham Booth, *Commerce in the Human Species*, 4-5.
64) Ibid., 13.

제7장

부흥의 불길: 미국 침례교인들

미국 침례교인들에게 18세기는 큰 전환점이었다. 1700년에 그들은 단지 24개 교회에 839명의 교인들에 불과했다.¹⁾ 이 숫자는 모든 종류의 침례교인들을 다 포함한 것이었는데, 그들 중 채 절반이 안 되는 사람들이 정규침례교인들(Regular Baptists) 혹은 주류 침례교인들이었다. 1720년에 한 침례교 저술가는 "뉴잉글랜드에서 우리 교단에 속한 사람들이 소수에 지나지 않음"에 대해 애석해 했다.²⁾ 1700년대에 이렇게 흩어져 있던 교회들을 "교단"이라고 말하기는 힘들다. 그들은 어떤 조직화된 지방회도 없었고, 선교와 전도를 후원하는 지방회들도 없었으며, 필시 서로에 대하여 아는 데도 한계가 있었다.

이와 같이 보잘 것 없는 시작이 갑자기 엄청난 성장으로 전개되었는데, 그것은 역사가들이 제1차 대각성운동(First Great Awakening)이라고 일컬었던 1730년대의 광범위한 부흥운동과 더불어 시작되었다. 대각성운동이 비록 침례교인들에 의해 시작되지 않았고, 오히려 많은 침례교인들은 처음에 반대했지만, 그들은 그것의 최대 수혜자가 되었다. 부흥의 물결들, 잉글랜드 및 웨일즈 침례교인들의 아메리카로의 이민, 비국교도들의 지위를 인정하려는 사회적 환경 등 이 모든 일들이 침례교인들 가운데 발생한 폭발적 성장에 공헌한 요소들이었다.

한 역사가에 따르면, 18세기가 끝날 무렵 침례교회는 미국에서 가장 큰 교단이 되었다.³⁾ 1790년 즈음에 침례교회는 979개 교회와 67,490명의 교인들이 있었고, 적어도 42개 지방회들이 전국적 기구의 설립에 대한 계획을 의논하고 있었다. 침례교인들은 1742년에 신앙고백서를 채택했고, 1764년에 침례교 대학을 설립했으며, 신앙의 자유를 위해 투쟁하고 성취했으며, 온건한 칼뱅주의라는 복음적 신학에 기초하여 사역했다. 침례교회는 남부에서 급속히 성장하였는데, 세기가 끝날 무렵, 남부 개척지의 분리침례교인들(Separate Baptists)과 해안지역의 정규침례교인들(Regular Baptists)은 서로 합치할 수 있는 부분들을 발견할 수 있었다.

'이전과 이후'라는 고전적인 틀로 볼 때, 1800년대의 미국 침례교인들은 한 세기 이전과는 거의 다른 사람들이었다. 그들은 외형적 성장보다 그에 상응하는 내면적 변화를 훨씬 더 크게 경험하였다. 1740년 이전에 종종 불평으로 들렸던 영적인 무기력과 "둔감한 영성"은 새로운 생기와 활력에 무릎을 꿇게 되었다. 1600년대에 엄청나게 파괴적인 결과를 가져왔던 것으로서, 사소한 것들에 대해 격렬하게 언쟁하는 경향은 1700년대에 침례교인들이 전도와 종교의 자유를 위한 투쟁에 헌신하면서 얼마 동안 누그러졌다. 매력적인 건물들과 능력 있는 목회자들이 점점 많아지고, 특히 무엇보다도 침례교인들이 독립전쟁(Revolutionary War)에 애국적으로 참여한 일은 일반 대중들의 그들에 대한 이미지를 향상시켰고, 의심의 여지없이 그들 스스로에 대한 이미지 역시 고양되었다. 어떤 한 사람은 "솔직한 노부인"이 1750년대에는 침례교를 "이상스러운 종파"로 묘사했다가 이후에는 "그들은 내가 어렸을 때에 비해서는 다른 사람들과 거의 다를 바 없는 사람들"로 인정했다고 기억한다.4) 침례교인들은 "무질서한 사람들로서 무질서하게 행하고… 공중의 평화를 깨뜨리는 사람들"이라고 하는 익숙한 비난들에 대해 변명해야 할 일들이 줄어들었다.5) 어떤 사람들은 침례교인들이 지나치게 체면치레를 차리게 되었다고 생각했다. 한 변경의 젊은 설교자는 1790년대 보스턴의 화려하게 장식된 침례교회들, 설교단 예복의 소매가 "버몬트에서 사용되는 음식 자루만큼 넓은" 옷을 입은 세련된 목회자들, 정교한 샹들리에, "푹신한" 신도 좌석 그리고 분말을 뿌린 가발 등은 영적 예배로부터 마음을 혼란스럽게 만든다고 불평했다.6)

1. 제1차 대각성운동

침례교인들에게 있어서 18세기의 마터호른(Matterhorn; 역자주: 알프스 산맥에 있는 4,500미터의 높은 산)은 제1차 대각성운동이었다. 교단의 미래 모습에 영향을 끼친 것 가운데 이것에 필적할 만한 것이 없다. 1730년대와 1740년대에 전체 아메리카 식민지를 휩쓴 부흥의 물결은 모든 교회들에게 영향을 끼쳤다. 한 역사가는 부흥운동의 영향은 "각양각색의 교단들을 비슷한 모습으로 바꾸어 놓았다"고 하였다. 즉 그것은 대다수 미국 개신교회들에게 공통의 복음주의적 신앙과 행습을 새겨 놓았던 것이다.7) 미국의 대각성운동은 결코 고립된 운동이 아니었다. 그것은 다른 지역에서의 유사한 운동들, 예컨대 유럽의 경건주의 운동 및 잉글랜드의 웨슬리 부흥운동과 연계되어 있었다.

대각성운동 이전에는 C. C. 고엔(Goen)이 "성도들 공급이 부족하다"고 말한 바와 같이 영적인 냉랭함과 쇠퇴의 시기가 있었다.8) 최초의 청교도 개척자들의 열정은 식었고, 새로운 세대는 가족적인 결속을 근거로 왕국을 상속받으려 했다. 이러한 하락세는 1662년의 "절반의 언약"(Half-Way Covenant)에서 가장 뚜렷하게 드러난다. 초기 뉴잉글랜드 교회들은 교인의 아이들이 유아세례를 받도록 허용하여 교인자격을 얻을 수 있게 하였다. 이것은 아기들이 이후에 그들 스스로 신앙고백을 할 것을 기대하고 한 일이었다. 그런데 그들의 부모가 신앙고백을 전혀 하지 않은 유아들의 지위에 대한 의문이 제기되었다. 그 질문은 신앙의 문제를 넘어선 일들과도 관련이 있었는데, 왜냐하면 교인들에게는 사회적, 경제적 혜택들이 수반되었기 때문이었다. 1662년의 결정은 신앙적인 회심을 천명하지 않은 도덕상 부모들의 제3세대 유아들에게 유아세례를 허가하여, 교회에 허입되도록 한 것이었다. 그들은 교회 회원이 갖는 모든 사회적 특혜들을 향유할 수 있었다. 그러나 그들이 스스로 신앙고백을 하기 전까지 주의 만찬은 받을 수 없었다. 따라서 그들은 "절반의" 교인들이었으며, 그들 대부분은 그 지위 이상으로 나아가지 못했다. 결과적으로 이것은 중생 교회회원(regenerate church membership)이라는 초기의 이상을 저버리게 되었다.

대각성운동이 종교뿐만 아니라 미국의 정치적 자기 정체성과 일반 문화에 끼친 공헌들을 생각하면, 그 중요성을 과장하여 말하기란 어려울 것이다. 어떤 사람들은 대각성운동을 진정한 미국독립혁명(American Revolution)으로 보기도 한다. 리처드 니이버(H. Richard Niebuhr)는 미국의 "하나님에 대한 각성은 동시에 국가적 자기 정체성의 각성도 가져왔다"고 하였다. 그는 대각성운동이 "새로운 시작이며, 그것은 국가적 회심"이라고 묘사하였다.9)

네 명의 지도자들이 부흥을 이끈 사람들로 일반적으로 인정받고 있다. 시어도어 프릴링하이젠(Theodore Freylinghuysen, 1691-1747)은 네덜란드에서 목사로 사역하였다. 그는 약 1720년에 네덜란드 개혁교회(Dutch Reformed churches)에서 목회하기 위해 뉴저지의 래리턴 밸리(Raritan Valley)로 이민왔다. 유창한 설교자였던 프릴링하이전은 열정적 설교, 엄격한 교회 치리, 개별 심방 등을 통한 영적 갱신을 추구하였다.

장로교 목사인 길버트 테넌트(Gilbert Tennent, 1703-1764)는 중부식민지에서 비슷한 부흥운동의 관점으로 설교하기 시작했다. 그는 아마도 프릴링하이전으로부터 영향을 받았을 것이다. 프린스턴의 전신인 "통나무 대학"(Log College)의 설립자, 윌리엄 테넌트(William Tennent)의 장남인 젊은 테넌트는 그의 불꽃같은 설교 "회심하지 않은 목회의 위험성"(1740)으로 가장 잘 기억되고 있다. 이 설교는 비록 무절제한 어투로 되어 있었지만, 출판되어 광범위하게 유포되었다. 이 설교는 부흥운동을 촉진하였을 뿐만 아니라, 장로교단을 1741년에 "구파"(Old Side)와 "신파"(New Side)로 분열시키는 일에도 일조하게 되었다. 그의 설교는 신앙에 냉랭하고 무관심한 교회들과 목회자들을 공격하였고, 영성보다 형식을 높이는 것을 비난하였으며, 좀 더 감성적 설교 방식을 옹호하였다.10)

조나단 에드워즈(Jonathan Edwards, 1703-1758)는 부흥 신학자였다. 예일대학 출신인 에드워즈는 후에 그의 조부 솔로몬 스토더드(Solomon Stoddard)의 부목사로 사역하였다. 그는 1792년에 조부의 뒤를 이어 매사추세츠의 노샘프턴(Northampton)에 있는 회중교회의 담임목사가 되었다. 에드워즈는 능력 있는 설교로 유명하였다. 대부분의 사람들은 에드워즈의 유명한 설교 "분노한 하나님의 손에 있는 죄인들"을 기억한다. 하지만 그것이 그의 전형적인 설교는 아니었다. 아마도 그가 1731년에 보스턴에서 행한 "위대한 목요일 강의"가 더 중요할 것이다. 그 강의에서 에드워즈는 하나님을 향한 인간의 전적 의존이라는 자신의 생각을 제시하였다.11) 노샘프턴에서 영적 갱신은 먼저 젊은이들 가운데서 일어났다. 에드워즈에 의하면, 그들이 이전에는 "밤에 돌아다니는 일에 빠져서 술집에 자주 출몰했던 사람들"이었다.12) 1734년 후반기에 이르기까지 "하나님의 영이 특별히 임하기 시작하여" 대규모의 부흥으로 이끌었다. 한 해에 300명 이상의 사람들이 회심하였는데, 그들 중 약 100명은 어느 한 주일날 그렇게 되었다. 유사한 영적 각성의 사례들이 코네티컷 밸리(Connecticut Valley)에 있는 교회들로부터 전해왔다. 그러나 노샘프턴의 부흥운동은 시작된 지 얼마 되지 않아 급속하게 시들어 갔다. 1740년대 초반 수년 동안 그 교회에는 한 사람의 회심자도 없었다.

유사한 부흥들이 뉴잉글랜드와 중부 식민지에 흩어져 있던 교회들로부터 보고되었다. 괴짜 제임스 대번포트(James Davenport)와 같이 여기저기를 다니며 말씀을 전했던 소수의 순회복음전도자들이 있었지만, 이러한 흩어져 있었던 부흥운동을 하나의 일치된 운동으로 결집시킨 것은 영국의 복음전도자 조지 위트필드(George Whitefield, 1714-1770)에 의해서였다. 존 웨슬리의 동역자였던 위트필드는 미국 식민지를 적어도 다섯 번 이상 방문하였으며, 그의 열정적인 설교, 복음주의적 교회연합운동, 복음전도에 대한 열정은 그가 방문한 지역에 심대한 영향을 끼쳤다. 위트필드는 식민지들로 하여금 서로를 더 인식하게 만들었고, 그의 추종자들은 미국에서 최초로 식민지 상호간의 리더십을 구축하였다.

부흥의 열정은 역동적이었던 만큼이나 분열을 초래했다. 모든 사람이 그 "새로운 운동"을 좋아한 것은 아니었다. 아마도 많은 사람들이 찰스 촌시(Charles Chauncy)가 그의 "뉴잉글랜드의 종교 상황을 염려하는 글"에서 제시한 예리한 비평에 동의했을 것이다.13) 보스턴에서 목회한 촌시는 부흥회들을 천박하고, 과도하게 감정적이며, 지속적인 효과가 없는 것으로 묘사했다. 촌시는 테넌트와 위트필드의 이름을 대놓고 거명하며 비판하였다. 그는 그들의 설교가 비록 큰 소리와 열광적인 몸짓으로 전달되지만, "사소한 것들"로 채워져 있다고 하며 격하게 비판했다. 부흥회를 찬성하는 사람들과 반대하는 사람들이 한동안은 한 교회에서 함께 있고자 노력했다. 하지만 이러한 시도가 불가능하다는 것이 입증되자, 많은 회중교회들은 "올드라이트파"(Old Lights; 부흥운동 반대자들)와 "뉴라이트파"(New lights; 부흥운동 찬성자들)로 나누어지게 되었다.

침례교인들은 부흥운동을 일으키는 데 기여한 바가 거의 없었지만, 그것으로부터 많은 이득을 거두었다. 부흥운동에 참여한 침례교회들이 성장한 결과뿐만 아니라, 100개 이상의 뉴라이트 회중교회들이 결국 침례교로 넘어온 것이다. 이들 교회들 가운데 많은 수의 교회는 자신들의 사회적 신분과 정치적 관점이 침례교인들과 매우 가깝다는 것을 발견했으며, 그것은 그들이 침례교회에 가입하는 데 도움을 주었다. 이런 식으로 침례교는 많은 교회들을 얻었을 뿐 아니라 두 명만 거명한다면, 아이작 배커스(Isaac Backus)와 셔벌 스턴즈(Shubal Stearns) 같은 탁월한 지도자들도 얻게 되었다. 사람들이 이사할 때 가방을 들고 가는 것처럼, 침례교로 전향한 뉴라이트 교회들은 새로운 사상들을 가져왔고, 그것은 침례교 신학뿐만 아니라, 막 부상하는 교단 구조에도 영향을 끼쳤다.

침례교인들도 그들 특유의 부흥운동과 관련된 분열을 겪었다. 정규파(Regular)로 명명된 파는 대체로 부흥운동의 감정주의를 꺼리는 도시교회들이었고, 분리파

(Separates)로 명명된 파는 부흥운동을 참된 하나님의 사역으로 보았다. 확인 가능한 최초의 분리침례교회(Separate Baptist church) 가운데 하나는 1743년에 보스턴의 제일침례교회에서 갈려 나와 시작되었다. 1740년에 조지 위트필드가 보스턴에서 설교했는데, 한 역사가에 의하면, "무기력한 공동체가 하나님의 나팔소리에 의해 흥분하게 되었다."14) 제일침례교회의 담임목사 제러마이어 콘디(Jeremiah Condy)는 부흥운동을 불허했고, 그 신학을 혐오했으며, 감정주의를 업신여겼다. 하지만 그 교회의 몇몇 교인들은 새로운 열기에 매료되었으며, 콘디의 근엄한 사역에 불만을 갖게 되었다. 한 자료에 의하면, "그들은 그의 설교에 통탄할만한 결함이 있다고 보았고," 또한 "냉랭하고 죽은 형식주의"에 대하여 불평하였다. 불만을 갖고 있던 교인들든 따로 모이기 시작했으며, 그들은 1743년에 "분리하여 독립적인 공동체를 준비하는 일을 시작했다."15) 7명의 교인들은 제이침례교회(Second Baptist Church; 분리침례교회)를 설립하고, 이프리엄 바운드(Ephraim Bound)를 담임목사로 청빙하였다. 1746년에는 그들 소유의 건물에 들어갈 수 있었다. 교회는 5년 동안 120명 교인으로 성장하였다. 후에 토마스 볼드윈(Thomas Baldwin)은 이 교회의 담임목사로 있을 때 침례교 선교운동을 시작하는 일에 일조하였다.

뉴잉글랜드의 분리침례교(Separate Baptists)의 시작 경로는 대체로 한 교회를 통해 추적할 수 있다. 부흥운동의 열기 가운데 1748년에 한 뉴라이트 회중교회가 아이작 배커스를 담임목사로 하여 미들보로(Middleborough) 근처에 세워졌다. 그 교회는 1749년에 침례와 관련하여 심각한 논쟁을 벌이게 되었는데, 배커스는 신자의 침례라는 개념을 처음에 받아들였다가 나중에 포기하였다. 그러나 그 문제는 없어지지 않았다. 1751년 배커스는 결국 침례교인으로서 침수침례를 받아들였고, 그것을 받아들인 다른 사람들에게 침례를 베풀었다. 하지만 그들은 침수침례를 받지 않은 사람들도 여전히 교인으로 인정하기 원했다. 1753년에 로드아일랜드의 엑시터(Exeter)에서 열린 목회자 회의에서는 침례의 두 가지 형식, 즉 유아들에게 약간의 물을 뿌리거나, 혹은 신자의 침수침례 모두를 다 인정하기로 결정하였다. 그러나 다음 해 코네티컷의 스토우닝턴(Stonington)에서 열린 유사한 회의에서는, 이러한 두 가지 형태의 침례 형식은 서로 양립할 수 없으며, 교회는 그 중 하나를 택해야 한다고 결정했다. 스토우닝턴의 목회자들은 신랄한 성명서를 통해 "유아들을 침례의 대상으로 삼는 죄를 범하는 B가 되든지, 혹은 그것을 중단하는 A가 되든지 해야 한다"고 결론지었다.16) 1756년에 이르러 배커스는 회중교회의 교인들과 함께 공존하려는 노력을 포기하였다. 그는 침례교 추종자들을 모아서 분명한 침례교회를 시작했으며, 1756년 1월 16일 교회를 설립하고 그의 남은 일생을 그 교회의 담임목사로 보냈다.

 W. G. 맥로클린(McLoughlin)은 뉴라이트 회중교회의 위치를 침례교회로 가는 도상의 중간 기착지로 묘사하였다.[17] 데이비드 베네딕트(David Benedict)는 그러한 교회들을 "침례교인 육아실"로 불렀다.[18] 아마도 뉴라이트 회중교인들의 약 절반이 침례교인이 되었을 것이다. 기록들은 교회들이 하나씩 하나씩 그렇게 이행했던 일을 자세히 보여준다. 그때까지 미국의 침례교인들은 활력을 보여주지 못했다. 배커스는 "하락과 어리석음이 이 땅에 오랜 기간 팽배하였다"고 말했는데, 침례교인들 역시 이 두 가지 면을 다 지니고 있었다.[19] 뉴라이트 회중교인들의 유입은 어떤 이의 표현에 따라, "잠자는 침례교단"을 활성화하는 데 큰 도움을 주었다.[20]

 1700년대 초기에는 교단의 경계선들이 분명하게 그어지지 않은 때라서 침례교인들과 회중교인들이 같은 교회에서 함께 공존하는 것이 가능하였다. 그들은 침례를 제외하면 모든 교리들이 아주 현저하게 비슷하였다. 한 침례교 목사는 그에게 "침례에 대한 다른 정서는 다른 피부색이나 신장, 혹은 그들 옷의 색깔 차이보다 더 크지 않았다"고 말했다.[21] 후에 뉴포트에서 목사가 된 존 코머(John Comer)는 그의 담임목사가 반대함에도 불구하고 1725년에 침수침례를 받아들였다. 그는 침례교 사상이 회중교회 안에서 자신의 위치에 대해 아무런 영향을 끼치지 않을 것이라고 확신하였다. 교회들은 공존이 실제로 이루어질 수 있도록 확고한 노력들을 기울였다. 배커스는 "회의나 컨퍼런스들이 매번 열릴 때마다 공존을 권고했으며, 그것을 반대하는 목소리는 거의 없었던 것으로 보인다. 하지만 그것은 결국 실패하였다"고 말했다.[22] 회중교회와 침례교회가 공존하는데 실패한 이유로는 적어도 세 가지가 제시된다. 첫째, 유아세례와 신자의 침례 사이의 본래적인 양립 불가능성이 영속적으로 숨겨지거나 감추어질 수 없었던 점이다. 둘째, 침수침례를 선호하는 자들의 복음적 열정은 많은 사람들을 그들의 입장으로 끌어들였으며, 몇몇 경우에는 회중교회 교인들이 자신들을 보존하기 위해 탈퇴할 수밖에 없었다. 셋째, 양쪽 신자들은 종종 예배하는 방식들이 달랐는데, 그것은 교리보다 훨씬 더 분열을 일으키는 사안이었다.

 뉴잉글랜드의 정규침례교와 분리침례교는 서로 다름에도 불구하고 결코 분열되지 않았다. 그 한 가지 이유가 그들에게는 분리할 교단 자체가 없었다는 것이다. 어떤 역사가들은 정규파와 분리파의 차이들이 신학적이기보다는 사회학적이었음을 입증하려고 했다. 정규침례교인들은 도시에 거주하며 좀 더 세련되었으며, 또한 교육받은 목회자들이 인도하는 질서 정연한 예배를 선호하였지만 반면에 분리침례교인들은 변방 개척지와 작은 마을들에 모여 있었고, 낮은 계층 출신들이었으며, 예배와 회심이 떠들썩한 가운데 이루어졌다고 말했다. 이러한 주장에는 일부분 진실이 있지만 지나치게 과장된 것일 수도 있다. 대각성운동을 변경과 도시 문화의 충돌로 설명하려는 시도들은 대부분 포기되었다. 한편 남부에서는 정규침례교와 분리침례교가 좀 더 뚜렷하게 구별된 집단으로 형성되었고, 그들은 비록 당분간이었지만 분리된 교단이었다.

2. 급속한 확장

대각성운동이 주요 기폭제가 되어 침례교는 세기 중반에 이르러 급속한 성장의 시기로 접어들게 되었다. 통계는 분명하게 알아낼 수 없고, 단지 이야기의 한 부분만 말하지만 그것은 침례교에 영향을 끼쳤던 좀 더 큰 흐름들에 대해서 분명하게 설명해준다. 로버트 가드너(Robert G. Gardner)의 통계 연구는 침례교의 성장에 관하여 가장 완성도 높은 최근 분석이다. 그것은 침례교가 1740년의 60개 교회, 3,142명의 교인에서 1790년에 979개교회, 67,490명의 교인으로 약 반세기만에 크게 증가했음을 보여준다.[23] 다른 역사가들은 약간 다른 숫자들을 제시한다. 가드너는 침수주의자들을 최대한도로 포함하였는데, 심지어 많은 사람들이 진정한 침례교도들로 인정하지 않았던 키스파(Keithian)나 로저파(Rogerenes)도 포함시켰다. 어떠한 기준을 적용하더라도 그것은 신대륙에서 전례 없는 침례교의 폭발적 성장을 의미한다. 비록 남부지역이 처음에는 뉴잉글랜드나 중부식민지보다 뒤쳐졌지만, 성장은 대체로 지역적으로 골고루 잘 분포되어 일어났다. 다음의 간략한 설명은 비록 완전한 설명이 아니라 할지라도 주요 지역들에서 침례교 확장의 모습을 그려보고자 한 것이다.

뉴잉글랜드

침례교인들이 최초로 성장의 파동을 경험한 것은 뉴잉글랜드의 여섯 주에서였다. 그 지역들은 회중교회가 법적으로 설립된 곳으로서 침례교인들은 가벼운 괴롭힘에서부터 심한 박해에 이르기까지 다양한 법적인 규제와 반대에 부딪쳤다.

로드아일랜드. 로드아일랜드에서는 침례교가 초기의 기대에 그렇게 부합하지 못했다. 그들은 1639년에 미국 최초의 침례교회를 프로비던스에 설립하였고, 1764년에는 그곳에 최초의 대학을 유치하였다. 따라서 그 주는 압도적으로 침례교인들로 이루어질 것이라고 생각되었다. 그러나 아마도 침례교인들의 극단적인 다양성이 성장을 방해했을 것이다. 정규침례교, 일반침례교, 여섯원리침례교, 제칠일침례교 그리고 분리침례교 등이 그들이었다. 한동안 분리침례교회들이 정규침례교회들보다 수가 더 많은 적도 있었다. 그러나 분리침례교회들이 지방회에 참여하는 것을 꺼렸던 점과 정규침례교회들이 일부 분리파 교인들을 되찾았던 추세로 인하여 분리침례교의 전도를 약화시켰다.

매사추세츠. 기존 체제로부터 심한 적대에도 불구하고, 침례교인들은 매사추세츠에서 번창하였다. 매사추세츠만 식민지 교회들의 발전은 한 초기 역사가의 표현대로 "미국 침례교회들의 선두"에 위치하게 만들었다.[24] 정규침례교인들이 지배적이었다. 1790년도 기준으로 매사추세츠에 있던 91개의 침례교회들 가운데 73개 교회가 정규침례교회였으며, 그들은 그곳 침례교의 82퍼센트를 차지하였다.[25] 나머지 침례교인들은 분리침례교, 여섯원리침례교 그리고 두 개의 인디언교회 등에 흩어져 있었다. 이곳만큼 정규침례교가 분리침례교의 침투에 맞서 대대적으로 복원된 지역도 아마 없을 것이다. 1790년에 이르기까지 매사추세츠에 세워진 46개의 분리침례교회들 가운데 30개 교회가 정규침례교회로 전환하였다.

18세기 매사추세츠에서 침례교회의 발전에 대해 헤즈키아 스미스(Hezekiah Smith, 1737-1805)보다 더 잘 설명한 사람은 없다. '침례교의 위트필드'라고 불리던 스미스는 목회사역, 복음전도 여행, 교단사역 등을 아울러서 일했는데, 특별히 로드아일랜드의 침례교 대학의 이사로서 활동한 것도 빼놓을 수 없다. 스미스는 뉴잉글랜드에서 신앙의 자유를 위한 침례교 대변인으로서 아이작 배커스 바로 다음에 위치할 것이다. 스미스는 독립전쟁 때 군목으로 사역했는데, 그 일은 사람들을 침례교 신앙으로 추가적으로 이끌게 했다.

존 개노(John Gano)에 의해 회심하고 침례 받은 스미스는 1756년에 뉴저지에 있는 호프웰침례교아카데미(Hopewell Baptist Academy)에 입학하였으며, 1762년에 프린스턴대학교를 졸업하였다. 그는 당시 미국에서 대학 교육을 받은 침례교 목사 5명 중 한 명이었고, 그 중 스미스를 포함하여 3명만이 신학적으로 정통에 서 있는 것으로 여겨졌다. 대학을 졸업한 후, 스미스는 15개월에 걸쳐 "남부 자치주들"을 순회하며 설교하였다. 그는 찰스턴교회 목사 올리버 하트(Oliver Hart)와 확고한 우정의 관계를 형성했고, 그 교회에 종종 초청받아 설교하였다. 하트는 스미스를 1763년에 목사로 안수하였다. 정착을 준비하는 가운데 스미스는 로드아일랜드에 있는 거의 모든 침례교회에서 설교하였지만, 모두로부터 환영받은 것은 아니었다. 프로비던스에서 설교하고 난 후, 스미스는 그의 일기에 "내가 프로비던스에서 어떤 선한 일이나, 어떤 사역이라도 했는지 여부는 오직 하나님만이 아신다"고 썼다.

스미스는 1760년대에 매사추세츠 서부지역을 순회하는 동안 침례교인들을 거의 발견할 수 없었다. 하지만 뉴라이트 회중교인들은 그의 설교를 즐겁게 경청했다. 그는 해버힐(Haverhill)에서 수개월간 설교했고, 1765년경에 유사한 패턴에 따라 침례교 방식을 선호하는 사람들이 기존 교회를 탈퇴하고 새로운 교회를 세웠다. 베네딕트의 기록에 의하면 교회 건물은 놀랍게도 "도시의 중심가에 위치하였는데, 그것은 교단이 아주 외진 지역들 외에는 별로 공을 들이지 않았던 당시의 상황에서 볼 때 매우 드문 경우였다."26) 스미스는 그들의 목사로 이후 40년간 사역했다. 하지만 그는 종종 "광야를 순회하였고," 해버빌에서는 1년에 몇 개월 정도만 머물렀으며, 나머지 시간은 순회설교를 하며 국내선교를 위해 사용했다. 그는 13개 교회들을 개척하였으며, 그 자신이 거의 국내선교회나 다름없었다.

그와 같은 빈번한 설교 여행으로 인해, 스미스는 그의 성장하는 아이들과 농장 및 과수원을 헵지바(Hephzibah) 혹은 "헵시"(Hephsy)라고 불렸던 그의 젊은 아내에게 맡길 수밖에 없었다. 어떤 전기 작가에 따르면 그녀는 비록 우아하고 매력적인 젊은 여성이었지만, "경험적 신앙에 대해서는 문외한이었다." 아내에게 보낸 스미스의 편지들에서, 그는 사과를 수확한 일과 세를 준 집들을 관리하는 일에 대해 설명하는 가운데, 다음과 같은 감동적인 글을 썼다. "사랑하는 헵시, 당신은 아직까지 참 신앙이 주는 위로를 발견하지 못했습니까?" 불행히도 우리에게는 그녀의 답장이 없다.

스미스는 목사와 전도자로서 뛰어난 것뿐만 아니라, 신흥 교단의 주요 건축자이기도 하였다. 그는 로드아일랜드대학(Rhode Island College)의 주요 설립자요 오랜 기간 이사로 봉사했다. 해버힐 교회는 1767년에 워렌지방회(Warren Association)를 설립한 4개 교회 가운데 하나였다. 1769년에 그 대학은 스미스에게 "기부금을 요청하고 받아올 것"을 부탁하였다. 스미스는 그에 관해 보다 직설적으로 말했다: "법인은 나를 선출하여 대학 후원을 위해 남부 자치주들을 방문하도록 결정했다." 스미스는 1802년에 매사추세츠 침례교 선교협회(Massachusetts Baptist Mission Society)를 설립하는 일을 도왔는데, 그것은 미국에서 그런 종류의 지방회 중 최초였으며, 1832년에 설립된 전국 규모의 국내선교회(Home Mission Society)의 전조였다.

메인. 메인(Maine)에서 최초의 침례교회는 윌리엄 스크리븐에 의해 1682년 키터리에서 세워졌다. 스크리븐이 그 교회를 1696년에 사우스캐롤라이나의 찰스턴으로 옮긴 이후, 메인에서는 거의 70년 동안 다른 침례교회가 나타나지 않았다. 몇몇 침례교인들이 그 지역에 살았다는 것은 의심의 여지가 없다. 그들의 대다수는 아마도 매사추세츠나 뉴햄프셔에 있는 교회들의 교인들이었을 것이다. 1760년대 메인으로 밀려들어 온 새로운 정착민들 가운데 일단의 침례교인들이 있었으며, 1764년경에는 조수아 에머리(Joshua Emory)가 벌위크(Berwick)에 교회를 세우고 그 교회의 목사로 봉직했다. 수년 동안 그 교회는 메인에서 침례교회로 알려진 유일한 교회였다.

베네딕트의 표현대로 메인에 "침례교인들의 재진입" 사건은 해버힐의 헤즈키아 스미스가 주도한 일이었다.27) 스미스의 순회사역은 그를 메인으로 인도했고, 그는 그곳에서 몇몇 회심자들을 얻었고, 일부 이민 온 침례교인들을 모았으며, 다른 지역에서처럼 뉴라이트 회중교인들을 끌어들였다. 1780년에 이르기까지 메인에서 침례교회에 참석하는 사람들은 급속히 많아졌으며, 1790년에는 침례교가 32개의 교회에 912명의 교인들을 확보하기에 이르렀다.28) 그들 가운데 정규침례교와 분리침례교는 거의 반반 정도였다.

뉴햄프셔. 뉴햄프셔에서는 꽤 이른 시기에 침례교 사상을 가진 사람들을 찾아볼 수 있었지만, 1755년에 월터 파워스(Walter Powers)가 뉴타운(Newtown)에서 작은 회중을 모으기까지 어떠한 교회도 세워지지 않았다. 핸서드 놀리스(Hanserd Knollys)는 도버(Dover) 지역에서 1640년에 설교했으며 1641년에 영국으로 돌아갈 즈음에는 유명한 침례교 목사가 되었다. 그가 적어도 1640년에는 침례교 사상을 받아들였는지는 확정적으로 말할 수 없다. 이 주에서 침례교인으로 알려진 최초의 인물은 1730년 이전에 스트래섬(Stratham)으로 이사 온 레이첼 터버 스캐먼 여사(Mrs. Rachel Thurber Scammon)였다. 그녀는 교회가 없었음에도 불구하고 헌신된 침례교인으로 남았으며, 다른 사람들을 그 신앙으로 이끌고자 노력하였다. 그녀는 40년 동안 한 명의 회심자를 얻었는데, 회심한 여성은 보스턴 제이침례교회(Boston's Second Church)의 이프리엄 바운드(Ephraim Bound)에게 침례받기 위해 보스턴으로 갔다.

「침례에 관한 놀콧의 견해」(Norcott on Baptism)로만 알려진 침례교 원리들을 옹호하는 작은 책이 나오자, 스캐먼 여사는 그 책을 100권 구매하여 뉴햄프셔에 뿌렸다. 물 위에 뿌려진 빵으로 인해 많은 반응들이 나타났다. 그 책을 우연히 갖게 된 의사 새뮤얼 쉐퍼드 박사(Dr. Samuel Shepherd)는 즉시 침례교 원리들을 받아들였다. 그는 브렌트우드(Brentwood)에서 침례 받고, 후에 보스턴에서 안수받았다. 쉐퍼드는 수년 동안 뉴햄프셔에서 의사요 침례교 목사로 많은 존경을 받았다. 하지만 침례교인들은 심한 반대에 직면하게 되었다. 아마도 이곳보다 국가교회가 뉴라이트파의 주장들을 배제하고, 그러한 사상에 기울어진 국가교회 교인들을 보유하기 위해 확고한 노력을 기울인 지역은 없을 것이다.

한 초기 역사가는 다음과 같이 말했다: "1770년 뉴햄프셔에서 우리 교단 역사에 새로운 시대가 시작되었다. 그 시점에 나라의 여러 지역으로부터 거의 동시적으로 많은 목회자들이 그곳을 방문하였다."29) 이들 목회자들 가운데 헤즈키아 스미스가 있었으며, 1771년에 그는 한 마을에서 회중교회 목사를 포함하여 38명에게 침례를 베풀었다. 침례교 순회전도자들의 대다수는 분리파였으며, 그들은 뉴라이트 회중교인들에게 효과적으로 호소할 수 있었다. 이러한 일은 이민의 새로운 물결과 아울러 1770년 이후 침례교회들의 급속한 성장이 가능하게 되었다. 그러나 많은 분리침례교회들은 시간이 지나면서 정규침례교의 관점들을 채택하게 되었는데, 아마도 자유의지침례교회(Freewills)에 대한 반발 때문이었을 것이다. 어쨌든 1790년에 이르러 뉴햄프셔에는 총 38개교회와 1,740명의 교인들이 있었다.30) 세 교회는 1785년에 뉴햄프셔 지방회를 만들었는데, 그것은 비록 몇몇 교회들이 인근 주들의 지방회에 가입하고 있었지만, 뉴햄프셔 최초의 지방회였다.

버몬트. 버몬트(Vermont)에서는 많은 초기 침례교회들이 뉴라이트로부터 시작되었는데, 특히 주의 남서부 모퉁이 지역인 베닝턴(Bennington)에서 그러했다. 침례교 가정들과 목회자들이 그린마운틴(Green Mountain) 지역으로 이주했는데, 1780년대에 그곳에서 수개의 교회들이 세워지게 되었다. 이 주에서 최초의 침례교회는 아마도 1768년에 블리스 윌로우비(Bliss Willoughby)와 그의 아들 에브네저(Ebenezer)에 의해 쉐프츠베리(Shaftsbury)에 세워진 교회일 것이다. 한때 버몬트의 주지사였던 조우너스 갤루사(Jonas Galusha)는 이 교회 교인이었다고 알려졌다. 그의 아들 엘튼(Elton)은 후에 뛰어난 침례교 지도자가 되었다.

교인 수가 매우 적었음에도 불구하고 버몬트 교회들은 몇 개의 지방회들을 만들었는데, 대부분 작은 규모였고 아마 관리도 부실했을 것이다. 1780년에 다섯 교회들이 세운 쉐프츠베리 지방회가 최초였으며, 그 후 1783년에는 우드스탁(Woodstock) 지방회가, 1785년에는 "조셉 코넬(Joseph Cornel) 장로의 헛간에서" 버몬트 지방회가 세워졌다.31) 다른 곳과 마찬가지로 버몬트의 침례교인들은 전후(戰後)의 부흥운동으로부터 혜택을 입었다. 1790년에 그들은 1,796명의 교인과 39개 교회들을 기록할 수 있었는데, 그들 대부분은 정규침례교인들이었다.32)

코네티컷. 코네티컷에서 최초의 침례교인으로 알려진 사람은 테오필루스 이튼 여사(Mrs. Theophilus Eaton)였다. 1657년에 그녀는 호전적 침례교 사상으로 인해 뉴헤이븐(New Haven)의 회중교회로부터 축출당했다. 약 20년 후, 제7일 침례교인들이 코네티컷에 나타났는데, 1677년에 그들 중 일부가 그로턴(Groton)에서 로저파 교회(Rogerene church)를 세웠다. 그러나 그로턴에서 좀 더 지속적인 침례교의 시작은 1705년도부터 유명한 위트맨(Wightman) 가족과 연결된다. 밸런타인 위트맨(Valentine Wightman, 1681-1747)은 1705년에 로드아일랜드에서부터 뉴런던(New London) 근교 그로턴으로 이사 와서 '여섯 원리'(Six-Principle) 체제의 교회를 설립했다. 1726년에 뉴런던에 다른 교회가 세워질 때까지 20년 이상 그 교회는 코네티컷에서 유일한 침례교회였다.

약 40개의 분리침례교회들이 이 주에서 설립되었으나, 그들 중 19개 교회는 정규침례교회로 전환하였으며, 나머지 교회들 대부분은 소멸되었다. 1790년도 기준으로 코네티컷은 총 58개 교회와 3,298명의 교인이 있었으며, 그들 중 2/3 이상이 정규침례교회들이었다. 소수의 분리침례교회와 제7일 교회들이 살아 남았으며, 최소한 로저파 교회 1개가 총계에 포함된다.33) 세 개의 코네티컷 지방회들이 1800

년 이전에 설립되었다. 1772년에는 스토우닝턴(Stonington) 지방회가, 1788년에는 그로턴 연합회(Groton Union Conference)가 그리고 1790년에는 댄버리(Danbury) 지방회가 각각 세워졌다.

일반적 양식들. 지역적 차이들에도 불구하고, 뉴잉글랜드의 많은 지역에서는 침례교 발전의 일반적 양식이 나타났다. 18세기 중엽 이전에는 침례교인들이 극히 드물었지만, 그 이후부터는 주요 두 공급원이었던 뉴라이트 회중교인들과 침례교 이민자들로부터 회심자들을 끌어들일 수 있었다. 종교적인 요소뿐만 아니라 사회적 요인들에 의해 제약된 두 그룹은 침례교 신앙에 대해 수용적이었다. 분리침례교인들은 열정적인 복음전도를 실행했고, 그로 인해 급속한 성장을 이루었다. 하지만 그들 교회들은 일단 자리를 잡으면 좀 더 질서 있는 정규침례교회의 신학과 행습으로 옮겨가는 경향을 보였는데, 그것은 아마도 자유의지 침례교(Freewill Baptists)에 대한 반발 때문일 것이다. 1790년에 이르기 전에 뉴잉글랜드 대부분 지역에서 침례교회들은 남자가 여자보다 수적으로 월등히 많았다. 교인들 대다수는 백인이었지만 흑인과 인디언 교인들도 때때로 있었고, 심지어 가끔 인디언 교회도 볼 수 있었다. 교회의 수가 충분히 많아지면, 혹은 때때로 그 이전에라도 그들은 지방회로 모였으며, 이는 안정감을 주었고 국내선교 순회 집회를 통해 교회 확장의 길을 열어주었다.

뉴잉글랜드 식민지 정부들은 귀족정치제체의 성향을 보였는데, 이는 국가교회가 모방하려고 했던 정신이었다. 그러나 1760년대 이후부터 뉴잉글랜드로 떼 지어 몰려들어 온 이민자들은 대부분의 지역에서 활기를 띠었지만 가난했다. 그들은 상승하고 있는 사람들로서 특권보다 업적을 존중했다. 침례교보다 이러한 평등주의 정신에 더 가깝게 부합되는 교단은 없었으며, 침례교보다 1780년대의 부흥으로부터 혜택을 더 많이 받은 교단도 없었다.

자유의지 침례교회의 북쪽 지부가 벤저민 랜덜(Benjamin Randall)에 의해 뉴햄프셔에서 출현하면서 당시의 엄격한 칼뱅주의에 도전하였다. 그들은 주류 침례교에 적어도 두 가지 방법으로 영향을 끼쳤는데, 그것들은 서로 역설적인 것으로 보인다. 첫 번째, 그들은 분리침례교인들을 정규침례교회 입장으로 향하도록 자극하는 역할을 하였다. 왜냐하면 분리침례교는 자신들을 자유의지파와 구별하려 했기 때문이다. 자유의지파의 강조점은 또한 1780년대의 부흥주의와 더불어 정규침례교인들 사이에서 극단적 칼뱅주의를 완화시키도록 유도하였다.

중부식민지

중부식민지에 있던 침례교인들은 18세기 동안 뉴잉글랜드나 남부보다 훨씬 더 종교의 자유를 누렸다. 회중교회는 북부에서 법에 의해 설립되었으며, 남부에서는 영국국교회가 법으로 세워졌다. 이에 반해 비록 한 동안 뉴욕의 네덜란드 개혁교회가 특혜 받는 위치를 얻고 다른 교회들을 제약하려 한 적이 있었지만, 중부식민지에는 국가교회가 없었다. 아마도 이 지역에서는 펜실베이니아부터의 퀘이커교회 영향과 종교적 복수주의의 거대한 영향이 어떠한 교단도 우위를 점할 수 없게 만들었을 것이다.

펜실베이니아. 1700년경 펜실베이니아에서는 이미 다양한 침례교 인구가 존재했었다. 페네펙(Pennepek)과 필라델피아에서 현저한 위치를 점한 정규침례교, 1690년대부터 주의를 끌기 시작한 키스파(Keithians), 1692년에 저먼타운(Germantown)에 정착한 메노파, 독일 경건주의 분파들에서 나와 침수침례를 받아들인 턴커파(Tunkers 혹은 Dunkers; 역자주: 이들은 '구(舊)독일침례교'[Old German Baptists]로 불리기도 한다) 등이 있었다. 후자의 분파들로부터 에프라타(Ephrata) 분파가 콘라드 바이젤(Conrad Beissell)의 영도 아래 1730년대에 출현했다. 1700년에 영어를 사용하는 제7일 침례교는 뉴타운(Newtown)과 노팅엄(Nottingham)에서 교회들을 세웠다. 노팅엄교회는 후에 다섯 교회로 늘어났다. 하지만 정규침례교의 세가 강해지면서, 다른 대다수 그룹들은 쇠퇴하게 되었다. 예를 들면, 1711년에 이르러 키스파교회들은 4개 모두 사라졌다.[34]

필라델피아는 침례교인들이 집결한 주요 지역이었다. 중요한 필라델피아 침례교 지방회(Philadelphia Baptist Association)가 1707년에 만들어졌다. 그것은 미국에서 최초로 조직된 침례교 지방회였다. 이 지방회는 1742년에 신앙고백서를 채택했는데, 그것은 한 세기 이상 미국 침례교 신학의 형태를 결정지었다. 그리고 1749년에는 지방회의 권한과 한계에 대한 매우 논리 정연한 해설서를 발행하였다. 이 지방회는 1770년에 이르기까지 침례교 대학을 (로드아일랜드에) 설립했고, 국내 선교사들을 파송했으며, 미국 전역에 걸쳐 침례교 신앙생활을 결집시키는 중심점을 제공하였다. 또한 전국을 포괄하는 침례교 단체를 설립하는 계획을 품기도 하였다.

　중부와 남부식민지의 침례교회들은 18세기 있었던 광범위한 웨일즈 이민으로부터 많은 교인들을 끌어들일 수 있었다. 웨일즈 이민자들은 미국 침례교회들에게 교인들과 목회자들을 공급했을 뿐만 아니라 정신, 교리들, 예배 형태들 그리고 조직 운영방식 등에 관한 기본 원리를 제공하기도 했다. 이와 관련된 이야기는 그윈 윌리엄스(Gwyn A. Williams)가 쓴 흥미로운 책,「뷸라의 땅을 찾아서」(*The Search for Beulah Land*)에 가장 잘 나타난다. 수많은 웨일즈 사람들은 "미국으로 가려는 열풍"에 굴복했는데, 윌리엄스는 그것을 "천년왕국으로의 이주"라고 불렀다.35) 비록 윌리엄스가 "설교자들에 대한 미국의 수요가… 웨일즈 사람들의 이민에 대한 주요 요인이었다"고 첨언했지만, 양국의 경제, 정치적 상황이 그러한 이주를 조장하였다.36)

　웨일즈 침례교인들은 필라델피아에서 최초의 침례교회인 페네펙교회를 포함하여 여러 초기 교회들을 펜실베이니아에 세웠으며, 다른 교회들에 지도자들을 제공하였다. 젠킨스 존스(Jenkins Jones), 에이벌 모건(Abel Morgan), 그리고 새뮤얼 존스(Samuel Jones) 등은 새로운 나라에서 웨일즈의 영향을 증명해준다. 그들의 가장 위대한 공헌 중 하나는 만머스셔(Monmouthshire) 출신이며 브리스톨 대학을 졸업한 모건 에드워즈(Morgan Edwards)라는 사람으로부터 나왔다. 그는 필라델피아교회에서 수년간 목회하였고, 로드아일랜드 대학 설립의 주동자였으며, 필라델피아지방회를 통해 국내 선교의 시작을 도왔고, 침례교인들에게 교리와 영적인 면에서 안정성을 제공해 주었다.

　미국에서 웨일즈 침례교인들의 발전을 추적하면서 윌리엄스는 다음과 같이 결론 내렸다: "웨일즈 사람들은 상당한 세력으로 성장했으며, 특히 사우스캐롤라이나의 피디(Peedee) 강을 따라 웨일즈의 목이라 부르는 지역을 비롯하여 캐롤라이나 주들에 중요한 분파들을 심었다. 선교의 물결이 남부 정착민들의 증가를 가져왔지만, 펜실베이니아는 여전히 웨일즈 사람들의 심장부로 남아 있었다."37)

　수명의 웨일즈 목사들은 학교들을 만들어 초기 침례교 교육 사업에 기여하였다. 그들은 또한 조직체를 만드는 일에 있어서 뉴잉글랜드 침례교인들의 꺼려하는 태도와는 달리 주저함이 없었다. 초기에 필라델피아지방회는 뚜렷하게 웨일즈적인 정취를 가지고 있었다. 웨일즈 사람들은 또한 탁월한 설교와 노래 부르기를 좋아하는 그들의 전통을 가져왔다. 하지만 미국 침례교인들에 대한 웨일즈의 영향은 무엇보다도 따뜻하고 열정적인 복음전도일 것이다.

뉴욕. 뉴네덜란드(New Netherlands)라는 네덜란드 식민지(후에 뉴욕)에는 1650년대 즈음에 아마도 로드아일랜드로부터 이주해 온 소수의 침례교인들이 있었다. 그러나 조직화된 교회는 1714년에 가서야 나타났다. 뉴욕은 후에 북동부 전역에 걸친 침례교 성장의 중추적인 역할을 감당하는 주가 되었으며, 교육과 교회의 확장 그리고 선교와 관련된 지도자들을 공급하였다.

초기 침례교인들의 활동에 대한 자료는 뉴네덜란드의 "종교 상황"이라는 문서로부터 얻을 수 있는데, 이 문서는 두 명의 개혁교회 목사들이 1657년에 만든 것이었다. 그들은 다음과 같이 보고하였다:

> 작년에[1656] 악의 선동자가 그곳에 왔다. 그는 로드아일랜드 출신의 구두수선공으로서… 자신은 그리스도로부터 위임을 받았다고 말했다. 그는 플러싱(Flushing)에서 설교하기 시작했으며, 얼마 후 사람들과 함께 강으로 가서 그들을 물속에 잠기게 하였다. 이 일이 알려지자, 경관이 그곳으로 가서 그를 데리고 왔으며, 그는 그 지역에서 추방당했다.38)

구두수선공은 역사적인 프로비던스교회의 목사였던 윌리엄 위켄던(William Wickendon)이었다. 위켄던이 벌금형을 받고 추방당한 것뿐만 아니라 침례교 예배를 허용했던 플러싱의 보안관 역시 면직되었다.

약 1700년경에 또 다른 침례교 무리가 롱아일랜드(Long Island)의 오이스터베이(Oyster Bay)에 모여서, 로드아일랜드 출신의 '여섯원리' 침례교인인 윌리엄 로드(William Rhode)의 설교를 가끔 들었다. 기록들은 그들의 교회가 언제 세워졌는지 보여주지 못하지만, 아마도 로버트 픽스(Robert Feeks)가 그들의 목사로 안수 받은 1724년 바로 직전이었을 것이다.

좀 더 안정적인 침례교 출발은 1711년에 영국에서 뉴욕시로 이민 온 니콜라스 에어즈(Nicholas Eyres)를 중심으로 시작되었다. 그는 침례교 방식에 흥미를 갖게 되었고, 코네티컷에 있는 그로턴의 밸런타인 위트맨(Valentine Wightman)을 초청하여 일찍이 1712년에 자신의 양조장 다락방에서 예배를 드렸다. 위트맨의 설교는 약 12명의 회심자들을 얻게 되었다. 5명의 여인들은 박해를 두려워하여 해가 뜨기 진에 침례를 받았다. 그러나 7명의 남자들은 마지막 순간에 그러한 비밀스러운 행동을 믿음의 부족으로 보고 거부하였다. 에어즈는 그들에게 공개적으로 침례 주기로 결정하고, 총독에게 신변보호를 요청하였다. 총독은 신변보호를 허락했을 뿐만 아니라 침례의식에 참여하였으며, 후에 다음과 같은 말을 했다고 알려졌다: "이것은 침례의 고대 시대 방식이다. 내 생각에는 이것이 현대 시대의 행습보다 훨씬 더 나은 것 같다."39) 제일침례교회가 에어즈의 집에서 1714년에 설립되었고, 그는 그 교회의 담임목사로 안수받았다.

뉴암스테르담은 종교에 대해 관용과 규제를 번갈아가며 행했다. 에어즈는 자신의 집을 "도시 내에 있는 아나뱁티스트 집회소"(an Anabaptist meeting-house)로 등록하였고, "선한 행실과 결백한 대화"에 대한 보증서를 제출하였으며, 종교관용법을 기꺼이 준행할 것을 천명하였고, 총독에게 "이 청원자가 도시 내에 있는 침례교 회중의 목사로서 목회적 기능들을 수행할 수 있도록 승인하고 허락할 것과 그 도시 내에서 그를 보호해 줄 것"을 요청하였다.40) 1728년에 자체 건물로 들어가기 전까지는 그 교회가 가정에서 모이거나 거처를 임대하기도 했다. 이 아르미니우스주의 교회는 교리적인 문제들로 인해 고통을 받았고, 후에 교인들은 분산되었다.

피시킬(Fishkill) 출신의 칼뱅주의 침례교인이었던 제러마이어 다지(Jeremiah Dodge)는 1745년에 뉴욕시에 정착하게 되었다. 그는 아르미니우스주의 침례교인들과 교제하기를 구하기보다는 같은 생각을 가진 사람들과 자신의 집에서 기도 모임들을 가졌으며, 가끔 그 도시를 지나가는 교직자들로부터 설교를 듣는 경우도 있었다. 다지 무리는 1762년 뉴저지의 스코츠플레인즈(Scotch Plains) 교회에서 온 이주자들의 도움으로 인해 충분한 힘을 얻게 되었고, 27명의 교인들은 뉴욕시에서 최초의 정규침례교회를 세웠다. 그들은 "제2 런던신앙고백서"(Second London Confession)를 "취했고," 같은 날 존 개노(John Gano)를 담임목사로 청빙하였다. 개노는 그 교회에서 26년간 목회하였다. 하지만 광대한 지역에 걸친 설교 여행을 위해 종종 부재했고, 독립전쟁이 있었던 수년간 군목으로 사역하던 동안 교회는 기능이 중단되었다. 개노는 초기 미국에서 가장 뛰어난 침례교 목사 중 한 사람으로 인정되어야 한다. 신학적으로 균형이 잡혔고, 잘 교육받았으며, 선교 정신이 투철하고, 교단적인 협력에 대한 예민한 감각을 가진 개노는 흩어져 있던 미국 침례교회들을 교단으로 모으는 일에 기여했다. 온건한 칼뱅주의자인 개노는 일반침례교, 여섯원리침례교, 정규침례교, 분리침례교 사이에서 다양성을 조화시키는 일에 공헌했다. 개노의 힘찬 설교는 청중들의 마음을 사로잡았으며, 그는 얼마 가지 않아 200명의 교인이 넘는 뉴욕교회를 세웠다.

그러나 개노는 자신의 사역을 결코 뉴욕시로 제한하지 않았다. 그는 전국에 걸쳐 설교했으며, 여러 주들에서 교회를 세웠다. 아이작 배커스 일기의 초두에는 개노가 수행했던 선교 여행들의 형태에 대해 다음과 같이 기록하였다:

> 보스턴에 있는 사람들이 다소 고무되었던 이유 중 하나로서 나는 해버힐(Haverhill)과 뉴버리(Newbury)까지 이루어진 개노 목사의 설교를 꼽는다. 그의 모든 여행 외에도 그는 11일 동안 18번의 설교를 하였다. 그리고 지난 수요일에 보스턴에서 프로비던스까지 가서 설교하였다…. 그의 설교는 위트필드 목사만큼 감화를 끼친 것으로 보인다.[41]

이것은 개노가 그의 교회를 뉴욕의 "주변 넓은 지역을 포괄하는 교단적인 활동의 중심지로" 만들었다는 베네딕트의 관찰이 사실이었음을 보여준다.[42] 독립전쟁이 끝난 후, 개노는 흩어진 교인들과 영국 군대가 마구간으로 사용한 파손된 건물을 찾아보기 위해 그곳으로 돌아갔다. 그의 활기찬 목회로 인해 얼마 가지 않아 교회를 다시 세울 수 있게 되었고, 이전의 교세도 회복할 수 있게 되었다.

독립전쟁 이후, 뉴욕에서 침례교회의 성장은 가속화되었다. 북부와 서부지역으로 온 이주자의 증가, 좀 더 완전한 종교의 자유, 침례교인들에 대한 개선된 이미지, 교리적 분열의 완화, 좀 더 풍부해진 목회자의 공급, 부분적으로는 웨일즈 사람들의 대단위 이민, 이 모든 일들이 그와 같은 성장에 기여했다. 1780년대의 부흥은 (비록 그것을 대각성운동의 하나로 지정하지 않았던 역사가들은 그것에 대해 거의 언급하지 않았지만) 침례교 신앙생활에 있어서 커다란 부흥이었다.

개노를 비롯한 여러 다른 지도자들은 뉴욕과 그 주변 주들에 강력한 침례교 신앙생활의 기초를 놓았다. 뉴욕 침례교인들은 후에 교육 분야에서 뛰어난 역할을 하였다. 최초이자 가장 유력한 침례교 학교들, 대학들, 신학교들 중 일부가 그곳에 세워졌다. 그들은 또한 국내선교를 주도했으며, 그 목적을 위해 건실한 주(州) 협회를 만들었다. 1790년에 이르러 뉴욕에는 66개의 침례교회와 4,149명의 교인들이 있었다.[43]

델라웨어. 델라웨어에는 침례교인들이 일찍이 1703년부터 있었는데, 그것은 2

년 전 펜실베이니아에서 설립된 웰시트랙트(Welsh Tract) 교회가 그곳으로 이주해 오면서부터였다. 이 교회는 1779년에 세 개의 분리침례교회들이 세워졌을 때까지는 델라웨어에 있었던 유일한 침례교회였다. 1790년에 이르러 델라웨어는 여덟 교회가 있었고, 그 중 다섯 교회는 필라델피아지방회에 가입하였다. 이들 중 가장 영향력이 있는 교회는 웰시트랙트교회일 것이다. 그 교회는 1710년에 규약 및 치리 규칙을 채택했는데, 그것은 후에 다른 교회들에게 하나의 양식으로 사용되기도 하였다.44)

뉴저지. 뉴저지(New Jersey)에서는 침례교 사역이 다소 느리게 진행되었다. 여러 이유로 인해 대각성운동이 그곳에는 덜 영향 끼쳤으며, 1790년까지 그 주에는 단지 30개 교회와 2,247명의 교인들이 있었다.45) 하지만 이들 교회는 대부분 교리적으로나 영적으로 안정된 상태였으며, 교회들 간 협력도 잘 이루어졌다.

1664년에 네덜란드가 뉴네덜란드를 포기하게 되자, 그 한 결과는 저지(Jersey) 국경지역에 보다 넓은 정착지가 만들어진 일이었다. 만머스 특허(Monmouth Patent; 역자 주: 뉴저지의 만머스 지역을 식민지로 허락받는 일)에 참여한 최초 12명 가운데 4명이 침례교인이었으며, 그중 한 사람이 뉴포트교회 목사의 아들 오바댜 홈스 2세(Obadiah Holmes, Jr.)였다. 1665년 이후부터는 침례교인들이 다른 정착지들에서도 나타나기 시작했지만, 1688년까지는 어떠한 교회도 조직되지 못하였다. 그 해에 최근 영국에서 온 토마스 킬링스워스(Thomas Killingworth)가 몇몇 침례교 가정들을 모아서 미들타운(Middletown)에 교회를 세웠다. 비슷한 시기에 펜실베이니아와 뉴저지에서 사역했던 일라이어스 키치(Elias Keach)처럼, 킬링워스는 광범위하게 여행했다. 그는 피스카타웨이(Piscataway, 1689), 벌링턴(Burlington, 1689), 코핸시(Cohansey, 1690) 등지에서 여러 교회들을 조직하는 일에 기여했다. 이들 교회들은 후에 필라델피아 침례교 지방회의 중심이 되었다. 비록 몇몇 교회는 어떤 형태의 일반침례교 교리를 받아들였지만, 대다수 교회들은 정규침례교회들이었다. 제7일 침례교인들은 1705년에 뉴저지에 교회를 세웠으며, 몇 년 안에 다섯 교회를 더 세웠다. 다른 지역에서와 마찬가지로 이들 대부분은 로드아일랜드의 안식일주의자들로부터 유래되었다.

케이프메이(Cape May) 교회는 당시 침례교인들의 생활 특성을 보여준다. 이 교회가 창립된 1712년, 이웃 코핸시 목사는 교회의 본질에 관해 설교하였다. 그는 교회를 "하나님의 말씀과 그리스도의 영으로… 믿음의 순종을 통해… 세상에서부터 부름 받아 나온 사람들의 공동체 혹은 모임"이라고 정의하였다.46) 코핸시 목사는 "하나님의 뜻에 따라 자신들을 주님과 서로에 대하여 가져야 할" 의무를 말하면서, "여러분은 복음의 줄로 연합하기를 기꺼이 원하며, 예수 그리스도의 명령에 따라 그의 교회가 되기 원하는가"라고 물었다. 또 다른 흥미로운 점은 그가 장래에 교인이 될 사람들이 서로의 필요들을 알고 있을 정도로 서로를 잘 아는지, 서로에 대하여 사역자가 되는 것이 가능한지 물었다는 것이다. 교인들은 "우리 자신들을 교회의 양태로 계시는 주님께 드리기로" 합의하고, 서로를 지켜 보호하며, 서로의 짐을 함께 지고, 교회의 치리에 복종하며, 정기 예배에 출석하고, 적절한 절차에 따라 임명된 목사들에게 순종할 것 등을 약속하였다.47) 교리 논쟁의 시기를 겪은 이후, 일부 교회들은 목사들뿐만 아니라 교인들에게도 침례교 신앙고백서에 서명하도록 하는 행습을 채택했는데, 신앙고백서는 대체로 "제2 런던신앙고백서"(Second London Confession)였다.

회심자에 대한 안수 여부, 교회에서의 찬양, 안식일 그리고 칼뱅주의-아르미니우스주의 교리들과 같은 잘 알려진 침례교 논쟁들은 뉴저지 침례교인들 사이에서 덜 표면화되었다. 그러나 증가하는 보편구원론은 많은 교회들을 감염시켰다. 필라델피아의 침례교 목사 엘해넌 윈체스터(Elhanan Winchester)는 보편구원론을 받아들였으며, 그의 영향은 뉴저지까지 뻗쳤다. 1790년에 열린 보편구원론 회의에 참석한 일곱 명의 목사들 중 세 명이 뉴저지로부터 온 침례교 목사들이었다. 그들은 그러한 사상을 그들 교회에 퍼뜨렸다. 필라델피아지방회는 "보편구원론이라는 문둥병"에 여러 침례교회들이 감염되었음을 경고하며 주의를 요청하였다. 그 지방회는 1790년에 다음과 같이 보고하였다:

> 본 지방회는 우리가 대표하는 시온(Zion)의 일부에 대해 다시 주의를 환기시켜야 되는 상황, 그리고 성도들에게 전해져 온 믿음에서 벗어난 또 다른 끔찍한 사례에 대해 통탄해 마지않는다. 최근까지 동료 목회자였던, 니콜라스 콕스 목사(Mr. Nicholas Cox)는 악한 사람들이 보편적으로 회복되며, 마귀들도 지옥에서부터 회복될 것이라는 치명적인 사상을 옹호하고, 그것을 선전하는 일에 교묘하고도 열렬하게 열심을 기울였다. 따라서 우리는 우리 교회들, 우리 자매 지방회의 교회들, 그리고 모든 교단의 기독교 형제들에게 그를 주의할 것을 요청한다.48)

중부식민지는 18세기 동안 침례교 성장과 리더십의 주된 중심지가 되었다. 그들은 능력 있는 지도자들로부터 혜택을 받았다. 필라델피아지방회는 교리적 정체성의 골격, 교회 확장, 개척지 환경에서 아주 중요한 유대감 등을 제공했다. 침례교인들은 또한 중부지역의 종교에 대한 관용으로부터 혜택을 받을 수 있었다.

남부식민지

침례교인들이 남부에서 아주 많아졌기 때문에, 일부 사람들은 침례교인들이 그 지역에서 아주 늦게 시작했다는 것을 믿기 어려워한다. 늦은 출발에 대한 몇 가지 이유들로서는 희박한 인구밀도, 영국국교회가 국가교회로 자리잡고 있는 지역에서 비국교도들을 혹독하게 규제하는 상황, 초기 그 지역들의 특징인 전반적인 영적 무기력 등을 들 수 있다. 침례교인들은 남부식민지에 소수의 교회를 세웠지만, 1750년대에 분리침례교인들이 뉴잉글랜드로부터 남쪽으로 이주하여 대각성운동의 열기를 가져오기 전까지는, 그곳에서 어떠한 의미 있는 수도 확보하지 못했다. 정규침례교인들은 해안 지역을 따라 교회를 세웠는데, 찰스턴, 리치몬드(Richmond), 사바나(Savannah) 등이 그 중심지들이었다. 반면에 분리침례교인들은 개척지에서 더 급속하게 성장하였다. 개척지의 교리적 요소들뿐만 아니라 문화적 요인들도 그들에게 독특한 정체성을 부여하는 경향이 있었다.

사우스캐롤라이나. 침례교인들은 1672년에 "찰스타운"(Charles Town)으로 왔으며, 아마 도착한 후 빠른 시일 내 부정기적인 예배를 드렸을 것이다. 1696년에 윌리엄 스크레븐(William Screven)이 그곳에 도착한 후, 찰스턴과 인근 지역에서의 침례교 사역은 크게 힘을 얻게 되었다. 1740년에 이르기까지 사우스캐롤라이나에는 겨우 다섯 개의 침례교회가 있었는데, 그들 대부분은 찰스턴교회의 지교회로 시작되었다.

찰스턴 제일침례교회의 담임목사인 윌리엄 스크레븐은 1708년에 교회 교인 수를 약 90명으로 기록하였다. 그 교회는 사우스캐롤라이나와 남부 전역의 침례교인들 가운데서 이미 지도적 위치를 확보하고 있었다. 사우스캐롤라이나 침례교인들 가운데서 좋은 일을 위한 거의 모든 새로운 시도는 그 교회로부터 시작되었는데, 예를 들면, 목회자 교육을 위한 최초의 시도들, 남부에서 최초의 침례교 지방회 설립, 국내선교를 위한 조직적인 노력들, 그리고 남부 침례교회들 가운데서 주일학교 사역의 촉진 등을 들 수 있다. 18세기 동안 몇몇 문제들이 이 교회를 괴롭혔는데, 그것들은 특수 및 일반침례교 교인들 간에 교리적 분열들, 교회 부지와 건물에 대한 소유권 및 통제권과 관련된 논쟁들, 제1차 대각성운동에 대한 입장들 등이었다. 대부분의 지역에서 교회들은 탁월한 목회자들로부터 유익을 얻게 되었는데, 그들 가운데 윌리엄 스크레븐, 토마스 시먼스(Thomas Simmons), 올리버 하트(Oliver Hart), 그리고 리처드 퍼먼(Richard Furman) 등은 거명되어야 한다. 찰스턴교회는 1796년에 248명의 교인수를 보고했는데, 그들 대부분은 흑인들이었다. 그들은 같은 해 15건의 침례를 보고했는데, 그것은 27개 교회로 이루어진 지방회가 보고한 전체 침례건수 36건에 포함된 것이었다.49)

찰스턴교회는 처음부터 특수침례교와 일반침례교의 두 가지 서로 다른 사상을 가진 교인들이 있었다. 영국 일반침례교의 전국적 조직인 총회(General Assembly)는 일찍이 1702년에 다음과 같은 기록을 남겼다:

> 해외 지역인 캐롤라이나에 있는 침례교 사상과 일반침례교 신앙을 가진 형제들은 우리들에게 목회자와 서적들을 보내달라고 요청했지만, 우리는 현재 전자를 들어줄 수 있는 능력은 없고, 다만 최대한도로 7파운드 12실링의 돈을 모을 수 있었다. 우리는 그것을 우리 형제 S. 킬링(Keeling)의 손에 쥐어주고 후자의 필요를 공급하도록 하였다. 그리고 킬링 형제에게 이 총회의 이름으로 그들에게 편지 쓸 것을 요청했다.50)

때때로 이 두 그룹은 평화롭게 공존했다. 목사들은 대개 특수침례교의 신앙을 가졌는데, 그것은 특수파가 다수를 점하고 있음을 시사한다. 한 가지 예외는 토마스 시먼스의 경우인데, 그는 1725년부터 1747년 그의 사망할 때까지 목회하였다. 그는 아르미니우스주의자는 아니었지만, 엄격한 칼뱅주의를 확실하게 약화시켰다. 시먼스의 목회 중에 있었던 몇 차례의 분열은 교회를 요동치게 만들었는데, 한 때는 단지 3명의 교인만이 있을 정도로 몰락하였다. 시먼스는 조지 휫필드나 대각성운동을 반대함으로써 많은 사람들을 자신으로부터 멀어지게 만들었다.

찰스턴 인근에 유호(Euhaw), 애쉴리리버(Ashley River), 스토노(Stono) 등을 비롯한 여러 교회들이 세워졌다. 이들 교회들은 처음부터 찰스턴교회의 "가지들"(arms)로 여겨졌다. 중심 교회가 인근 지역에 지교회들을 세우는 것이 당시에 색다른 방식은 아니었다. 지교회의 교인들은 여전히 중심 교회와 관계를 가지면서도, 그들의 교회당을 건립하거나 자신들의 담임목사를 청빙할 수 있었다. 이러한 방식이 찰스턴 주위에서 발전하였다.

윌리엄 스크레븐은 일찍이 1700년에 유호 지역에서 설교했으며, 수명의 회심자들에게 침례를 주었다. 그들은 1726년에 예배당을 건설하고, 1731년에는 그들 교인 중 한 명인 윌리엄 프라이(William Fry)를 자신들의 지역교회 목사로 안수할 수 있을 정도로 수가 많아졌다. 분명히 먼 거리와 예배의 편의가 이들 유호 침례교인들로 하여금 예배를 따로 드리도록 했을 것이다.

애쉴리리버와 스토노 지교회들은 또 다른 이유들로 인해 설립되었다. 애쉴리리버에 집중적으로 모여 있던 침례교인들은 좀 더 엄격한 칼뱅주의 사상을 가지고 있었으며, 스크레븐과 그의 후임 목사들이 있는 동안 그들은 찰스턴교회와의 교제를 계속 유지하였다. 그러나 칼뱅주의에 대해 냉소적이라고 알려진 시먼스 목사가 오고 난 후, 그들은 분명히 인내할 수 있는 한계를 넘어섰다고 보았고, 애쉴리리버 지교회는 찰스턴의 모교회와 거리를 두게 되었다. 그들은 1727년에 예배당을 건립하였고, 약 1733년에 그들과 같이 엄격한 사상을 가지고 있다고 알려진 아이작 챈러([Isaac Chanler], 혹은 챈들러[Chandler])를 담임목사로 청빙하였다. 챈러와 시먼스의 관계는 악화되었고, 애쉴리리버는 1736년에 독립 교회가 되었다. 애쉴리리버교회의 한 교인은 1752년에 교회를 위해 후한 기부금을 남겼으며, 그 유산 기금은 첨예한 교리적 차이를 보여주었다. 즉, 그 기부금은

> (애쉴리리버교회의) 기독교 회중들의 복음 사역을 돕기 위한 영구적인 기금으로… 그들은 신앙고백에 의거하여 유아세례를 반대하는 침례교인들로서 아르미니우스주의를 부인하고 원죄와 개별 선택, 그리고 최종적 견인의 교리를 인정하는 사람이어야 한다…. 상술한 교리들을 고백하고, 설교하며, 옹호하지 않는 사역자는 전체든 부분이든 그 기금에 대한 권리가 주어져서는 안 된다.51)

리어 타운신드(Leah Townsend)는 부흥사 조지 위트필드가 1740년경 사우스캐롤라이나에 왔을 때, "찰스턴은 그가 가장 성공한 동시에 가장 반대를 많이 받은 곳이었다"고 기록하였다.52) 챈러는 위트필드를 환영했고 그를 초청하여 애쉴리리버에서 설교하도록 했다. 시먼스는 비록 공개적으로 위트필드를 반대하지 않았지만, 그의 부흥운동 방식들을 일부분 비판하였다.

거의 같은 시기에 찰스턴교회에서 또 다른 "가지"가 떨어져 나와 스토노에 독립된 교회를 세웠고, 1728년에는 그들의 예배처소를 건립했다. 사람들은 신학적으로 애쉴리리버 무리를 "오른팔"로, 스토노 무리를 "왼팔"로 묘사하곤 한다. 스토노가 분립하게 된 한 가지 이유는 일반침례교 신학 때문이었다. 교리적인 갈등이 점증하자, 그들은 찰스턴교회에서 좀 더 일반침례교적인 교인들의 일부를 끌어들여 독립된 교회를 만들었던 것이다.

또 다른 강력한 교회가 1738년에 웰시넥(Welsh Neck)에 세워졌는데, 그 교회는 델라웨어의 웰시트랙트에서 온 침례교 이주자들로 구성되었다. 이 교회는 사우스캐롤라이나에서 침례교의 영향이라는 측면에서 두 번째로 중요한 중심지가 되었다. 상기의 웨일즈 사람들은 피디리버(Pee Dee River)에 정착했고, 1738년에 교회를 설립했으며, 1743년에는 필립 제임스(Philip James)를 담임목사로 안수하였다. 제임스와 그의 후임 목사들은 그들의 양떼만 돌본 것이 아니라 강의 남북 지역에서 설교했고, 연약한 교회들을 도왔으며, 새로운 교회들을 세웠다. 웨일즈 사람들은 교리와 관련해서 온건한 입장을 가져왔으며, 복잡한 신학적인 문제들보다는 복음증거에 더 많은 관심을 기울였다. 웨일즈 침례교인들은 남부지역의 침례교인들을 위한 기구설립과 교육을 제공하는 일에 있어 찰스턴교회 편에 견고하게 섰다.

사우스캐롤라이나 침례교인들의 역사인 「진흙의 성도들」(*Saints of Clay*)에서 룰리 래터머 오언스(Loulie Latimer Owens)는 올리버 하트가 1749년에 찰스턴에 온 것과, 리처드 퍼먼이 1770년에 침례교 신앙으로 회심한 것을 "사우스캐롤라이나 침례교인들의 진로에 심대한 영향을 끼친 두 가지 주요 사건"으로 거명하였다.53) 비록 퍼먼이 더 많이 알려졌지만, 두 사람은 모두 창의적인 지도자들이었다. 하트는 튼튼한 침례교 기초들을 세웠다. 올리버 하트(1723-1795)는 17세 때 침례교 신앙으로 회심했고, 그로부터 5년 후 교회는 고집하여 그를 설교자의 자리에 앉게 하였다. 그는 1749년도 필라델피아지방회 회의에 참석했는데, 그곳에서 찰스턴교회의 편지를 읽혀졌다. 편지의 개요는 사망한 시먼스 목사의 후임을 2년 동안 찾았지만 성과가 없었다는 것이었다. 거기에 참석한 형제들은 하트가 가야 한다고 동의했다. 찰스턴으로부터의 청빙 없이, 그는 조용히 그 도시로 갔다. 약 2개월 후, 그는 담임목사로 자리를 잡게 되었으며, 그 관계는 이후 30년 동안 지속되었다.

하트는 1751년에 찰스턴, 유호, 애쉴리리버, 웰시넥 등 4개의 교회를 이끌고 남부에서 최초의 지방회인 찰스턴지방회를 만들었다. 여러 해 동안 그는 필라델피아지방회에서 활동했으며, 지방회가 주는 유익한 점들을 볼 수 있었다. 그는 찰스턴 기구의 신앙고백적 입장과 운영 방식에 있어서 의식적으로 이웃 북부의 본을 따랐다. 남부 침례교인들에게 있어서 이 지방회의 중요성은 아무리 강조해도 지나치지 않을 것이다. 이 지방회는 그들에게 쟁점들을 논의하기 위한 주요 토론회를 제공했고, 교회의 확장과 국내선교를 추진하였으며, 목회자 교육을 위해 노력을 기울였고, 목회지를 찾는 목회자 및 교회들을 위한 정보교환소 역할을 했다. 필라델피아지방회와 마찬가지로 이 지방회는 교회들을 어렵게 하는 문제점들을 다루었으며, 종종 치리하는 일들에 도움을 주었다.

하트는 비록 정식 교육을 받지 않았지만 교육의 중요성을 깨달았으며, 스스로 독서하면서 자신을 찰스턴에서 가장 박식한 사람 중 한 사람이 되게 만들었다. 그의 설교 방식은 교훈적이었고 감화력이 있었다. 그는 설교 예복을 입고 띠를 묶어, 좀 더 형식을 중시하는 칼뱅주의 방식으로 예배에 엄숙함을 더했다. 1755년에 하트는 찰스턴지방회가 목회자로 부름 받은 젊은이들의 교육을 지원하기 위한 기금을 만들도록 유도하였다. 이 기금은 목회자 교육을 위해 남부 침례교인들이 행했던 최초의 조직적인 노력으로 알려져 왔다.54)

하트는 그의 정치적 활동으로 인해 독립전쟁 무렵에 찰스턴에서 쫓겨나게 되었다. 그는 상황이 허락되면 다시 찰스턴으로 돌아갈 작정을 하고, 뉴저지의 호프웰(Hopewell)에 있는 목회 자리를 받아들였다. 하트가 부재해 있는 동안 찰스턴교회는 지도력의 부재와 전쟁의 참화로 인해 극심하게 쇠퇴하였다. 지방회는 찰스턴교회의 설교사역을 임시로나마 공급하기 위해 할 수 있는 노력을 다했지만, 종종 교회가 이에 부응하지 않았다. 평화가 다시 오자, 교회는 하트가 다시 돌아오기를 계속 요청했지만, 그는 이미 호프웰에서 확실히 자리를 잡았으며 그가 죽을 때까지 그곳에 남아 있었다.

찰스턴교회는 리처드 퍼먼이 32세 때인 1787년에 그를 청빙하여 담임목사로 세웠다. 그는 38년 동안 사역했으며, 그 기간 동안 그의 한마디는 사우스캐롤라이나 침례교인들 가운데서 최종적인 말이 되었다. 퍼먼은 어떤 다른 사람보다도 조직에 대한 개념을 고안하고 실행하는 일에 앞섰고, 그의 생각들은 남침례교단의 특성이 되었다. 퍼먼(1755-1825)은 뉴욕에서 태어났고, 찰스턴에서 성장했으며, 1770년에 샌티의 하이힐스(High Hills of Santee)로 이사하였는데, 그곳에서 그는 조셉 리스(Joseph Reece)에 의해 분리침례교 사상으로 회심했다. 퍼먼은 후에 하이힐스에서 목사로 사역하였다. 노예제도를 반대한 하트와 달리, 퍼먼은 노예를 소유하였고 남침례교인들이 가장 널리 인용하는 노예제도 옹호론을 저술했다. 퍼먼은 나중에 땅과 다른 투자들을 통해 상당한 부를 축적하게 되었다.

하트의 강요된 부재 기간 동안 퍼먼은 종종 찰스턴에서 설교했다. 그러므로 그가 찰스턴으로 옮겨간 일은 하이힐스에 남아 있는 친구들에게는 큰 슬픔을 주었지만, 그가 익히 알고 있는 곳으로 간 셈이었다. 퍼먼은 자신이 매우 존경했던 "아버지 하트"처럼, 설교 예복과 허리띠를 착용하는 일을 계속하였다. 퍼먼은 비록 분리침례교인들 가운데서 회심했지만, 찰스턴 전통으로 쉽게 이행하였다. 그 즈음에 두 그룹의 날카로운 교리적, 사회적 장벽들은 어느 정도 완화되었다. 퍼먼은 정규침례교인들에게 열정적인 복음전도주의를 들여 왔고, 아마도 그들로부터 좀 더 격식을 차린 설교와 예배 형식을 받아들였을 것이다. 분리침례교 형제들과 달리, 퍼먼은 교육에 대해 가치를 부여했고, 이 일에 있어서 남부 전역의 침례교인들에게 사도적 역할을 하였다. 그는 일생동안 찰스턴지방회를 가장 좋은 의미에서 장악했으며, 1814년에는 미국 침례교회들이 전국적 규모의 기구를 설립하는 일에 기여했다. 사우스캐롤라이나 주 그린빌(Greenville)에 위치한 남부 최초의 침례교 대학은 그의 이름을 따서 세워졌다. 퍼먼은 1825년에 사망했고, 그가 건축을 도왔던 찰스턴교회의 웅장한 설교단에서 불과 몇 피트 안 되는 지점에 묻혔다.

분리침례교인들의 이야기는 본 장 후반부를 장식하게 될 것이며, 여기서는 사우스캐롤라이나에서 그들의 존재가 매우 활발했다고 말하는 정도로 충분하다. 가드너는 1790년 이전에 44개의 분리침례교회를 열거했지만, 다른 곳에서와 마찬가지로 그 교회들 대부분은 정규침례교의 입장으로 옮겨 갔다. 사우스캐롤라이나의 정규침례교회들 중 40퍼센트는 분리침례교 배경에서 왔다. 이와 같이 신학과 행습, 그리고 예배 스타일의 강조점들의 독특한 조합은 후에 남침례교단에 나타날 독특한 혼합을 창조하는 데 도움을 주었다.

버지니아. 버지니아보다 영국국교회가 확고하게 국가교회로 세워진 곳은 없고, 따라서 비국교도들이 버지니아에서보다 더 괴롭힘을 당한 곳도 없었다. 개별 침례교인들이 아마 1700년 이전에도 버지니아에 살았겠지만, 최초로 조직화된 교회는 1714년에 프린스조지 카운티(Prince George County)에 세워졌다. 로버트 톨벳

(Robert G. Torbet)은 초기 버지니아 침례교인들이 다음의 세 가지 근원으로부터 시작되었다고 하였다: (1) 영국에서 온 일반침례교인들; (2) 1740년대에 메릴랜드에서 온, 대체로 칼뱅주의자들이었던, 침례교 이주자들; (3) 분리침례교 사상으로 전향한 뉴잉글랜드 사람들로 1760년 이후 변경지방에 정착한 사람들.55)

1700년 이전에 버지니아에 침례교인들이 존재한 것은 증거를 통해 확정적으로 말할 수 있다. 영국인 퀘이커교도 토마스 스토리(Thomas Story)는 그의 미국 방문에 관해 다음과 같이 기록하였다: "23일(1699년 1월) 주의 첫날에 우리는 요크시(York City)의 토마스 본거(Thomas Bonger)의 집에서 모임을 가졌다. 그는 일반침례교인들의 목사였다."56) 이것은 본거가 설교했던 일반침례교인들의 모임이 존재했음을 분명하게 의미한다. 하지만 그들이 교회를 설립했는지, 혹은 단지 부정기적으로 모였는지에 관해서는 알려지지 않았다.

버지니아에 있는 일반침례교인들은 분명히 영국 일반침례교 총회에 도움을 요청했다. 총회는 1714년에 "본 총회에 의해 버지니아에 가서 진리의 복음을 전파하도록 임명 및 승인받은 로버트 놀든(Robt. Norden)과 토마스 화이트(Thos. White)에게 얼마간의 보조를 하도록 그들[영국 교회들]을 고무하는" 계획에 대해 기록으로 남겨 놓았다. 같은 모임에서 그들은 "버지니아로 가도록 임명받은 사람들이 신속하게 가는 일에 동의했다."57) 오직 놀든만 그 바다 여행에서 살아 남았으며, 그는 도착하자 곧 프린스조지교회를 설립했다. 그 교회는 제임스타운(Jamestown)으로부터 내려오는 제임스 강(James River)의 건너편에 있었다. 놀든은 그가 사망했던 1725년까지 광범위한 지역에서 설교했으며, 여러 교회들을 세웠다. 이 교회들의 대다수는 사라졌거나 혹은 필라델피아지방회의 선교적 노력의 결과로 칼뱅주의 입장으로 옮겨갔다.

1790년에 이르러 버지니아는 210개 교회와 20,861명의 교인을 확보했으며, 미국에서 다른 어떤 주보다 많은 침례교 인구를 가지게 되었다.58) 분리침례교의 1760년대의 부흥 활동뿐만 아니라 1780년대의 각성운동 역시 버지니아 침례교인들의 수를 크게 증가시켰는데, 10년 내에 11배의 성장을 이루었다. 버지니아 침례교인들은 정규침례교와 분리침례교 강조점들의 특이한 혼합을 보여주었다. 비록 분리침례교인들이 수많은 교회들을 개척했지만, 1790년에 이르러 약 98퍼센트의 교회가 정규침례교회였다. 3개 밖에 남아 있지 않았던 분리침례교회들도 온건한 칼뱅주의로 전환하는 과정에 있었다. 약 57퍼센트의 정규침례교회들과 71퍼센트의 정규침례교인들은 분리침례교의 배경에서 왔다. 이것은 분리침례교의 강조점들이 결코 없어진 것이 아님을 보여준다.

분리침례교인들은 1750년대에 버지니아를 관통했지만, 장래가 유망해보이지 않자 노스캐롤라이나로 갔다. 1760년에 이르러 대니얼 마셜(Daniel Marshall)과 필립 멀키(Philip Mulkey)가 댄리버(Dan River) 지역에 교회를 세우자, 그들의 사역은 다시 버지니아로 되돌아가게 되었다. 그것은 버지니아에서 최초의 분리침례교회였으며, 63명의 백인과 11명의 흑인 교인들로 구성되어 있었다. 그들 회심자 중 한 사람이 새뮤얼 해리스(Samuel Harris, 혹은 Harriss)인데, 그는 지도적 위치에 있는 시민으로서 효율적인 분리침례교 복음전도자가 되었으며, 때때로 분리침례교인들 가운데서 "사도"로 알려지기도 했다. 버지니아 교회들은 처음에는 노스캐롤라이나의 샌디크릭지방회(Sandy Creek Association)에 가입되어 있었지만, 1770년에는 자체 총회를 만들었다.

노스캐롤라이나. 1770년대에 모건 에드워즈는 "남쪽으로 버지니아 다음이 노스캐롤라이나이다. 가난하고 불행한 주… 이 비참한 주 안에는 1695년도 정착 이후 소수의 침례교인들이 있었다"고 말했다.59) 1710년에 영국국교회 선교사의 한 편지에서 노스캐롤라이나에 침례교인들이 존재했다는 증거를 더 얻을 수 있다. 그 편지는 두 명의 교구위원들이 "공개적인 아나뱁티스트"로 돌아섰다고 불평하였다.60)

노스캐롤라이나에서 조직적인 침례교 사역은 분명히 1720년경에 그곳에 도착한 일반침례교인인 폴 파머(Paul Palmer)로부터 시작되었다. 그는 여러 곳에서 설교하였지만, 1727년이 되어서야 초우원(Chowan)에 교회를 세울 수 있었다. 존 코머(John Comer)의 일기는 분명히 노스캐롤라이나에서 최초의 교회라고 볼 수 있는 초우원 교회의 설립 일자를 확인하는 데 도움을 준다. 1729년 9월, 코머는 "오늘 나는 약 2년 전(즉 1727년)에 세워진 노스캐롤라이나 교회의 폴 파머 목사로부터 온 편지를 받았다… 그 교회는 32명의 교인이 있고, 초우원에서 모인다."61)

파머는 메릴랜드 출신이었지만 델라웨어의 웰시트랙트에서 침례교인이 되었다. 그는 메릴랜드에서 설교하였으며, 1742년에 메릴랜드 최초의 침례교회를 체스넛리지(Chestnut Ridge)에 세웠다. 파머는 노스캐롤라이나에서 몇몇 침례교 그룹들을 모았지만, 그들을 한 목회자 아래에 있게 하는 것은 그의 방식이 아니었다.

파머는 교회들과 잘 지내는 일에 어려움을 겪었고, 한때 한 노예를 절도한 일로 고발당하기도 했다. 그는 조셉 파커(Joseph Parker)를 침례교 신자로 얻을 수 있었는데, 분명히 파커는 변덕스러운 파머가 갖고 있지 못했던, 안정감을 어느 정도 보여주었다. 하지만 파머는 "노스캐롤라이나의 일반침례교인들의 아버지"로 알려져 있다.

그 주에서 두 번째로 설립된 교회이자 가장 오랫동안 살아남은 교회는 샤일로(Shiloh)에 세워졌다. 빛깔이 바랜 기록물들은 설립 날짜를 다소 불확실하게 했지만, 그것을 조사한 사람들은 1729년 9월 5일이라고 하였다. 수년 내에 그 교회는 9명의 목사들을 배출하였고, 6개의 교회를 개척하였다.

세 번째 교회는 아마도 초우원을 떠났던 조셉 파커(Joseph Parker)에 의해 메헤린(Meherrin)에 세워졌다. 이 교회의 설립 시기는 1729년으로 여겨져 왔지만, 최초의 문헌적 증거는 1735년도 건물에 관한 안내문에서 발견된다. 1740년경에 일어난 메헤린교회의 분열은 명백하게 또 하나의 초기 교회가 세워지게 만들었다.

또 다른 중요한 침례교인들의 정착은 핼리팩스 카운티(Halifax County) 내의 케하키크릭(Kehuckee Creek) 주변을 중심으로 이루어졌다. 한 일반침례교인들의 무리가 1742년에 버지니아로부터 그곳에 와서 건실한 교회를 세웠다. 1790년까지 노스캐롤라이나에는 적어도 25개의 일반침례교회가 세워졌다. 하지만 1750년대 이후 진행된 "개혁"으로 인해, 거의 모든 교회가 정규침례교 입장으로 전환하였다. 가드너는 일반침례교회들은 "필라델피아지방회가 파송한 선교사들에 의해 습격당했다"고 말했는데, 이 말은 다소 직설적이긴 하지만, 그 사안에 대한 정확한 표현이었다.62) 정규침례교인들은 1750년대 이후부터 이 주에서 사역을 시작했는데, 1790년에 이르기까지 그들 가운데 약 48개의 교회를 세웠으며, 그에 더하여 일반침례교로부터도 교인들을 얻었다.

18세기에 노스캐롤라이나 침례교인들 사이에서 일어난 가장 역동적인 사건은 필시 1755년에 분리침례교인들이 들어온 일일 것이다. 셔벌 스턴즈(Shubal Stearns)와 그의 처남인 대니얼 마셜(Daniel Marshall)은 뉴잉글랜드 출신으로서 1750년대 초반에 분리침례교 신앙을 받아들였다. 두 사람은 이미 중년의 나이였지만, 말씀 전하기를 원했다. 뉴잉글랜드에서 그들의 주장을 받아들이는 사람이 거의 없음을 알고, 그들은 가족들과 몇몇 친구들을 데리고 남쪽으로 이주했는데, 처음에는 버지니아로, 그리고 1755년에는 노스캐롤라이나의 샌디크릭(Sandy Creek)으로 갔다.

따라서 노스캐롤라이나 침례교인들은 처음부터 세 주요 그룹들, 즉 폴 파머 유형의 옛 일반침례교인들, 케하키 지역을 따라 처음 정착한 정규침례교인들, 스턴즈 및 마셜과 함께 온 분리침례교인들 등으로 이루어졌다. 이들 간의 차이점들은 신학뿐만 아니라 문화적 편차 및 예배 형식의 다양성 등에서도 찾아볼 수 있었다.

노스캐롤라이나 교회들 대다수는 결국 일치점을 찾았지만, 일부는 극단적으로 나아갔으며 서로 간에 날카로운 반발을 불러일으켰다. 몇몇 일반침례교회들은 "개혁주의"를 거부하고 아르미니우스주의를 고수하려 하였다. 어떤 사람들은 이들 노스캐롤라이나 교회들은 벤저민 랜덜(Benjamin Randall)에 의해 뉴잉글랜드에서 시작된 것보다 앞선 최초의 자유의지 침례교인들 이었다고 주장한다.63) 케하키 주변의 정규침례교인들은 반대편의 극단으로 나아가서 극단적 칼뱅주의를 받아들였다. 그 다음 세기 초반에 케하키는 반(反)선교주의를 표방하는 지방회가 되었으며, 남부에서는 "원시"(Primitive) 침례교 신앙생활의 주요 중심부 역할을 하였다. 실제로 "케하키주의"(Kehuckeeism)라는 용어는 "완고한" 혹은 "원시" 침례교인라는 말과 동의어가 되었다.

조지아. 1733년에 조지아 식민지를 세운 제임스 오글소프(James Oglethorpe)가 탄 배에 적어도 두 명의 침례교인들이 동승했다. 다른 침례교인들도 그 지역으로 이주했으며, 가끔 예배를 드리기도 했지만 수년 동안 조직화된 교회는 만들지 못했다. 학자들은 1770년에 이르기까지 100명 이상의 침례교인들이 조지아에 살고 있었다고 추정하지만, 1759년에 설립된 그들의 유일한 교회였던 '제7일' 교회(Seventh-Day church)는 소멸되었다. 찰스턴에서 올리버 하트로부터 침례 받았던 니콜라스 베지굿(Nicholas Bedgegood)은 1760년대에 조지아에서 말씀을 전하고 수명의 회심자들에게 침례를 베풀었지만, 결코 교회를 세우지는 않았다.

사우스캐롤라이나에서 온 분리침례교인들은 1762년경 어거스타(Augusta) 근처에 자리를 잡았다. 대니얼 마셜이 후에 그들과 합류하였고, 1772년에 키오키(Kiokee 혹은 키오카[Kioka]) 침례교회를 설립하는 일을 주도하였다. 이 교회는 조지아에 현존하고 있는 최초의 침례교회이다. 이후 몇 년 동안 약 12개의 다른 분리침례교회들이 만들어졌다. 하지만 다른 곳에서와 마찬가지로 그들 대부분은 후에 정규침례교회로 전환하였다.

조지아에서 정규침례교인들의 출발은 에드먼드 보츠포드(Edmund Botsford)가 1773년에 뉴사바나(New Savannah) 근교에 교회를 세우면서부터 시작되었다. 이 교회는 현재 보츠포드교회로 알려져 있다. 1790년 기준으로 그들에게는 48개의 교회들이 있었는데, 일부는 그들이 세웠고, 다른 일부는 분리침례교인들을 흡수하여 얻은 것이었다. 1777년에는 흑인 침례교인들이 사바나 근처에 교회를 세웠다. 그들은 이 교회를 세우기 이전에는 사우스캐롤라이나 근교에 있는 실버블러프(Silver Bluff) 교회나 혹은 대부분 백인들로 구성된 교회의 교인들이었다. 많은 박해를 받은 흑인 목사, 앤드루 브라이언(Andrew Bryan, c.1716-1812)의 지도 아래 사바나 교회는 급속도로 성장했고, 1788년에는 조지아 지방회(Georgia Association)로부터 가입 허락을 받았다. 1790년에는 적어도 641명의 흑인 침례교인들이 조지아에 살고 있다고 알려졌으며, 그들 중 61퍼센트가 대부분 백인들로 구성된 교회에 있었다.64) 1790년도 기준으로 조지아에는 53개 교회, 3,260명의 교인이 있었다. 최초의 지방회로 1784년에 설립된 조지아 지방회는 그 주의 대다수 교회들을 회원으로 확보하고 있었다. 그 세기가 끝날 무렵, 그 지방회는 주 전체에 걸친 선교 사역을 후원하기 위한 계획을 세우기도 했다.

켄터키. 대니얼 분의 형제 스콰이어 분(Squire Boone)은 침례교인이었고, 필시 1770년대 초에 켄터키에서 말씀을 전했다. 하지만 1776년에 윌리엄 힉맨(William Hickman)이 해롯즈타운(Harrodstown)에서 설교한 것이 기록으로서는 켄터키에서 최초의 침례교 설교였다. 1770년대 후반에 컴벌랜드갭(Cumberland Gap)을 통해 대규모로 이주해 온 사람들 가운데는 일단의 침례교인들이 포함되어 있었으며, 그들 중 많은 사람들은 버지니아에서 온 분리침례교인들이었다. 켄터키에는 1781년에 두 개의 교회가 세워졌는데, 세 번째 교회는 집단으로 이주해온 교회였다. 최초의 교회는 현재 엘리자베스타운(Elizabethtown)에 있는 시번스밸리(Severns Valley) 교회로, 1781년에 15명의 백인과 3명의 흑인 교인들에 의해 설립되었다. 몇 주 후에 시더크릭(Cedar Creek) 교회가 발스타운(Bardstown) 근처에 세워졌다. "순회하는 교회"로 알려진 세 번째 교회는 길버츠크릭(Gilbert's Creek)에 정착했으며, 교회명도 그 이름을 땄다. 그 교회는 원래 버지니아에서 1761년에 설립된 교회였다. 그들의 목사 루이스 크레이그(Lewis Craig)의 지도아래, 전체 교회가 켄터키를 향해 5개월에 걸친 여행을 했다. 그들의 마차 행렬은 항상 주일날에는 멈추었고,

크레이그는 예배를 인도했다. 그는 자기 그룹의 회심자들뿐만 아니라, 우연히 만난 다른 마차 행렬의 회심자들에게도 침례를 주었다. 약 200명의 교인으로 구성된 그들 교회는 한 사람도 다치지 않고 켄터키에 도착했다. 길버츠크릭은 분리침례교회였으며, 다른 두 교회는 정규침례교회였다.

이주가 증가하면서 침례교인들은 급속하게 많아졌다. 1790년에 이르면, 적어도 43개의 침례교회들과 3,209명의 교인들이 켄터키에 있었다.65) 이들 가운데 200명이 훨씬 넘는 수가 흑인들이었다. 흑인들은 1790년에 렉싱턴(Lexington)에서 그들만의 예배를 드렸지만, 수년 동안 조직화된 교회를 소유하지 못했다.

켄터키에서 분리침례교와 정규침례교 사이의 분열은 캐롤라이나에서처럼 그렇게 극렬하지 않았다. 1785년에 설립된 켄터키 최초의 지방회인, 엘크혼(Elkhorn) 지방회는 "정규"라는 이름을 채택했지만, 결코 그것을 쟁점으로 삼지는 않았다. 그 해 후반기에 서부지역에 있는 교회들이 세일럼(Salem) 지방회를 만들었는데, 그것 역시 정규침례교 지방회였다. 1787년에 다른 교회들은 남부켄터키 분리침례교 지방회(South Kentucky Association of Separate Baptists)를 세웠다. 하지만 수년 내에 이러한 구분들은 사라졌다. 분리 및 정규침례교 배경을 가진 교회들은 같은 지방회들 안에서 서로 협력하였다. 점차적으로 목회자들과 교인들을 교환하는 과정을 통해 두 그룹은 함께 어울리게 되었다. 다른 것은 거의 바꾸어야 할 것이 거의 없었기 때문에 그들은 단지 명칭만 바꾸었다.

개척변경 지역의 침례교 신앙과 행습은 1798년에 설립된 켄터키 비버크릭(Beaver Creek) 교회가 채택한 헌장을 통해 얼핏 살펴볼 수 있다. 이 교회의 일곱 교인은 치리, 교회사역 방식, 새 교인의 허입, 교인들의 출교 조건 등에 관한 자세한 규칙들을 제정했다. 교회는 또한 아래와 같은 신앙고백서도 채택하였다:

첫째, 우리는 참되고 살아계신 유일한 한 분 하나님과 신성 안에는 성부, 성자, 성령의 세 위격이 있음을 믿는다.
둘째, 우리는 신구약성서가 하나님의 말씀이며, 신앙과 행습의 유일한 규범임을 믿는다.
셋째, 우리는 은혜로 인하여 믿음으로 구원 얻은 것이 우리에게서 난 것이 아니요 하나님의 선물임을 믿는다.
넷째, 우리는 원죄 교리를 믿는다.
다섯째, 우리는 인간은 본성적으로 타락한 상태에서 자신을 회복할 능력이 없는 무능한 존재임을 믿는다.

여섯째, 우리는 죄인들이 하나님의 눈에 의로운 존재가 되는 것은, 오직 그리스도의 전가된 의로 말미암는다고 믿는다.

일곱째, 우리는 성도들이 견인될 것과 결코 최종적으로 멸망하지 않을 것임을 믿는다.

여덟째, 우리는 침례와 주의 만찬이 예수 그리스도께서 제정하신 의식이며, 참된 신자들만이 이들 의식에 적합한 사람들이라고 믿는다. 그리고 침례의 참된 방식은 침수임을 믿는다.

아홉째, 우리는 주님의 부활과 보편적 심판을 믿는다.

열 번째, 우리는 악한 자들에 대한 형벌은 끝이 없을 것이며, 의로운 자들의 기쁨은 영원할 것임을 믿는다.66)

테네시. 1790년까지 테네시에는 17개 교회와 770명의 교인들이 있었는데, 성장의 대부분은 마지막 10년 동안 일어났다. 그러나 이 주의 최초 정착민들 가운데는 침례교인들도 있었으며, 그들은 1765년에 클린치리버(Clinch River) 지역에 교회를 설립했다. 그리고 한두 교회가 1780년 이전에 세워졌다. 초기 교회의 대다수는 분리침례교였고, 노스캐롤라이나의 샌디크릭지방회와 교제를 유지하고 있었다. 정규침례교인들은 1786년에 테네시에서 그들의 최초 교회를 건설했으며, 곧 다른 교회들의 설립이 잇따랐다. 그곳의 침례교인들도 익숙한 패턴을 따랐는데, 즉 대부분의 초기 교회들은 분리침례교 배경에서 나왔지만, 곧 정규침례교 강조점들을 받아들였다.

미시시피. 미시시피에는 18세기 동안 단 하나의 아주 작은 침례교회만 설립되었다. 1780년에 침례교인들은 제퍼슨 카운티(Jefferson County)에 살고 있었으며, 그들 중 7명이 1791년에 코울스크릭(Cole's Creek) 교회를 세웠다.

요약. 이상과 같이 남부에서의 침례교 시작에 관한 간략한 정리는 다음의 몇몇 공통적인 패턴을 보여준다. 첫 번째, 침례교 성장은 조직화된 선교 활동이 아니라 이주(migration)를 통해 일어났다. 가정들은 새로운 집과 경제적 기회를 얻기 위해 옮겨 다녔다. 이들 가운데 침례교 가정들이 있었으며, 많은 침례교 설교자들이 나왔다. 그들은 새로운 지역에 정착하면서, 그들의 교회를 세웠다. 그들은 대게 동료 개척자들 가운데 한 사람을 목사로 청빙하거나, 혹은 그들 평신도 가운데 한 사람을 목사로 "일으켜 세웠다"(raising up).

두 번째, 침례교인들은 많은 경우 교회를 세우기 전 수년 동안에는 "교제 그룹"이라고 불리는 모임을 통해 만나고 예배했다. 부족한 교인 수, 어떤 경우에는 가용(可用) 목회자의 부족, 멀리 흩어져 사는 개척지 정착민들의 상황 등은 이런 행습을 설명하는데 도움이 될 것이다. 그러나 이러한 "교제 그룹들"의 일부는 "교회적인" 기능들을 떠맡았는데, 그들 중 일부는 침례를 주고, 주의 만찬을 거행했으며, 교회 치리의 원리들을 서로서로 권면하였다.

세 번째, 기록은 남부 전역에 걸쳐 다양한 침례교회들이 있었음을 보여주는데, 즉 '여섯원리' 일반침례교, 제7일 침례교, 분리침례교, 정규침례교회 등이다. 남부에서 제7일 침례교회들은 비교적 수가 적었으며, 그들의 최초 근원지였던 로드아일랜드와는 너무 멀리 떨어져 있었다. 분리침례교회들은 그들의 강한 복음전도 열정과 덜 엄격한 교인자격 요건들 때문에, 종종 새로운 지역에 첫 번째로 들어가 많은 교회들을 세웠다.

그러나 거의 필연적이다시피 정규침례교회들은 분리침례교회들을 수정된 칼뱅주의 기초로 끌어들였다. 이러한 변화는 교리적 선호도 하나만 가지고는 다 설명될 수 없다. 1784년 볼티모어에 창립된 미국 감리교회들이 이전에 분리침례교가 장악한 지역의 많은 부분을 점유했던 점이 어느 정도 이유가 될 것이다. 그들의 열정과 말을 타고 다니는 순회전도, 격식에 얽매이지 않는 예배, 그리고 무엇보다 인간의 자유의지를 강조하는 것 등은 분리침례교인들의 초기 강조점들과 매우 유사했다. 아마도 분리침례교인들은 그들의 주요 개척지 경쟁자들과 자신들을 구분하기 위해 정규침례교 쪽으로 옮겨 갔을 것이다. 또한 문화적 요소들도 분리침례교인들의 전환 경향에 영향을 끼쳤을 것이다. 정규침례교인들은 목회자 교육, 위엄 있고 질서 정연한 예배를 강조했고, 여성들에게 공중 기도나 예언을 권고하지 않았다. 반면에 초기 분리침례교인들은 이러한 것들에 대해 정반대의 입장을 취했다.

네 번째, 남부 침례교회들은 그들의 교회가 지방회와 연결되는 것을 환영하였다. "지방회에 가입되지 않은" 교회들은 비교적 적었으며, 그들은 보통 인근에 지방회가 없는 교회들을 대표하였다. 북부의 침례교인들과 달리, 남부 침례교인들은 지방회가 지역교회의 독립을 약화시킬 것이라는 우려를 갖지 않았다. 처음부터 거대한 수준의 교단적 정체성 및 협력은 남부 교회들의 특징을 이루었다. 이것은 후에 북부와 남부의 교회들이 전국적 단위의 기구를 만들게 될 때 더 설명이 되어야 할 것이다.

3. 남부의 분리침례교회

남부의 분리침례교(Separate Baptists)에 대해서는 이미 스쳐 지나듯이 언급하기는 했지만, 좀 더 자세히 다루어야 할 필요가 있다. 그들은 이 지역 침례교인들의 신앙과 활동에 엄청난 영향을 끼쳤고, 그 후 정규침례교(Regular Baptists)에 흡수되긴 했지만 분리침례교의 신앙 스타일 중 많은 것들이 그대로 전수되었다. 분리침례교의 기여한 바를 제외하고 후에 일어난 남침례교단의 발전을 이해하는 것은 불가능하다. 이 운동에 관한 가장 훌륭한 연구는 윌리엄 럼킨(William L. Lumpkin)의 「남부 침례교의 토대들」(*Baptist Foundations in the South*)이다. 그의 책에 붙어 있는 "분리침례교를 통해 본 대각성운동의 영향, 1754-1787"이라는 부제는 이 책의 요체를 말해준다.

샌디크릭교회

분리침례교는 뉴잉글랜드에서 제1차 대각성운동의 부흥 열기 가운데서 등장했다. 조지 위트필드(George Whitefield)의 설교를 좋아했기 때문에 그들은 때로 "뉴라이트파"(New Lights)로 불리기도 했는데 "분리침례교"라는 이름으로 고착화했다. 더 차분하고 도시적인 침례교인들은 대각성운동에 열렬한 반응을 보이지 않은 탓에 "정규"침례교라는 경멸적인 표현을 얻게 되었다.

분리침례교의 가르침을 남부에 이식하는 데 가장 중요한 역할을 한두 인물은 셔벌 스턴즈(Shubal Stearns)와 대니얼 마셜(Daniel Marshall)이다. 스턴즈(1706-1771)는 보스턴에서 태어났으나 후에 코네티컷으로 옮겼고 그 곳에서 회중교회(Congregational Church)에 가입하였다. 위트필드의 부흥 설교에 크게 영향을 받아 스턴즈는 1745년에 "뉴라이트"가 되었으며, 그 다음 단계로 1751년 침례교인으로서 침수례와 안수를 받았다. 마셜(1706-1784)도 1754년에 침례교인이 됨으로써 거의 동일한 길을 걸었다. 그는 셔벌 스턴즈의 누이인 마사 스턴즈(Martha Stearns)와 결혼했는데, 그녀는 남편과 형제의 복음적 열정을 온전히 공유한 탁월하고 재능 있는 여성이었다. 사실 그녀는 이 두 사람이 분리침례교인의 길을 걷게 하는

데 가장 중요한 영향을 끼쳤다.

1754년 스턴즈와 마셜은 모두 가족들과 함께 버지니아의 오피컨(Opekon) 지역으로 이주했다. 그 곳에서 별 반응을 얻지 못하고, 노스캐롤라이나의 공동체들이 자신들의 감성적 예배 양식을 환영하리라는 소식을 듣고 여덟 가정이 1755년 노스캐롤라이나로 이주하였다. 이주자들이 노스캐롤라이나로 쏟아져 들어오고 있었으나 당시 그 지역은 "종교적 진공상태"로 여겨졌다.[67]

스턴즈와 마셜 무리는 오늘날의 랜돌프(Randolph) 카운티에 있는 샌디크릭에 정착했다. 1755년에 그들은 남부 최초의 분리침례교회를 세웠다. 그 교회는 엄청난 영향력을 보여 주었다. 수년 안에 16명의 교인이 606명으로 성장했고, 당시의 관행대로 여러 지역에 지교회를 세웠다. 모건 에드워즈(Morgan Edwards)는 다음과 같이 말했다.

> 샌디크릭교회는 모든 분리침례교의 어머니이다. 이 시온으로부터 말씀이 퍼져 나갔고 많은 사람들이 그것을 널리 알림으로써, 17년 만에 서쪽으로는 미시시피 강까지, 남쪽으로는 조지아까지, 동쪽으로는 바다와 치서픽(Chesopeek) 만까지 그리고 북쪽으로는 포토맥(Potowmack) 근해까지 확산되었으니, 17년 만에 42개 교회의 어머니, 할머니, 증조할머니가 된 셈이고, 그 교회들에서 125명의 교직자들이 나와 그들 중 많은 사람이 아메리카에서 어떤 교직자 집단 못지않은 거룩한 품격을 만들고 지켜갔다.[68]

의심의 여지없이 셔벌 스턴즈는 초기 분리침례교의 가장 역동적인 지도자였다. 에드워즈는 이렇게 말했다.

> 스턴즈 씨는 작은 사람이었으나 타고난 자질들과 건전한 판단력을 갖춘 사람이었다. 그는 학력이 그다지 좋지 않았으나 꽤 많은 독서를 하였다. 그의 음성은 음악적이면서 강했는데, 그는 그것을 잘 사용하여 사람들의 가슴에 부드러운 인상을 남겼고, 무의식적으로 눈물을 자아냈으며, 신경조직을 뒤흔들어 사람의 육체를 격정과 동요로 몰아넣었다. 모든 분리침례교 교직자들이 목소리 톤과 몸동작에서 그를 따라 했는데, 그를 능가할 만한 사람은 거의 없었다.[69]

대니얼 마셜은 눈에 띄는 재능을 갖지는 않았으나 그의 열정과 지칠 줄 모르는 여행은 여러 교회를 설립하는 밑거름이 되었다. 에드워즈는 그에 대하여 "연약한 사람으로서, 말더듬이었고, 학자는 아니었다"고 서술했다.70) 1770년대 초에 마셜은 가족을 이끌고 조지아로 이주하여 노스캐롤라이나 센터가 약화되었을 때 그곳에서 분리침례교 운동이 지속되는 데에 조력을 다했다.

다른 중요한 지도자로는 크레이그(Craig)가의 형제들인 루이스(Lewis)와 일라이어자(Elijah), 더턴 래인(Dutton Lane), 회심 이전에는 "맹세하는 잭"(Swearing Jack)으로 알려진 존 월러(John Waller), "버지니아의 사도"로 불리던 새뮤얼 해리스(Samuel Harris), 명예롭지 못한 행동으로 나중에 "의심을 받은"(under a cloud) 유창한 설교자 필립 멀키(Philip Mulkey) 등을 들 수 있다. 이들 대부분은 한 곳에 정착한 목회자로 일하기보다는 남부 전역에 걸쳐 분리침례교와 그 특성들을 세우는 사역의 전위대 역할을 했다.

신앙과 실천. 분리침례교와 정규침례교 사이의 차이는 부분적으로 교리에 있으나, 아마 그보다는 설교 방식, 복음전도 그리고 무엇보다 신앙생활 스타일에 있었다. 샌디크릭교회 최초의 신앙고백은 "하나님의 예정에 의한 은총의 특수 선택"을 포함하는 온건한 칼뱅주의를 보여준다.71) 초기 칼뱅주의가 복음을 믿는 데 있어서 인간의 자유와 책임을 더 많이 강조하는 방향으로 가던 시기였다. 1845년에 채택된 그들의 신앙고백서는 "선택은 하나님의 은혜로운 목적"이라고 확인하고 있으나 다음 말을 덧붙였다: "구원의 축복은 복음에 의해 모든 사람에게 열려 있으며, 마음에서 우러난 순종하는 믿음으로 그 축복을 받아들이는 것은 모든 이들이 곧바로 이행해야 할 의무이며, 지구상에서 가장 나쁜 죄인이더라도 그가 의도적으로 주 예수 그리스도를 거부하지 않는 한 그의 구원을 막을 것은 아무 것도 없다."72)

샌디크릭 언약서는 분리침례교가 차별화된 칼뱅주의를 대변하고 있음을 보여준다. 인간은 그리스도로부터 떨어지면 저주를 받으며, 그리스도는 모든 사람을 구원하기에 충분한 구원자이시며, 죄인은 생명의 길과 죽음의 길을 자유롭게 선택할 수 있다고 그들은 믿었다. 이것은 그들의 복음 전파에 긴박감과 열정을 주었고, 남부의 침례교인들 가운데 그대로 전수되었다. 샌디크릭지방회에서 채택한 1816년과 1845년의 신앙고백서들을 비교해 보면 그들의 '신학'이 그들의 실천을 이끌었다기보다는 그들의 복음주의적 '실천'이 그들의 신학을 결정하는 경향이 있었음을 보여준다.

그러나 일반침례교회들처럼 분리침례교회들은 필라델피아지방회의 "개혁하는" 일에 어느 정도 따랐다. 존 개노(John Gano)는 필시 1759년에 샌디크릭지방회를 방문했는데 약간의 망설임 끝에 설교하도록 초청을 받았다. 에드워즈는 이렇게 기록했다: 개노는

> 설교단으로 올라가서 본문으로 다음의 말씀을 읽었다: "내가 예수도 알고 바울도 알거니와 너희는 누구냐?" 그는 이 본문을 통해 어떤 사람들은 그를 두려워하게 만들고, 또 어떤 사람들은 자신들의 소심함을 부끄러워하게 만들었다. 많은 이들이 믿음과 회심에 관한 잘못을 깨달았으며, 신앙의 시험을 받는 일에 복종했다. 스스로 자신감을 가지고 있었던 한 목회자는 이 말을 듣고 시험 받으러 가면서, 자기 교인들에게 자기는 승리해서 돌아오겠다고 은근히 암시했다. 개노 목사는 그의 말을 다 듣고는 그의 동료에게 이렇게 말했다: "형제여, 고백하건대, 이건 안될 것 같소. 이 사람은 아직 더 갖추어야 하겠습니다." 시험받은 그 사람은 서둘러 집으로 돌아가서, 어떻게 되었냐는 질문을 받고는 이렇게 대답했다. "주님께서 당신들에게 자비를 베푸시기를. 이 북쪽에서 온 목사가 나를 비열하게 공격했어요!" 3년 후에 필라델피아지방회에 속하는 교회들에 맞추어 자기들 교회를 개혁한 그들에게 밀러(Miller)와 밴혼(Vanhorn)이 메신저로 보냄을 받았다.73)

아마도 분리침례교의 가장 두드러진 특징은 그들의 감정적 설교와 예배방식이었을 것이다. 모건 에드워즈는 과도한 감정 표출로 야기된 비난으로부터 그들을 방어하려고 애를 썼던 것 같다. 그는 "그들의 사역에 나타나는 부르짖음, 발작, 망아상태"를 최소화해서 말했으며, "나는 분리침례교의 모임에서 초자연적이고 보이지 않는 손이 인간의 마음을 압도하는 역사를 하신다고 믿는다"는 견해를 드러냈다.74) 부르짖고, 울고, 기절해서 쓰러지는 것은 드문 일이 아니었다. 존 릴랜드(John Leland)는 정규침례교인들의 "예배는 엄숙하고 이성적이지만, 분리침례교인들은 지극히 열정적이고, 그들의 예배는 매우 시끄러웠다"고 말했다.75) 또 다른 관찰자는 그들의 설교가 "따스하고 감상적"이었으며, "강렬한 손짓과 독특한 톤의 목소리를 동반했다"고 묘사했다.76) 그들의 설교자들은 기도에서 설교로 자연스럽게 넘어갔기 때문에, 종종 사람들은 그 차이를 느낄 수가 없었다.

1758년에 분리침례교회 중 하나가 "춤이라고 불리는 새로운 동작이 친교에 장애가 되는지"를 물었다. 사교적인 춤을 말하는 것이 아니라 예배 볼 때 "성령 안에서 춤추는 것"을 말하는 것이었다. 지방회는 지나친 점에는 주의를 줬지만 그런 춤과 감정적 폭발이 친교에 장애가 된다고 하지는 않았다. 그러한 일로 "많은 경건한 사람들이 마음속으로 많은 상심을 했지만," 그들은 "사람들 가운데 은혜의 진정한 역사가 있다는 것을 보았기 때문에, 마침내 그것들을 포용했다"고 기록은 전한다.77)

대부분의 분리침례교회들은 침례, 주의 만찬, 애찬식, 안수, 세족식, 병자의 도유식(塗油式), 교제의 악수, 사랑의 입맞춤, 헌아식을 포함하는 "아홉 가지 의식"을 지켰지만, 많은 교회들이 그 목록을 줄였다. 예를 들면, 세족식은 점차 "교회 의식"이 아니라 기독교인들 간의 "친교의식"으로 여겨지게 되었다.

대부분 분리침례교의 설교자들은 어쩔 수 없어서였든 선택한 것이었든 간에 정식 교육을 받지 않았다. 그들은 만일 하나님께서 교육받은 설교자들을 원하셨다면, 교육받은 사람들을 부르셨을 것이라고 생각했다. 하나님께서 분명히 정식으로 교육을 받지 못한 자들을 부르셨으므로, 그들은 "자기들이 부름 받은 그 상태에 머물러 있어야" 했다. 1761년에는 어떤 한 적대자는 분리침례교가 "인간의 지식이 불필요하다고 가르치고… 꿈과 환상과 직접적인 계시가 매우 필요하다고 부추긴다"고 비난했다.78) 교육에 반대하는 것과 더불어 대부분의 분리침례교인들은 목회자의 사례비 지급에 반대했다. 그들은 일반적으로 교육받은 목회자가 사례비를 받는 목회자라고 보았고, 그래서 둘 다 반대했다. 그들에게는 돈을 받고 그리스도를 설교하는 것이 돈 때문에 그리스도를 부인한 유다보다 한 단계 더 잘못된 일일 따름이었다. 분리침례교회들에 대한 에드워즈의 묘사에는 "보수도 없고, 재산도 없다"라는 말이 흔히 포함되어 있었다. 어떤 교회들은 그들의 목회자에게 때때로 물건이나 현금으로 선물을 주었으나, 대부분은 일반인들이 하는 것과 같은 방식으로, 농사를 짓거나 장사를 하거나, 일용노동을 해서 생활비를 벌었다. 국가교회의 성직자들의 강압적인 "교회세" 때문에 그들을 비판하는 사람들 가운데서는 이 경제적인 독립이 분리침례교의 설득력을 크게 더해 주었다.

분리침례교인들은 오늘날 "복음적 초청"으로 알려진 일을 대중화하는 데에 분명히 도움을 주었다.

설교 끝부분에서 목사는 강단에서 내려와 적절한 찬송을 부르면서 손을 흔드는 형제들 사이를 돌아다니곤 했다. 찬송이 불리는 가운데 그는 자신을 가련한 죄인이라고 느끼는 사람들에게 앞으로 나와 강단 가까이에서 무릎을 꿇으라고 초청의 손을 뻗었다.79)

종종 초청의 일을 처음 시작했다고 믿어지는 찰스 G. 피니(Charles G. Finney)의 부흥운동 훨씬 이전에, 분리침례교는 이와 같이 찬송 한 장을 부르는 것에 맞추어서 즉석에서 신앙적 결단을 권면하는 방법을 창출했다. 스티브 오켈리(Steve O'Kelly)는 "미국의 교회사에서 이것은 이런 유형의 초청으로 알려진 것 가운데 최초의 기록일 것"이라고 말했다.80)

분리침례교에서는 정규침례교에 비하여 여성들이 교회에서 더 큰 역할을 맡았다. 샌디크릭교회에 대하여 설명하면서, 모건 에드워즈는 "장로들과 여성 장로들과 여자 집사들이 허용되었다"고 말했다.81) 대부분의 분리침례교회들에 대하여 비슷한 진술들이 있었다. 여성 장로들과 여성 집사들은 교회 가족들, 특히 병든 다른 여신도들을 심방하는 일뿐 아니라 침례(특히 여성들을 위한)와 주의 만찬과 같은 여러 교회 의식을 도우는 일을 맡았다. 남부의 분리침례교들 가운데는 여성들이 설교를 하는 경우도 있었다. 분리파 지도자의 누이이자 또 다른 지도자의 아내였던 마사 스턴즈 마셜(Martha Stearns Marshall)은 매우 열정적으로 설교했던 것으로 알려졌다. "양식을 갖춘, 비범한 신앙과 놀라운 능변을 지닌 여성"으로서 "셀 수 없이 많은 경우에 [그녀는] 기도와 권고로 전체 청중을 녹여 눈물바다를 만들었다."82) 마가렛 뮤즈 클레이(Margaret Meuse Clay)와 해너 리(Hannah Lee)도 분리침례교인들 가운데서 설교했다. 이것은 정규침례교인들 가운데서 반대를 일으켰으며, 그들은 분리침례교를 "여자들로 하여금 공중기도를 감당하게 하는 혼란스러운 집단"이라고 불렀다. 여자들의 이 광범위한 사역은 결국 후에 정규침례와 분리침례교의 합병을 지연시키는 하나의 장벽이 되었다.

분리침례교는 그들의 건물이 너무 작을 경우에 야외에서 모였는데, 그것은 한 세기 후의 제2차 대각성운동의 "캠프 모임들"(camp meetings)을 앞서는 일이었다. 셈플(Semple)은 "수백 명의 사람들이 마당에 캠프를 치는 것은 그들의 큰 모임들에서는 특별한 일이 아니었다… 이런 모임들 가운데는 사람들이 백 마일 이상을 여행해서 참여하는 사례들이 있었다"고 말했다.83)

분리침례교의 확장. 1758년에 아홉 개의 분리침례교회들이 샌디크릭 침례교 지방회를 만들기 위해 만났다. 이것은 남부에서 두 번째였고, 나라 전체로는 세 번째였다. 한 관찰자는 "그들이 지방회에서 주로 하는 일은 설교, 권고, 찬양 그리고 그들의 구세주를 섬기는 다양한 수고에 관한 대화였다"고 말했다.84) 종종 큰 군중이 모이곤 했으며, 지방회의 모임은 교제, 설교, 전도를 위한 행사로 바뀌었다.

처음에 지방회는 의장을 선출하지 않았다. 메신저들은 단지 하나님께서 그들이 무엇을 하기를 원하는지 계시해 주기를 기다렸다. 어떤 이들은 스턴즈가 아마도 회중교회에 있었던 전력 때문에 독재적 통제를 한다고 느꼈다. 명백하게 일정한 체계가 없었던 그들의 회의에서 하나님께서는 대체로 스턴즈가 선호하는 결정이 나도록 이끄셨다. 한 사람의 압도적인 영향은 아마도 1770년에 지방회가 다음과 같이 3중으로 갈라지는 한 요인이 되었을 것이다: 사우스캐롤라이나 교회들을 대표하는 콩거리(Congaree) 지방회; 버지니아 총지방회; 그리고 노스캐롤라이나에 있는 교회들만으로 이루어진 샌디크릭지방회. 1770년대 초에 '규제자들'(Regulators)과의 분란과 '앨러먼스의 전투'(Battle of Alamance; 역자주: 노스캐롤라이나 식민지에서 세금과 지역통제에 대한 반발로 일어난 '규제전쟁'[the War of the Regulation, 1765-1771])의 마지막 전투는 많은 사람들로 하여금 서쪽으로 이주하여 테네시로 가게 만들었다. 샌디크릭교회는 16명에서 606명으로 급속히 성장했으나 점차로 줄어서 겨우 14명이 되었다. 그러나 그때까지 분리침례교의 누룩은 남부에 그다지 스며들지 않아서 원래의 중심지의 약화는 별 영향이 없었다.

분리침례교 통계를 손에 넣기가 쉽지 않은 것은 많은 교회들이 다윗 왕이 이스라엘 백성의 수를 세었다가 하나님의 분노를 야기한 경우를 만들지 않기 위해 보고서를 보내기를 거부했기 때문이었다. 그러나 1770년대 중반까지는 분리침례교인들이 사우스캐롤라이나의 침례교인 전체의 절반 이상을 차지했으며, 아마도 다른 지역들에서도 그 정도 되었을 것이다.85) 분명히 많은 사람들이 영국국교회 교직자들의 다음과 같은 불평에 동의했을 것이다: "종교와 교회는 피를 흘리고 있으며… 분파들, 특히 '뉴라이트' 침례교인들로 범람하고 있다."86)

분리침례교와 정규침례교의 연합. 처음부터 양쪽의 일부 사람들은 정규침례교와 분리침례교의 화해를 목표로 활동했다. 찰스턴지방회는 일찍이 1763년에 노스캐롤라이나의 분리침례교인들과 접촉하기 위하여 올리버 하트(Oliver Hart)와 에번 퓨(Evan Pugh)를 파견했고, 찰스턴 모임에 필립 멀키(Philip Mulkey)를 기꺼이 받아들이면서 협동을 제의했다. 이러한 제의에도 분리침례교는 냉담한 상태였다. 그들은 "사랑으로 용서하시오. 우리는 우리들 고유의 질서에 익숙해져 있고, 당신들의 질서에는 그리 익숙하지 않습니다. 만일 거기에 차이가 있다면, 우리는 모르는 가운데 우리가 후회할 일 속으로 뛰어드는 꼴이 될 것입니다"라고 말했다.87)

연합을 지연시킨 장벽들에는 정규침례교가 분리침례교의 몇 가지 관습들에 반대한 일도 포함된다. 여성과 교육받지 않은 남성들의 설교, 설교와 예배의 방식, 신앙고백서 사용 반대, 아홉 가지 의식, 그들의 엄격한, 특히 평상복을 입는 것과 같은 사회적 관습들이 그것이다. 분리침례교 편에서는 "필라델피아신앙고백서"나 어떤 다른 신앙고백서를 승인해야 하는 일, 정규침례교가 교육을 강조하고 교회에서 여성들의 침묵을 요구하는 일, 정규침례교인들이 비싸고 세련된 양식의 옷을 입는 일에 더 관용적이었다는 점에 반대했다.

대부분의 분리침례교는 신앙고백서가 성서의 직접적인 권위를 대신할까 염려했다. 존 릴랜드(Leland)는 "신앙고백서가 종종 더 이상의 진리 추구를 방해한다"고 말하면서 "왜 남성들의 영혼과 성서 사이에 이 처녀 마리아가 있는가?"라고 외쳤다.88) 때가 되자 신앙고백서에 반대하는 이러한 입장이 완화되고, 정규침례교와 분리침례교는 "필라델피아신앙고백서"에 기초하여 연합했으나, 양측이 분리침례교는 "그들이 반대할 수 있는 몇몇 조항의 구문해석에 대해 자유를 갖는다"는 데에 동의했다. 그들은 어떤 신앙고백서를 채택할지에 대해 토론한 후 다음과 같이 합의했다:

> 신앙고백서가 모든 사람의 양심 위에 서서 폭군과 같은 권력을 행사하는 것을 막기 위하여, 우리는 모든 사람이 그 속에 포함된 모든 것을 엄격하게 지키는 데 매여 있음을 의미하는 것이 아니라, 그것이 복음의 본질적 진리를 제시한다는 것을 의미한다…. 이러한 조건으로 우리는 연합하며 이후에도 정규파와 분리파라는 이름을 망각 속에 묻기를 바란다. 또 이후로 우리는 연합침례교회 (United Baptist Churches)라는 이름으로 알려져야 할 것이다.89)

결국 두 집단을 갈라놓았던 요소들은 그 중요성이 감퇴했지만, 그들을 함께 묶는 요인들은 증가했다. 분리침례교인으로 회심했지만 정규침례교의 강단에서 뛰어난 활동을 하고 있었던 리처드 퍼먼(Richard Furman)과 같은 몇몇 개인들이 그 틈에 다리 놓는 일에 기여했다. 남부에서 종교적 자유를 위한 투쟁은 정규침례교와 분리침례교가 동등하게 공유했으며, 그것이 그들을 더 가까워지게 했다. 두 집단은 1787년에 버지니아에서 합병을 위한 투표를 했고, 노스캐롤라이나에서는 1788년에 그렇게 했다. 사우스캐롤라이나, 조지아, 켄터키에서도 장벽이 점점 무너졌으며, 그들은 공식적인 투표에 의해서라기보다는 점진적인 과정을 통해 합병했다.

지속적인 영향

분리침례교의 영향은 오늘날까지도 남아 있다. 어떤 지역에서 합병한 집단은 "연합침례교회"(United Baptists)라는 이름을 택했지만, 그 이름은 결코 남지 않았다. 두 집단의 어떤 강조점들은 합병에 의해 사라졌지만, 다른 강조점들은 계속되었다. 오늘날까지도 그들의 유산에서 남부 침례교인들의 어떤 특징들은 보면 분리침례의 영향으로 거슬러 올라갈 수 있다. 따뜻한 설교, 열정적 예배방식, 회심의 강조, 그리스도에 대한 개인적인 결단의 여지를 두는 온건한 칼뱅주의, 그리고 일부 교회에서 복음성가의 전통을 선호하는 것 등이다.

날카로운 통찰력으로 월터 셔든(Walter B. Shurden)은 정규침례교와 분리침례교를 질서(ORDER)와 열정(ARDOR)이라는 표현의 대조로 묘사했다.90) 그는 은혜와 위엄을 지니고 있는 "찰스턴 전통"을 이렇게 묘사했다. 그들의 신앙고백서에서는 '신학적' 질서를 강조하고, 그들의 "교회치리 요약"에서는 '교회적' 질서를 강조하며, 그들의 지방회에서는 교회를 강조한다. 또 그들의 위엄 있는 예배와 장중한 찬송에서는 '전례적' 질서를 강조하고, 훈련된 목회에 대한 그들의 강조에서는 '목회적' 질서를 강조한다. 셔든은 "찰스턴을 대표하는 말은 질서"(ORDER)라고 결론 내렸다.

"한편으로 샌디크릭 전통"은 그런 질서가 너무 제약적이라고 보았다. 셔든은 그들을 열정(ARDOR)의 사람들로 묘사했다. 그들의 예배는 '부흥운동적'이었다: "믿음은 감정이고 매주 일요일이 캠프 모임이었다." 그들의 목회는 '카리스마적'이었다. 설교는 소명이지 직업이 아니며, 설교자의 목적은 정보를 알리는 것이 아니라 경고하는 것이기 때문에, 인간의 지식을 필요로 하지 않았다. 샌디크릭 '교회론'은 독립적이었다. 그들의 '신학적' 접근은 성서주의적이었다. 그들은 지방회를 만들었으나 교회 간의 연결주의(connectionalism)보다는 복음전도를 위한 대중모임을 제공하기 위해서였다. 그들은 성서를 권위로 받아들였고, 신앙고백서가 신조가 되는 것에는 반대했다. 1819년이 되어서야 샌디크리지방회는 일종의 신앙고백서를 받아들였으나 그것은 한 페이지가 채 되지 않았다.

찰스턴의 질서와 샌디크릭의 열정은 남침례교총회(Southern Baptist Convention)를 구성하는 종합(synthesis)에 기여했다. 양쪽 전통의 창조적인 요소들이 남침례교의 삶을 풍부하게 만들었으며, 하나의 강으로 흘러드는 두 개의 시내처럼 각 전통의 흐름은 하나가 되었지만 아직도 그 근원은 추적 가능하다. 이 전통들의 융합이 오늘날까지 이어지는 긴장을 가져왔다. 남침례교는 아직도 그들의 유산의 두 흐름, 즉 찰스턴의 질서와 샌디크릭의 열정 사이에서 균형을 유지하려고 노력하고 있다.

럼킨(Lumpkin)은 분리침례교인들이 지속적인 영향을 남긴 여러 방식들을 나열했다.91) 여러 다른 방식들 가운데, 그들은 (1) 남부에 대각성운동을 가져왔고, (2) 미국 개신교에 복음주의를 각인(刻印)시켰으며, (3) 미국 변방에 종교적 지도력을 제공했고, (4) 미국에서 종교의 자유를 위한 투쟁에 기여했으며, (5) 미국인들이 독립전쟁과 정치적 자유의 도래를 준비하는 데에 기여했고, (6) 흑인들을 교화(敎化)하는 데 기여했으며, (7) 침례교인들의 상당한 수적 증가를 가져왔고, (8) 남침례교의 교리, 복음 전도방식과 예배, 확고한 성서주의에 중요한 선례들을 남겼다.

4. 침례교회와 교육

오늘날 침례교인들은 수많은 학교들을 지원하고 있지만, 18세기에는 침례교인들에게 교육이란 주요 우선순위가 아니었다. 침례교인들의 수가 부족한 것이 주요한 계획을 추진하는 그들의 능력을 제한했다. 일부 침례교인들에게는 또한 교육받은 목회자에 대한 의심이 남아 있었다. 박해하는 국가교회 목회자들이 교육도 받고 사례비도 받는다는 것이 침례교인들에게는 잊을 수 없는 사실이었다.

교육에 대한 침례교인들의 태도는 1720년에 보스턴의 목사 일라이샤 캘런더(Elisha Callendar)에게 보낸 한 편지에 드러나 있다. 편지를 쓴 사람은 런던의 에드워드 월린(Edward Wallin)이지만, 그는 의심의 여지없이 미국 쪽 대서양 연안에 있는 침례교인들의 공감대를 아울러 표현했다. 월린은 "확실히 훌륭한 천부적 재능을 가진 사람이, 비록 인간의 학식이라는 이점이 부족하더라도, 진정으로 죄를 깨닫고 예수 그리스도에 대한 구원의 지식에 이르면, 인간의 학식은 지녔지만 다른 것이 없는 사람에 비하여 다른 영혼을 구원의 길로 인도하는 일에 더 유능함에 틀림없다"고 말했다. 윌린은 "그러므로 내가 인간 학문에 대하여 높은 존중심을 가지고 있고 모든 사역자들이 그러한 이점을 많이 지니기를 원하기는 하지만, 나는 공적인 목회에 종사하는 사람에게 그것이 꼭 필요하다고는 전혀 생각하지 않는다"고 결론 내렸다.92) 서부 개척 변경 지역에 있었던 분리침례교는 인간의 지식이 "성서에 대한 경시"로 이끌까봐 그것을 훨씬 더 심하게 반대했다.93)

교육을 받기 원하는 침례교 목회자들에게는 세 가지 선택이 있었다. 그들은 영국으로 돌아갈 수 있었다. 독립전쟁으로 인해 그 실행 가능성이 없어지기 전에는 소수의 사람들이 그렇게 했다. 그들은 독력으로 책을 읽을 수 있었다. 그들은 또한 하버드대학이나 예일대학에 들어갈 수 있었는데, 특히 17세기 후반에 더욱 그러했다. 그러나 침례교인들은 이 학교들에서 괴롭힘을 받거나 2류 취급을 받았다. 더욱이 많은 이들이 졸업을 위하여 국가교회로 전향했기 때문에, 침례교인을 하버드에 보낼 수는 있지만 하나도 졸업시킬 수는 없다는 말이 나왔다.

18세기에 침례교인들은 중부식민지에 수많은 아카데미들을 세웠으며, 1755년에는 찰스턴침례교회가 젊은 목회자들을 교육하기 위해 재단을 설립했다. 그러나 그 세기의 교육적 성취의 최고의 결실은 1764년에 세계 최초의 침례교 대학인 로드아일랜드대학(Rhode Island College)을 설립한 일이었다.

침례교회 아카데미들

1756년 아이작 이튼(Issac Eaton)은 자신이 목사로 있는 뉴저지의 호프웰(Hopewell)에 아카데미를 세웠다. 영국에서 교육받은 이튼은 필라델피아지방회를 이 계획에 끌어들이려고 노력했다. 1756년의 의사록에는 이렇게 적혀 있다. "우리 가운데 학문을 진작시키기 위해 아이작 이튼 형제의 관리 하에 라틴어 문법학교를 후원하기 위하여 일정한 액수를 모금하기로 결론지었다."94) 그러나 곧 지방회는 관심을 대학으로 돌렸고, 아카데미를 위한 지원은 시들해졌다.

그러나 호프웰 아카데미는 필요를 충족시키는 데 큰 기여를 했다. 이 아카데미의 성공은 그 졸업생들의 업적으로 판단받아야 할 것인데, 제임스 매닝(James Manning), 새뮤얼 존스(Samuel Jones), 헤즈키아 스미스(Hezekiah Smith), 윌리엄 윌리엄스(William Williams)와 같은 뛰어난 지도자들이 여기에 포함된다. 1760년에 필라델피아와 뉴저지에 있는 7개 교회의 많은 교인들은 침례교 가운데 "학문의 쇠퇴"

에 대한 염려를 가지고, 호프웰을 강화하기 위한 계획을 구상하기 위해 만났다. 이것은 협회의 방법에서 벗어나는 것이었는데, 아마도 지방회가 초기에 지원함으로써 아카데미를 존속시키는 데 실패한 결과일 것이다. 1800년 이전에 다른 많은 침례교 아카데미들이 여러 다른 장소들에 세워졌는데, 보통은 교육을 어느 정도 받고 그 중요성을 깨달은 목사들 그리고 수입을 보충할 필요가 있었던 목사들에 의하여 세워졌다.

필라델피아와 찰스턴과 워렌의 침례교 지방회는 모두 교육을 장려하기 위한 재단과 (혹은) 위원회를 설립했다. 증거가 시사하는 바에 따르면, 침례교 학생들은 호프웰 시절에도 지금과 다를 바가 없었다. 학생들은 이튼 목사의 교회에 참석해야 했다. 한 학생은 1757년 겨울 어느 일요일 일기에 다음과 같이 적었다: "이튼 목사가 목이 쉬어서 운 좋게도 그는 수업을 한 시간 반 만에 중단했고, 나는 그가 '아멘'이라고 했을 때 기뻐했음을 인정한다."95)

찰스턴 재단

1755년에 올리버 하트는 찰스턴지방회가 목회자가 되기 원하는 경건한 젊은이들의 교육을 위한 재단을 설립하도록 이끌었다. 같은 해에 찰스턴의 침례교인들은 교육을 촉진하기 위해 지방회와 공식적 관련이 없는 단체로 '신앙협회'(Religious Society)를 만들었다. 이러한 일들은 남부 침례교인들 사이에서 명확하게 일어난 최초의 교육적 노력이었다. 1775년에 최초의 모금은 약 133파운드에 이르렀고, 교회들은 때때로 기금을 늘려갔다.

당시 남부의 침례교인들은 학교를 설립하려는 생각이 없었다. 기금은 어느 곳에 있는 학교든지 학생들을 보내는 데 사용되었으며, 후에는 신학도서관을 만들어 함께 "신학 서적을 읽을" 젊은이들을 받아들일 목회자들을 지원하는 데에 사용되었다. 학생들은 목회자의 가정에서 살며 식사를 같이 하고, 그의 목회 일을 관찰하고 때로는 참여도 하곤 했기 때문에, 고전적 교육과 실천적 교육의 장점을 결합할 수 있었다. 올리버 하트, 조셉 리이스(Joseph Reece), 그리고 누구보다도 리처드 퍼먼이 이 도서관과 그 일을 함께 하는 젊은 목회자들의 관리를 맡았다. 교육활동을 '신앙협회'에서 지방회로 이관하자고 한 것은 퍼먼의 생각이었으며, 1790년에 지방회는 그 목적을 위하여 '총위원회'(General Committee)를 만들었다.

남부의 침례교 교육에서 또 한 명의 지도자는 존 로버츠(John M. Roberts)였다.

그는 교육재단의 급비생으로 로드아일랜드대학을 다녔으며, 1799년에 하이힐즈(High Hills) 교회의 목사와 '총위원회'의 의장이 되었다. 퍼먼의 격려로 필시 1799년에 그는 하이힐즈에 아카데미를 세웠다. 이것은 분명히 남부의 침례교인들이 후원한 최초의 교육기관이었다. 그동안 대부분의 분리침례교인들은 그러한 교육적 노력으로부터 거리를 두었다.

로드아일랜드대학

식민지 아메리카의 수많은 침례교 목회자들이 영국의 브리스톨대학(Bristol College)을 다녔다. 그 중 한 사람이 모건 에드워즈였는데, 그는 1762년에 필라델피아 제일침례교회의 목사가 되었다. 그는 브리스톨의 본에 따라 미국에 침례교 대학을 만들 생각을 품었다. 1784년의 의사록에 따르면, 필라델피아지방회는 "우리가 각자 속한 교회들에게, 로드아일랜드 정부로부터 침례교 대학을 세울 허가서가 나오는 대로, 교회들이 그것을 실행하는 일에 자유롭게 기여할 것을 알리기로 동의했다."[96]

대학은 로드아일랜드에 자리 잡았다. 거기에는 아직 대학이 하나도 없었고, 그 식민지에서는 침례교 인구가 많았기 때문이다. 에즈라 스타일스(Ezra Stiles)는, 1760년에 뉴잉글랜드 전체에 약 2만 2천명의 침례교인들이 있었으며, 그들 중 약 80%가 로드아일랜드에 살았다고 추산했다.[97] 대학은 1764년에 워렌에서 문을 열었는데, 뉴포트가 그 대학을 유치하려고 강력하게 경쟁했으나, 1770년에는 프로비던스로 이전했다. 설립자들은 대학이 침례교인들과 얼마나 긴밀하게 관련이 있어야 하는가에 관하여 의견의 일치를 볼 수 없었다. 허가서는 이사회에는 침례교인들이 다수를 차지할 수는 있지만 다른 교단의 대표들도 포함되어야 하며, "분파적 견해 차이가 공적이고 고전적인 교육의 어떤 부분에서도 반영되어서는 안 된다"고 규정했다. 보스턴의 목사인 제러마이어 콘디(Jeremiah Condy)는 "그 대학이 폭넓은 기반 위에 서서, 그 방향이 어떤 특정한 교단에 국한되지 않기를 바랐다."[98] 콘디가 이끄는 도시풍의 세련된 침례교인들은 분파적인 접근을 하지 않는, 좀 더 자유로운 대학의 기반을 원했다. 아마도 그들의 목적은 일종의 '침례교의 하버드대학'를 만들어서 폭넓고 관용적인 종교적 원리들을 보여 주는 것이었다. 대부분의 사람들은 콘디가 총장으로 선출될 것으로 생각했다.

그러나 좀 더 보수적인 침례교인들이 몇 가지 점에서 우세했다. 그들은 콘디

대신 제임스 매닝을 총장으로 뽑았다. 그들은 허가서 초안을 변경하여 대학을 좀 더 분명히 침례교적으로 만들었다. 그리고 뉴포트 대신에 프로비던스로 이전한 것 또한 좀 더 복음적인 분파의 승리였다. 경제적 지원은 로드아일랜드 의회, 부유한 기부자들, 그리고 순회하면서 기금을 조성하는 자들이 거둬들인 작은 기부금들로부터 이루어졌다.

남부의 침례교인들도 로드아일랜드대학을 도왔다. 헤즈키아 스미스와 존 개노는 기부금 모금과 학생 모집에 있어서 남부 지역이 비옥한 토양이라고 보았다. 물론 사우스캐롤라이나 유호(Euhaw)의 프랜시스 펠럿(Frances Pelot)과 같은 일부 사람들은 의심스러워 했다. 1771년에 그는 헤즈키아 스미스에게 편지를 써서, 자기는 그 대학을 선호하지만, 그 졸업생들이 "학식은 있지만 은혜가 없는 불쌍한 자들"로 판명나지 않기를 바란다고 했다.99) 다른 이들은 그리 열정적이지는 않았지만, 대학이 하나 필요하다고 보았다. 1770년에 어떤 이는 예견하기를 옛 목회자들이 사라진 뒤에는 "학자적 목회자들의 새로운 계승이 나타날 것이며… 평범하고 배우지 못한 목회자가 프로비던스의 침례교 모임에서 설교하는 일은 이미 드문 일이 되기에 이르렀다"고 했다.100)

1770년에 매닝은 대학과 함께 프로비던스로 옮겼으며, 기대했던 대로 곧바로 제일침례교회 목사로 부름을 받았다. 2-3년 동안 그의 설교는 별 반응을 불러일으키지 못했으나, 1770년대 중반에 교회와 대학을 모두 강화하는 부흥이 일어났다. 매닝은 교회를 "개혁하여" 수정된 칼뱅주의 교리적 기반으로 되돌려 놓았으며, 아직까지 남아 있는 웅장한 집회장소를 세우는 일을 주도했다. 그것은 1775년에 완성되었으며, 당시 미국에서 가장 거대한 침례교 건물로서, "전능하신 하나님의 공중예배를 위한, 그리고 졸업식을 개최할 집회장소"로 헌정되었다.101) 196피트의 탑에 설치된 2,500파운드나 나가는 최초의 종에는 다음과 같은 문구가 새겨졌다.

> 양심의 자유를 위해 도시가 처음으로 세워졌고
> 사람들은 강요가 아니라 설득을 사용했다;
> 이 교회는 가장 오래되었고, 신앙 철회를 하지 않았으며,
> 종과 교회와 첨탑을 즐거워하며 헌정한다.102)

그 의미는 영국에서는 침례교인들을 포함한 비국교도들이 그들의 건물에 종이나 첨탑을 가질 수 없었다는 것이다. 이것은 침례교인들로부터 그 시대의 가장

인상적인 신앙적 장면과 소리를 박탈한 것이었다. 그러나 미국에서 그들은 그것을 둘 다 향유할 자유를 얻었다.

로드아일랜드대학은 침례교인들에게 엄청난 유익이 되었음이 입증되었다. 거기서 훈련된 지도자들이 나왔다. 미국의 가장 뛰어난 침례교 지도자들 중 다수가 프로비던스의 학교를 졸업했다. 대학은 침례교인들의 이미지를 높이고 또 침례교의 확장을 자극했다. 그 다음 세기에 저명한 프로비던스의 브라운가(家)는 그 대학에 많은 기부금을 냈고, 이에 근거하여 그 이름은 브라운대학(Brown University)으로 바뀌었다. 세월이 지나면서, 어떤 구조적 유대도 보장되지 않았던 가운데, 침례교단과의 관계는 줄어들었다. 지금 그 대학은 침례교나 다른 어떤 교단과도 관계가 없다.

돌이켜 보면, 학교를 마음에 품고 설립한 중부식민지의 침례교인들이 왜 그 학교를 뉴잉글랜드에 설립해야 했는지 많은 이들이 의아하게 여겨 왔다. 당시 침례교인들이 로드아일랜드 인구의 다수를 차지했지만, 곧 소수로 줄어들었다. 그 동안 필라델피아와 중부식민지의 침례교인들은 수적으로나 영향력 면에서나 급속히 성장했고, 영적으로나 신학적으로나 거의 침례교단의 심장부로서 대표적인 지역이 되었다.

침례교인들은 18세기 말에 이르기까지 몇 개의 아카데미와 수많은 "작은 학교들"과 하나의 큰 대학을 세웠다. 학문에 대한 낡은 편견은 많이 사라졌고, 침례교인들은 새로운 교육관을 가지고 새로운 세기를 맞았다. 그들은 학교가 중요하다는 점, 학교가 영성을 약화시키는 것이 아니라 실제로 영성을 높일 수 있다는 점, 그리고 성장하는 교단은 교인들을 위해 학교를 세울 능력을 가지고 있다는 점을 좀 더 분명하게 보았다.

5. 침례교회 지방회

식민지 아메리카의 침례교인들은 몇 개의 지방회들을 발전시켰다. 새로 생겨나는 교단적 구조는 영국 영향의 또 하나의 분명한 예를 보여주었다. 교회들의 지방회 모임의 이름과 개념은 영국에서 수입되었다. 침례교인들은 또한 전국적 조직에 대해서도 이야기했지만, 그것은 19세기 초를 기다려야 했다. 교회들의 연합은 남부에서 더 빨리 진행되었다.

1800년이 되었을 때, 미국 침례교에는 적어도 42개의 지방회가 있었으나, 그

대부분은 독립전쟁 뒤 1780년 이후에 일어난 침례교 성장의 격동 가운데 생겼다. 여기서는 세 선도적인 지방회가 각각 주요 지역의 대표로서 조명을 받을 것이다. 그것들은 초기 지방회의 동기, 방식, 기능들을 보여줄 것이다.

필라델피아지방회(1707)

역사가들은 필라델피아지방회를 미국 최초의 침례교 지방회로 명명했으며, 1707년에 시작되었다고 보았다. 두 가지 모두 논쟁이 될 수 있다. 로버트 가드너(Robert Gardner)는 로드아일랜드에 있는 소수의 '여섯원리' 일반 침례교회들이 1670년에 "연례회의"를 열었음은 거의 분명하다는 것을 보여주었다.103) 문제는 지방회를 어떻게 정의할 것인가의 문제다. 로드아일랜드의 회의는 분명히 지속적인 조직 없이 주로 교제를 위한 것이었다. 연도에 대해서 말하자면, 1680년대 후반에 일라이어스 키치(Elias Keach)와 토마스 킬링스워스(Thomas Killingsworth)가 만든 필라델피아지방회는 교회들의 교제권에서 시작되었다. 1687년에 키치는 페네펙 교회를 세웠지만, 옛 기록은 "그 교회가 멀리 떨어진 곳에서 모임을 가져야 할 몇 개의 장소들을 가지고 있었으며" 교인들은 "이 몇 개의 장소에서 주의 만찬을 하며 친교를 나누었다"고 말하고 있다.104) 그러나 이 "지체들"(arms)의 구성원들은 연합예배를 위해 3개월에 한 번 정도 함께 모였다. 그 지도자들은 이것을 4분기 모임이라고 불렀으나, 그들이 각 지역에는 1년에 한 번 정도 오기 때문에 사람들은 그 모임들을 연례모임이라고 했다. 이와 같이 1688년까지는 필라델피아에 있는 일단의 침례교 회중들이 친교와 예배와 상호관심사 논의를 위해 정기적으로 만났다. 그러나 1701년에 그 모임은 더 확고하게 조직화되어서, 의장을 뽑고, 현재의 이름을 택했다. 분명히 필라델피아지방회는 미국에 현재 남아 있는 가장 오래된 침례교 지방회이며, 식민지 시대에 그 중요성에 있어서 다른 어떤 지방회와도 비교되지 않는다.

머지않아 필라델피아지방회는 뉴잉글랜드로부터 남쪽으로 이주해 온 교회들과 관계를 맺으면서, 수백 마일, 여러 주(州)에까지 확대되었다. 그것은 모든 현실적인 목적에서 보더라도 전국적 기구였으며, 1770년에 모건 에드워즈는 그것이 그렇게 인식되어야 한다고 촉구했다. 에드워즈는 필라델피아지방회가 합병 조직화되고, 다른 지방회의 각 대표들을 그 조직에 받아들여서, 전국적 기구를 이룰 것을 제안했다. 1767년에 필라델피아 기구의 의장 새뮤얼 존스는 로드아일랜드의 제임스 매닝에게 다음과 같은 점을 지적하는 편지를 썼다.

> 개(個) 구성원들이 함께 모여 우리가 개(個) 교회라고 부르는 한 기구로 연합하듯이, 교회들이 모이고 연합하여 하나의 지방회적 기구를 이루는 일은 어떤 개(個) 교회도 감당할 수 없는 훨씬 더 큰 목표에 응답할 수 있을 것이라 쉽게 생각할 수 있습니다. 그리고 같은 이유로, 지방회들의 연합은 그 기구의 중요성과 힘을 증대시킬 것이고, 그 세 겹의 줄은 쉽게 끊어지지 않을 정도로 훌륭하게 될 것입니다.105)

1776년에 버지니아에서 '대륙지방회'(Continental Association)를 세울 목적으로 한 침례교 모임이 열리도록 소집되었으나, 시간이 정해지지 않았던 고로 그 모임이 이루어지지 못했다. 1799년에 필라델피아지방회는 전국적 모임을 위한 또 하나의 소집장을 발부하면서 다음과 같이 적시했다.

> 각 지방회에서 한 명이나 그 이상의 대표를 보내 매년 또는 2, 3년마다 한 번씩 총회를 개최하면 여러 좋은 점들이 있을 것입니다. 그것은 우리 주님 나라의 전반적인 이익에 매우 도움이 될 것 같습니다. 이 지방회는 이 문제에 대한 지방회들의 견해를 기꺼이 듣기 위해 미국의 여러 지방회들을 삼가 초대합니다.106)

이 필라델피아 계획은 일종의 장로주의 방식으로 지역교회들로부터 지방회에 이르고, 지방회들로부터 전국적 기구에 이르는 단계적으로 대표하는 방식의 "지방회 연합"을 요청한 것이었다. 그 계획은 실현되지 못했다. 그 다음 세기 초에 전국적인 연합이 이루어졌을 때, 그 연합은 불과 수년 내에 교회대표 방식을 전면 배제하는 수정된 협회방식의 기반(society basis) 위에서 이루어진 것이었다.

적어도 세 가지 이유가 전국적 연합에 대한 필라델피아 계획의 실패를 설명해준다. 그들은 그러한 연합에 대한 분명히 정해진 목적을 말하지 않았다. 침례교인들은 당시 각 주(州) 내의 통일을 이루는 데 몰두하고 있었다. 그리고 일부는 전국적 연합이 지역교회들의 독립을 위협할까 염려했다.107)

일라이어스 키치와 그의 유명한 부친(역자주: 벤저민 키치)은 영국으로 돌아온 후에 그들의 교회를 위해 회중찬송과 안수를 인정하는 두 개의 조항을 추가하면서

"제2 런던신앙고백서"를 개정하였다. 1712년에 뉴저지의 한 교회가 교리적 논쟁에 직면했을 때, 그들은 "일라이어스 키치의 신앙고백서에 동의하라"는 조언을 받았다.108) 웰시트랙트(Welsh Tract) 교회도 영어본과 에이벌 모건(Abel Morgan)이 만든 웨일즈 번역본으로 키치의 신앙고백서를 사용했다. 1724년에 필라델피아지방회는 안식일에 대한 질문에 답하여, "1689년에 런던에 모인 장로들(역자주: 여기서 장로들은 목사들)과 형제들이 준비하고, 우리가 인정한 신앙고백서"를 참고했다.109) 중요한 행보는 1742년에 일어났다. 필라델피아지방회가 키치 본을 공식적으로 채택했고, 그것은 미국 땅에서 "필라델피아신앙고백서"로 알려지게 되었다. 그것은 자유의지파(Freewills)의 아르미니우스주의와 완고한 칼뱅주의(Hardshells)의 결정론 모두를 막는 방벽 역할을 하면서, 여러 세대 동안 미국 침례교의 교리적 특징을 복음주의적 칼뱅주의로 고정시켰다. 1742년판은 필라델피아에서 벤저민 프랭클린(Benjamin Franklin)에 의해 인쇄되었다. 그는 그 내용에 대해 우호적으로 평했다. 회중찬송에 대해 추가된 조항은 다음과 같이 주장했다.

> 우리는… 하나님을 찬양하는 것이 그리스도의 거룩한 명령이며… 시편을 노래하고 찬송을 부르고 영적인 노래를 부르는 것이 그리스도의 교회에 부과된 일이라고 믿는다. 그리고 그리스도인들 개인뿐 아니라 온 교회가 공중집회에서 '히브리서 2장 12절과 야고보서 5장 13절에 있는 대로' 그들이 받은 최선의 빛에 따라서 하나님을 찬양해야 한다고 믿는다.110)

모든 실제적인 논점들에 대하여, 이것은 미국에서 회중찬송에 대한 논쟁을 마무리했다. 이후로 침례교인들은 회중찬송을 하는 사람들이었다.

찰스턴지방회(1751)

미국에서 두 번째이고 남부에서는 첫 번째인 침례교 지방회는 1751년에 사우스캐롤라이나의 찰스턴에서 올리버 하트(Oliver Hart)에 의해 세워졌다. 하트는 필라델피아지방회에서 활동했으며, 그 기구는 분명히 찰스턴에서 하려고 하는 일에 모델을 제공했다. 1751년에 겨우 네 개의 교회로 지방회가 이루어졌지만, 1796년에 이르러서는 26개의 교회가 가입했다. 처음부터 일부 교회들은 지방회를 가볍게 생각했다. 입수 가능한 그 세기 후기의 의사록을 보면, 지방회에 가입한 교회의 반 이상이 연례회의에 보고서를 보내는 것은 드문 일이었고, 메신저를 보내는 교회는 더 적었다. 예를 들면, 1788년에는 지방회의 17명의 목회자 중 오직 4명만이 지방회 모임에 참석했고, 참석자들은 "지방회 모임의 전반적인 퇴보"에 대해 불평할 기회를 잡았다.111) 그들은 "이 모임들이 연합과 공동 관심사를 위한 훌륭한 수단인데, … 무관심이 심해짐에 따라 연합이 약화되고 그 관심사들도 방치될 것"이라고 말했다.

1767년에 찰스턴지방회를 시작으로 남부의 여러 지방회들은 "필라델피아신앙고백서"를 채택했다. "필라델피아신앙고백서"는 1833년에 "뉴햄프셔신앙고백서"가 등장하기까지 남부의 침례교인들에게 주요 교리적 진술서 역할을 했다.

찰스턴지방회는 18세기에 목회자 교육과 국내선교라는 두 개의 주요 계획을 지원했다. 여느 지역에서처럼 1755년에 그 지방회는 젊은 목회자들을 돕기 위한 장학기금을 만들었다. 몇 년간 그 기금은 찰스턴의 침례교인들이 주도하는 '신앙협회'에서 관리했으나, 지방회와는 실질적인 연관이 없었다. 그러나 1790년에 지방회는 그 기금의 관리를 직접 맡았다. 처음부터 지방회는 교회가 목회자 찾는 일을 도왔고, 일시적으로 목회자가 없는 교회들을 위해 설교자들을 파견했으며, 그 세기 후반에는 변경지역에 설교자들을 보내 설교하고 교회를 세우게 했다. 그리하여 그들은 남부에 교단이라는 통로를 통한 선교사역이라는 개념을 확립했다. 물론 이 모든 노력 속에서 그들은 필라델피아지방회의 전례를 따랐다.

워렌지방회(1767)

1767년에 뉴잉글랜드 최초의 정규침례교 지방회가 로드아일랜드의 워렌에 세워졌다. 그 전에는 몇 교회가 필라델피아지방회와 연대하고 있었지만, 뉴잉글랜드 교회 대부분은 "연합하지 않고" 남아 있었다. 미국의 여느 지역보다도 뉴잉글랜드의 침례교인들은 지방회들을 기피했다. 그들은 한 때 자발적으로 이루어진 회중교회 지방회들이 어떻게 지역교회들 위에 군림하게 되었는지 그 실상을 본 터였다. 아이작 배커스(Issac Backus)는 1767년 9월 8일자 그의 일기에서 다음과 같이 지적했다: "우리는 전체 회의를 하기로 정해진 워렌으로 갔다… 이 모임의 복안은 교회들의 상태를 살피고, 그들이 연례 지방회 방식을 받아들지를 알아보는 것이었다."112)

열 개의 교회가 대표를 보냈으나, 네개의 교회만이 새로 세워진 지방회에 가입하는 데 동의했다. 배커스는 그 모임의 서기로 선출되었으나 참여하기를 거부했다. 그는 "나는 지방회가 유익하다는 것이 분명해졌고, 그 예상되는 위험이 다소 가라앉은 때였던 1770년 이전까지는 동참하고 싶은 마음이 없었다"고 말했다. 배커스는 "그들이 이 지방회가 교회들에 대한 어떤 지배권도 가지지 않는다고 만족할 때까지 기다렸다." 점차로 다른 교회들이 그들의 우려를 극복했고, 1792년까지는 960명의 교인을 대표해서 21개 교회 전체가 가입했다.113) 이 교회 대부분은 매사추세츠에 있었다.

워렌지방회는 두 가지 분야에서 중요한 기여를 했다. 그들은 로드아일랜드대학에 얼마간의 후원을 제공했고, 뉴잉글랜드의 종교자유를 위한 투쟁에서 침례교인들의 노력을 연합하는 일을 했다. 1769년에 그 지방회는 "고충처리위원회"(Grievance Committee)를 지명했고, 1772년 이후에는 아이작 배커스가 이 위원회를 이끌었다. 그의 일은 침례교인들에 대한 박해 사례들을 수집하여, 그것들을 "잘 입증하고," 그 증거를 법정과 주 의회에 가져가 시정을 요구하는 일이었다. 이런 식으로 워렌지방회는 미국의 종교자유를 위한 투쟁에서 주요한 기여를 했다.

지방회의 권위와 기능

지방회가 어떤 권위를 가지고 있으며, 어떻게 그 권위를 소속 교회들의 독립성을 손상하지 않고 행사할 수 있는가? 이러한 질문들은 영국과 미국 양국에서 표면에 떠올랐으나, 1749년 회기의 필라델피아지방회만큼 그 질문들에 솔직하게 직면한 곳은 거의 없었다. 그 세기 중반에 이르러 그 지방회는 교회를 "이 지방회에 속한 것"이라고 말했으며, 교리적인 문제나 실제적인 문제들에 대하여 교회들에게 조언했고, 지역교회 치리의 경우에 도와줄 조력자들이나 대표자들을 보냈고, 목회자들을 인정하거나 필요하다면 인정하지 않는 일을 거들었다. 당연히 이러한 영역에서 지방회의 권위에 대한 의문이 일어났다. 지방회는 벤저민 그리피스(Benjamin Griffith)에게 "지방회의 권위와 의무에 관한" 시론(試論)을 준비할 것을 요청했다. 그들은 만장일치로 그리피스의 간략한 "시론"을 채택하고, 그것을 1749년 의사록에 다음과 같이 삽입했다: "이것은 교회들로 구성되는 지방회가 어떤 권위를 가지며, 지방회에 어떤 의무가 부여되어 있는지를 명백하게 하고, 일부 사람들이 그런 모임을 대하는 경멸적인 태도를 막고, 또 미래의 어떤 세대도 그들이 마땅히 가져야 할 이상의 권력을 주장하지 못하도록 – 지방회가 교회들

위에 군림하지 못하도록-하기 위한 것이다."114)

그리피스의 "시론"은 균형과 견제의 모델을 제시하며, 교회와 지방회 모두의 권위를 분명히 말하고 있다. 그는 다음과 같이 말했다:

> 지방회는 관련된 교회들에 대해 상위의 권위를 가지고 있는 상위기관이 아니다. 각 개 교회는 적절한 자격을 갖춘 충분한 교직자들이 있다는 전제하에 복음의 모든 규례들을 집행하는 일, 그들의 교직자들을 받아들이고 퇴출하는 일과 그들을 시험하고 안수하는 일, 어떤 다른 교회나 회합단체의 간섭도 받지 않고 복음의 훈계와 교회행정의 모든 부분을 실행하는 일을 위하여 예수 그리스도로부터 오는 완전한 힘과 권위를 가진다.115)

이것은 교회의 예전, 치리, 안수를 교단이 아닌 지역교회의 기능들로 확인한 것이었다. 그러나 교회들은 상호간의 의논이 가능하고 서로 힘이 될 수 있을 때 다른 교회들과 연합해야 한다. "시론"에 따르면, 교회들은

> 서로 연합하기 위해 대표나 대리자들을 선출해야 한다. 그리하여 그들 대표자들의 모임으로서, 여러 독립된 교회들이 구성원이 되는 지방회나 협의회 혹은 회의는 소집되었을 때 상위기관으로 여겨져서는 안 되고 모든 교회 일반에 관해서든 특별히 어떤 한 교회에 관해서든 교회들 위에 감독권을 가지기보다는 교회들을 섬겨야 한다. 그리고 어떤 권위도 그것이 나온 원천보다 정규적으로 높을 수는 없다 하더라도 우리는 연합한 교회들의 대표들로 이루어지는 지방회가 그들의 연합체에 속해있는 교회들에 대하여 상당한 권위를 가져야 한다는 견해를 갖고 있다… 그리고 우리는 어떤 교회에서나, 혹은 그 연합체에서나, 혹은 그 교회의 어떤 파당에서, 교리 혹은 행습에 결함이 있다면 그것은 지방회가 그러한 교회나 파당으로부터 물러나기에 충분한 근거가 된다는 견해를 갖고 있다.116)

그러나 "시론"은 지방회가 오직 교제관계를 철회하는 권한만을 지닌다는 것을 분명히 했다. 지방회는 교회가 그릇된 행위나 가르침에 연루된 교인을 배제하도록 촉구할 수는 있지만 "파문할 수는 없다." 그 권위는 오직 교회에 속한다. W. W. 반즈(Barnes)는 필라델피아지방회가 대표자들로 구성된 연합에서 교회들로 구성된 연합으로 옮겨가고 있었던 것은 침례교 교회론의 발전에 있어서 주요 전환

점이라고 지적했다.117)

"시론"은 지방회가 무엇을 '해야 하는지'를 상설했다. 필라델피아 의사록은 그들이 무엇을 '했는지'를 보여 준다. 그 둘은 대부분 조화를 이룬다. 처음부터 교회들은 지방회에 "질문서"를 보내서, 교리상의 난제와 실천과 치리에 있어서 까다로운 문제들에 대한 조언을 구했다. 지방회는 여러 가지 기능들을 수행했다.

첫째, 지방회는 교리상의 조언자 역할을 했다. 때가 되자 대부분의 지방회는 신앙고백서를 채택했고, 일부는 그것을 지키는 것을 가입조건으로 삼았다. 지방회는 침례교 교리에서 현저하게 이탈된 교회들을 다루어야 했고, 만일 그들이 주장을 철회하지 않는다면 제명해야 했다. 종종 교리적 논쟁에 직면한 교회는 지방회에 "조력자들"을 보내줄 것을 요청했고, 문제의 교회에 파견된 목회자들이나 형제들은 그 문제를 중재하는 일에 도움을 주었다. 각 교회는 독립적이었지만, 지방회의 그러한 "도움"과 목소리는 상당한 무게를 가졌다.

둘째, 지방회는 침례교의 행습들에 대해 조언했다. 예배 중의 찬양, 노예 교인의 결혼, 이혼과 재혼을 다루는 문제, 교회치리를 필요로 하는 위법행위, 교인명부를 이적하지 않은 교인의 이적 여부, 교회에서 여성의 역할, 목회자에 대한 사례비 지불 여부, 지불해야 할 경우 사례비 조달 방법, 집사 선출 및 직무에 대한 규정, 헌아식 여부 문제, 비침례교인에 의한 침수례 유효성 문제, 예배 시에 (강단이) "빈" 날(설교자가 없는 때)에 대한 이용 방법 등의 문제들이, 지방회가 직면한 전형적인 문제들이었다.

1765년에 스미스의 크릭(Smith's Creek) 교회는 "아무 반대가 없다면 영국국교회의 교직자에 의해 침수례를 받은 사람을 주의 만찬에 받아들이는 것이 적합한지" 물었다. 필라델피아지방회는 "만일 그 사람이 신앙고백과 회개에 근거하여 침례를 받았다면, 좋습니다"라고 답했다.118)

1746년에는 "여성이 교회에서 투표권을 가질 수 있는가, 또는 가져야 하는가?"라는 질문이 필라델피아지방회로 보내졌다. 긴 토론 끝에 형제들은 여성이 교회의 회원으로서 적어도 "기립하거나 거수함으로써 침묵의 목소리를 낼 자유"를 가지고 있다는 데 동의했다. 몇 가지 조건 하에, 여성은 신앙고백을 하는 일, 하나님을 찬양하는 일, 또는 교회치리의 경우에 증언하는 일을 위해서는 말을 할 수도 있었다. 형제들은 다음과 같이 결론지었다.

그러므로 교회 조직체의 회원으로서 여성들은 그들의 양심을 표현할 기회와 방법을 가져야 한다…. 그리고 여성은 비록 자신이 직접 요청하지 않는다 하더라도, 적어도 형제를 통해 말할 허가를 요청할 수는 있을 것이다. 그리고 들을 기회는 그들에게 허락되어야 한다. 그것은 하나님의 법과 자연법에 의해 그들에게 요구된 침묵과 복종에 불일치하지 않기 때문이다. 그러나 그들은 오만하거나 소란스럽거나 주인 같은 태도로 말문을 열어서는 안 된다.119)

셋째, 지방회는 교회의 인사(人事) 문제를 해결해주는 기관 역할을 했다. 목회자를 찾는 교회와 목회지를 찾는 목회자들은 종종 지방회를 통해서 일을 해결했다. 지방회들은 또한 임시 설교자들을 공급함으로써 (강단이) "빈" 교회들을 도왔는데, 종종 이웃의 목회자들이 돌아가며 그 일을 하도록 임의로 할당하기도 했다. 지방회들은 "신임할 수 있는" 설교자들을 도와서 그들을 보증해주는 일을 해주었고, 거꾸로 자격이 없거나 비정통적인 설교자들에 대하여 교회에 경고하기도 했다. 예를 들면 찰스턴지방회는 1790년에 교회들에게 필립 멀키를 피하라고 경고했는데, 그는 예전에 지도적인 분리침례교 목사였으나, 당시에는 "무서운 파문 선고를 받고," "목회자 지위에서 강등된" 사람이었다.120)

넷째, 지방회는 우선적으로 기독교교육, 종교자유를 위한 투쟁, 그리고 국내선교라는 세 가지 영역에서 온정을 베푸는 사역을 하도록 장려했다. 일찍이 1722년에 필라델피아지방회는 교육을 위한 모금을 했고, 1764년에는 침례교 대학을 지원하는 일에 기여했다. 1755년까지 찰스턴지방회는 교육기금을 모금했으며, 다른 많은 지방회들도 비슷한 일을 했다. 워렌지방회는 뉴잉글랜드에서 종교자유를 위한 침례교인들의 노력을 서로 연결해 주었는데, 남부에서는 '버지니아 총위원회'(General Committee of Virginia)를 포함한 여러 집단들이 같은 기능을 수행했다. 지방회의 목적 중 하나는 가난한 지역으로 복음을 확장하는 것이었고, 1760년대까지 필라델피아지방회는 필요한 지역에 새로운 교회들을 세우기 위해 "특정 임무가 없는 전도자들"을 기용했다.

다섯째, 지방회들은 외로운 침례교인들에게 교제의 기회를 제공했다. 기껏해야 대중적이지 않거나 최악의 경우에는 심하게 박해받는 침례교인들이 드문드문 정착한 지역에서는, 비슷한 마음을 지닌 다른 사람들과 함께 할 기회가 중요했다. 침례교인들은 그들의 지방회에서 영감과 용기를 얻고, 다른 지역에서 벌어지는 상황 진전에 대한 보고를 듣고, 자신들이 중요한 운동의 일부임을 느꼈다. 로버트 셈플이 썼듯이, "우리는 형제들이 서로 만날 기회를 제공하는 것이 사소한 유익이 아니라고 생각한다."121)

여섯째로, 지방회들은 설교에 대한 모델을 제공했다. 설교는 늘 지방회 모임의 주요 안건이었으며, 교회들은 그들의 최고의 설교자들을 추천했다. 젊은 목회자들과 능력이 부족한 목회자들은 최상의 침례교 설교를 듣고, 그것을 통해 배웠다. 물론 지방회들이 나쁜 설교의 실례를 퍼뜨릴 수도 있었다. 그러나 아마도 좀 더 젊은 목회자들은 셔벌 스턴즈의 거룩한 넋두리를 택하기보다는 존 개노의 자연스럽지만 힘 있는 설교를 배웠을 것이다.

6. 침례교회의 내부적인 삶

18세기에 침례교인들이란 어떤 사람들이었는가? 그들의 교회는 어떻게 운영되었는가? 식민지 아메리카에서 침례교인이 된다는 것은 무엇을 의미했는가?

침례교회 신앙

언제나 그랬듯이 18세기에 침례교의 신앙은 다양했다. 그것은 칼뱅주의와 아르미니우스주의, 토요예배와 일요예배, 유기된 자의 영원한 파멸을 믿는 신앙과 보편적 구원을 믿는 신앙, 개방만찬과 폐쇄만찬에 대한 신앙 등이었다. 때때로 종교적 신앙은 민족적 배경에 의해 결정되었다. 예를 들면, 독일침례교형제단(German Baptist Brethren 혹은 Dunkers; 역자주: 독일 경건주의 전통에서 나온 이 형제단은 1708년에 시작되었으나 박해로 인하여 1720년대 이후로 미국으로 건너왔으며, 무저항, 단순한 생활, 탈속 등 엄격한 신앙생활을 주장했다)은 웨일즈 복음주의자들과 달랐다. 그러나 대부분의 침례교인들은 죄에 대한 예민한 경각심을 품고 있었다. 침례교인들의 신앙고백서는 용서와 영적 치유에 대한 강렬한 필요를 나타낸다. 그들의 성서에 대한 신앙은 확고했으나 교조적이지는 않았다. 그들은 성서를 믿었으나, 근대의 축자영감설은 대부분의 침례교인들에게 익숙하지 않았을 것이다. 그들의 신앙은 기본적으로 저 세상에 방향이 맞추어져 있었으나, 그들은 지금 여기에서 사는 그리스도인의 의무를 잊지 않았다.

대부분의 교단이 그랬듯이, 반(反)가톨릭주의는 18세기 침례교 설교의 주요한 주제였다. 아마도 대부분은 롱아일랜드(Long Island)의 침례교 목사인 일라이샤 페인(Elisha Paine)에 동의했을 것이다. 그는 1752년에 "우리 모두는 교황 또는 교황권이 두 번째 짐승이라고 고백한다"고 썼다.122) 대부분의 침례교인들은 세상이 대략 기원전 4000년에 창조되었다고 믿었다. 그들은 천년왕국설을 강조하지 않았지만, 대부분은 현재 후천년설(postmillennialism)로 불리는 것과 비슷한 견해를 갖고 있었다. 남북전쟁 이후까지 미국에서 전천년설(premillennialism)을 따르는 사람은 거의 없었다. 대부분의 침례교인들은 정통 기독론을 믿었지만, 때때로 호프만의 견해(역자주: 이 책의 2장에 설명된 '호프만 기독론'을 말함)가 표면에 떠올랐으며, 유니테리언(Unitarian)과 보편구원론(Universalist)의 견해도 때때로 나타나기도 했다.

침례교회 사역자

18세기의 침례교 사역자는 2세기 이후의 침례교 사역자를 분간하지 못할 수도 있다. 당시 사람들은 자신의 개인적 선택에 의해서가 아니라, 하나님의 부름이라는 압도적인 깨달음에 응답하여 침례교 사역자가 되었다. 일부 침례교인들은 하나님께서 개인에게 필요한 재능을 주신 "섭리의 소명"과 교회가 그 재능을 인정한 "외적 소명"을 구별했다. 교회들은 종종 사람들을 사역으로 부르는 일에 주도권을 행사했고, 그들은 항상 개인의 은사를 평가했다. "설교의 소명"은 당시에 훨씬 덜 개인적 주관에 달렸고, 교회가 거기에 관여했다.

안수는 보통 교회가 젊은 후보에게 자신의 은사를 지역교회에서 "향상시키거나" 발휘하도록 권위를 부여해주는 일로 시작되는 긴 과정이었다. 만일 그 노력의 효과가 없음이 증명되면, 교회는 보통 그 사람에게 목회자가 되는 것을 포기하도록 조언했다. 만일 지역교회에서의 노력들이 성공적이라는 것이 입증되면, 그 사람은 좀 더 광범위한 지역에서 설교하는 것이 허락되었고, 결국은 공식적인 안수의 과정을 겪게 되었다. 18세기에 안수는 다양했다. 그것은 담임목사직을 위한 안수이거나, "순회목회"를 위한 좀 더 일반적인 안수일 수 있었다. 목회자들이 다른 교회로 옮길 때, 그들은 새로운 목사직을 위해 종종 다시 안수를 받았다. 일부 목회자의 직은 짧게 끝나는 경우도 있었지만, 이상적인 것은 평생 목회의 일을 하는 것이었다.

목회자를 부양하는 일에 대한 태도도 다양했다. 로저 윌리엄스(Roger Williams)는 그의 널리 인용된 「고용된 목회자는 그리스도의 목회자가 아님」(*Hireling Ministry None of Christ's*)에서 재정지원에 강력하게 반대했다. 1727년에 매사추세츠 침례교 지도자 회의는 "복음 사역자들의 생계가 양심에 내키지 않는 사람들로부터 억지로 취한 재물에 의해서라도 부양되어야 하는지 여부"를 물었다. 형제들은 부정적으로 대답했다. 침례교인들은 자유롭게 바쳐진 헌물의 개념에 대해 거의 아는바가 없었던 것 같다. 그들은 국가교회에 의해 강제로 압류된 재산에 대한 생각에 사로잡혀 있었다.123) 특히 분리침례교가 목회자의 사례에 반대했다.

다른 침례교인들은 '정기적인' 사례에는 반대했으나 종종 곡물, 가축, 때로는 현금과 같은 자기들이 지닌 생필품을 설교자들과 나누었다. 어떤 교회가 사례비를 지급하는 데 동의했다고 해서 설교자가 실제로 그것을 받을 것이라고 보장된 것은 아니었다. 기록에는 약속한 것을 받을 수 없었던 목회자들의 사례들이 가득하다. 사례비를 안 주는 것은 교회가 그 목회자에게 만족하지 못한다는 것을 보여 주는 한 방법이었다. 조셉 헹크스(Joseph Hencks) 같은 일부 침례교인들은 "복음을 전하는 목회자나 장로가 (기부의 방식으로) 적당한 생활비를 받는 것은 합법적일 뿐 아니라, 능력에 따라 그것을 그에게 지급하는 것은 교회의 의무"라고 주장했다.124) 어떤 목사들은 해야 할 직무와 사례 둘 다를 구체적으로 명시하는 계약을 교회와 맺었다. 어떤 이들은 그런 계약을 확실히 이행하도록 하기 위해 법정으로 갔다. 목회자에게 지급하는 돈이 교회 내에서 조달되는 경우는 거의 없었고, 보통 교회 밖에서 의뢰하거나 기부금으로 받은 것이었다. 예배의 일부로서 봉헌의 개념은 당시의 침례교인들에게는 거의 알려져 있지 않았다.

은퇴라는 개념은 최근에 만들어진 것이다. 18세기에 대부분의 침례교 목사들은 단순히 죽을 때까지 또는 건강이 나빠질 때까지 사역을 했다. 교단이나 정부도 현대의 은퇴급여 같은 것을 제공하지는 않았다. 때때로 사랑받는 목사나 그의 미망인이 교회의 어떤 가족으로부터 자발적인 배려를 받는 경우가 있었지만, 대부분의 나이든 사람들은 친척들이 돌보았다. 18세기의 침례교 목사들이 오늘날 사용되는 용어처럼 '전임목회자'인 경우는 거의 없었다. 그들 대부분은 농사를 짓거나 사업을 하는 등 다른 직업으로 갖고 일함으로써 그들의 생계를 충당했다.

18세기에 침례교 목사는 상당한 권위를 행사했다. 교회가 집행할 일이 거의 없었기 때문에 이 권위의 대부분은 영적인 성격의 것이었다. 평신도들은 아마도 교회에서 거의 지도력을 행사하지 못했을 것이다. 그들은 하나님의 뜻을 발견하고 분명하게 설명하는 일을 목회자에게 일임했다. '치리 장로,' '교회를 다스리는' 목사의 책임, '목사를 따르고 복종할' 교인들의 의무 같은 말들은 당시의 침례교 자료에 자주 나타난다. 신앙적인 가르침이나 의무에 관한 문제에 대하여 목회자에게 반대하는 평신도(이 말조차 드물게 사용되었음)는 아주 드물었다. 평신도들은 교회가 관리할 재산이 더 많아지고, 모금하고 할당할 돈이 더 많아지고, 해야 할 현세적 "일"이 더 많아진 다음 세대에서 좀 더 많은 권위를 얻게 되었다.

지역교회

모든 교회에 건물이 있는 것은 아니었고, 건물이 있는 교회들은 보통 아주 단순한 방 한 칸짜리 구조를 갖고 있었다. 1770년대의 침례교회에 대한 모건 에드워즈의 설명에는 "30피트 곱하기 40피트"라는 말이 매우 자주 나오는데, 사람들은 그것이 대체로 침례교 건물의 일반적인 크기였다고 추측한다. 목회자는 종종 교회에서 교리문답을 하거나 가르치는 모임을 열었으며, 때로 주간에는 학교수업도 교회건물에서 했다. 그러나 모든 모임 및 수업은 큰 방 한 칸에서 이루어졌다. 주일학교용 방이 없었던 것은 단순히 교회에 주일학교가 없었기 때문이었다. 설교단은 보통 오늘날의 관례에 비해 높았고, 발판을 딛고 오르게 되어 있었다. 대부분의 교회에는 악기가 없었다. 그것은 너무 비싸서 구할 수도 없었고, 세속적인 "살롱"(saloon) 같은 인상을 준다거나, 성서적이지 않다고 반대를 받았다. 때가 되자 침례교인들은 이전에 회중찬송에 반대했던 편견을 극복했듯이, 악기 반대의 편견에서 벗어났다.

다른 교단들처럼 침례교인들은 종종 침례 받은 교인들로 이루어진 "교회"(church)와 교회회원이 아니면서 예배에 정기적으로 참여하는 청중들(hearers)을 포함하는 "회중"(congregation)을 구별했다. 두 집단 모두 권리가 있었다. "교회"의 두세 배가 되기도 한 "회중"은 종종 목회자의 초빙, 임명, 부양에 참여했지만, 주의 만찬에는 참여할 수 없었다. 대부분의 사람들은 어른으로 교회에 참여했지만, 16살이 된 젊은이들도 회심하고 침례를 받을 수 있었다. 머지않아 회심하는 평균 나이가 낮아졌다. 회심할 때는 '기독교'(Christian) 교제의 환대를 받지만, 오직 침례를 받은 후에야 '교회'(church) 교제의 환대를 받을 수 있었다. 어떤 교회들은 오늘날의 안수식과 비슷한 안수례를 주면서 새로운 교인들을 받아들였다.

대부분의 초기 침례교 건물에는 난방장치나 조명이 없었고, 도시와 소도시에 있는 소수의 교회들만 둘 다 갖춘 정도였다. 그들은 보통 여름에는 일요일마다 두 번의 예배를 봤지만, 겨울에는 한 번만 봤다. 19세기에 조명이 나아지면서 일요일 밤 예배에 오는 사람들이 늘었다.

대부분의 침례교인들은 서민이었기 때문에, 사회적 지위에 민감했으며, 많은 국가교회 사람들에게 무시당했다. 어떤 침례교회들은 특히 뉴잉글랜드에 있는 교회들은 사회적 지위에 따라 교인석을 배정했지만, 대부분의 침례교회들은 그러지 않았다. 그러나 매우 일찍이 그들은 교인들 가운데 가장 열정적이거나 적어도 큰 목소리를 내는 사람들이 주로 모이는 "아멘석"(amen corner)을 인정했으므로, 사회적 엘리트가 아니라 영적 엘리트를 위한 자리를 따로 배려한 셈이었다.

잔존하는 찬송 원문과 찬송 부르는 모습에 대한 설명들을 따라가 보면, 찬송을 하는 교회들은 대부분 그것을 음울하게 했다. 이러한 상태에서 찬송하는 일을 전면적으로 반대한 것은 그렇게 놀라운 일이 아니다. 즐거운 예외도 있었지만, 지금 보면 대부분 그들의 찬송 원문은 음울하거나, 진부하거나, 논쟁적이거나, 아니면 이러한 요소들을 다 지니고 있는 것으로 보인다. 대개의 경우, 목회자들은 찬송가를 "한 줄씩 읽어주고" 사람들이 따라 부르도록 했다. 18세기 침례교인들 가운데 전문적인 찬양인도자에 대한 개념은 당연히 알려지지 않은 일이었다. 많은 침례교 찬송은 침례와 주의 만찬에 집중되어 있었고, 많은 사람들은 그것을 통하여 하나님을 찬양했을 뿐 아니라 다른 교단을 반박하는 법들을 알게 되었다. 아마도 미국에서 최초의 침례교 찬송가라고 할 수 있는 1766년의 「뉴포트 찬송 모음집」(Newport Collection)에 사람들이 즐겨 부르는 찬송 한 구절은 다음과 같이 선포하고 있다.

> 어떤 이들은 그것을 침례라고 부르며, 계속 지속할 것이라 생각한다네.
> 사람의 손에서 몇 방울의 물이
> 저주 아래에 있는 어린아이 얼굴위로 떨어지는 것을
> 하지만 우리는 그것을 우리에게 증명해 줄 성서구절을 찾지 못하네.125)

가끔 교회에서의 행동이 문제가 되었는데, 그것은 젊은이들 뿐 아니라 어른들이 때때로 수다를 떨거나 웃거나 단순히 잠들거나 하는 경우였다. 배커스는 1780년대의 부흥운동 이전에 "한동안 교회가 침울한 상황 속에 있었는데, 젊은 사람들이 허영심으로 지나치게 낭비적이어서, 공중예배 때 정중한 태도를 거의 견지할 수 없었다"고 불평했다.126) 그러나 부흥운동과 죄에 대하여 두려워하는 의식이 회중에게 임했고, "경솔한 젊은이들"은 차분해졌다.

특별한 경우들

18세기의 침례교인들은 침례식과 주의 만찬을 중시했으며, 일부 교회들은 다른 의식도 강조했다. 침례는 늘 공개적이었고, 여러 지방회들은 "비공개적인 침수침례"를 "무효"라고 규정했다. 침례는 강이나 호수에서 강둑에 모인 교인들과 일반인들이 목격하는 가운데 이루어지기도 했다. 자주 무뢰한들이 와서 소리를 지르고 조롱하는 일이 있었으며, 때로는 그와 같은 침례를 중단시키려고 했다. 목회자는 통례적으로 그곳에서 설교를 했고, 종종 사람들은 그 현장에서 회심했고, 침례 받는 물에 들어갔다가, 옷이 젖은 상태에서 집으로 걸어가곤 했다. 그 세기가 끝나갈 무렵, 소수의 교회들은 교회건물 안에 침례용 풀장을 설치하기 시작했다. 주의 만찬은 보통 엄숙한 행사였으며, 20세기까지 대부분의 교회들은 포도주를 사용했다. 다른 음료를 사용하는 것은 성서를 진지하게 받아들이는 침례교인들에게 생각할 수 없는 일이었을 것이다.

침례교인들은 부활절과 성탄절을 지키지 않았을 뿐 아니라 둘 다 세속적이고 가톨릭적이라고 반대했다. 새뮤얼 존스가 호프웰 아카데미의 학생이었을 때, 그는 1757년 12월 25일자 일기에 이렇게 썼다. "성탄절이다! 그러나 우리 학교는 평소와 다름이 없다. 유일한 차이점은 우리가 저녁으로 두 마리의 큰 칠면조를 먹었다는 것이다. 이튼 씨는 우리에게 자기는 우리 주님이 12월 25일이나 또는 12월의 어떤 날에 태어나시지 않았다고 확신하기 때문에 성탄절을 지키지 않는다고 말했다."127)

다른 이들은 훨씬 더 호전적이어서, 부활절을 이교적이라고 보고 성탄절은 "음란한 창녀의 미신적인 유물"이라고 보았다.

대부분의 침례교회 교인들은 목사의 설교에서 신앙교육을 받았다. 주일학교는 없었고, 신앙서적은 드물었다. 그러나 몇몇 지방회는 신앙고백서뿐 아니라 교리문답을 채택했고, 목사들은 기회가 되면 아이들에게 "교리문답을 가르치도록" 요구받았다. 필라델피아지방회의 교회들은 벤저민 키치가 준비한 교리문답을 사용하도록 권고를 받았고, 1738년에 그 지방회는 더 많이 인쇄하도록 주문했다. 1794년에 그들은 "이 지방회에 속한 여러 교회들에게 정해진 시기에 그들 각각의 회중에 속한 어린이들의 교리문답을 시행하도록 권고하기로"128) 의결했다.

7. 결론

　18세기는 미국 침례교인들을 바꾸어 놓았다. 그들은 대부분의 주위 사람들에게 무시당하는 한 줌밖에 안 되는 교회들로서, 교리적으로 분열되고, 박해로 의기소침한 상태에서 18세기를 맞았다. 그들은 지방회도 만들지 못했고, 선교를 위한 노력도 기울이지 못했으며, 학교도 세우지 못했다. 1800년에 이르러 그들은 다른 정신을 가진 다른 사람들이 되어 있었다. 미국에서 가장 큰 교단이 된 그들의 '외적' 변화는 그들이 확신에 찬, 적극적인 복음전도의 사람들로 변한 '내적' 변화에 비해 덜 중요한 것으로 보인다. 흩어진 교회들이 하나의 교단이 되었다. 그들은 복음전도와 선교와 교육에서 목표를 발견했고, 그 목적을 추구하기 위해 조직을 결성했다.

　의심할 여지없이 침례교인들을 변화시키는 데 가장 중요한 사건은 제1차 대각성운동이었다. 그들의 가장 큰 성취는 종교자유를 위한 그들의 투쟁이었다.

주(註)

1) Robert G. Gardiner, *Baptists of Early America: A Statistical History*, 1639-1790, 63.
2) Isaac Backus, *A History of New England with Particular Reference to the Denomination of Christians Called Baptists*, 2:487.
3) Winthrop S. Hudson, *Religion in America*, 218.
4) William Warren Sweet, ed., *Religion on the American Frontier: The Baptists 1783-1830*, 10n.
5) William H. Brackney, ed., *Baptist Life and Thought: 1600-1980*, 112.
6) Ibid., 136-7.
7) Hudson, 60.
8) Clarence C. Goen, *Revivalism and Separatism in New England*, 1740-1800, 3.
9) H. Richard Niebuhr, *The Kingdom of God in America* (New York: Harper and Row, 1937), 124.
10) Robert L. Ferm, ed., *Issues in American Protestantism* (Garden City, N. Y.: Doubleday and Company, Inc., 1969), 73f.
11) Ibid., 61f.
12) Peter G. Mode, ed., *Source Book and Bibliographical Guide for American Church History*, 214.
13) Ferm, 83f.
14) David Benedict, *A General History of the Baptist Denomination in America and Other Parts of the World* (New York: Sheldon, Lamport, and Blakeman, 1855), 392f.
15) Ibid., 392, 393.
16) Backus, 2:114.
17) William G. McLoughlin, *New England Dissent 1630-1833: The Baptists and the Separation of Church and State*, 1:424.
18) Benedict, 549.
19) Backus, 1:495.
20) McLoughlin, 1:425.
21) Backus, 2:442n.
22) Ibid., 115n.
23) Gardner, 63. 여기의 모든 숫자가 다 가드너 책에 인쇄되어 있는 바로 그 숫자들은 아니다. 일부는 가드너가 저자 사본에서 연필로 수정했던 부분들을 반영하였다.
24) Benedict, 366.
25) Gardner, 72-4.
26) Benedict, 402.

27) Ibid., 505.
28) Gardner, 67.
29) Benedict, 499.
30) Gardner, 70.
31) Benedict, 489.
32) Gardner, 71.
33) Ibid., 81.
34) Ibid., 91.
35) Gwyn A. Williams, T*he Search for Beulah Land: The Welsh and the Atlantic Revolution*, 1, 23.
36) Ibid., 21.
37) Ibid., 20.
38) Albert Henry Newman, *A History of the Baptist Churches in the United States*, 233.
39) Benedict, 575.
40) William Cathcart, ed., *The Baptist Encyclopedia* (Philadelphia: Louis H. Everts, 1881), 846.
41) William G. McLoughlin, ed., *The Diary of Isaac Backus*, 1:583.
42) Benedict, 575.
43) Gardner, 87.
44) *Recordes of the the Welsh Tract Baptist Meeting*, 2:4f.
45) Gardner, 91.
46) Norman H. Maring, *Baptists in New Jersey*, 18.
47) Ibid., 19.
48) A. D. Gillette, ed., *Minutes of the Philadelphia Baptist Association, From A.D. 1707 to A.D. 1807*, 256-7.
49) *Minutes*, Charleston Baptist Association, 1796, 3. 하지만 모든 교회들이 다 보고서를 제출한 것은 아니다.
50) William T. Whitely, ed., *Minutes of the General Assembly of the General Baptist Churches in England*, 1:75.
51) Joe M. King, *A History of South Carolina Baptists*, 27에서 인용.
52) Leah Townsend, *South Carolina Baptists 1670-1805*, 18.
53) Loulie Latimer Owens, *Saints of Clay: The Shaping of South Carolina Baptists*, 28, 32, 46.
54) Leon McBeth, "Southern Baptist Higher Education" in William Estep, ed., *The Lord's Free People in a Free Land: Essays in Baptist History in Honor of Robert A. Baker*, 118.

55) Robert G. Torbet, *A History of the Baptists*, 215-6.
56) Reuben Edward Alley, *A History of the Baptists in Virginia*, 18-9.
57) Whitely, 1:125.
58) Gardner, 103.
59) Morgan Edwards, *Materials Toward a History of the Baptists*, 2:79.
60) Torbet, 218.
61) C. Edwin Barrows, ed., *The Diary of John Comer*, 84-5.
62) Gardner, 108.
63) William F. Davidson, *An Early History of Free Will Baptists, 1727-1830*, 131f.
64) Gardner, 119.
65) Ibid., 123.
66) Sweet, 258-60.
67) William L. Lumpkin, *Baptist Foundations in the South*, 36
68) Edwards, 2:92
69) Ibid., 93.
70) Lumpkin, 39.
71) Ibid., 62.
72) George W. Purefoy, *A History of the Sandy Creek Baptist Association*, 204-5.
73) Edwards, 2:79-80.
74) Ibid., 92-93.
75) Lumpkin, 67.
76) Purefoy, 46-7.
77) Ibid., 75.
78) George W. Paschal, *A History of North Carolina Baptists*, 1:308.
79) Robert I. Devin, *A History of Grassy Creek Baptist Church*, 69.
80) Steve O'Kelly, "The Influence of Separate Baptists on Revivlistic Evangelism and Worship." 130.
81) Leon McBeth, *Women in Baptist Life*, 43에서 인용.
82) Prefoy, 63.
83) O'Kelly, 157에서 인용.
84) Purefoy, 63.
85) Lumpkin, 54.
86) Ibid.
87) Ibid., 69.
88) L. F. Green, *The Writings of the Late Elder John Leland*, 114.

89) David Benedict, *A General History of Baptist Denomination in America and Other Parts of the World*, 2 vols.(Boston: Manning and Loring, 1813), 2:62.
90) Walter B. Shurden, "The Southern Baptist Synthesis: Is It Cracking?" *Baptist History and Heritage*, 2-11.
91) Lumpkin, 147f.
92) Backus, 1:487-8.
93) Sweet, 480.
94) Gillette, 74.
95) Maring, 25에서 인용.
96) Gillette, 91.
97) McLoughlin, 1:492.
98) Ibid., 495-6.
99) Ibid., 499.
100) Ibid.
101) Benedict, 1885 ed., 455.
102) Ibid.
103) Gardner, 137.
104) Gillette, 11.
105) William Wright Barnes, *The Southern Baptist Convention, 1845-1953*, 2.
106) Gillette, 343.
107) Walter B. Shurden, *Associationalism Among Baptists in America: 1707-1814*, 223-4.
108) William L. Lumpkin, ed., *Baptist Confessions of Faith*, 349.
109) Gillette, 27.
110) Lumpkin, *Confessions*, 351.
111) *Minutes, Charleston Baptist Association*, 1788, 5.
112) 112. McLoughlin, *Diary*, 2:670-71.
113) Benedict, 1885 ed., 470.
114) Gillette, 60.
115) Ibid., 60-61.
116) Ibid., 61.
117) Barnes, 13f.
118) Gillette, 95.
119) Ibid., 53.
120) *Minutes, Charleston Baptist Association*, 1790, 2.
121) Robert Baylor Semple, *History of Baptists in Virginia*, 63.

122) Backus, 2:100n.
123) Ibid., 1:520.
124) Ibid., 2:22.
125) O'Kelly, 182에서 인용.
126) Backus, 2:429.
127) Maring, 25.
128) Gillette, 297; 또는 Tom J. Nettles, *Baptist Catechisms*를 보라.

제8장

식민지 아메리카의 침례교인들: 종교자유를 위한 투쟁

　거의 4세기 동안 침례교인들은 자신들뿐 아니라 다른 사람들을 위해서도 완전한 종교자유를 주장했다. 종교적 신념 및 행동과 관련하여 정부가 아니라 하나님에 응답할 개인의 권리를 위한 투쟁에서보다 침례교인들의 증언이 더 분명하고 일관적인 분야는 없었다. 침례교인들은 국가교회와 달리 자유를 위한 진통 속에서 태어났다. 세속권세든 교권이든 그들에게 종교적 합일을 이루도록 강제하려는 모든 노력에 대해 그들은 저항하였다. 미국에서 종교자유를 위한 기본적 투쟁은 비록 그 세부사항과 관련법규들이 계속 다듬어지기는 했지만, 1791년 연방헌법에 첨부된 권리장전(Bill of Rights)에서 그 절정에 달했다. "제1차 수정 헌법"(First Amendment)은 "의회는 어떤 공식 종교의 설립에 관한 법이나 혹은 자유로운 종교 활동을 금지하는 법을 만들 수 없다"고 보장하였다.
　아메리카의 침례교인들은 종교의 자유를 위한 긴 운동에서 영국 침례교인들의 유산으로부터 그 이념과 전략을 끌어 왔다. 그들은 영국 침례교의 신앙고백서들, 청원들 그리고 소논문들에 있는 주장들을 사용하여 자신들의 견해를 옹호했다. 일찍이 1612년의 영국 침례교 신앙고백서는 "공직자는 자신의 지위를 이용하여, 종교나 양심의 문제에 개입하여 어떤 사람에게 이런 저런 종교 형식이나 교리를 강요하거나 강제해서는 안 되며, 기독교의 신앙은 자유롭게 각자의 양심에 맡겨 두어야 하며, 오직 시민법의 위반에 대해서만 개입해야 한다"고 선언하였다.1) 비록 후에 수많은 소책자들과 소논문들에서 확대되었고 설명이 덧붙여지고 더 길어지기는 했지만 이 선구적 진술은 침례교의 종교자유를 위한 증언의 기본 골격을 포함하고 있다. 침례교인들은 1600년대의 로저 윌리엄스와 존 클라크가 편 주장들을 이어받았으며, 그것들을 다음 세기에 매우 효과적으로 적용하였다. 일부 정치 지도자들은 1689년에 의회에서 통과된 종교관용법(Act of Toleration)이 영국 식민지로 확장되어야 하는지를 두고 토론하였다. 이 조치가 승인되었음에도 미국에서는 마지못해, 그리고 불평등하게 적용되었다.

침례교에 대한 제한조치들은 가벼운 괴롭힘에서부터 극심한 박해에 이르기까지 시대와 장소에 따라서 달랐다. 아메리카에서 종교 때문에 처형당한 침례교인은 없었다. 그러나 많은 침례교인들이 심한 매를 맞았거나 국가교회를 지원하는 세금을 물어야만 했고, 재산을 몰수당했으며, 과태료를 물었고, 장기간 수감생활을 감내해야 했다. 그들은 공중 앞에서 괴롭힘을 당했는데, 침례교의 설교자들은 때로 모욕을 참아야 했고 공개적인 침례가 때로는 구경꾼들의 조롱거리가 되거나 방해를 받았다. 헤즈키아 스미스(Hezekiah Smith)는 그가 거리를 걸을 때 "그에게 갑충을 던지기도 했다"고 불평하였다.

어떤 사람들은 종교자유와 교회와 국가의 분리 원칙이 아메리카가 국가기능론에 대하여 기여한 가장 두드러진 공로라고 본다. 종교자유의 종교적, 세속적 원천은 많다. 관용을 강조한 존 로크(John Locke)의 철학, 개인의 자유를 향한 열망을 담고 있는 토마스 제퍼슨(Thomas Jefferson)의 계몽사상, 개인의 결단을 요청하는 아이작 배커스(Isaac Backus)의 각성 신학, 하나님 앞에서 인간은 자유로워야 한다고 주장한 존 릴랜드(John Leland)의 성서적 견해 등이 각기 여기에 기여하였다. 토마스 제퍼슨, 제임스 매디슨(James Madison), 패트릭 헨리(Patrick Henry), 그리고 비중은 다소 적지만 조지 워싱턴(George Washington)과 같은 정치 사상가들 역시 종교자유에 일종의 세속적 축복을 부여했다. 어떤 사람들이 종교적 확신보다는 종교적 무관심에서 행동했다고 하더라도, 사람들로 하여금 자신들의 종교를 믿도록 허용했다는 점에서 그 결과는 같았다. 여기에 종교적 동기에서 자유를 주창한 사람들의 공헌이 추가되어야 한다. 퀘이커파(Quakers), 메노파(Mennonites), 그리고 그 외의 사람들 역시 자유를 옹호했지만, 여기에는 침례교와 장로교가 우선적으로 포함되어야 한다. 그러나 미국에서 그들의 교인들을 위하여 침례교만큼 종교자유를 쟁취하는 데에 크게 기여한 교단은 없다. 그러나 침례교 지도자들이 많은 기본적 개념들을 제공하기는 했지만 그것들을 입법화할 정치력을 갖지는 못했다. 다른 한편, 정치 지도자들이 종교 관련 법안을 통과시킬 수는 있었지만, 법제정을 위한 그들의 아이디어는 주로 종교 집단들이 제공함으로써 만들어졌다.

그래서 침례교를 포함하여 어떤 종교 집단도 독점적으로 자신들만이 이 나라에서 종교자유를 실현했다고 주장할 수는 없다.

식민지 아메리카에서 종교자유를 주창한 사람들의 동기 역시 단일하지는 않았다. 어떤 이들은 정부에 대한 종교적 영향을 피하기 위해서 자유를 원했다. 아마도 제퍼슨과 같은 지도자들에게는 이것이 주요 동기였는데, 이 입장을 '종교로부터'의 자유라고 부른다. 침례교인들과 같은 이들은 같은 자유를 찾았지만 이유는 달랐다. 그들은 '종교를 위한' 자유, 즉 예배하고, 설교하고, 종교적 신념에 따라 실천할 자유를 원했다. 미국의 종교 지도자들과 정치 지도자들은 근원적이고 창조적인 해결책에 도달했다. 즉, 교회와 국가를 분리하여, 모든 사람에게 자신이 선택한 종교를 믿고 실천할 자유를 주되, 다른 사람들에게 그들의 신념과 실천에 동참하기를 강요하는 것에 대해서는 거부하자는 것이었다. 정부가 시정에 관여하지만 종교에서는 중립에 서야 한다는 것이었다.

"제1차 수정헌법"에 대해 논평하면서 1802년에 제퍼슨 대통령은 코네티컷의 댄버리(Danbury)에 있는 한 침례교 무리에게 다음과 같이 썼다.

> 종교는 오로지 인간과 신 사이의 일이라는 사실, 자신의 신앙과 예배에 대하여 누구에게도 답변해야 할 의무가 없다는 사실, 그리고 정부의 입법권은 사람들의 견해가 아니라 행동에 관여한다는 사실을 여러분들과 함께 믿으면서, 의회는 "공식 종교의 설립과 자유로운 종교활동 금지에 관한 법을 만들 수 없다"고 선언하고, 그래서 교회와 국가 사이에 분리의 벽을 쌓기로 한 모든 미국 시민들의 조치에 최대의 존중을 보냅니다.2)

로저 윌리엄스가 처음으로 사용하긴 했지만 "분리의 벽"이란 은유는 제퍼슨이 대중화하였다. 그 표현은 도움이 되기도 하지만, 때로는 문제가 되기도 했다. "벽"이라는 말은 분리의 현실을 강조하기는 했지만, 현실에 존재하는 것보다 더 완전한 구별을 의미했다. 다른 은유들도 교회와 국가의 관계를 설명하는 데 사용되었는데, 종교문제에서 정부의 "중립"이란 말이 1872년에 법관 알폰소 태프트(Alphonzo Taft)에 의해 대중화했고, 연방 대법원장 워렌 버거(Warren Burger)가 1970년에 말한 바대로 정부와 종교의 "지나치지 않은 얽힘"이란 말이 쓰였다.3) 일찍이 제임스 매디슨(James Madison)이 사용한 "분리의 경계선"이 좀 더 정확한 표현이었을지 모른다.

미국에서 두 개의 운동이 종교자유의 전기를 마련하고 그 성격과 범위에 영향을 주면서 근본적인 영향을 미쳤다. 1750년 이전에 절정에 달한 제1차 대각성운동과 한 세대 후에 최고조에 이른 계몽주의가 그것이다. 앨런 하이머트(Alan Heimert)는 「종교와 미국의 정신」(Religion and the American Mind)에서 어떻게 보수적인 대각성운동과 자유주의적인 계몽주의가 함께 종교자유라는 대의(大義)를 진전시켰는지를 보여준다.4) 부흥운동가들이 종교문제에서 개인의 결단을 요청한 것은 청교도들이 물려받은 칼뱅주의를 약화시켰을 뿐 아니라 종교적 신념 및 행동과 관련하여 시민들에게 강요된 국가교회 개념 또한 약화시켰다. 많은 "대각성운동가들"이 그것을 바라지는 않았을지 모르지만, 그들의 사역은 종교에 있어서 더 많은 자발주의(voluntaryism)를 선도했다.

다른 한편, 계몽주의는 개인이 스스로 문제를 찾아 결정하고자 하는 열망을 표현하였다. 정치에서 계몽주의는 각 시민이 공적 문제들을 결정하는데 목소리를 내게 하면서 갓 태어난 민주주의 개념을 강화하였다. 종교에서 이 운동은 관용을 촉구했는데, 이는 종교적 강제의 종언이자 공공생활과 사생활 모두에서 종교가 해 온 중심 역할의 실질적 축소를 뜻하는 것이었다. 미국에서 종교자유를 획득하는 데 있어서, 종교적 확신과 마찬가지로 종교적 무관심의 역할을 솔직하게 인정해야 한다. 요컨대 종교를 이유로 다른 사람들을 박해하는 사람들은 종교가 생사를 걸 정도로 중요하다는 사실과 그들 자신만이 옳고 다른 사람들은 확실히 틀렸다는 사실을 확신하는 사람들임에 틀림없다. 계몽주의는 이 모든 개념들에 도전했으며, 그 결과로 종교적 박해의 토대를 허물어 버렸다. 그것은 종교적 박해를 가치 없는 일로 만듦으로써 종교의 역할을 축소시켰고, 종교적 박해가 요구하는 교리적 확실성에 의문을 제기했으며, 마침내 종교적 박해를 나쁜 일이자, 계몽된 사람의 위신을 깎는 일로 만들었다. 그래서 종교 진영과 비종교 진영 모두 양자의 권리를 보호하는 독특한 제도를 창안함으로써 미국의 종교자유에 이바지하였다.

이러한 복합적인 환경에서, 침례교인들은 영혼의 자유를 위한 자신들의 역할을 다했다. 영적 각성운동과 계몽주의 모두로부터 영향을 받는 가운데, 영국 침례교인들의 논증들을 끌어오고, 직접적으로는 성서에 호소함으로써, 매사추세츠의 아이작 배커스와 버지니아의 존 릴랜드 같은 침례교인들은 마침내 결실을 맺게 된 영혼의 자유에 대한 입장을 명확하게 표현했다.

종교에 영향을 미치는 법률과 지도자들이 서로 다름으로 인하여 주요 지역들의 여건은 다양했다. 그래서 뉴잉글랜드, 중부식민지, 남부식민지 등, 지역별로 따로 종교자유를 추적하는 것이 가장 좋을 것 같다. 이것은 몇 개의 이야기로 이루어지겠지만 나중에는 하나의 이야기, 즉 모두를 위한 완전한 종교자유의 성취라는 이야기로 통합될 것이다.

1. 뉴잉글랜드의 종교자유

뉴잉글랜드에 처음으로 정착한 "필그림 교부들"(Pilgrim Fathers)은 회중교회적 신앙형태를 대변하였다. 구약 모형과 개혁신학에 집착하여 그들은 일종의 신정(神政)체제의 설립을 의무로 여겼다. 1648년의 캠브리지 강령(Cambridge Platform)과 다른 법률제정을 통하여 법에 의해 회중교회(Congregational Church)를 설립하였고, 모든 시민들에게 교회를 지원할 세금을 부과했으며, 다른 형태의 신앙을 금지했다. 역설적으로 구(舊) 잉글랜드에서는 비국교도 신분이었다가 막 도착한 정착민들이 뉴잉글랜드에서 공식적인 교회를 설립해 그들에게 반대하는 사람들을 박해하였다.

"양심의 자유"(Liberty of Conscience)에서 존 코튼(John Cotton)은 사람들이 두 가지 조건을 충족시키는 한, 종교에 관하여 다른 견해를 견지할 수 있다고 인정했다. 그 두 가지 조건이란, 그들의 견해가 국가교회와 다른 부분이 근본적인 것이 아니라 주변적인 것이어야 한다는 것과 그 견해들을 조용히 간직해야지 그것들로 다른 사람을 설득하려고 해서는 안 된다는 것이었다. "덜 중요한 일에 있어서," 코튼은 "교리의 문제들이든 예배의 문제들이든, 만약 어떤 사람이 기독교적인 온유와 사랑의 정신으로 그것을 따른다면, 그는 박해를 받아서는 안 되며, 하나님께서 그에게 그의 진실을 명백하게 드러낼 때까지 관용되어야 한다"고 허용하였다.5) 그러나 누구든지 "참 신과 참 종교를 모독한다면, 그런 사람들은 엄중한 처벌을 받아야만 한다."6) 물론 국가교회는 관용되어도 좋을 점들과 억제되어야 할 점들을 규정할 수 있을 것이다.

코튼은 그러한 좁은 의미의 "자유"에 대한 로저 윌리엄스의 반대에 정말로 놀랐던 것 같다. 당시 윌리엄스는, 정부는 종교를 내버려 두어야 하며, 진리는 당국의 지원 없이 자체의 힘으로 확산될 것이며, 종교에서 완전한 자유는 신학과 성서에 의해 요청되는 것일 뿐만 아니라 실제적인 차원에서 그래야 더 평온한 사회가 실현되리라는 근원적인 생각에 도달하였다. 윌리엄스와 클라크 그리고 다른 침례교인들은 이런 근원적인 견해를 주창했지만, 그러한 견해들은 독립전쟁 시기에 이르기까지 널리 청중을 얻지 못했다.

종교에 대한 규제

1679년에 보스턴 제일침례교회 교인들이 그들의 새 건물에서 집회를 갖고자 했을 때, 그들은 못질해서 막아 놓은 문과 건물 사용을 금지하는 팻말을 발견했다. 다음 주일에 그 건물은 개방되었지만, 뉴잉글랜드의 시와 교회 당국 양측이 침례교인들에게 가한 일종의 전형적인 규제 조치였다. 전염병이나 인디언의 습격 같은 공중의 재난들이 특히 침례교인들에게 어려움을 주었는데, 그것은 일부 국가교회의 교직자들이 그들의 "선임된 날" 설교에서 그 재난들을 침례교인들과 다른 제도교회 반대자들이 존속하도록 허락했다는 이유로 하나님이 사람들에게 내린 징벌이라고 해석했기 때문이었다.

법은 침례교인들을 포함한 모든 시민들에게 뉴잉글랜드 대부분 지역에 법에 의해 설립된 회중교회를 지원할 세금을 낼 것을 요구하였다. 세금을 지불하지 않는 사람들은 재산을 압류당하거나 때로는 그 재산의 일부를 "외치며 팔기"(경매)에서 처분해야 했다. 일부 제도교회 반대자들은 국가교회의 교직자들을 지원할 그들의 몫을 지불할 때까지 감방에 투옥되기도 했는데, 이 관행은 어떤 곳에서는 의외의 결과를 빚기도 해서, 투옥된 자들이 감방 창문을 통한 설교로 설득하는데 성공하여, 교직자들이 그들의 석방을 위해 대신 과태료를 지불해 주었다.

서부 매사추세츠에 있는 스터브리지(Sturbridge)의 경우는 침례교인들에 대한 재정적 착취의 한 예를 보여준다. 1748년에 분리침례교가 그곳에서 한 교회를 형성했고 종교세를 면제받을 모든 요구사항들을 충족시켰다. 그러나 배커스에 따르면 "그들 모두에게 그 도시의 [회중교회] 목회자인 케일럽 라이스 씨(Mr. Caleb Rice)에게 낼 세금이 부과되었다."7) 침례교인들의 지불이 늦어지자 당국은 그들의 재산을 "압류했다." 배커스에 따르면 그들은 "상기 침례교회의 치리를 맡은 장로 데이비드 모스(David Morse)로부터 1파운드 1실링 4펜스의 세금 대신 좋은 암소 한 마리를 가져갔다." 배커스는 그들이 또한 "5달러에도 못 미치는 세금의 대가로 그에게서 11파운드 가치의 황소 두 마리를 가져갔다. 그들은 신앙을 구실로 그들의 이웃들의 재산에 대해서도 약탈을 감행했다"고 쓰고 있다.8) 배커스는 이러한 부당한 과세에 대해 다음과 같이 간결하게 적었다.

> 그들은 백랍 선반이 있으면 그것을 약탈해 갔고, 그게 없으면 손잡이가 긴 프라이팬, 솥, 항아리 그리고 잠자리를 덮히는 그릇 따위를 가져갔으며, 어떤 사람들에게서는 그 들의 양식을 얻는 수단들, 말하자면 노동자의 작업 도구들 그리고 물레 등을 가져갔다. 다른 어떤 사람들에게서는 거위와 돼지를 탈취해 갔고, 암소가 여러 마리 있는 사람에게서는 여러 마리를, 한 마리만 있는 사람에게서는 그 한 마리를 끌어갔다. 어떤 사람에게서는 황소들의 멍에를 탈취해 갔다. 어떤 사람은 감옥에 집어넣어 그곳에서 길고 진저리나는 수감생활을 하게 했다. 우리들이 한 형제를 지명하여 한 침례교회의 목사로 안수했는데, 그가 그의 가족을 방문했을 때 그를 잡아 감옥에 가두었고, 그곳에서 그는 누군가 돈을 지불해 그를 밖으로 나오게 하기까지 추운 겨울을 그곳에서 보내야 했다.9)

유사한 재산 몰수가 어디에서나 벌어졌다. 어떤 이는 당국이 그에게서 "타고 다닐 좋은 짐승"을 탈취해 갔다고 불평하면서, 선한 사마리아인처럼 자신의 짐승에 탈 수 있게 해달라고 청원하였다.10) 매사추세츠의 서부 경계에 있는 신도시 애시필드(Ashfield)에는 대체로 침례교인들이 정착했고, 그들은 자신들의 교회를 세우고 지원했다. 후에 회중교회 정착민들이 도착하여 회중교회를 세우기 위해 침례교인들에게 세금을 징수하였다. 침례교인들은 지불을 거절하였으며, 배커스에 보고에 따르면 1770년 4월에,

> 애시필드의 지가(地價) 감정사들이 모였으며, 그들은 침례교인들이 가진 398에이커의 땅을 상대편의 예배를 지원하기 위해 매각했다. 침례교 목회자에게 부과된 1파운드 2실링에 대해 그들은 그 집의 부지 10에이커를 팔아버렸다. 그의 부친은 그 지역에서 제일 좋은 사과 과수원들 가운데 하나를 소유하고 있었는데, 그것은 새로운 지역에 특별히 유익한 것이었다. 그런데 과수원의 요지를 포함하여 매장지가 딸려 있고 작은 주택이 서 있는 개간된 20에이커의 땅이 35실링에 일라이자 웰스(Elijah Wells)라는 사람에게로 넘어갔다. 이 사람은 강제로 거기에 들어가 많은 작은 사과나무들을 뽑아내 다른 곳으로 옮기고는 집을 팔기 위해 내놓았다.11)

과부이자 뉴잉글랜드에서 종교자유의 침례교 대변인이었던 아이작 배커스의

어머니 엘리자베스 배커스(Elizabeth Backus)를 국가교회가 투옥한 것은 아마도 그들의 최대의 실수 중 하나가 되었다. 그의 아들과 마찬가지로 배커스 여사는 침례교인이 되기 위하여 국가교회를 떠났고 그녀에게 부과된 교회세를 내지 않고 있었다. 관리들이 어느 날 늦은 밤 시간에 찾아왔을 때 그녀는 병이 나서 땀을 내려고 이불을 뒤집어쓰고 난로 가에 앉아 성서를 읽고 있었다. 그들은 그녀의 상태에 아랑곳 하지 않고 그녀를 끌어내 감옥에 가두었다. 아이작에게 쓴 그녀의 편지는 다음과 같다.

1752년 11월 4일 놀위치에서

사랑하는 아들에게: 나는 너희들에게 닥친 고난에 대해 최근에야 듣게 되었다. 그 일을 하나님께 맡기고 내 짐을 내려놓을 힘을 얻기까지 나는 몹시 슬펐다. 이제는 우리의 고난에 대해 얘기하려고 한다. 너의 형제 새뮤얼은 20일째 감옥에 있다. 10월 15일에 징세관들이 우리 집에 와서 비가 오는 어두운 밤 9시경에 나를 데리다 투옥시켰다. 형제 힐(Hill)과 세이빈(Sabin)도 다음 날 밤 여기로 왔다. 우리는 13일 동안 감옥에 갇혀 있었고 무슨 영문인지 모르지만 그 후에 자유를 얻었다. 내가 그곳에 있는 동안 많은 좋은 분들이 나를 보러왔고… 혹독한 시련에 던져져 갇힌 사람이었으나 나는 매여 있지 않았고, 시련의 와중에 나와 함께 계시는 예수님을 발견했다. 오, 그때서야 나는 나의 이름, 재산, 가족 그리고 목숨까지 기꺼이 하나님께 내맡길 수 있었다. 이제 감옥은 내게 궁전처럼 보이는구나. 나에게 웃음과 조롱을 보내던 모든 사람들 때문에 하나님을 찬양할 수 있게 되었다. 우리 모두 건강한 가운데 너를 보기를 기대한다. 너의 사랑하는 엄마, 엘리자벳 배커스.[12]

어머니가 아들에게 보낸 편지들 중 아마도 이 보다 더 큰 감동을 주는 편지는 거의 없을 것이다. 배커스 여사는 높이 존경받았고, 그녀가 겪은 일은 기존 질서에 비우호적인 모든 사람들로부터 폭넓은 관심을 끌었다. 국가교회 교직자는 배커스 여사의 석방과 아울러 그녀의 파괴력 있는 증언을 잠시 동안 입막음 하게 된 것만으로 기꺼워 할 수밖에 없었다. 이 가족이 겪은 사건이 국가교회의 종교 독점을 깨려는 아이작 배커스의 결의를 어느 정도로 강화시켰는지는 짐작에 맡길 뿐이다.

면제법들

1727년을 시작으로 뉴잉글랜드의 여러 식민지들은 종교에 있어서 일련의 면제법들을 통과시켰는데, 제도교회반대자들은 이 법들을 적용하여 특별한 조건 아래 교회세를 돌려받을 수 있었다. 면제에 해당되기 위해서 그러한 사람들은 자신들의 교회에 정기적으로 출석하고 있고, 그 교회를 지원하고 있으며, 그 교회에서 5마일 이내에 거주한다는 것을 증명해야 했고, 같은 교단에 속한 적어도 세 개 이상의 다른 교회들로부터 그들의 교회가 실제로 해당 교단에 소속된 제대로 운영 중인 교회라는 사실을 인정하는 확인서를 받아 제출해야만 했다. 이 조건을 충족시킨 침례교인들은 그들의 교회세 환불을 청구할 수 있었다. 시와 교회 당국은 모두 이 규정들이 충분히 관용적이라고 생각했고, 더 많은 자유를 요구하는 침례교인들을 이해할 수 없었다.

그러나 침례교인들은 면제법에 많은 문제가 있다는 것을 발견했다. 그 법들은 정부가 종교에 관해 입법하는 것을 허용한다는 것이었고, 그것은 침례교인들이 자신들에게 유리하더라도 거부했던 전제였다. 더구나 그 법은 한시적이어서 폐기될 수 있었고, 다시 갱신되었다가 또 폐기될 수 있었고, 1년이나 그 이상 갱신되지 않다가 또다시 조금 다른 형태로 갱신될 수도 있었다. 침례교회들은 특히 변경 지역을 비롯하여 여러 곳에 흩어져 있었고, 많은 신실한 교인들이 5마일 이상 떨어진 곳에 살았다. 그 법은 침례교인들을 아나뱁티스트로 보았는데, 그것은 그들이 거부하는 이름이었다. 일부 분리침례교회들은 이웃 교회들이 정규침례교회일 경우 그들로부터 제휴 확인서를 받는데도 어려움이 있었다. 게다가 면제 증서를 받기 위해 관청의 형식 모두를 충족시켰다 하더라도 적지 않은 수수료를 물어야 했다. 배커스는 후에, "그 [증서] 사본은 우리 돈 4펜스를, 영화(英貨)로는 3펜스를 내지 않으면 발급받을 수 없었는데, 그것은 미국독립 전쟁을 불렀던 차 1파운드에 매겨진 바로 그 세금이었다"고 언급했다.13)

이 증서에 필요한 관청의 서류는 실로 방대했다. 모든 요구사항을 충족시켰다 하더라도 공식 면제 리스트에 등재되지 않은 침례교인들은 하소연할 데가 없었다. 여기에다 침례교인들은 세금을 피하기 위해 교회에 참석하는 사람이 있을 수 있다는 우려를 갖고 있었는데, 배커스가 지적한대로 그런 사람들은 "보혈 아래에 거한 적 없으면서 물 아래 들어갈" 유혹을 받을 수는 있었던 사람들이었다.

아이작 배커스

많은 사람들은 아이작 배커스를 미국에서 종교적 자유를 위한 가장 위대한 침례교 대변인으로 여긴다. 배커스는 18세기 말엽 자유를 위한 투쟁에서 로저 윌리엄스의 선구적인 주장들을 채택했다. 그는 조나단 에드워즈(Jonathan Edwards)나 존 로크를 자유자재로 인용할 수 있었고, 그래서 대각성운동과 계몽주의 견해들의 강점들을 결합할 수 있었다. 워렌지방회의 영향력 있는 고충처리위원회(Grievance Committee)의 의장으로서 배커스는 독립전쟁 여명기 동안 종교의 자유에 관한 침례교의 모든 중요한 진술과 전략의 최전선에 있었다. 배커스의 광범위한 저작들은 오늘날까지도 의미 있는 이 주제에 관한 문헌의 주요 부분을 차지하고 있다.

배커스는 1724년 유복한 부모에게서 태어났고 회중교회에서 훈육을 받았다. 조지 위트필드의 찬양자인 배커스는 열일곱 살에 감성적 회심을 경험하고 부흥운동에 우호적인 뉴라이트파에 가입하였다. 청년으로서 수줍고 내성적이긴 했지만, 설교를 잘하려는 배커스의 초기의 노력은 성과가 있었고, 그 직업에 대한 내적 소명감을 확인시켜 주었다. 1751년에 이르러 배커스는 침례교인으로서 침수례를 받았으나, 5년 동안은 침수례자와 비침수례자 모두를 포함하는 열린 교회를 유지하려고 했다. 1756년에 그는 그러한 노력을 버리고 엄격한 침례교 원칙에 입각한 새로운 교회를 형성했고 그의 여생을 목사로 봉직하였다. 공적인 학교 교육은 부족했지만 배커스는 폭넓은 독서를 했다. 그의 저작들은 그가 자신이 살았던 시대의 사건과 인물들에 관하여 잘 알고 있었음과 그 위에 기독교 역사에 관하여 충분히 인지하고 있었음을 보여준다. 1769년에 배커스는 워렌지방회로부터 미국 침례교 역사의 집필을 요청받았다. 1777년, 1784년, 1796년에 각각 출판된 세 권짜리 저작은 미국에서 침례교 교단의 역사로 출판된 최초의 일로 꼽힌다. 이 저작은 거의 한 세기 후에 출판된 두 권짜리 판형으로 가장 잘 알려져 있다.

배커스는 계몽주의로부터, 특히 존 로크의 저작들로부터, 상당한 영향을 받았음을 보여준다. 로크에게서 계시의 대체물을 발견한 제퍼슨과 달리, 배커스는 거기에서 계시의 버팀목을 찾아냈다. 여러 소논문에서 배커스는 성서뿐만 아니라 계몽주의 개념들에 자주 호소하였다. 그는 자신이 노샘프턴(Northampton)의 신학자로 불렸던 "우리들의 탁월한 에드워즈"를 인용하는 확신에 찬 칼뱅주의자로 남았다.14) 그러나 칼뱅주의는 미국에서 시들어가고 있었으니, 어떤 사람은 배커스와 칼뱅주의가 거의 동시에 죽었다고 주장한다. 노년에 배커스는 수정 칼뱅주의를 주장하는 부목사로 인해 번민했지만, 많은 회심자를 얻은 그를 어쨌든 신뢰하였다. 배커스는 기껏 7년 - 주로 겨울에 - 밖에 학교교육을 받지 않았으나 "아무도 나를 학문의 적으로 생각하지 않게 하리라"고 말했다. 그럼에도 그는 "근년에 대학을 나온 많은 학자들이 아르미니우스주의자로 분류되는 것은 부인할 수 없을 정도로 익히 알려진 사실"이라고 불평하였다.15)

배커스는 자신이 분리침례교인이긴 했지만 극단적이지 않았다. 침례교인들이 남부에서 그랬던 것처럼, 그가 뉴잉글랜드에서 정규침례교와 분리침례교가 별개로 갈라지는 것을 막았던 것은 거의 확실하다. 점차적으로 그는 많은 정규침례교회들을, 특히 1780년대의 대각성운동 이후에, 온건한 형태의 신앙부흥운동으로 견인했다. 아마 누구보다도 배커스는 그의 생애 동안 신학, 복음전도, 교직자의 본분에 있어 뉴잉글랜드 침례교의 기풍을 세운 사람이었다.

하지만 배커스는 종교자유를 위한 투쟁에 앞장선 지도자로 가장 잘 기억된다. 고충처리 위원회의 의장이라는 그의 지위, 내용이 있으면서도 때로 감정적이지 않은 설교, 그의 방대한 저작은 그가 침례교의 입장을 진전시키고, 방어하고, 대중화하는 일을 가능하게 했다. 오늘의 독자들은 이 주제에 관한 그의 가장 영향력 있는 논문들 중에서 다음 두 가지 논문을 꼽는다. "정부와 자유에 대한 설명과 전제적 교권의 폭로"(Government and Liberty Described; and Ecclesiastical Tyranny Exposed, 1778)와 "전횡적 권력에 반대하여 매사추세츠 주민에게 드리는 호소"(An Appeal to the People of the Massachusetts State against Arbitrary Power, 1780)가 그것이다.16) 이 두 논문에서 배커스는 독립전쟁 후에 주 헌법에 주 정부의 종교에 대한 통제를 포함하려는 매사추세츠 주의 노력에 대응하였다.

1778년에 매사추세츠의 지도자들은 서둘러 편집된 헌법초안을 발표했다. 그 헌법에는 여러 세대 동안 침례교인들을 억압했던 법들에 어떤 중대한 변화도 없었다. 배커스는 독립전쟁을 두 개의 전선에서 벌어지는 전투로 보았는데, 시민의 자유를 위해서는 영국군에 저항하는 전투로, 종교자유를 위해서는 기성사회의 입법자들에게 저항하는 전투로 묘사했다. 헌법초안은 첫 번째 부분에서의 승리를 제한하고, 두 번째 부분은 철저히 부정하는 것처럼 보였다. 고충처리위원회의 요청으로 배커스는 "정부와 자유"라는 글을 준비했다. 배커스는 "참 종교"를 하나님에 대한 자발적인 복종이라고 정의하면서, 정부는 단지 종교를 내버려 두어야 한다는 침례교인들이 늘 해왔던 요구를 반복했다.17)

배커스는 영리하게도 당국의 주장을 자가당착이 되게 했다. 그는 타인에 대해 권위를 행사하려는 영국국교회 감독의 생각에 반대했던 보스턴 회중교회 목사인 찰스 촌시(Charles Chauncy)의 말을 인용했다. 그런데 배커스는 회중교회 사람들이 침례교인들에게 하려고 한 것이 정확하게 그런 행위라고 말했다. 배커스는 정치지도자들에게 침례교인들 또한 자기들이 다니지도 않고 믿지도 않는 교회를 지원하라고 강요받았을 때 대의권 없는 납세의 고통을 감내했다는 것을 분명히 보여주었다. 배커스는 로저 윌리엄스가 "적그리스도의 등장 이래로 평등한 종교적 자유를 확립한 최초의 시민정부를 세웠다"는 것을 상기하면서, 종교자유를 옹호한 로저 윌리엄스의 말을 인용했다.18) 배커스는 명백히 종교자유를 위한 투쟁을 독립전쟁의 근본적인 과제로 보았다. 그는 "그 과제에 대한 다툼이 이 잔인한 전쟁에 불을 붙였다는 것은 잘 알려져 있다"고 말했다.19) 1778년에 헌법초안은 통과되지 않았다. 많은 사람들은 배커스와 침례교인들이 그 결과에 큰 영향을 미쳤다고 그 공로를 돌린다.

1779년에 매사추세츠 주는 주 헌법의 틀을 짜려는 또 하나의 시도를 하면서, 그 목적을 위해 5명의 침례교인들을 포함한 293명의 대의원으로 구성된 회의를 소집했다. 그 결과로 나온 문서는 모순적인 것처럼 보였다. 왜냐하면 2조는 종교자유를 규정하는 것처럼 보였지만, 3조는 개신교 목사들을 지원하기 위해 정부가 모든 시민에게 세금을 부과하는 것을 허용했고, 어떤 상황 하에서는 요구했기 때문이었다. 다시 한 번 침례교인들은 배커스에게 교회와 국가의 계속되는 제휴에 반대하는 일에 그들의 대변인이 되어 줄 것을 요청했다. 협의와 서신을 통해 배커스는 대의원들이 3조를 변경하도록 영향력을 행사하려고 노력했으나, 그것이 실패하자 그는 투표권자들이 그 헌법을 거부하도록 설득하려는 노력으로 "전횡적 권력에 반대하여 매사추세츠 주민에게 드리는 호소"라는 글을 썼다. 헌법은 채택되었고, 기존제도에 대한 그 조항은 실제로 1833년까지 남아 있었지만, 배커스는 침례교의 입장에 대하여 강력하게 표명했다.

"전횡적 권력에 반대하여 매사추세츠 주민에게 드리는 호소"에서 배커스는 지난 세대에 걸친 종교자유를 위한 침례교의 주장과 노력들을 재검토했다. 국가 공직자의 권한은 시민사회의 일에 국한되어야 한다는 것을 지적하면서, 배커스는 목회자들이 강요된 세금이 아니라 오직 자발적인 헌금에 의해 지원받아야 한다는 데 동의했다.20) 3조 조항이 종교에 유익한 것일 수 있다고 말하는 사람들에게 배커스는 다음과 같이 주장했다: "그 조항은 주민들에게 하나님을 예배하는 일에 관한 법을 만들고 집행할 권리가 있음을 주장한다. 그것은 그러한 일에 있어서 우리에게는 **단 한 분의 입법자**밖에 없다고 우리를 확신시켜 주는 진리에 직접적으로 반대된다."21) 배커스는 또한 당국이 침례교인들의 견해가 위험하다는 것을 입증하기 위해 "독일 아나뱁티스트의 사례를 긁어모았으며," 침례교인들을 "격렬하고 맹목적인 고집불통"이라고 묘사했음을 지적했다. 배커스는 종교자유에 대한 침례교인들의 입장을 끈기 있게 다시 확인함으로써 이러한 불평을 다루었다.

맥로클린(McLoughlin)은 종교자유에 대한 배커스 주장의 근거에 관하여 의문을 제기했다. 그는 다음과 같이 말했다.

> 배커스와 그가 대변했던 분리침례교가 견지했던 교회와 국가의 분리에 대한 태도는 개인의 권익과 경험에서 점차로 발전한 것이었다. 무엇보다 그것은 영국의 침례교인들과 기타 비국교도들의 당시의 투쟁과 원리, 또는 로저 윌리엄스의 투쟁과는 거의 관련이 없었다.22)

이러한 입장은 종교자유에 대한 침례교인들의 주장이 적어도 뉴잉글랜드에서는, 원리보다는 오히려 실용주의에 더 많이 기초한 것으로 해석할 것이다. 이 견해에 따르면 모두가 평등하게 대우받는 한, 배커스는 애초에 국가종교의 설립에 어떤 근본적인 문제가 있다고 보지 않았다. 그러나 머지않아 배커스는 침례교인들의 고유의 길을 가는 것이 더 낫다고 보게 되었고, 실용적인 선호(選好)의 문제로 시작된 일이 세월이 가면서 점차로 성숙하여 만인을 위한 종교자유라는 원리를 구현하게 되었다는 것이다.

배커스가 다른 사람들처럼 점차로 어떤 판단을 형성해 갔다는 것은 분명하다. 그는 종종 계몽주의의 개념에 호소했고, 종교자유의 현실적인 중요성을 지적했다. 이 점에서 그는 다른 침례교인들, 특히 영국의 토머스 헬위스(Thomas Helwys)와 미국의 로저 윌리엄스의 발걸음을 따랐다. 그들은 둘 다 사회에 끼치는 자유의 유익을 강조한 사람들이었다. 그러나 배커스가 어떻게 그의 초기 확신에 도달했던지 간에, 그의 성숙한 입장이 실용주의 이상의 것을 대변했다는 사실과 깊이 사고(思考)된 원리와 관련 있다는 사실은 누구도 의심할 수 없을 것이다.

자유를 위해 조직된 침례교인들

로저 윌리엄스의 시대부터 뉴잉글랜드의 침례교인들은 종교적 차별에 저항했으나, 1769년까지는 자유를 위한 투쟁에 통일된 목소리를 내고 일치된 행동을 하기 위하여 특별한 조직을 만들지는 않았다. 그 해에 워렌지방회(Warren Association)가 자유를 위한 침례교인들의 투쟁을 선도하기 위해 그 유명한 고충처리위원회(Grievance Committee)를 조직했다. 1772년 이후 아이작 배커스는 그 위원회를 이끌었다. 그것은 뉴잉글랜드에서 그를 종교자유를 위한 최초의 침례교 대변인으로 만든 지위였다. 고충처리위원회는 침례교인들의 고충들에 관한 자료를 모아 여러 법원과 주 의회에 시정을 위한 탄원서를 제출하고, 종교적 차별을 경감시키기 위한 입법을 추진했다. 그 위원회는 아마도 미국에서 조직화된 최초의 종교적 로비단체로 인정될 만할 것이다. 미국 침례교인들은 종교자유를 고취하고 실천하는 일뿐 아니라, 침례교인들과 다른 사람들의 이익을 지키기 위해 정부의 입법 활동을 감시하는 전통을 가지고 있다.

한 동안 배커스는 국지적인 접근방식을 취하면서 고충처리위원회를 이끌었다. 즉, 박해가 일어나는 곳 어디에서나, 그들은 그것을 경감시키려고 노력했다. 배커스는 여행과 서신을 통해 수없이 많은 사례들을 수집하고, 그것들을 "잘 입증하여" 법원과 판사들과 의회에 증거로 제출했다. 그러나 그 과정에는 시간이 많이 걸렸으며, 약간의 승리를 얻었다 하더라도 제도 자체에 영향을 주지는 못했다. 배커스는 대담하게 움직이면서 두 가지 전략을 개발했다. 첫 번째 전략에는 지역 당국만이 아니라 런던에도 호소한다는 생각이 들어 있었다. 배커스는 1770년 8월 20일자 "보스턴 이브닝 포스트"(Boston Evening Post)에 다음과 같은 알림을 실었다.

> 어떤 방식으로든 종교적 이유로 탄압을 받아왔고 받고 있는 매사추세츠만(灣) 지역의 침례교인들에게 알림. 말할 필요도 없이, 여러분은 여러분이 속해 있는 정부의 종교를 설립한 법의 영향을 오랫동안 통감했을 것입니다. 여러분의 지갑은 교직자 세(稅)에 부담을 느껴왔습니다. 그리고 이것이 여러분의 적대자들을 만족시키지 못했을 때, 여러분의 재산은 빼앗겨 반값 이하로 팔렸습니다. 이러한 일들을 여러분은 잊을 수 없을 것입니다. 그러므로 여러분은 여러분을 필요로 할 때 선뜻 듣고 동참해 주시리라 생각합니다… 벨링햄(Bellingham)에서 열리게 될 침례교 지방회에 그런 사례들을 가져가거나 보내주십시오. 그때에 그동안 반복되었던 시도가 성공하지 못한 지역보다는 다른 또 하나의 지역

으로부터 시정을 얻기 위한 조처들이 단호하게 채택될 것입니다.23)

"또 하나의 지역"에 대한 이 호소는 명확했고, 그것은 식민지 당국의 관심을 끌었다. 그들은 여러 가지 이유로 런던에서 이러한 실정이 논의되는 것을 원하지 않았다. 런던의 여러 지도자들은 식민지 헌장을 무효화하기 위해서라면, 종교를 포함하여 어떠한 핑계든 붙잡기를 너무도 원했을 것이었다. 그러므로 런던에 호소문을 보내겠다는 침례교인들의 위협은 상당한 압박이 될 것이었다. 런던에 대리인을 보내기 위해 한 차례 모금을 하기는 했지만, 실제로 침례교인들은 이 위협을 결코 실행하지는 않았다.

훨씬 더 대담한 방침이 1773년에 채택되었는데, 그것은 침례교인들이 단순히 교회세 납세를 중단하고, 면제증서의 신청을 중단하기로 결정했던 일이었다. 그들은 더 상위의 법인 하나님의 법에 복종하여 인간의 법을 무시하기로 결정했다. 기록에 의하면, 바로 그 시민 불복종 정책에 의해 침례교인들은 종교자유를 향해 그 전의 10년 동안 이룬 것보다 1년 안에 더 많은 진보를 이루었다. 그 새로운 정책은 분명히 1773년 5월 4일 보스턴에서 열린 고충처리위원회의 회합에서 기인한 것이었다. 그때 몇몇 위원들은 면제증서를 얻고도 아직 교회세를 환불받을 수 없었던 침례교인들의 사례들을 면밀하게 살폈다. 배커스는 지방회에 보낸 그 후의 편지에서 "이 나라에서는 모든 자유 [가운데] 가장 크고 가장 중요한 조항인 양심의 자유가 당연히 있어야 함에도 명백히 허용되지 않았다"라고 불평하면서, 이 난관의 뿌리가 "교회에 관련된 일을 관장하는 어떤 법이든지 만들 (권력)이 국가 통치자들에게 있다는 사실"에 있음을 제언했다. 그는 다음과 같이 결론지었다.

> 그러므로 그 일에 관련된 그들의 법 따르기를 [거부하고], 심지어는 그들의 납세부과인 에게 어떤 증서를 주는 것조차도 [거부하는 것]과 같이, 그렇게 직접적으로 이 난관의 뿌리를 쳐내는 것이 우리의 의무가 아닌지 여러분이 [생각하기를] 원하는 것입니다…. 그리고 만일 우리가 우리를 억압하는 자들을 그저 그리스도인의 성정으로 대하고, 종교를 지원한다는 구실로 다른 이들에게 그것을 강제하려 한다면, 그것은 너무도 불쾌한 일이어서 다른 이들이 그것을 감당할 수 없을 것입니다.24)

어떤 침례교인들은 새로운 정책에 저항했다. 그들은 너무 오랫동안 법을 지키며 살아왔기 때문에, 시민 불복종 운동을 취할 수 없었다. 그러나 결국 배커스의 정책이 이겼고 수많은 양보들을 얻어냈다. 물론 식민지에서 자라나는 혁명정신이 배커스의 대담한 행동에 도움이 되었다. "대의권 없이는 과세도 없다"라는 개념은 영국에 대한 전투구호가 되었다. 침례교인들은 국가교회가 그들과 다른 제도교회 반대자들을 마치 영국이 식민지를 대하는 것과 완전히 똑같은 방식으로 대하고 있다는 사실, 그들이 다니지도 않고 믿지도 않는 교회들을 지원하기 위해 세금을 내고 있다는 사실, "그리고 그것도 자신들의 자유가 침해당하고 있다고 큰 소리로 불평하고 있는 사람들에 의해 그러한 일을 당하고 있다는 사실"을 드러내 보여주었다.25) 배커스는 후에 "우리 [침례교인들]이 여기서 겪었던 최악의 대우는 미국 독립전쟁이 경험했던 것과 같은 원리들, 그것도 그 많은 부분이 동일한 사람들로부터 왔다"고 말했다.26) 이 논점은 1775년에 워렌지방회에서 채택된 결의문에 의해 강화되었다. 그 결의문은 다음과 같이 말했다.

> 우리의 진짜 불만은 우리 선조들뿐 아니라 우리 역시 우리가 대변하지 않는 종교의 명목으로 과세당해 왔다는 것이다…. 미국 전체가 대의권 없는 과세의 부당함에 저항하여, 그리고 우리의 돈을 강탈하는 데 혈안이 된 사람들에 의해 재판받는 일에 저항하여, 하늘에 호소하고 있지 않은가? 그런데 우리가 우리의 동료들에게 '동일한 일을 행하는 것'을 하늘이 인정하겠는가? 확실히 아닐 것이다.27)

1770년대에 영국에 대해 증가일로에 있었던 반란정신은 여러 면으로 침례교인들에게 도움이 되었다. 첫째, 미국의 지도자들은 침례교인들이 식민지 정부에 대항하는 논의를 하기 위해 런던으로 대리인을 보내려는 어떤 계획이든지 막으려고 했다. 둘째, 많은 사람들이 깨닫게 된 바와 같이, 영국의 압제에 대항하는 애국적 불평은 국가교회의 압제에 저항하는 침례교인들의 불평과 완전히 똑같은 것이었다. 셋째, 침례교인들의 수가 아주 많아져서, 만일 전쟁이 난다면 그들의 지원은 매우 중요했다. 식민지의 입법자들은 이러한 요인들에 직면한데다가 배커스가 그들의 면제증명서를 무시하는 일이 더해지자, 침례교인들에게 양보하는 것 외에는 다른 선택의 여지가 거의 없었다.

1774년 9월에 워렌지방회는 당시 필라델피아에 있던 대륙의회의 한 위원회 앞에 종교자유에 대한 그들의 호소문을 제출하기 위하여 배커스를 필두로 하는 대표단을 파견했다. 배커스는 그의 「일기」에서 "매닝 씨와 헤즈키아 스미스 씨는 나와 함께 필라델피아에 가서, 우리가 지금까지 누렸던 것 이상의 종교자유를 확고하게 지키기 위해 어떤 일이 일어나서는 안 되는지 알아보기를 간절히 원했다"고 기록했다. 지방회는 만장일치로 이 계획을 지지했고 비용을 댔다. 배커스는 이렇게 썼다. "그래서 나는 그 목적으로 짐승을 한 마리 샀고, 9월 26일 월요일에 몸이 안 좋은 상태였지만 의무를 이행해야 한다는 생각에 떠밀려 길을 떠났으며, 하나님의 은혜로 장로들이었던 개노(Gano)와 밴 호른(Van Horn)을 만났다."28)

침례교 대표단은 필라델피아 지역의 퀘이커교도들과 침례교인들을 비롯한 몇몇 출처들로부터 실망스러운 소식을 접했다. 그 두 집단은 배커스의 대표단에게 대륙의회에 나타나지 말 것을 촉구했다. 1776년 이전에 필라델피아지방회의 침례교인들은 뉴잉글랜드와 남부에 있는 그들의 동료 교인들보다 애국적 대의(大義)에 대해 훨씬 더 냉담했는데, 그것은 아마도 부분적으로 모건 에드워즈의 영향 때문이었을 것이다. 배커스 대표단은 전체 의회 앞에서 청문회를 하도록 허락받지는 못했지만, 고집을 꺾지 않았다. 그들은 매사추세츠 대표들인 존 애덤스(John Adams), 새뮤얼 애덤스(Samuel Adams), 로버트 페인(Robert T. Paine), 토마스 쿠싱(Thomas Cushing)으로 구성된 분과위원회 앞에 나타났다. 매닝이 워렌 지방회의 "비망록"(Memorial)을 읽었고, 침례교인들의 고충들을 설명하는 것을 시작으로 하여, "개신교의 독립된 교단으로서 우리는 우리의 동료 국민들과 함께 헌장의 권리들에 대해 동등한 자격이 있으나, 오랫동안 그 권리를 자유롭고 완전하게 누리는 것을 거부당해 왔다"고 결론을 맺었다.29) 특별히 스터브리지(Sturbridge)와 애시필드(Ashfield)에서 일어난 침례교인들에 대한 학대에 대해 말한 후에, "비망록"은 이렇게 결론지었다.

>이제 "원하는 자유가 무엇이냐"는 질문을 받을지도 모른다. 그 대답은 이렇다. 그리스도의 나라는 이 세상에 속한 것이 아니며, 종교는 어떠한 인간적 권위도 개입할 수 없는 하나님과 영혼 사이의 문제이므로, 기독교의 원리들과 일관되게 그리고 개신교 신앙의 명령에 따라, 우리는 참여할 수 없는 사역을 지원하도록 강요당하지 않고, 우리의 양심에 따라 하나님을 예배할 자유를 주장하고 기대한다. 반면에 우리는 충실한 국민으로 처신할 것이다.30)

그러나 위원들은 침례교인들이 불평을 할 이유가 없음을 보여주려고 애쓰면서, 그들의 주장을 완강하게 거부했다. 존 애덤스와 새뮤얼 애덤스는 긴 연설을 했다. 그들은 "진실로 우리 지역에는 교회에 관한 법규가 있지만, 매우 미약하여 법규라고 부르기도 어렵다"고 말했다.31) 배커스는 후에 자신의 「일기」에서 이렇게 기록했다.

> S. 애덤스 씨는 우리 가운데 정규침례교인들은 원만하다는 것을 나타내려고 노력했다. 그리고 이런 불평은 고통스런 박해를 자랑하는 열광자들에게서 나왔음을 한 번 이상 넌지시 암시했다…. 그리고 페인 씨는 그 문제에서 양심에 대한 것은 아무 것도 없으며, 그것은 오직 약간의 돈을 내는 것에 대한 논쟁일 뿐이라고 말했다.32)

그 회의는 위원들이 침례교인들의 불평을 좀 더 자세히 살펴보기로 약속하고 밤 11시경에 끝났다. 그러나 존 애덤스는 "그들이 그들의 체제를 포기하기를 기대하는 것은 [침례교인들]이 태양계가 변하기를 기대하는 것이나 마찬가지다"라고 경고했다. 태양계는 지금까지 존속하고 있지만, 매사추세츠의 종교적 체제는 첫 수정안을 채택한 후 40년이 지난 1833년에 무너졌다.

자유의 획득

배커스는 살아 생전에 침례교인들이 법으로 항상 그랬던 것은 아니었지만, 실제적으로는 종교자유를 성취하는 것을 보았다. 그는 종교에 관한 사법권의 일부를 정부에 부여한 1780년의 매사추세츠 헌법 제3조에 대항하여 싸웠지만 성공하진 못했다. 그러나 1780년에 채택된 연방헌법과 특히 1791년에 첨가된 권리장전은 침례교인들에게 종교자유에 대한 더 많은 법적 토대를 제공했다.

헌법초안이 처음 나왔을 때, 모두가 그것을 좋아하지는 않았다. 시민들은 (비준 찬성을) 장려하는 "비준파"(rats)와 (그에 반대하는) "반(反)비준파"(anti-rats)로 첨예하게 나누어졌다. 많은 침례교인들이 "반(反)비준파"였지만, 배커스 강한 "비준파"였다. 배커스가 매사추세츠에서 비준을 받는 일에 공헌했고, 실제로는 뉴잉글랜드의 여러 주들에서도 그러했다는 것은 일반적으로 인정된다. 새로운 헌법과 그 수정안의 힘, 다른 주들, 특히 버지니아 주에서 종교자유의 획득, 독립전쟁에서 침례교인들의 훌륭한 지원, 그리고 종교적 강제성에 대한 부정적 평판의 증가 등이 결합하여 자유라는 침례교인들의 목적 성취를 도왔다. 그러나 여러 주의 교회지도자들은 새로운 자유에 대해 매우 언짢아 했으며, 그들은 한 세대 이상 침례교인들을 뒤에서 괴롭혔다.

2. 중부식민지의 종교자유

중부 식민지에서는 완전히 다른 상황이 지배했다. 여기서는 교회가 법에 의해 세워지지 않았고, 대체로 처음부터 종교자유가 있었다. 한 동안 당시 뉴네덜란드(New Netherlands)라고 불린 곳에서 네덜란드인이 다른 사람들을 통제하려고 했지만, 그것은 일시적인 일이었다. 때때로 유태인들, 반(反)삼위일체론자들 그리고 무신론자들이 주장하는 것과 같은 덜 전통적인 종교형태가 관용적인 중부식민지에서조차 문제에 직면했으나, 이들은 예외였고, 관용이라는 일반적 원칙은 입증될만했다. 때때로 침례교인들은 초기 뉴욕에서처럼 그들의 회합장소를 허락받아야 했으며, 약간의 대중적 학대에 직면했다. 그러나 그들은 아마도 펜실베이니아에서는 그 나라의 다른 어떤 지역에서보다 더 큰 자유를 누렸다. 그러므로 침례교인들은 그들의 힘과 신학을 큰 방해 없이 크게 발전시킬 지역을 가졌고, 그 지역은 후에 다른 지역들에까지 넘쳐 흘러간 영적인 안정성을 제공해 주었다.

관용의 배경

두 가지 요인이 중부식민지에서 허용된 광범위한 종교자유를 가장 잘 설명해 준다. 그 지역에 널리 퍼진 퀘이커의 영향과 종교적 다원주의가 그것이다. 퀘이커교도가 된 윌리엄 펜(William Penn)은 자신의 부친에게 빚을 진 찰스 2세 왕으로부터 그 대가로 아메리카의 광대한 토지를 하사받았다. 기름진 그 지역은 온갖 종류의 거주민들을 신속하게 끌어들였다. 펜은 불특정한 퀘이커 무리를 대거 유치하여, "형제애의 도시"로서 필라델피아를 세웠다. 그들의 유산에 충실하게도 퀘이커교도들은 이 새로운 지역에서 종교자유를 설파하고 실천했으며, 그들과 견해가 다른 이들을 환영했다.

중부식민지는 아주 일찍부터 가톨릭 신자들과 다양한 개신교도들을 포용했으나, 어느 집단도 지배적일 만큼 충분한 다수를 점하지는 못했다. 그러한 다원주의가 종교적 관용을 실제적인 필요 사항이 되게 만들었다.

침례교인들에게 끼친 이점들

침례교인들은 관용으로 유익을 본 자들에 속했다. 중부식민지는 두 가지 방법으로 종교자유에 대한 침례교인들의 투쟁을 촉진시켰다. 첫째, 이 지역은 침례교인들이 설립 가능하다고 주장한 사회조직의 살아 있는 실험실, 즉 모델을 제공했다. 여기에서 종교자유는 단순히 이론이 아니라 일상의 실천이었고, 사회는 번성했다. 많은 사람들은 정부가 지원하는 종교가 질서가 잘 잡힌 시민국가에 본질적이며, 교회와 상업과 정부가 종교적 제도 없이는 살아남을 수 없다고 주장했다. 중부식민지 특히 펜실베이니아는 그 반대의 예를 제공했다.

둘째로, 중부식민지는 여타 지역의 박해가 너무 심해졌을 때 침례교인들이 피할 수 있는 피난처를 제공했다. 이 지역에서, 특히 필라델피아지방회의 교회들에 의하여, 침례교의 남부 복음화의 많은 부분이 시작되었다. 이 지역은 북부와 남부의 침례교인들에 대한 압제에 대한 안전판 역할을 했다. 그래서 그곳은 두 지역 당국자들 사이에서는 특별히 평판이 좋지 않았다. 엄격한 뉴잉글랜드 청교도에게 "네덜란드 지역으로 가는 것"(즉, 안이한 뉴암스테르담 정착지로 이주하는 것)은 지리적인 이동일 뿐만 아니라 도덕적 이동을 나타내는 말이었고, 그 말에 생생한 은유를 제공했다.

3. 남부식민지의 종교자유

남부의 종교적 상황은 다른 두 주요 지역과 매우 달랐다. 영국국교회(감독교회)가 법에 의해 설립되었고, 그 주요 교세는 버지니아와 사우스캐롤라이나 지역에 국한되었다. 다른 지역에서는 그 교회가 실제라기보다는 명목상으로 설립되었고, 그 제도를 시행할 힘도 없었다. 그 가장 초기 정착에서부터 버지니아는 제도 교회 반대자들을 가혹하게 제약하는 법을 통과시켰으나, 그 법들은 늘 엄격하게 실행되지는 않았다. 그러나 1750년대에 이르러 반대는 엄격한 종교 박해로까지 발전되었으며, 그 박해는 주로 당시에 남부에 많이 들어온 분리침례교에게로 향했다.

남부에서는 침례교인들과 장로교인들이 토마스 제퍼슨(Thomas Jefferson), 제임스 매디슨(James Madison), 패트릭 헨리(Patrick Henry)와 같은 정치인들과 함께 종교자유를 위한 투쟁을 주도했다. 침례교인들, 특히 분리침례교는 심각한 고난을 겪었으나, 전국에 영향을 끼치는 중요한 승리를 얻었다. 버지니아는 연방헌법이

비준되기 몇 년 전인 1786년에 종교자유를 채택했다. 버지니아의 사례는 다른 많은 주들이 종교적 자유를 그들의 헌법에 도입하도록 이끌었고, 아마도 뒤에 나타난 연방헌법과 권리장전에 유사한 조항들이 들어가도록 영향을 주었다.

침례교인들은 그들의 집회소를 등록하라는 요구, 당국이 침례교인들이 행한 결혼식의 효력을 인정하기를 거부한 것, 당국이 담배와 기타 작물에서 영국국교회 사제들을 지원하기 위한 십일조를 내도록 요구한 것 등의 문제들에 부딪혔다. 존 릴랜드(John Leland)는 남부에서 종교자유를 위한 최초의 침례교 대변인이었으며, 1784년에 처음으로 만들어진 버지니아의 '총위원회'(General Committee)는 침례교인들의 노력들을 서로 연결시키는 주요 조직을 제공했다.

종교에 대한 제약

영국국교회의 예배는 첫 정착민들과 함께 버지니아에 들어왔다. 선장 존 스미스(John Smith)는 나중에 이렇게 회상했다. "내가 처음 버지니아에 왔을 때, 나는 우리가 햇빛을 가리기 위해 서너 그루의 나무에 천막(그것은 낡은 돛이었다)을 매달았던 것을 잘 기억한다. 우리의 벽은 기다란 장작이었고, 우리의 의자는 다듬지 않은 통나무였으며, 우리의 설교단은 나란히 선 두 그루의 나무에 못질을 한 나무 판이었다." 스미스는 계속 이렇게 말했다. 이 원시적인 상황에서도 "우리는 목사님이 돌아가실 때까지 날마다 아침저녁으로 '공동기도'(Common Prayer)를 드렸고, 일요일마다 두 번의 설교를 했으며, 3개월마다 성만찬을 했다."33) 일찍이 1611년에 토마스 데일(Thomas Dale) 총독은 모든 시민이 믿음과 행동에서 영국국교회에 순응하도록 하는 엄격한 법을 만들었다. 들어오는 정착민들은 "사제에게 가서" 거기에서 "자신 또는 자신들의 신앙과 종교에 대한 설명을 하도록" 요구받았다.34) 교회에 참석하지 않거나 그 교리를 비판하는 자들에 대해서는 채찍질, 벌금, 수족절단 등이 규정되어 있었다. 이 법들은 현실에서는 책에 기록된 것처럼 가혹하지는 않았음이 드러났지만, 종교적 이견이 용납되지 않았을 것임은 의심의 여지가 없다.

1600년대 내내 버지니아 식민지는 영국국교회를 강화하는 다양한 법률을 추가했으며, 제도교회반대자들이 거기서 발판을 마련할 수 있을 틈새를 다 막아 버렸다. 1624년의 새로운 법률은 "영국의 교회법에 가까우리만치 우리 교회의 통일성"을 요구했으며, "십일조 헌납자들"(가장)은 각각 교직자를 지원하기 위해 상당량의 담배와 기타 작물을 바치도록 요구받았다. 후에 법률은 "영국국교회의 명령과 헌법에 순응하는" 자들을 제외하고는 "어떤 교직자도 이 주에서 예전을 집전하는 것이 허락되지 않는다"고 상술했다.35) 목사들을 지원하는 담배법(Tobacco Laws)은 특별히 평판이 나빴음이 입증되었다. 1660년에 영국왕의 왕정복고 이후, 버지니아 법은 훨씬 더 강화되었다. 영국국교회에 거의 열정을 못 느꼈던 일부 정착민들은 그 식민지를 떠나야 했고, 퀘이커교도들은 심한 벌을 받고 추방되었다. 1662년에 식민지 정부는 다음과 같은 법령을 통과시켰는데, 이를 근거로 어떤 이들은 그 당시에 소수의 침례교인들이 그곳에 정착했다고 믿었다.

> 그런데 많은 분파주의적인 사람들이 정통 제도교회에 대한 반감에서, 혹은 그들 자신이 이단적으로 날조한, 새로 유행하는 기발한 착상에서 그들의 아이들이 침례 받는 것을 거부하고 있다. 그래서 앞서 말한 당국은 침례라는 예전을 경멸하여 그들의 아이들이 침례를 받도록 되어 있는 그 지역의 합법적인 목사에게 자기 아이들을 데려가기를 거부하는 모든 사람들에게 담배 2천 파운드를 물도록 해야 하고, 반은 고발한 사람에게, 반은 주민에게 주도록 해야 한다.36)

그러한 법령에도 불구하고, 교회 안팎에서 제도교회반대 정서는 증가했다. 때맞춰 버지니아에서는 "종교관용법"(Act of Toleration)이 채택되었다. 1699년에 프랜시스 매키미(Francis Makemie)라는 한 장로교도는 버지니아에서 설교 허가증을 받았다.37)

1700년부터 1750년까지 기록을 보면 남부에서 종교에 관한 공공의 소요가 거의 없었음이 드러난다. 남부에서 소수의 제도교회반대자들은 늘어나지 않고 있었고, 제도교회에 아무런 위협이 되지 않았다. 그들은 일반적으로 "종교관용법"의 협정사항에 매달려 있었다. 그러므로 그들은 대체로 특히 변경의 정착지에 남겨졌고 거기서 적대적인 인디언들에 대항하는 완충의 역할을 했다.

그러나 1750년대에 종교적 박해는 새로이 강화되었고, 그것은 독립전쟁이 끝날 때까지 계속되었다. 이 박해의 파도 속에서 침례교인들은 가장 많은 고통을 당했다. 두 가지 경향이 종교적 강제가 점점 확대된 것을 설명하는 데 도움을 준다. 첫째, 혁명의 정서가 영국국교회로 하여금 방어 자세를 취하게 했다. 국교회의 독점이 위협받았고, 영국의 평판이 점점 나빠져 감에 따라 국교회의 영국과의 관계가 궁지에 처하게 되었다. 대부분의 국교회 교직자들은 세속적이거나 그 이상이었고, 그들의 재정적 강제징수는 분노와 저항의 저류(低流)를 만들어 냈다. 교회지도자들은 그들의 역사적 지배를 다시 주장하기 위해 단호하게 움직일 필요가 있다고 생각했다.

둘째, 1750년대 후반과 1760년대 전반에 분리침례교가 대거 버지니아로 들어왔다. 새로운 침례교인들은 옛날의 일부 제도교회반대자들과 달리 공격적이고 전투적임이 드러났다. 그들은 그 지역에 밀려 들어와서는 일반대중에게 호소했다. 그들은 국가교회와 그 허가법을 경멸하고, '상위법'(역자주: 하나님의 법)에 복종하며 설교했다. 더 심한 상황은 그들의 수가 급속히 늘었다는 점이다. 새로운 제도교회반대자들이 수많은 회심자들을 얻음에 따라, 영국과 동맹을 맺고 있던 장중한 국교회의 교회들은 거의 비어 버렸다. 이러한 요인들이 결합되어 버지니아를 중심으로 남부에 강렬한 종교적 박해가 일어났다. 박해가 극심해진 주요 원인을 제공했던 침례교인들은 그 광포함의 예봉에 정면으로 맞서야 했다.

1760년대 초에 버지니아의 침례교인들은 그들을 통제하려는 일환으로, 채찍질을 당하고, 벌금형을 받고, 폭도들에게 맞고, 감옥에 갇히고 그리고 (또는) 추방당했다. 1768년과 1777년에 버지니아에서 적어도 30명에 달하는 침례교 설교자들이 감옥에 갇히거나 채찍질 당하거나 돌에 맞았다. 이들 대부분은 분리침례교인들이었다. 명백하게 루이스 크레이그(Lewis Craig)는 버지니아에서 설교를 이유로 재판에 끌려간 최초의 침례교 설교자였다. 그의 기소장에서 크레이그는 말했다. "대배심 신사 여러분, 여러분이 저에게 명예를 베풀어 주셔서 고맙습니다. 제가 악하고 해로운 사람일 때, 여러분은 저를 주목하지 않으셨습니다. 그러나 제가 생의 진로를 바꾸어 저의 이웃들을 개혁하려고 노력한 후부터, 여러분은 저에게 많은 관심을 보이고 계십니다."[38]

크레이그를 기소한 대배심에는 회심하기 전에 "욕쟁이 잭"(Swearing Jack)으로 알려져 있던 존 월러(John Waller)도 있었다. 크레이그의 증언은 월러에게 깊은 인상을 주었고, 그는 곧 회심하고 침례교인이 되었다. 1768년에 월러는 크레이그와 몇 명의 다른 침례교인들과 함께 설교로 인하여 스포트실베이니아(Spotsylvania) 카운티에 있는 프리데릭버그(Fredericksburg) 감옥에 들어갔다. 이것은 버지니아에서 최초의 침례교인 수감기록이었지만, 다른 많은 사례들이 뒤따랐다.

버지니아 침례교 설교자들 중 가장 능력 있는 사람 중 하나인 데이비드 토마스(David Thomas)는 자기 몫의 박해를 견뎠다. 역사가 데이비드 베네딕트(David

Benedict)는 이렇게 말했다.

> 격분한 폭도들과 개인들이 자주 그를 공격하고 방해했다. 한 번은 그가 설교하는 도중에 끌어내려져 야만적인 방법으로 문밖으로 끌려 나갔다. 또 한 번은 악의적인 자가 그를 총으로 쏘려고 했으나, 옆에 섰던 사람이 그의 손을 비틀어 그의 총을 빼앗아 그 악한 목적을 무산시켰다.[39]

토마스는 브로드런(Broad Run) 교회의 목사로 일했는데, 후에 에이모스 톰슨(Amos Thompson)이 그의 뒤를 이었다. 그들의 우정의 상황은 특별했다. 토마스는 나이가 들자, 설교 때문에 자기를 때리는 폭도들에게 인내심이 약해졌다. 그래서 그는 젊은 설교자인 에이모스 톰슨에게 도움을 청했다. 톰슨은 힘이 장사인 거구의 남자로 묘사되어 있다. 토마스는 다시 설교하면 심하게 맞을 거라는 협박을 받고 있었다. 그래서 그는 톰슨을 초청해서 자기 대신 설교를 하게 했다. 기록에 따르면, "엄청나게 많은 사람들이 모였는데, 일부는 설교를 들으러 왔고, 일부는 구경거리를 보러 왔다. 깡패들이 늙은 토마스를 두들겨 패겠다고 맹세했기 때문이다."[40] 그러나 그들이 만난 것은 "늙은 토마스"가 아니었다. 한 목격자가 보고한 바로는 "몽둥이로 무장한 한 무리가 그 집에 들어와서 설교단 바로 앞에 자리를 잡았다. 그러나 그들이 그 설교자의 근육질의 팔과 당당한 모습을 보았을 때, 그들은 놀라서 그 예배가 끝나기까지 가만히 있었다."[41]

분리침례교인이었던 "버지니아의 사도" 새뮤얼 해리스(Samuel Harris)도 박해에 직면했다. 한 번은 그가 컬페퍼(Culpeper) 카운티에서 설교하는 동안 체포되어, 치안을 방해한 죄로 고발당했다. 법정에서 그는 "유랑자, 이단, 어디서나 선동을 일으키는 자"로 불렸다. 그러나 그는 그 카운티에서 1년하고도 하루 동안 다시는 설교를 하지 않는다는 데 동의하면 석방될 수 있다는 말을 들었다. 해리스는 자신이 200마일 밖에 살기 때문에 1년 안에 다시 돌아올 가능성은 별로 없다고 말하면서 동의했다. 해리스는 석방되고 나서, 다른 분리침례교인들이 설교하는 모임에 참석했다. 그러나 어쩔 수 없는 일이 일어났다.

> 하나님의 말씀이 해리스 씨의 마음속에 불타기 시작했기 때문이다. 그들이 모임을 마쳤을 때, 그는 일어나 회중에게 말했다. "저는 며칠 전에 법정에서 1년 동안 이 카운티에서 다시 설교하지 않겠다고 악마와 얼마간 약속을 했습니다.

그러나 악마는 배반하는 악당이고, 그와 한 계약은 지킬 필요가 없으므로, 저는 설교를 하겠습니다."42)

침례교 설교자들이 체포될 수 있었을 뿐 아니라, 그들에게 설교를 하도록 장소를 제공한 이들 역시 무거운 벌금을 물 수 있었다. 한 번은 제임스 아일랜드(James Ireland)가 매니파(Manifa)라는 사람의 집에서 설교를 하려고 하는데, 매니파에게 20파운드의 벌금이 나올 것이라는 위협이 있어서, 아일랜드는 매니파의 땅 경계를 바로 가로질러 탁자를 놓았다. 당국자들이 왔을 때, 그는 단순히 탁자의 다른쪽 끝으로 물러나서, 아주 당당하게 자기는 매니파의 땅에서 설교를 하고 있지 않다고 주장했다. 이 전략은 많은 참석을 유도했지만, 제임스 아일랜드의 체포를 막지는 못했다. 그는 이렇게 말했다.

나는 숲속에서 바삭거리는 소리를 들었다. 그것이 [기도를 하고] 누구인지 보려고 눈을 뜨기도 전에, 탁자 위에 서 있는 상태에서 두 명의 남자에게 멱살을 잡혔다. 그들은 나에게 12개월과 하루 동안 가르치거나 설교하거나 훈계하지 않겠다는 약속을 하지 않으면, 감옥에 가야 한다고 말했다…. 그들은 나를 위협했고… 내가 할 수 있는 어떤 방어도 허락하지 않았으며, 나에게 입을 닥치고, 자기들이 더 이상 나의 악하고, 유해하고, 혐오스럽고, 진저리나고, 역겹고, 악마적인 교리들을 듣게 하지 말라고 명령했다. 그것들은 법정 전체에 메스꺼운 일이었기 때문이다.43)

"탁자 위"의 설교자의 말을 들으러 모인 군중에게 아일랜드는 감옥 창살을 통해 설교했다. 영국국교회 당국은 이 일에 특히 당황하여, 청중을 해산하려고 기를 썼다. 기수가 거리의 군중 속으로 말을 달렸고, 때로는 설교자가 멈추기를 동의할 때까지 흑인 노예를 때리곤 했다. 한 번은 폭도가 감옥을 폭파하려고 했고, 나중에는 "인디언 붉은 고추"를 문 가까이에 두고 그것에 불을 붙여 "독한 연기"가 완전히 밀폐된 감방으로 들어가게 했다. 그러나 아일랜드는 입을 벽에 난 틈새에 대고 밖의 맑은 공기를 마시고 살아 남았다.44) 침례교 고난의 한 전형적인 예는 1771년 여름에 미들섹스(Middlesex) 카운티에서 일어났다. 어배나(Urbanna) 감옥에서 보낸 한 통의 편지에서, 존 월러는 그 사건을 다음과 같이 묘사한다.

지난 토요일 이 카운티의 맥캔(McCan)형제의 집에서 열린 한 집회에서, 윌리엄 웨버(William Webber) 형제가 야고보서 2장 18절을 가지고 회중에게 설교하는 동안, 이 카운티의 지사인 제임스 몬터규(James Montague)가 극도로 격분하여 그에게 달려들었고, 심히 분노한 것으로 보이는 그 교구의 목사 및 몇 사람이 그 뒤를 따랐다. 그 지사와 또 한 명은 웨버 형제를 붙잡아, 그를 강단에서 질질 끌어내려, 워퍼드(Wafford), 로버트 웨어(Robert Ware), 리처드 포크너(Richard Faulkner), 제임스 그린우드(James Greenwood) 형제들과 나와 함께 구금시켰다…. 워퍼드 형제는 심하게 매질을 당했고, 헨리 스트리트(Henry Street) 형제는 한 박해자로부터 한 번의 채찍질을 당했다…. 교구목사와 무리들은 우리를 하나씩 어떤 방으로 데려가, 화기(火器) 등을 찾기 위해 우리의 주머니와 지갑을 뒤졌고, 우리를 그 지역 당국이 반대하는 집회를 연 죄로 고발했다.45)

비슷한 사례들이 충분히 증가할 수 있을 만한 상황이었다. 거의 언제나 감옥에 갇힌 설교자들은 감옥창살을 통해 바깥 거리에 모인 군중에게 설교할 기회를 가졌다. 점증하는 혁명정서, 영국국교회와 영국의 연관성, 국교회 교직자들에 대한 거의 보편적인 대중적 거부감의 상황에서, 이러한 진정어린 사람들의 설교가 광범한 청중을 얻었다는 것은 그리 놀라운 일이 아니다. 그들의 감옥 설교가 대단한 대중적 인기를 끌게 되자, 많은 당국자들은 죄수들을 일찍 풀어 주거나, 심지어는 그들이 "탈출하도록" 일을 꾸미기도 했다. 어떤 당국자들은 죄수들에게 음식을 주지 않음으로써 그러한 설교를 줄였지만, 그 소식을 듣고는 사람들이 감옥으로 너무 많은 음식을 가져와 설교자들은 그 지역의 가난한 자들과 나눌 정도로 풍부했다. 침례교인들은 또한 몇몇 힘 있는 정치적 동맹자들을 얻었다. 거기에는 버지니아의 변호사 패트릭 헨리(Patrick Henry)도 포함되는데, 그는 침례교 설교자들을 여러 건 변호했다고 한다.

학자들은 버지니아에서 어떤 사람이든 설교를 이유로 투옥하는 일을 허용하는 법이 있었는지에 대해서는 확신하지 못한다. 그러나 30명 이상의 침례교인들이 그런 운명을 겪었다. 국교회의 쇠퇴와 침례교의 급속한 성장에 놀라, 시정 당국과 교회 당국 모두는 "이 치안방해자들을 처치할 방법과 수단을 얻기 위해 버지니아 법전 속의 모든 형법을 끌어다 댔다."46) 설교하는 동안 그리고 설교했다는 것 때문에 체포되었지만, 많은 침례교인들은 치안을 방해했다거나, 공적인 불법 방해와 같은 다른 죄목으로 감옥에 가거나 벌금형을 받았다. 어떤 부모들은 자녀의 유아세례를 보류했다는 "부모의 학대" 명목으로 벌금형을 받았다. 그리고 당국은 모든 시민이 국교회에 다니기를 요구하는 낡고 거의 쓰지 않는 법도 다시 꺼내들었다.

"종교관용법"의 규정 하에서 침례교인들도 다른 사람들과 마찬가지로 집회장소를 등록하는 한 관용될 자격이 있는 사람들이었다. 실제로 대부분의 장로교도들과 정규침례교인들은 최악의 박해를 피하기 위해 이 방법을 사용했다. 그러나 분리침례교인들에게는 상황이 그리 단순하지 않았다. 한 가지는 등록을 신청한 사람들은 종종 '케사르'(Caesar)에게 굴복했다는 이유로 자기편 사람들에게 비난을 받았다. 나아가 그 법은 제도교회반대자의 집회장소의 등록을 규정한 것이었지만, 분리침례교에 속한 많은 이들은 그러한 장소가 없었다. 그들은 가정집과 헛간과 심지어는 나무 아래에서 모였다. 국교회는 종종 각 카운티마다 오직 하나의 제도교회반대자들의 집회장소만을 인정하곤 했는데, 대개는 그것을 장로교도들에게 할당했다. 더욱이 등록을 신청한 침례교인들은 법원이 있는 윌리엄스버그 (Williamsburg)까지 말을 타고 가야 했다. 때로 그들은 여러 날 동안 기다렸지만 아무런 성과 없이 법원이 휴회하여 반년 동안 재개되지 않을 것이라는 말만을 들을 수 있을 뿐이었다. 대부분의 분리침례교인들은 뉴잉글랜드에 있는 그들의 동료 침례교인들과 마찬가지로, 더 높은 법에 복종하여 집회등록을 무시하고 복음을 전하기로 결정했다. 이 점에서 보면 그들은 법적으로 범법자였다.

침례교인들이 심각하게 제약을 느낀 또 한 가지는 당국이 침례교인들이 행한 결혼의 효력을 인정하기를 거부하는 데 있었다. 침례교 부부들은 국교회 교직자의 집전 하에 결혼해야 했다. 그 교직자는 때때로 그들이 침례교를 떠나도록 압력을 행사했다. 그러한 교직자들이 요구하는 결혼비용도 아주 터무니없는 것이었다. 돈도 없고 벽지의 구석에서 국교회 교직자들에게 접근할 길이 없었기 때문에, 침례교 젊은이들은 합법적인 정식 결혼을 하는 것이 거의 불가능했다. 많은 이들이 만일 침례교 방식의 결혼을 받아들이면 그들의 자녀들이 재산을 상속하거나 소유할 자격을 잃을까 두려워했다. 그러나 패트릭 헨리는 침례교인들에게 자신들 방식의 결혼을 하고, 그 카운티를 침례교인들로 채워서, 행정당국이 그 결혼의 효력을 인정하지 않을 수 없게 하라고 권고했다.

존 릴랜드(1754-1841)

존 릴랜드(John Leland)는 남부에서 종교자유를 위한 가장 대표적인 침례교 대변인으로 평가받는다. 그는 매사추세츠에서 태어나, 대부분의 생을 거기서 살았지만, 1776-1791년에 버지니아에서 살았던 15년이 결실의 시기였다. 그 기간은 종교자유를 위한 투쟁에서 가장 결정적인 세월이었으며, 릴랜드는 그 문제를 위하여 침례교인들을 조직하고 그들의 견해를 분명히 표명하는 일에 조력했다. 날카롭고 재치 있고 다소 괴짜로 알려진 릴랜드는 열정적으로 분리침례교의 견해를 받아들였다. 릴랜드는 단지 목사로서 봉사했지만, 그의 재능은 순회 복음전도자와 운동가의 역할에 매우 적합했다. 릴랜드는 공식교육은 받지 못했지만, 예리한 심성을 소유했고, 광범위하게 독서를 했으며, 당대의 가장 박식한 침례교목사 중 하나가 되었다. 그가 버지니아에 있던 몇 해 동안 그는 3,009회의 설교를 했고 1,278명의 회심자에게 침례를 주었다.47)

1776년에 릴랜드는 그의 신앙을 완전히 공유했던 재능 있는 여성 샐리 디바인(Sallie Devine)과 결혼했다. 언젠가 그녀는 릴랜드가 설교하는 동안 그를 칼로 베어버리려 했던 남자의 팔을 움켜잡아 그의 생명을 구했다.48) 버지니아에서 릴랜드는 노예의 운명을 개선하고, 실제로는 그들의 해방을 위해 일했으며, 찬송가를 작곡하고 신앙적이고 신학적인 주제에 관한 글을 썼다. 그는 제퍼슨의 정치학과 이상을 당시의 일반 민중에게 잘 해석해 줄 수 있는 사람임을 입증했다. 그의 글이 분명히 보여주는 바와 같이, 릴랜드는 신앙각성운동과 계몽주의의 최선의 것을 결합시켰다. 신학에서 그는 일부 침례교인들이 선호하는 것보다 더 많이 수정된 칼뱅주의를 견지했다. 그는 종종 최선의 신학은 인간이 타락했다고 믿는다는 점에서 충분히 칼뱅주의를 받아들이고, 그 인간이 구원받을 수 있다고 믿는다는 점에서 충분히 아르미니우스주의를 받아들이는 것이라고 말하곤 했다. 필라델피아지방회의 메신저로서 릴랜드는 남부에서 침례교인들 사이에 온건한 견해를 퍼뜨리는 데 조력했다. 매사추세츠로 돌아간 후, 릴랜드는 저술에 더 힘을 쏟았다. 그의 일기에서 그는 자신이 그토록 오래 살았다는 것에 놀라움을 표시했고, 자신을 "흰머리의 늙은 죄인"이라고 묘사했다.49)

아마도 종교자유에 관한 릴랜드의 주요 논문은 1791년에 처음 출판된 「양도할 수 없는 양심의 권리」(*The Rights of Conscience Inalienable*)일 것이다. 완전한 종교자유에 대한 이 강력한 변론은 릴랜드 사상의 성숙한 정점을 나타냈다. 긴 제목은 매우 설명적이다: 「양도할 수 없는 양심의 권리, 그러므로 종교적 견해들은 법으로 심리할 수 없음; 또는 고위교직자도 예복을 벗으면 무뢰(賃賃)한 자에 불과함」(The Rights of Conscience Inalienable, and Therefore, Religious Opinions not Cognizable by Law; or, The High-Flying Churchman, Stripped of His Legal Robe, Appears a Yahoo).50) 이 논문에서 릴랜드는 세 가지 기본적인 점을 주장했다: (1) 양심의 자유는 양도할 수 없고, 정부의 허가나 제약에 종속되지 않는다; (2) 법에 의해 설립된 종교는 언제나 종교를 해친다; (3) 국가종교 설립의 진정한 동기는 종교에 유익을 주려는 것이 아니라, 시민 지배자들의 권력을 보강하고 야심적인 교직자들의 지갑을 키워주려는 것이다.

릴랜드가 양심의 자유는 양도할 수 없는 것이라고 말한 것은 "모든 사람은 하나님께 자기 자신에 대한 설명을 해야 하고, 그러므로 모든 사람은 자신의 양심에 가장 만족할 수 있는 방식으로 하나님을 섬길 자유가 있어야 하기" 때문이었다.51) 누구든지 하나님께 드리도록 거룩하게 보존해야 할 것을 인간에게 넘겨주어서는 안 되며, 특히 아직 태어나지 않은 이들의 양심을 속박해서는 안 된다. 릴랜드는 "인간의 종교적 견해는 시민 정부의 대상이 아니며, 어떤 방식으로든지 그 통제 하에 있지 않다"고 하면서, "종교는 하나님과 개인들 사이의 문제"라고 결론지었다.

릴랜드는 국가교회 체제들은 늘 교회와 국가를 둘 다 타락시킨다고 말했다. 그것들은 "영적 활기도 없고, 오류에 빠지기 쉬운" 인간의 제도를 신앙의 최후 수단으로 만든다. 그러한 체제들은 사람들을 서로 소외하게 하고, 궁극적으로는 하나님으로부터 소외되게 한다. 그것들은 "교회를 하나의 국가의 예속물로 그리고 종교를 국가의 원리로 변형시키며, … 반면에 설교를 소득을 위한 거래로 만들어 버린다"고 릴랜드는 말했다.52)

국가의 지원이 없으면 기독교가 멸망할 것이라고 두려워하는 이들에게 릴랜드는 "인간의 지원을 필요로 하는 것은 오류이며, 오로지 오류일 뿐"이라고 주장했다.53) 그는 국가교회 체제의 실제 동기가 "남에게 명령하고… 남의 목에 밧줄을 묶으려고 하는" 욕망이라고 말했다. 릴랜드는 콘스탄티누스 황제가 교회에 은전을 베풀도록 정부를 이용함으로써 박해했던 모든 황제들보다 더 많은 해를 끼쳤다고 생각했다.

릴랜드는 정부가 "종교적 광포함"으로 남에게 해를 끼치는 행동을 하는 사람들을 그들의 신앙이 아니라 오직 그들의 행동을 이유로, 처벌할 수 있다는 데에 동의했다. 진리는 스스로를 지킬 수 있으며, 하나님의 법궤를 견고하게 하기 위해 국가 통치자를 필요로 하지는 않는다. 릴랜드는 다음과 같이 결론지었다.

> 정부가 수학적 원리들과 상관없는 것 이상으로 사람들의 종교적 견해와 상관없다. 모든 사람이 두려움 없이 자유롭게 말하게 하고, 자신이 믿는 원칙을 견지하게 하고, 한 분의 하나님이든, 세 분의 하나님이든, 하나님이 없든, 스무 분의 하나님이든, 자신의 믿음에 따라 예배하게 하라. 그렇게 하게 하라. 그리고 정부는 그 사람이 그렇게 하도록 보호하라.[54]

침례교회 청원운동

종교자유의 문제를 추진하는 한 가지 수단으로, 침례교인들은 버지니아 주 의회에 수많은 청원서를 제출했다. 이것들은 몇 단락에서부터 몇 페이지에 이르는 글까지 다양했고, 침례교인들이 그들의 종교적 활동들에 대한 제약으로 직면하게 된 하나 또는 그 이상의 불평 사항들을 다루었다. 때때로 개교회가, 특별히 감옥에 갇힌 목회자를 위하여, 청원서를 보내는 경우도 있었지만, 대부분의 청원서는 그 주에 있는 네 개의 침례교 지방회 중 하나에 의해 계획되었다. 1784년에 버지니아 침례교인들은 각 지방회에서 여러 대의원들을 파송하여 총위원회(General Gommittee)를 구성하기로 동의했으며, 한 목소리를 내어 더 큰 영향력을 행사하기 위해 이후로 입법기관에 청원하는 일은 총위원회가 도맡아 하기로 동의했다. 총위원회는 종교자유와 교단의 기타 관심사들을 위해 일할 권한을 부여받았다. 그 위원회는 후자보다 전자의 일에 더 충실하게 활동했으며, 종교자유를 획득한 후에는 소멸했다.

침례교 청원서들은 그 수가 많았지만, 보통 공통된 양식을 따랐다. 그 청원서들은 어떤 집단을 대변하는지를 밝혔고, 시민으로서의 충성과 헌신의 고백을 포함하였다. 그리고 그 청원서들은 국교회 교직자들을 위해 내는 세금, 집회장소 등록 요구와 그와 관련된 끝없는 관료적 형식주의, 침례교인들의 결혼 효력에 대한 당국의 불인정 등과 같은 침례교인들의 종교적 활동들에 가해진 제약으로 그들이 직면한 구체적인 문제들을 상설했다.

그러한 문제들을 상설한 다음, 청원서들은 제안된 해결책들을 내놓았다. 침례교인들은 항상 정부가 종교를 내버려둘 것을 요구했다. 그들은 그들을 반대하는 법과 마찬가지로 그들에게 우호적인 법도 원하지 않았다. 그들은 정부의 격려나 호의나 도움을 요구하지 않았다. 그들은 정부가 그 고유의 임무인 시민적이고 경제적인 의무에 힘쓰고, 종교는 단지 그냥 내버려 두기를 요구했다. 침례교인들에게는 그것이 성서적이며 실제적인 일이었으나, 국가교회 전통에서 자란 많은 사람들에게는 그것이 너무 근본적이어서 이해하기 어려운 일이었다.

1775년 8월에 더파이(Dupuy)의 회의실에서 열린 총지방회(General Association)는 다음과 같은 청원서를 당시 리치몬드에 있던 버지니아 식민지회의(Virginia Convention; 역자주: 미국 독립전쟁 기간 동안 버지니아 식민지의 임시 혁명정부 역할을 했던 정치적 회의)에 제출했다. 자기들이 누구인지 설명하고 충실한 시민들에게 주어진 공통된 권리를 주장하면서, 침례교인들은 다음과 같이 말했다.

> 영국이라는 구름이 충격적인 억압으로 우리 아메리카 대륙을 뒤덮은 데 놀라움을 금치 못하는 우리는, 도탄에 빠진 나라에 속한 하나의 집단이자 일부로서, 우리의 지방회 차원에서 침례교인들이 현재의 불행한 싸움에서 어떤 몫을 하는 것이 가장 분별 있는 일인지 고심했습니다. "아메리카에 대한 부당한 침략과 폭군적 압제 그리고 반복된 적대행위를 고려하건데, 어떤 경우에는 전쟁에 나가는 것과 대영제국에 대해 군사적 저항을 하는 것이 합법적"이라고 결정한 후에, 우리 침례교인들은 우리 공동체의 비난을 받는 일 없이 군에 입대하는 일에 대하여 임의로 행동할 수 있도록 허용했습니다.55)

군사적 참여에 대한 그런 단언은 침례교인들로서는 쉽게 나오는 일이 아니었다. 소수는 전쟁에 반대했고, 어떤 이들은 영국 편에서 열심을 다해야 더 많은 양보를 얻을 수 있을 것이라고 생각했다. 그러나 이 청원서에 나와 있는 충성의 고백은 전쟁을 목전에 두고 모병을 필요로 했던 식민지 정치 지도자들에게 중요한 일이었다. 침례교인들은 더 많은 양보를 얻기 위해 압박을 가하는데 이러한 이점을 이용했다. 같은 청원서는 다음과 같이 계속된다.

> 그리고 어떤 [침례교인들]은 입대를 했고, 더 많은 사람들이 그렇게 하려고 하는 상황에서, 그들이 전쟁 동안에 그들의 목회자들이 그들에게 설교해 주기를 진지하게 갈망하고 있음에 따라, 우리는 목회자 중 우리의 사랑하는 형제들인

일라이자 크레이그(Elijah Craig), 루이스 크레이그(Lewis Craig), 제러마이아 워커(Jeremiah Walker), 존 윌리엄스(John Williams) 등을 파송하여 이 청원서를 여러분께 제출하면서, 그들이 편리한 때에 방해나 학대 없이 군대에게 설교할 자유를 가질 수 있도록 해 주시기를 청원합니다.56)

뉴잉글랜드와 남부에서 침례교인들이 더 많은 종교자유를 얻기 위해 정치적 압박을 이용한 것을 이보다 더 잘 설명할 길은 없다. 충성스러운 군대에 대한 그들의 필요로 인해 식민지 의회는 침례교인들의 청원을 허락하는 것 외에 다른 선택의 길이 없었으며, 그들은 신속히 그렇게 했다. 국가교회 교직자들의 온갖 격렬한 비난과 의회의 보수적인 교직자들의 경고도 그 당시 영국에 대항하는 아메리카 연합 전선을 위한 실질적인 필요를 이기지 못했다. 자유를 추구하는 과정에서 침례교인들이 얻은 많은 승리는 교리적 설득의 결과가 아니라 단순히 실제적이고 정치적인 필요에 따라 온 것이었다.

비슷한 청원서가 "프린스윌리엄(Prince William) 카운티에 있는 침례교회의 온갖 사람들"에 의해 버지니아 식민지회의에 제출되었다. 그들은 다음과 같이 말했다.

> 우리 식민지가 다른 식민지들과 함께 강력한 적의 노예화 계획에 대항하여 인류의 시민적 권리를 위해 싸우고 있는 시점에, 그들은 우리 가운데 가장 완전한 의견의 일치가 필요하다고 납득했습니다. 그리고 그들은 가능한 남아 있는 모든 분열의 원인을 제거하기 위해, 아직 누려 보지 못한 다음과 같은 종교적 특권들에 대해 청원하는 것이 그들의 의무라고 생각합니다…. 그들이 방해받지 않는 가운데 자신들의 방식으로 하나님을 예배하는 일을 허락받고, 다른 교직자들이 아니라 자신들의 교직자들을 부양할 것을 허락받으며, 다른 교단의 교직자들에게 세금을 내지 않으면서 결혼하고 장례식을 치르며, 그리고 그와 유사한 일들을 할 수 있도록 하는 것 등입니다. 이러한 일들이 허용된다면, 그들은 공동의 대의(大義)를 진척시키기 위해 최선의 능력을 다하여 기꺼이 그들의 형제들과 더불어 연합할 것입니다.57)

1780년 10월에 샬로트(Charlotte) 카운티의 샌디크릭에서 모인 침례교 지방회에서 보내온 청원서는 전쟁이 끝났어도 침례교인들에게는 여전히 어떤 불평들이 남아 있다는 것을 보여 준다. 이미 획득한 "하늘이 주는 자유"에 감사하는 일면,

침례교인들은 여전히 그들에게 완전한 종교자유를 부정하는 제약들을 지적하면서 다음과 같이 말했다.

> 종교적 억압 또는 하나님께서 하나님 자신 외에 아무에게도 해명해야 할 책임을 지지 않게 하신 양심의 자유에 대한 간섭은 모든 억압 중에서도 가장 비인간적이고 지지할 수 없는 일이며, 특정한 교단에 대한 편애가 바로 그 진짜 결과인 것처럼, 여러분들의 진정자(陳情者)해온 자들은 비통한 마음과 함께 이 공화국에서 종교자유는 어떤 반대 없이 한 걸음의 진척도 이루지 못했음을 주시해 왔습니다.

그들은 "종교자유의 완성"을 촉구했으며, 정부가 "종교적 억압의 모든 유물을 망각하기를" 요구하는 것으로 결론을 지었다.58)

주 의회는 그 청원서들을 진지하게 받아들였다. 그들은 침례교인들이 수가 많고 성장하고 있다는 사실, 그들이 종교자유를 누릴 수 있어야만 그들의 정치적 충성이 보장된다는 사실, 침례교인들은 식민지들이 영국에 대항하여 발전시킨 억압적인 국가교회 체제에 저항하여 같은 주장을 수없이 제기했다는 사실을, 깨달았다. 그러한 분위기에서 침례교인들의 청원은 중요한 영향력을 행사했다.

종합과세법

국가교회 체제와 종교자유에 대한 근본적인 요구 사이의 타협을 모색하면서, 어떤 이들은 종교를 위한 "종합과세"(general assessment)라는 개념을 제시했다. 모든 시민들은 종교의 지원을 위해 세금을 낼 것이지만, 자기들의 세금이 전달되는 교단을 지정할 수 있다는 것이다. 종합과세라는 개념은 1770년대부터 간헐적으로 고려되었으나, 주 의회가 "기독교 교직자들을 위한 규정을 확립하는 법안"을 고려했던 1784년에 중대한 선택사항으로 다시 수면에 떠올랐다. 그 법안은 첫 두 개의 청문회를 통과했고, 법안이 되기 직전에 있는 것처럼 보였다. 그것이 성공했다면, 미국에서 교회와 국가의 관계는 아주 달라졌을 것이다.

종합과세법안은 패트릭 헨리와 조지 워싱턴을 포함한 정치가들과 장로교와 영국국교회 지도자들 사이에서 광범위한 지지를 얻었다. 헨리는 그 법안이 모두에게 매우 공정하다고 생각했다. 장로교도들은 자신들을 폐쇄시켰던 체제에 반대하는 일에 열심이었던 것만큼이나 그들을 포함하는 국가교회 체제를 지지하는 일에 열심인 것처럼 보였다. 영국국교회 사람들은 대체로 그 개념을 지지했으나, 이상적인 방책으로서가 아니라, 그것이 식민지 아메리카의 혁명적 상황에서 그들이 할 수 있는 최선책이라고 여겼기 때문이다. 그들은 늘 그래 왔듯이 그 제도 하에서 여전히 유리한 위치를 점할 것이라고 생각했다.

그러나 침례교인들은 교회와 국가의 분리를 요구하는 데서 조금도 동요하지 않았다. 그들은 그들에게 해가 되는 이전의 과세에 반대하여 그랬듯이, 그들에게 유익이 될 수도 있는 정부의 과세에도 반대하는 강력한 목소리를 냈다. 대부분의 역사가들은 이 대중적인 제안이 실패한 것이 침례교인들의 반대에 때문이라고 믿는다. 로버트 셈플(Robert Semple)은 버지니아 침례교 '총위원회'의 반응을 다음과 같이 기록했다.

> 결의사항. 기독교 교직자들에 대한 지원을 위한 종합과세를 위한 조잡한 법안에 반대하여 총회에 제출할 청원서를 아직 준비하지 못한 카운티들에게 가능한 빨리 그것을 준비할 것을 권고한다. 의회가 이렇게 종교문제에 개입하는 것은 복음의 정신에 위배된다고 믿는다. 어떤 인간의 법도 이런 목적으로 확립되어서는 안 된다. 하지만 모든 사람은 종교문제에서 완전히 자유롭게 남아 있어야 한다. 우리 종교의 거룩한 창시자께서는 자신의 대의(大義)를 촉진하기 위해 그런 강제적인 수단을 필요로 하지 않으신다. 복음은 후원을 얻기 위해 인간의 연약한 손을 원치 않는다. 복음은 하나님의 권능을 통해 그 길을 만들었고, 앞으로도 그렇게 모든 반대에 저항하면서 그 길을 만들 것이다. 주 의회가 복음을 지원하기 위해 국민들에게 세금을 부과할 권리를 가진다면, 그것은 종교자유를 파괴하게 될 것이다.
>
> 그러므로 이 위원회는 만장일치로, 그러한 과세에 반대하는 항의서와 청원서를 가지고 총회(General Assembly)를 섬길 대표를 지명하는 것이 마땅하다는 데 동의한다.[59]

종교를 위한 종합과세에 반대하는 일에 침례교인들은 제임스 매디슨(James Madison)의 확고한 지지를 얻었다. 1784년에 그는 "인간의 종교적 권리에 대한 비망록과 저항"(A Memorial and Remonstrance on the Religious Rights of Man)을 발표했다.[60] 이 장엄한 선언은 그때까지 교회와 국가의 관계에 대한 가장 훌륭한 미국의 사상을 총망라하고 있다. 매디슨은 종합과세에 반대하고 완전한 종교자유를 지지하는 15개의 주장을 개괄하면서, "종교, 즉 우리가 우리의 창조주에게 빚지고 있는 의무와 그것을 갚는 방법은 오직 모든 인간의 이성과 확신과 양심에 의해서만 관리될 수 있다"라는 "근본적이고 부인할 수 없는 진리"를 상기시켰다.61) '교회와 국가의 분리'라는 용어가 아직 일반적으로 사용되지는 않았지만, 종교는 정부의 영역에서 "완전히 벗어나야" 한다는 것이 매디슨이 그의 선언문에서 요구한 것이다.62) 단순하지만 심오한 언어로 진술된 매디슨의 주장은 버지니아에서 종합과세에 대한 죽음의 종소리였으며, 필시 다른 여러 주에서도 그랬다.

다음 해인 1785년에 토마스 제퍼슨은 버지니아에서 "종교자유를 확립하기 위한 법안"을 도입했다. 그것은 매디슨의 지지로 그리고 침례교인들의 강력한 지지를 받아, 주 의회를 통과했다. 그 법안은 독립선언문과 버지니아 대학 설립과 함께 제퍼슨이 기억되기를 원했던 오직 세 개의 업적 중 하나였다. "전능하신 하나님께서 마음을 자유롭게 창조하셨다"는 사실을 지적하면서 이 법안은 다음과 같이 말했다.

> 의회의 법규 제정 사항: 어떤 사람이든 특정 종교의 예배, 장소 혹은 어떤 사역이든지 참여하거나 지지하도록 강요받지 않으며, 또한 그의 재산에 있어서 강제되거나, 제약받거나, 간섭받거나 혹은 부담받지 않으며, 또한 그의 종교적 견해나 신앙으로 인해 고통을 당하지 않으며, 모든 인간은 종교문제에 대한 그들의 견해를 자유롭게 고백하거나 논증하며 옹호할 것이며, 그것이 어떤 방식으로든 그들의 시민적 권한들을 줄이거나 확대하는 데 결코 영향을 주어서는 안 될 것이다.63)

그 법안은 쉽게 통과되어 버지니아에서 종교자유의 문제를 해결했다. 세부적인 것, 특히 영국국교회 소속 영지에 관한 문제는 풀어야 할 숙제로 남아 있었지만, 국가교회의 폐지와 모든 사람을 위한 완전한 자유라는 기본적인 문제에는 더 이상 의문의 여지가 없었다. 버지니아의 결정은 다른 수많은 주에 영향을 주는 강력한 선례를 제공했으며, 새 국가 전체에 유사한 자유를 가져오는 일에 도움을 주었다.

연방헌법과 종교

독립적인 식민지 집단들을 하나의 연방국가로 연결하는 과제는 많은 사람들이 생각했던 것보다 더 어려운 일이었음이 입증되었다. 미국 독립전쟁이 군사적 측면에서 애국적 대의(大義)를 위한 승리와 함께 끝났을 때, 새로운 국가를 세우는 과제는 이제 막 시작되었다. 광범위한 작성과 재작성의 과정을 거친 후, 1787년에 새로운 연방헌법 초안이 처음 나왔을 때, 나라는 그 시비곡직(是非曲直)에 따라 나뉘었다. 침례교인들은 그 문서가 종교자유에 대해 아무 것도 말하지 않은 것에 충격을 받았다. 실로 그것은 종교에 대해서 거의 언급하지 않았다. 침례교인들은 대부분 그 전쟁을 시민의 권리와 종교적 권리 모두를 위한 싸움으로 여겼고, 새로운 헌법이 어느 쪽도 적절하게 보장해 주지 않을까봐 염려했다.

헌법 자체는 "신"(deity)에 대한 두세 번의 부수적인 언급 외에는 종교에 관해서 단 한 번의 실질적인 진술을 포함하고 있을 뿐이다. 조항 4는 "미합중국 하의 어떤 공직이나 공적 신탁에 대한 자격조건으로서 어떤 종교적 시험도 요구되지 않을 것"이라고 규정하고 있다. 헌법의 틀을 만든 지도자들에게 그것은 종교자유에 대한 광범위하고 충분한 보장처럼 보였다. 중요한 것은 제헌의회(Constitutional Convention)에서 더 광범위한 규정에 대한 기록된 논의가 없다는 것이다. 헌법에서 종교에 대한 이 상대적 침묵은 명백히 의도적인 것이었다. 존 애덤스(John Adams)는 "의회는 1년에 한 번 자체의 기도를 하고, 금식하고, 감사하는 것 이상으로 종교에 간섭하지 않을 것"이라는 희망을 표현했다.64)

새로운 헌법에 대한 침례교의 반대는 즉시로 수면 위로 떠올랐다. 1788년 3월 7일에 그들의 버지니아 총위원회(General Committee)가 열렸을 때, 참작된 문제들 중 하나는 "최근에 공개된 새로운 연방헌법이 종교자유를 완전하게 누리도록 충분한 규정을 만들었느냐"는 것이었다. 광범위한 연구와 토론 후에 "총위원회의 견해로는 그렇지 않다는 것이 만장일치된 의견이었다."65) 다음 해인 1789년에 총위원회는 존 릴랜드를 임명하여 침례교인들의 관심에 대해 워싱턴 대통령에게 편지를 쓰도록 했다. 릴랜드는 다음과 같이 썼다.

> 헌법이 버지니아에 처음 그 모습을 드러냈을 때, 우리에게 재산이나 생명보다 더 소중한 양심의 자유가 충분히 보장되지 않았음을 염려하며, 우리는 하나의 단체로서 마음에 비상한 갈등이 있었습니다. 아마도 우리의 경계심은 우리가 버지니아의 왕정 아래에서, 폭도들과 벌금과 속박과 감옥살이가 우리의 빈번한 일상이었던 때에, 겪은 관례로 인해 더욱 높아졌을 것입니다.66)

릴랜드에 따르면 침례교인들은 "종교자유가 오히려 헌법에서 보장되지 않았기 때문에" 추후의 억압을 염려했다. 그러나 그들은 워싱턴 대통령의 인격에 그들의 희망을 걸었다. 릴랜드는 "정부는 분명히 모든 억압을 막을 것이다. '워싱턴'이라는 사람이 그 수반이 될 것이기 때문이다"라고 썼다.[67]

침례교의 '총위원회'에 보낸 워싱턴의 정중한 답장은 그들을 안심시키려고 했다. 그는 "만일 제가 영광스럽게 의장 노릇을 했던 의회에서 만들어진 헌법이 어떤 교회 집단의 종교적 권리를 위협할 것이라는 염려가 조금이라도 있었다면, 저는 확실히 그것에 결코 서명하지 않았을 것입니다."[68] 워싱턴은 헌법이 적절하게 모든 사람의 종교의 자유를 보호한다는 자신의 확신을 반복하면서, "영적 폭군과 온갖 종류의 종교적 박해의 공포에 대해 효과적인 장벽을 만드는 데 있어서는 누구도 저 자신보다 더 열심인 사람이 없을 것이라는 점을 이해해 주시기를 여러분께 간청합니다"라고 마무리했다.[69]

그러한 보장이 환영할만한 일이지만, 침례교인들의 관심의 요점을 놓쳤다. 침례교인들은 헌법 자체가 워싱턴이 주장하는 권리를 명시하지 않고 있다는 사실을 걱정스러워 했다. 그들은 워싱턴이 언제나 정부 수반의 자리에 있지는 않을 것임을 잘 알았다.

처음에 매디슨은 헌법이 종교자유에 대하여 적절한 보장을 하고 있다는 판단을 공유하는 것처럼 보였다. 1789년 1월에 그는 "나는 현행 헌법에서 훌륭한 많은 시민들을 놀라게 했던 저 심각한 위험 요소들을 결코 본적이 없다"고 썼다.[70] 그러나 토머스 제퍼슨은 헌법에서 생략된 부분에 대해 약간의 우려를 느꼈다. 파리에서 편지를 쓰면서, 그는 헌법 전반에 대해서는 칭찬하면서도 다음과 같이 말했다: "나는 이제 내가 좋아하지 않는 점을 덧붙여 말하겠습니다. 첫째는 분명하게 그리고 궤변을 늘어놓지 않는 가운데, 종교자유와 출판의 자유에 대해 규정하는 권리장전이 빠진 점입니다…. 권리장전은 국민들이 지상의 모든 정부에 대항하여 부여받은 권리입니다."[71]

버지니아 침례교인들은 종교자유에 대한 명백한 보장이 빠진 데 대하여 충분히 강하게 감지했고, 헌법의 비준을 막는 운동에 돌입했다. 침례교인들이 정확하게 무슨 일을 했는지는 분명하지 않다. 어떤 이들은 존 릴랜드가 비준의회에 대한 선거운동에 들어갔다고 말한다. 반면에 다른 이들은 매디슨에 대항하도록 선출된 후보로 제임스 바버(James Barbour)를 거명한다. 몇몇 카운티에서 침례교인들은 "선거를 좌우하는 부동표"를 잡고 있었다. 많은 이들은 매디슨과 헌법이 패배할 수 있다고 생각했다. 제임스 바버의 요구에 릴랜드는 헌법에 대한 침례교인들의 반대 사항 목록을 작성했다. 사본을 달라는 매디슨의 요구에 릴랜드는 이렇게 썼다. "선생님, 당신의 요구에 따라 저는 여기 연방헌법에 대한 저의 반대의 견들을 다음과 같이 당신께 보내드립니다."72) 그 목록에는 열 개의 반대의견이 들어 있는데, 권리장전이 빠진 점과 종교자유 보장의 명문화가 그 골자로 포함되어 있었다.

많은 기록들은 1788년 3월의 매디슨과 릴랜드의 예정된 만남과 헌법에 대한 침례교인들의 지지를 얻기 위한 그들 간의 "거래"에 대하여 기록하고 있다. 그 사건에 대한 가장 최근의 철저한 논의는 루벤 앨리(Reuben E. Alley)의 「버지니아 침례교사」(*A History of Baptists in Virginia*)에서 발견할 수 있다.73) 더 오래된 자료는 매디슨이 릴랜드의 집을 방문했고, 거기서 두 사람이 몇 시간 동안 헌법에 대해 논의했다고 한다. 그 토론이 끝나갈 때, 릴랜드는 비준의회를 위한 선거운동에서 물러나면서 매디슨에 대한 침례교의 지지를 표명했다. 그 대가로 매디슨은 헌법에 대한 수정안을 도입했으며, 침례교인들이 원하는 자유를 명문화했다. 앨리는 그러한 많은 정보가 이차적인 자료와 그 사실이 있은 몇 년 후 참여자들의 기억에서 온 것임을 밝혔지만, 여전히 그 신빙성은 인정받고 있다. 그러한 만남은 릴랜드의 집에서 있었든지 여타 장소에서 있었든지, 있을 법한 일이었다. 침례교인들은 매디슨에게 지지를 보냈고, 그는 의원으로 선출되어 헌법비준을 위하여 버지니아를 이끌었다.

의회의 의원으로서 매디슨은 종종 권리장전에 대한 "공공의 요구"에 대하여 연설했다. 1789년 5월 4일, 워싱턴 대통령이 취임한 지 불과 4일 후에, 매디슨은 하원에서 "헌법 수정을 안건으로 제출한다"고 하원에 선언했다. 그는 이렇게 설명을 더했다.

> 우리의 수많은 유권자들이 [헌법]에 불만이 있다는 것은 하원의원 여러분들에게 비밀일 수 없습니다…. 여기에 해당하는 많은 국민들이 이 한 가지 점에 만족하기만 하면, 현재 연방주의라는 대의에 지지를 보내고 싶어 할 것입니다.74)

역사가들은 일반적으로 "우리의 수많은 유권자들" 가운데 침례교인들이 포함되었다는 사실과 그들이 더 많은 보장을 원했던 그 "한 가지 점"이 종교자유와 관련되었다는 데 동의한다. 매디슨은 '권리장전'(Bill of Rights)으로 알려질 열 가지 수정안 초안을 소개했다. 그 자구들은 위원회에서 수정되었지만, 매디슨의 기본적인 생각은 살아남았다. 첫 번째 수정안은 여러 번 다시 작성되었고, 마침내 다음과 같이 나왔다: "의회는 종교의 제도적 설립에 관련된 법이나, 종교의 자유로운 행사를 금하는 법을 만들어서는 안 되며, 언론, 출판의 자유, 혹은 국민의 평화로운 집회의 권리, 혹은 정부에 불만사항의 시정을 청원할 권리를 제약하는 어떤 법도 만들지 않는다." 거의 2세기 동안 그 수정안은 모든 미국인들에게 종교자유에 대한 주요 법적 보장을 제공해 주었다.

"제1 헌법수정안"(The First Amendment)은 의회가 연방차원에서 제도종교를 설립하거나 제약하는 것을 금하고 있다. 그러나 그것은 각 주들에 대해서는 아무 말도 하지 않고 있어서, 40년 이상 여러 뉴잉글랜드의 주들은 그들의 국가교회들을 계속 유지했다. 20세기에 종교자유에 관한 소송들은 "제1 헌법수정안"에 근거하여 판결이 이루어졌는데, 그것은 "어떤 주도 미국 시민의 권리와 면책권을 제약할 어떤 법을 만들거나 시행하지 않을 것"이라고 규정하고 있는 "제14 헌법수정안"에 의해 개별적인 주들에서도 그 법적 효력이 생겼기 때문이다. 연방헌법의 종교 관련 규정들은 다른 모든 차원의 정부로 확대되었다.

4. 요약

미국에서 종교자유의 등장을 추적하면서 조셉 도슨(Joseph Dawson)은 "만일 세계의 학자들이 누가 미국에서 종교자유 보장에 가장 큰 공헌을 했느냐는 질문을 받는다면, 그들은 즉시 '제임스 매디슨'이라고 대답할 것"이라고 결론 내렸다. 그러나 도슨은 계속 말했다: "만일 제임스 매디슨이 대답했다면, 그는 즉시 '존 릴랜드와 침례교인들'이라고 대답했을 것이다."75) 만일 그것이 다른 교단들의 역할을 간과해서 너무 편파적으로 들린다면, 그것은 미국에서 종교자유를 얻는데 대한 침례교인들의 위대한 공헌에 초점을 맞추었기 때문일 것이다. 침례교인들은 종교자유를 뒷받침하는 수많은 개념들을 제공했으며, 권리장전으로 나아가는 대중선동의 선봉에 섰다.

물론, 계속된 법정 소송이 광범위하게 증언하듯이 권리장전은 미국에서 교회와 국가의 모든 관계를 차단하지는 못했다. 글렌 밀러(Glenn T. Miller)가 「미국의 종교자유」(Religious Liberty in America)에서 지적한 것처럼, 교회는 교단을 초월했던 영적 통일성의 상징과 현실을 제공했던 일종의 "종교적 민족주의"를 세우는 데 기여했다.[76] 그 정신이 후에 '교단 종교들'과 함께 나란히 존재하게 된 하나의 '시민 종교'(civil religion)로 발전했다. 과거 두 세기 동안, 첫 번째 수정안이 공격당할 때마다, 또는 다시 제안된 수정안이 개정에 부쳐질 때마다, 침례교인들은 그것의 확고한 옹호자들이었다. 그러나 20세기 후반에 와서 침례교인들의 종교자유에 대한 헌신이 약화되고 있음을 암시하는 증거들이 어느 정도 나타나고 있다. 종교적 박해의 상처 자국을 몸에 지닌 침례교인들은 종교자유를 얻고자 싸웠다. 안락하게 사는 침례교인들이 그것을 지킬 수 있는지는 두고 볼 일이다.

주(註)

1) William L. Lumpkin, ed., *Baptist Confessions of Faith*, 140.
2) George C. Bedell, Leo Sandon, Jr., and Charles T. Wellborn, *Religion in America* (New York: Macmillan Publishing Co., 1975), 74.
3) Ibid., 77-85.
4) Alan Heimert, *Religion and the American Mind* (Cambridge: Harvard University Press, 1966).
5) Robert L. Ferm, ed., *Issues in American Protestantism* (Garden City, N. Y.: Doubleday and Company, Inc., 1969), 12.
6) Ibid.
7) Isaac Backus, *A History of New England with Particular Reference to the Denomination of Christians Called Baptists*, 2:94.
8) Ibid.
9) Ibid., 94-95n.
10) Ibid., 179.
11) Ibid., 153.
12) Ibid., 98-9.
13) Ibid., 182.
14) William G. McLoughlin, ed., *Isaac Backus on Church, State, and Calvinism: Pamphlets, 1754-1789*, 16.
15) Ibid., 30.
16) Ibid., 345f와 385f.
17) Ibid., 351.
18) Ibid., 355.
19) Ibid., 356.
20) Ibid., 391.
21) Ibid., 392.
22) Ibid., 17.
23) Backus, 2:115.
24) William G. Mcloughlin, ed., *The Diary of Isaac Backus*, 3:1595-6.
25) Ibid., 1595.
26) Backus, 2:197.
27) Ibid., 203n, 강조는 원저자의 것.
28) Mcloughlin, *Diary*, 2:913.
29) Backus, 2:200n.

30) Ibid., 201n, 강조는 원저자의 것.
31) Ibid.
32) Mcloughlin, *Diary*, 2:917
33) Peter G. Mode, ed., *Source Book and Bibliographical Guide to American Church History*, 10.
34) H. Shelton Smith, Robert T. Handy, and Lefferts A. Loetscher, eds., *American Christianity*, 1:44.
35) Ibid., 50.
36) Lewis P. Little, *Imprisoned Preachers and Religious Liberty in Virginia*, 6에서 인용.
37) Ibid., 12.
38) Ibid., 54.
39) David Benedict, *A General History of the Baptist Denomination in America and Other Parts of the World*, 2 vols. (Boston: Manning and Loring, 1813), 2:30-31.
40) Little, 43.
41) Ibid.
42) Ibid., 48.
43) Benjamin P. Browne, *Tales of Baptist Daring*, 40에서 인용.
44) Ibid., 41.
45) Robert Baylor Semple, *History of Baptists in Virginia*, 481-2에서 인용.
46) Ibid., 29.
47) Jack Manly, "Leland, John," *Encyclopedia of Southern Baptists* (Nashville: Broadman Press, 1958), 2:783.
48) L. F. Greene, ed., *The Writings of John Leland* (New York: Arno Press, 1969), 27.
49) Ibid., 35.
50) New London, Connecticut, 1791에 초판. Greene, 179-92에 재인쇄.
51) Ibid., 181.
52) Ibid., 183.
53) Ibid., 185.
54) Ibid., 184.
55) Semple, 493.
56) Ibid.
57) Ibid., 494-5.
58) Ibid., 497, 499.
59) Ibid., 96.
60) Ferm에서 인쇄됨. 120-27.

61) Ibid., 120.
62) Ibid., 121.
63) Reuben E. Alley, *A History of Baptists in Virginia*, 372-3에서 인용.
64) Leo Pfeffer, *Church, State and Freedom* (Boston: Beacon Press, 1953), 110에 인용된 Madison Papers, Library of Congress.
65) Semple, 102.
66) Joseph M. Dawson, *Baptists and American Republic*, 116에서 인용함.
67) Ibid., 116. 강조는 Dawson의 것임.
68) Ibid., 117.
69) Ibid.
70) Ibid., 114.
71) Pfeffer, 112.
72) Alley, 107.
73) Ibid., 106f.
74) Charles F. James, *Documentary History of the Struggle for Religious Liberty in Virginia*, 166.
75) Dawson, 117.
76) Glenn T. Miller, *Religious Liberty in America*, 79.

"너희는 먼저 그의 나라와 그의 의를 구하라
그리하면 이 모든 것을 너희에게 더하시리라"
(마태복음 6장 33절)

침례교회의 역사와 유산(상)

옮 긴 이	김용국·남병두·장수한
발 행 인	배 국 원
초 판 발 행	2013년 4월 30일
등 록 번 호	출판 제6호(1979. 9. 22)
발 행 처	침례신학대학교 출판부(하기서원)
주 소	대전광역시 유성구 북유성대로 190(305-358)
전 화	(042)828-3255, 3257/E-mail:public@kbtus.ac.kr
팩 스	(042)828-3256 홈페이지 http://www.kbtus.ac.kr

값 15,000원

ISBN 978-89-93630-42-8 94230
ISBN 978-89-93630-43-5 94230 (전2권)